中国上市公司协会主题出版丛书

上市公司乡村振兴
优秀实践案例

中国上市公司协会　编

中国财经出版传媒集团
中国财政经济出版社

图书在版编目 (CIP) 数据

上市公司乡村振兴优秀实践案例 / 中国上市公司协会编 . —北京：中国财政经济出版社，2022. 4

（中国上市公司协会主题出版丛书）

ISBN 978-7-5223-1241-5

I. ①上… II. ①中… III. ①上市公司－企业管理－案例－中国 IV. ① F279. 246

中国版本图书馆 CIP 数据核字（2022）第 042286 号

责任编辑：贺靖轩　孙琛　　　　责任校对：张凡

封面设计：北京兰卡绘世　　　　责任校对：党辉

上市公司乡村振兴优秀实践案例

SHANGSHI GONGSI XIANGCUN ZHENXING YOUXIU SHIJIAN ANLI

中国财政经济出版社出版

URL: http://www.cfeph.cn

E-mail:cfeph@cfeph.cn

社址：北京市海淀区阜成路甲 28 号　邮政编码：100142

营销中心电话：010—88191522

天猫网店：中国财政经济出版社旗舰店

网址：https://zgczjjcbs.tmall.com

北京时捷印刷有限公司印刷　各地新华书店经销

成品尺寸：185 × 260 毫米　16 开　31.5 印张　602 000 字

2022 年 4 月第 1 版　2022 年 4 月北京第 1 次印刷

定价：120.00 元

ISBN 978-7-5223-1241-5

（图书出现印装问题，本社负责调换，电话：010—88190548)

本社质量投诉电话：010—88190744

打击盗版举报热线：010-88191661　QQ：2242791300

本书编委会

主　　编：柳　磊

副 主 编：何龙灿

编委会成员：宋　明　王　辉

序言

PREFACE

2021年12月，习近平总书记在中央农村工作会议上指出："全党务必充分认识新发展阶段做好'三农'工作的重要性和紧迫性，坚持把解决好'三农'问题作为全党工作重中之重，举全党全社会之力推动乡村振兴，促进农业高质高效、乡村宜居宜业、农民富裕富足。"2022年3月，中共中央、国务院发布《关于做好2022年全面推进乡村振兴重点工作的意见》（中发〔2022〕1号）指出："必须着眼国家重大战略需要，稳住农业基本盘、做好'三农'工作，接续全面推进乡村振兴，确保农业稳产增产、农民稳步增收、农村稳定安宁"。

中国上市公司协会深入学习贯彻党中央国务院和习近平总书记关于乡村振兴的重要论述，聚焦全面推进乡村振兴和巩固拓展脱贫攻坚成果，充分发挥上市公司自律组织优势，全力引导上市公司切实将乡村振兴工作作为崇高的政治责任，结合自身特点，发挥自身优势，创新帮扶举措，坚持巩固"两不愁三保障"成果，助力"五大振兴"。

广大上市公司积极响应国家脱贫攻坚和乡村振兴战略部署，利用自身资金、技术、人才、管理等资源优势，踊跃投入到乡村振兴战略之中，摸索出了产业扶贫、金融扶贫、电商扶贫、生态扶贫等很多切实有效的扶贫模式。2018—2020年，上市公司披露当年开展扶贫行动的家数分别1214家、1370家、1514家，分别占A股上市公司的34.25%、36.39%、35.72%。上市公司投入大量扶贫资金，涵盖农林产业扶贫、资产收益扶贫、旅游扶贫、电商扶贫和消费扶贫等扶贫方式，惠及建档立卡贫困户脱贫人数1200多万人。

为展示上市公司在推进乡村振兴、实现共同富裕工作中作出的积极探索和贡献，中国上市公司协会在证监会办公厅帮扶办的指导下，在各地方证监局、各地方上市公司协会和广大上市公司的大力支持下，开展了上市公司乡村振兴优秀案例征集工作。经地方上市公司协会推荐、上市公司自荐和专家审阅，最终收录了 110 家上市公司的乡村振兴优秀案例，汇编成册。

希望通过案例汇编，在展示优秀上市公司积极参与乡村振兴良好风采的同时，也能够发挥示范引领作用，让更多的企业受到启发、获得经验，结合自身业务特点和“能力圈”，进行“能力输出”“共创价值”，积极投入到乡村振兴工作中，实现乡村振兴的可持续、高质量推进。

本书编委会

2022 年 3 月 23 日

目录

CONTENTS

第一部分

北京辖区

1. 华夏银行

创新金融服务模式　精准助力乡村振兴

华夏银行坚决贯彻党中央、国务院决策部署，加强扶贫工作顶层设计，依托金融服务创新精准帮扶模式，自 2017 年以来，华夏银行累计发放金融精准扶贫贷款超过 150 亿元，为全国超过 20 万建档立卡贫困人口提供融资服务；累计向贫困地区公益捐赠超过 7400 万元，定向采购扶贫产品超过 2300 万元。

一、坚持党建引领，构建助力乡村振兴“同心圆”

华夏银行把加强党的领导作为扶贫工作总抓手，将精准扶贫置于全局的高度进行谋划部署，把精准扶贫和全行发展规划有机结合，形成党委统领、专业部门牵头、重点分行联动、其他分行广泛参与的工作体系，构建精准扶贫“同心圆”。

▶ 华夏银行党委启动“公益华夏 助力扶贫”活动

二、发挥金融优势，打造乡村发展“新动能”

产业发展是稳定脱贫的根本之策。华夏银行充分发挥金融机构在扶贫中的资源优势和特色，以信贷资金助产业、以产业扶贫助就业、以就业创业助增收，创新服务方式和内容，促进农业高质高效、农民富裕富足。

因地制宜创新信贷产品。结合当地资源特点和产业发展特色，创新金融产品和服务模式，开发适合当地的信贷产品，支持当地农村和农户特色产业发展。

加强金融科技应用。运用大数据、云计算等技术，在业务流程中嵌入人脸识别、联网核查、电子签章、信贷决策引擎分析、在线筛查监控等科技手段，不仅有效提升了客户识别能力和业务办理效率，还扩大了客户服务范围。

积极发展农业供应链金融。构建乡村产业链生态场景金融服务体系，充分发挥经营主体带动作用，实现上下游客户链式开发，促进小农户和现代农业发展有机衔接，以产业兴旺促进农民增收。

支持发行乡村振兴票据。中国银行间市场交易商协会推出银行间市场乡村振兴票据产品后，华夏银行第一时间组织在全行推广，并结合各分行辖内客户特点及需求，研究设计个性化服务方案，支持企业募集资金用于乡村基础设施建设。

加快推进农村光伏业务。华夏金融租赁公司组建专门业务团队，加大金融科技投入，开发户用光伏业务系统和客户端 APP，加快推进户用光伏业务，截至 2021 年 9 月末，累计投放规模已突破 26 亿元，放款户数 35536 户，有效提升了农民收入水平。同时，将传统农业种植与光伏发电相结合，试点在光伏电站下方架设农业大棚的光伏农业模式，支持农村绿色农业生产。

三、凝聚帮扶合力，绘制脱贫“致富经”

华夏银行在帮扶工作中注重同政府部门、龙头企业、贫困村庄等合作，通过整合金融和非金融资源，在实现助农脱困、帮助贫困户增收致富、提升群众生产生活质量方面产生较好成效。

银政合作呈现硕果。持续加强与北京市对口帮扶的内蒙古、河北、新疆、青海等省市地区的精准对接，给予对口地区专项信贷支持，精准对接具有扶贫带动效应的企业，促进当地产业发展。

银企合作成效显著。加强与当地农牧业龙头企业、农业担保机构等协同合作，

► 华夏银行定点帮扶的河北省石家庄市二道庄村新居联排“别墅”

积极主动支持农村致富带头人，对符合条件的农户投放一批扶贫贷款，助力贫困户通过丰富产业收入脱贫。

银村合作不断深入。新疆、内蒙古、河北、青海等地分行落实总行党委要求，择优选派驻村工作队、第一书记深入脱贫攻坚主战场，与当地村委结对子支持其工作，以实际行动从各方面帮助解决当地产业发展、教育建设以及贫困户的生活物资问题。

四、聚焦重点区域，注入脱贫“新源泉”

华夏银行在新疆和田、青海玉树、河北保定、内蒙古阿鲁科尔沁旗等北京市东西部扶贫协作对口帮扶地区，采取多种方式解决贫困人口基本生活和医疗保障等方面问题，通过定点项目支持贫困地区产业发展，提升贫困地区自主脱贫能力。精准对接内蒙古、新疆、青海等地的北京市对口帮扶县区，累计投放贷款 50.68 亿元，累计吸收当地就业人口 23387 人。

2020 年聚焦中央挂牌督战的洛浦、墨玉两个深度贫困县，从财力、人力、物力等方面给予倾斜，加大帮扶力度，集中资源投入资金 1580 万元，用于公益岗位和产业振兴基金，带动建档立卡贫困户约 2000 人就业。

打好攻坚战，重脱贫更要防返贫。华夏银行积极响应政府防返贫机制建设的号召，不断创新可持续的扶贫模式，通过与受援地政府合作设立防返贫基金等方式，促进当地产业发展，有效衔接乡村振兴工作。

▶ 华夏银行捐赠 1000 万元设立“华夏银行阜平防返贫产业振兴基金”

五、深化消费帮扶，助力鼓起农民“钱袋子”

华夏银行通过受援地区直接采购、购买工会提货卡、北京市消费扶贫双创中心采买等多种方式开展消费帮扶活动，累计采购扶贫产品超过 2300 万元，有效帮扶贫困地区农民鼓起了“钱袋子”。依托华夏银行电子银行渠道及个人客户群体，在手机银行客户端上线了“扶贫商超”专区，为贫困地区特色农产品销售拓展新渠道。目前已有合作地区35家商户入驻该专区，正在接洽入驻的商户有600多家，覆盖内蒙古、青海、新疆、西藏等省区辖内45个区县。

值得一提的是，华夏银行李民吉董事长在拜访国务院扶贫开发领导小组办公室时，提出华夏银行将通过创新金融服务，助力国扶办“消费扶贫智能柜”项目推广，给予项目承办单位900万元信用贷款，支持公司采购智能柜电子原配件，帮助公司启动运行工作，并在总行大楼和人流量较大的网点布放安装消费扶贫智能柜，展示销售贫困地区产品。

▶ 华夏银行总行布放“消费扶贫智能柜”

六、做实乡村振兴，助力实现“中国梦”

脱贫攻坚不是一个阶段性的工作，巩固脱贫攻坚成果是一项长期的工作。华夏银行党委书记、董事长李民吉表示，华夏银行将贯彻国家关于巩固拓展脱贫攻坚成果和乡村振兴有效衔接的总体部署，严格落实中央“四个不摘”要求，不断探寻多元化、可持续的帮扶新路径新模式，进一步巩固当地脱贫攻坚成果，以更大的决心、更强的力度、尽最大的能力，持续培育脱贫地区发展的内生动力，帮助更多脱贫人口过上更加美好的生活。

2. 民生银行

抓牢产业兴旺“牛鼻子”
打好产业帮扶“组合拳”

2021年是“十四五”开局之年，也是乡村振兴起步之年。习近平总书记指出，产业振兴是乡村振兴的重中之重，要精准发力，立足特色资源，关注市场需求，发展优势产业，促进一二三产业融合发展，更多更好惠及农村农民。面对新形势新任务，民生银行聚焦定点帮扶县特色资源，因地制宜选择富民产业，重视发挥金融主业优势和市场机制作用，增强帮扶项目可持续性，确保乡村振兴工作开好局、起好步。

一、一体化帮扶新模式，让“小农户”对接“大市场”

产业帮扶一头连着农户，一头连着市场。在最初的产业帮扶实践中，民生银行以消费帮扶为抓手，紧扣滑县产业特点，联合中国扶贫基金会、电商企业等专业机构，初步形成一条“主体培育 + 质量管控 + 品牌建设 + 人才培养 + 销售推广”的一体化帮扶新路径。

一是培育新型经营主体。2020年11月，民生银行在两县探索建立农业种植合作社。合作社坚持“民办民管民受益”的原则，由驻村第一书记和村两委负责管理运营，联合中国扶贫基金会参与合作社机制建设，引导小农户以土地经营权等入股合作社共享收益。目前，两个合作社已形成“9大制度+3个关键+3级体系+5类培训 + 过程辅导”的管理运营机制，年内共销售农产品77.1万元，沉淀利润22万元，户均增收2500余元。

二是抓好产品质量管控。质量管控是乡村产业品牌的生命线。在产业选择方面，民生银行结合两县特色产业，选择滑县小麦、道口烧鸡，以及封丘金银花、铁棍山药作为重点支持方向，确保帮扶工作能够彰显当地产业优势和地域特色。在科学种植方面，依托两个种植合作社，累计整合建立标准化示范田2115亩，探索建立“行业专家 + 县域技术特派员 + 合作社负责人 + 本土专家 + 生产小组长”的生产技术服务团队，保证产品生产的可追溯性。

三是加强产业品牌建设。构建乡村产业品牌体系，是实现乡村产业可持续发展的重要基础。民生银行深入挖掘两县农产品文化内涵和溢价空间，推动县政府将“滑县面粉”“滑县小麦”注册为地理品牌标识，组织中央美院艺术家参与两县农产品包装设计升级，引入专业电商企业帮助改善产品品控和产品形态，让农村“产品”

不断向“商品”转变。

四是注重农业人才培养。产业发展，关键在人。一方面，民生银行进一步加强本地农业人才的培育培养，聘请河南省农科院专家开展现代化生产和标准化种植培训，制定绿色生产技术规程2套，针对关键农事等环节开展集中辅导；另一方面，针对本地电商人才加强线上线下培训，努力打造一批既懂电商专业技术，又有电商营销能力的新农人，全年累计培训农业致富带头人、新型农业人才836人，为产业可持续发展奠定坚实基础。

五是拓宽产品销售渠道。在消费帮扶上，民生银行大力推动机构员工落实消费帮扶，在总行机关食堂落地6场豫北美食节。截至2021年11月初，民生银行共采购两县农产品超1300万元，达近三年采购总额的一半。在外扩销路上，民生银行持续搭建电商销售矩阵，整合民生电商、本来生活网、抖音、淘宝等多家电商平台推动农产品销售，在全国2000余部电梯中投放两县农产品广告，聘请知名演员参与助农宣传，开展选品会、品鉴会等活动为当地特色农产品扩大知名度。截至2021年10月末，在民生银行的大力推广下，仅封丘县电商销售额便已超过7.6亿元。

▶ 滑县民生小麦种植农业合作社社拿到了全新设计的“滑县面粉”

二、“一行兴一乡”新体系，既“引进来”又“走出去”

习近平总书记指出，推动经济高质量发展，要把重点放在推动产业结构转型升级上，把实体经济做实做强做优。为此，民生银行积极搭建起“一行兴一乡”产业帮扶体系，优选地处东南沿海和发达地区的经营机构，与两县全部42个乡镇建立产业帮扶关系。同时，针对当地人口众多、劳动力充沛的人力资源禀赋，瞄准密集型产业的引进方向，多层次多维度地推动发达地区与当地优势互补，加快两县经济发展和产业升级步伐。

一是加强联络互动和实地研究。截至2021年11月初，全行各机构已实现与结对乡村的联络对接“全覆盖”，9家重点机构深入结对乡镇实地调研，通过加强沟通交流进一步获取县政府、乡镇政府的产业发展信息，为后续立足本地特色，精准推进产业振兴奠定基础。

二是主动邀请县乡党委和政府“走出去”。一方面，结对分行积极协调县、乡党委政府赴发达地区乡村振兴示范点、产业园区、典型乡镇考察调研，帮助帮扶单位扩宽发展思路、打开工作局面；另一方面，整合优质客户资源，大力开展招商引资洽谈会，助力形成县域经济与本地企业客户在产业链上分工合作、优势互补的发展格局。截至目前，结对分行共落地“银政企”三方洽谈会5场，协助滑县深度对接企业客户10个，对接县域龙头企业和合作社28个。

三是“一行兴一乡”产业帮扶成果丰硕。深圳分行通过前期三方洽谈，成功为滑县引入“金凤凰”望家欢集团。该公司作为一家农业产业化国家重点龙头企业，计划在滑县投资1.5亿元建设一座集“种植基地、加工基地、中央厨房、配送中心”为一体的产农结合基地。杭州分行在了解到滑县龙头企业大潮碳能产能扩张中遇到的实际困难后，积极协商战略客户超威集团参与当地产业链投资布局，目前双方已就合资建厂达成初步合作意向。南京分行两次邀请滑县和枣村乡赴江苏考察，组织召开招商引资座谈会，上市公司红豆集团等3家企业客户现场与滑县签订合作意向书，将在服装纺织、食品加工等领域为滑县带去新的增长点。

▶ 南京分行邀请滑县和枣村乡赴江苏考察，召开招商引资座谈会

三、金融助农新业务，引“源头水”浇灌“产业花”

积极服务国家战略，扎实推进乡村振兴是金融企业的责任担当。民生银行不仅高标准落实定点帮扶工作，还积极发挥金融主业优势，大力推动金融助农新业务新模式在全国分支机构落地生根，以金融产品与服务作为乡村振兴“催化剂”，带动乡村产业发生潜移默化的改变。

一是聚焦与国家重大方针政策有效衔接。民生银行深刻领会国家乡村振兴和绿色发展战略意图，深入挖潜分布式光伏开发政策机遇，创新打造“农户＋政府＋光伏企业＋电网公司＋银行”的业务模式，通过平台对接、线上申请、批量审批、线上放款等方式，帮助光伏企业快速盘活固定资产，为农户减免前期光伏设备安装的垫付资金，实现乡村光伏产业快速发展、农户可持续增收创收、政府加速推进“双碳”目标的共赢局面。

二是特色打造农业供应链金融新模式。有效整合农业头部核心企业的物流、资金流、信息流，进一步帮助上下游产业链、集团本部等主体满足融资需求，为其提供涵盖结算服务、对公授信及非授信、零售金融等全方位、定制化的一揽子综合金融服务。

三是强化数字金融服务乡村振兴能力。先期以黑龙江省为试点，依托政府和专业公司的农业、农资、农户等大数据平台，创新打造“农贷通”业务模式。结合大数据平台中农户承包种植土地面积、农业补贴、农业保险等数据，进一步打破“数据孤岛”，打通“数据壁垒”，实现集大数据风控、线上申请、自动审批、自助签约放款为一体的“智慧”业务流程，切实降低放款成本，加快贷款投放效率。

► 滑县合作社使用民生银行小微贷款 扩大养殖生产

3. 中国石化

“产业 + 消费”双促进同提升 特色帮扶模式助力乡村振兴

在乡村振兴阶段，中国石化以习近平新时代中国特色社会主义思想为指导，充分总结脱贫攻坚期间好经验好做法，依托脱贫攻坚时期产业发展和消费帮扶的良好基础，进一步强化战略规划，进一步推动产销互促，进一步加强系统性提升，高水平地实施主导型帮扶，努力实现“产业发展”和“消费市场”的双促进、共提升。

一、发挥消费帮扶五大优势，推动产业高质量发展

中国石化作为国内最大的成品油经销商和网点数量最多的便利店运营商，拥有3万多座加油站和2.8万个便利店，覆盖了32个省市自治区，形成全国最大的线下零售网络，加油站和便利店平均每天提供相关服务2000万人次，形成了巨大的客流、物流、商流。中国石化以市场的渠道优势、营销优势、数据优势、线上优势和品牌优势，从产品开发、营销推广、品牌塑造到开拓电商市场，全流程、全环节推动乡村产业高质量振兴。

▶ 易捷便利店销售特色帮扶商品

（一）发挥渠道优势，兜底产品销售，孵化产业助力成长

产业发展从孵化、培育到壮大，需要循序渐进。产业发展的初期往往出现同质

化特征明显、竞争力不强、产品滞销的情况。中国石化发挥销售渠道优势，兜底产品销售，帮助产业克服初始发展阶段的困难。

（二）发挥营销优势，提高产品认知度，为产业发展创造市场机会

中国石化大力发展便利店、汽服、广告、保险、汽车环保产品、生活服务等新兴产业，打造服初始发展阶段的高价值生态圈，形成了“年货节”“水饮节”“易享节”三大知名营销活动。中国石化把乡村振兴帮扶产品与易捷名品组合营销，以“加油送好礼”“油非互促”“黔货出山”等营销方式纳入三大营销活动，让更多顾客有更多机会体验帮扶产品，增加对帮扶产品的了解。

▶ 中国石化疫情期间开展“加油送鸭梨”帮销魏县滞销鸭梨销售突破 1.6 万箱

（三）发挥数据优势，优化产业方向，指引产业科学发展

中国石化非油品业务年交易约 2 亿笔，海量数据的背后蕴藏着丰富的市场供需规律。中国石化加强数据信息挖掘，描绘客户画像，为乡村振兴产业“以销定产、产销联动”提供有力的大数据支撑，统筹初加工、精深加工和后续副产物的综合利用加工，各个环节协调起来发展，开发多元化产品，提高产品附加值，延长产业链，提升价值链，推动产业高质量振兴。

（四）发挥网络优势，助推产品升级换代，促进产业多元发展适应电商市场

中国石化全国各销售企业微信平台粉丝数达 2 亿人，相关 APP 注册用户超 5000 万人，拥有庞大的线上市场资源。在助力产业开拓电商市场的过程中，中国石化注重通过直播带货、电子优惠券等形式加强对帮扶商品的电商推介力度，并且推动产业发展适应线上和线下不同年龄、背景顾客的多种需要，更新升级设计线上商品包装、规格。

▶ 中国石化爱心优选公益直播带货

（五）发挥品牌优势，为产品品质背书，促进产业提高质量管理水平

中国石化坚持“每一滴油都是承诺”“易捷万店无假货”“质优量足，客户满意”的品牌形象已深入人心，易捷品牌价值在“2020 品牌价值评价信息”中达 161.33 亿元，荣获“2020 中国创新榜样”“我喜爱的中国品牌”等多项荣誉。中国石化在引入乡村振兴帮扶商品的过程中严格把关，从企业资质、产品包装、质量安全检测等各方面进行从严审核，促进各产业厂商增强品控意识，加强质量管理，实现“质量可追溯”和“带证销售”，用中国石化的品牌影响力为产业发展赋能，一改以往帮扶产品“质量不佳、品质不可控”的形象。

▶ 中国石化第四届易享节展销会——乡村振兴展区

二、推动产业融合，夯实发展根基

如果将消费市场比作“枝干”，那么产业发展就是“根基”。中国石化实施“一县一链”产业战略，探索一二三产业融合，全链条源头把控，不断夯实产业发展根基，助推消费帮扶工作保持在央企中的领跑状态。

（一）"一县一链"产业发展战略，使消费帮扶聚焦重点，把握关键

产业振兴是乡村振兴的关键，也是最为基础的一环。中国石化在定点帮扶和对口支援的8个县实施"一县一链"产业发展战略，帮助每县打造一个具有一定规模的高品质农业产业链。与此同时，推动消费帮扶从以"数额"为主向"突出重点地区和产业"的转变，更好地服务"一县一链"，帮助已建成的产业园不断发展。目前，中国石化的消费帮扶涵盖了全国22个省、146个脱贫县的1710种商品。

（二）产业的高质量发展筑牢市场成长根基，为消费帮扶提质增效提供内生动力

产业发展的规模和水平，决定了消费市场的深度和广度。中国石化将产业发展作为消费帮扶的引擎和动力，实施精深加工项目，增强产业基础能力、优化提升产业链供应链，推动产业高质量振兴，进而促进消费帮扶提质增效。以西藏卓玛泉为例，中国石化7年累计销售卓玛泉48亿元，如今天然饮用水产业上升为西藏地区发展的支柱产业之一，卓玛泉在西藏高原水的市场占有率达到70%，已成为西藏水产业龙头品牌，被西藏自治区列为企地合作的典范。

（三）一二三产业融合厚植市场土壤，丰富消费内涵与层次，带动消费帮扶转型

中国石化把乡村一二三产业融合发展作为乡村振兴的有效途径，把加工业和休闲旅游作为融合的重点产业，将休闲旅游作为农村产业融合的重点产业。结合产业发展打造生态优、环境美、产业强、农民富、机制好的休闲农业和乡村旅游精品。

（四）全链条把控，打造绿色产业，提升价值链，满足消费升级的市场需求

中国石化大力发展绿色产业，引导企业发展低碳、低耗、循环、高效加工，加快提高绿色产品供给能力，满足消费者不断提升的对食品安全、营养、味美等多层次需求。

三、打造中国石化特色帮扶模式，助力乡村加快振兴

中国石化"产业+消费"帮扶将生产与销售、资源与市场、供给与需求有机结合，一体化推进，产业帮扶与消费帮扶相辅相成，相互促进、协调发展，突出了系统性、整体性、协同性，推动了乡村高质量振兴、可持续发展。一是解决了"小农户没有大规模生产的效益、小生产缺少批量加工的原料、小企业缺乏科技研发的能力、小品牌没有市场的影响力"的"四小"难题，培育出甘肃东乡藜麦、湖南凤凰猕猴桃、安徽岳西桑枝木耳、颍上八里河烤鸭蛋、新疆"阳光巴扎"干果、青海牦牛肉干、西藏"易捷·卓玛泉"等乡村振兴优质产业。二是实施消费帮扶3年来，中国石化消费帮扶超过18亿元，帮助销售金额持续保持领先。三是在消费与产业双向促进的同时，解决就业、培训人才、稳定增收，凸显了中国石化特色帮扶模式优势，为乡村振兴提供了中国石化解决方案。

4. 中信证券

盥洗室建成让洗澡不再是奢望

近年来，中信证券积极践行国家脱贫攻坚战略，响应证券行业“一司一县”帮扶号召，先后与西藏自治区申扎县、江西省会昌县结成结对帮扶关系。为了巩固脱贫攻坚成果，落实习近平总书记关于“在东西部协作工作中拓展帮扶领域”的重要指示，带动更多贫困地区人口走出贫困，助力乡村振兴，中信证券与甘肃省积石山县开展结对帮扶，投入捐资助学的蓬勃事业中。

一、签署结对帮扶协议

2019 年 7 月，中信证券执委会审议通过在甘肃省临夏州积石山县开展教育帮扶。2019 年 11 月，中信证券与甘肃省临夏州积石山县签订“一司一县”结对帮扶协议，计划首期捐资 245.51 万元在积石山县移民中学和高关初级中学建设盥洗室，解决 3000 余名住校学生和教师的洗澡问题。首批 180 万元建设资金于 2019 年拨付到位，2020 年 6 月，剩余 65.51 万元资金也及时拨付到位。

二、多次赴积石山县考察调研

为了全面、深入地了解积石山县的经济情况、教育现状及帮扶需求，2020 年 10 月，中信证券工会领导牵头，与公司首席经济学家一道专程赴积石山县进行调研走访。10 月 19 日上午对积石山县、县直及州驻县各单位负责人、各乡镇长、各村干部共计 250 人左右进行了培训和交流。培训结束后，中信证券一行人到捐建学生盥洗室的移民中学、高关中学进行现场实地考察。对建设周期、建设质量以及后期投入使用等一系列问题，双方进行了沟通与交流。

经调研发现，积石山县教育条件较为落后，有比较强的教育帮扶需求。积石山保安族东乡族撒拉族自治县位于甘肃省西南部，是甘肃省唯一的多民族自治县，成立于 1981 年，全县总面积 910 平方千米，居住有保安、东乡、撒拉、回、汉、土、藏等 10 个民族。由于地处黄土高原与青藏高原，境内大部分地区属于高寒阴湿地区和干旱山区，山大沟深，沟壑纵横，各族群众分散居住在 1700 多条梁峁和 2300 多条沟壑中。积石山县目前有各级各类学校 243 所，其中完全中学 1 所，独立高中 2 所，初级中学 8 所，九年一贯制学校 1 所，小学 171 所（含 31 个教学点）。九年义务教育巩固率为 98.3%，高中阶段毛入学率为 89.3%，全县人均受教育年限为 8.06 年。

2021 年 10 月中信证券股份有限公司工会副主席雷勇一行又一次赴积石山县开展考察调研，总结前期盥洗室建设成果和经验，重点调研了积石山县在帮扶方面特别是金融帮扶方面的需求，对公司拟捐赠的积石山高关中学宿舍楼项目及教育助学项目进行考察，对已完成并投入使用的盥洗室项目进行验收。同时，对积石山县消费扶贫电商、商品等进行了实地考察。

三、盥洗室给学校生活带来大变化

对于城里的孩子来说，舒心地洗个热水澡是再自然不过的事了，然而，在积石山县一些寄宿制学校的学生却没有这样的条件。受地理条件、校点布局等因素影响，积石山县寄宿制学校较多，受建设资金和建设条件限制，建设洗澡室的难度较大，多数寄宿制学校缺乏洗浴条件，“洗澡”成了部分寄宿学生的奢望。中信证券在调研中了解到高关中学和移民中学的现实需求后，决定将修建盥洗室作为帮扶积石山县的第一个项目。

▶ 高关中学盥洗室外观图

2020 年 6 月，中信证券援建的两所盥洗室动工兴建，在克服了疫情影响及当地冬季气温低、施工困难等因素后，于 2021 年正式投入使用。

中信证券援建的盥洗室解决了高关中学寄宿学生“洗澡难”的问题。盥洗室建筑面积 247 平方米，分为男女两间，淋浴花洒、置物架、热水一应俱全，学生洗澡变得很是方便。

盥洗室的建成使用，营造了适宜学生生活的环境；培养了学生的卫生习惯；高效服务了学生洗澡需求；帮助学生独立解决洗澡的的问题，师生评价非常好。自从盥洗室投入使用后，学生洗澡的积极性非常高。尤其是在新冠肺炎疫情期间，盥洗室的投入使用极大地提升了学校的卫生条件。

孩子们还专门给中信证券写了一封感谢信，孩子们真挚的感谢像一股股暖流淌入中信证券人的心田。“爱出者爱返，福往者福来”，中信证券人付出的关爱通过孩子们热情洋溢的感谢信又正向反馈了回来，这份信任和感谢无疑是对我们最大的激励，我们必将投入更多的人力物力把帮扶工作做得更好。

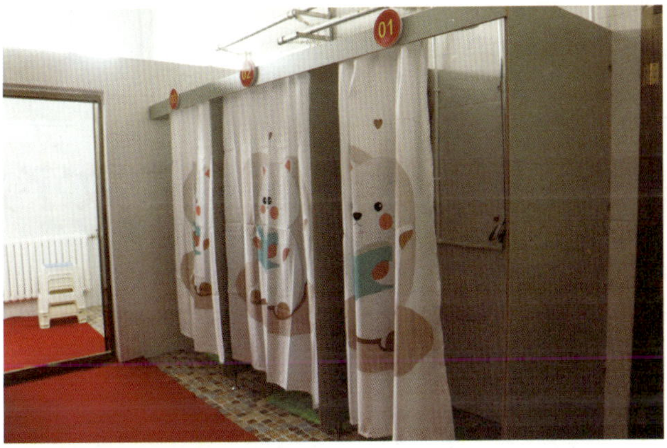

▶ 高关中学盥洗室内部

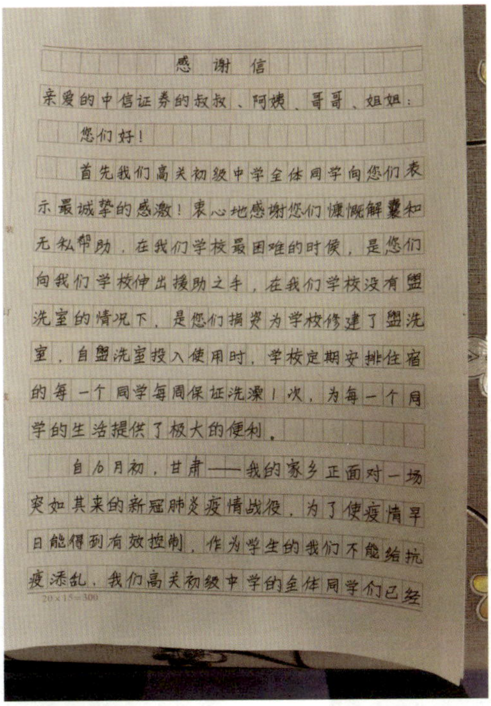

感谢信

亲爱的中信证券的叔叔、阿姨、哥哥、姐姐：

您们好！

首先我们高关初级中学全体同学向您们表示最诚挚的感激！衷心地感谢您们慷慨解囊和无私帮助，在我们学校最困难的时候，是您们向我们学校伸出援助之手，在我们学校没有盥洗室的情况下，是您们捐资为学校修建了盥洗室，自盥洗室投入使用时，学校定期安排住宿的每一个同学每周保证洗澡1次，为每一个同学的生活提供了极大的便利。

自6月初，甘肃——我的家乡正面对一场突如其来的新冠肺炎疫情战役，为了使疫情早日能得到有效控制，作为学生的我们不能给抗疫添乱，我们高关初级中学的全体同学们已经

20×15=300

▶ 高关中学感谢信

党的十八大以来，党中央对乡村振兴工作作出了重要部署：“要在巩固拓展脱贫攻坚成果的基础上，做好乡村振兴这篇大文章，接续推进脱贫地区发展和群众生活改善。做好巩固拓展脱贫攻坚成果同乡村振兴有效衔接，关系到构建以国内大循环为主体、国内国际双循环相互促进的新发展格局，关系到全面建设社会主义现代化国家全局和实现第二个百年奋斗目标。”中信证券在总结以往脱贫攻坚工作宝贵经验的同时，将发挥专业优势，践行社会责任，加大力度全面推进与帮扶县的乡村振兴工作，为努力实现国家第二个百年奋斗目标奋勇前进。

5. 中国联通

为“智慧沽源”建设插上“数字翅膀”

沽源县位于河北省张家口市坝上地区，处于内蒙古高原向华北平原的过渡地带，曾是国家级扶贫开发重点县，也曾是河北省十个深度贫困县之一。作为中央指定的定点帮扶沽源县的中央企业，中国联通在帮助沽源2020年实现成功脱贫摘帽的基础上，进一步积极发挥企业自身技术优势，帮助沽源县推进数字化转型，助力沽源加快乡村振兴进程。

一、担当央企责任，巩固拓展脱贫攻坚成果

中国联通坚决贯彻落实习近平总书记关于巩固拓展脱贫攻坚成果、全面推进乡村振兴重要讲话精神和深化定点帮扶的重要指示精神，在帮助沽源县2020年实现成功脱贫摘帽后，坚决担当中央企业政治责任和社会责任，严格落实“四个不摘”要求，把巩固拓展脱贫攻坚成果和助力乡村振兴无缝衔接起来，决定立足经济社会未来发展趋势和沽源推进乡村振兴实际工作需要，围绕助力沽源提高城乡数字化发展水平开展帮扶工作。

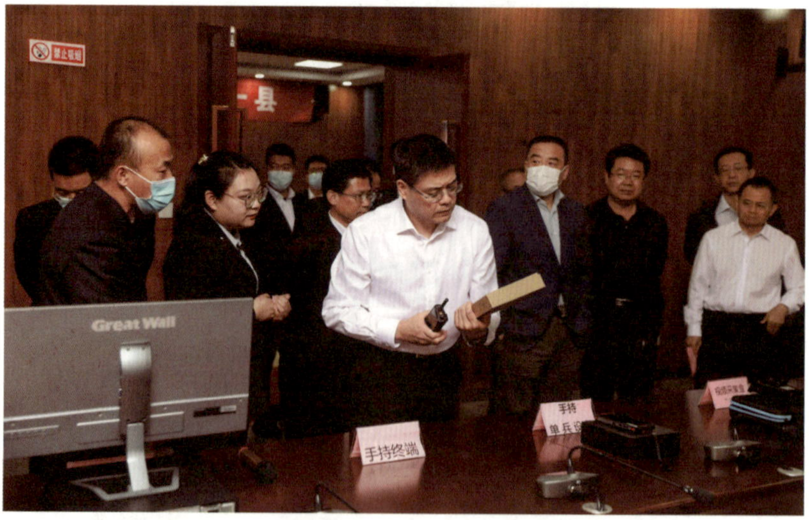

▶ 中国联通党组副书记、总经理陈忠岳视察“智慧沽源”指挥中心

经过充分调研、深入研讨和科学论证，双方决定分3年、投资1.03亿元建设“智慧沽源”项目。该项目以5G、大数据、人工智能、物联网、区块链等新一代信息技

术应用为基础，围绕基础设施、惠民服务、精准治理、生态宜居、产业发展、信息资源、网络安全等领域，通过对城乡基础设施进行数字化、网络化、智能化改造，提升城市综合管理精细化、人性化、智能化水平，提高农村农业数字化发展水平。

二、打造平台体系，助力推进“智慧沽源”建设

为有力支撑保障“智慧沽源”项目实施，中国联通先后投入帮扶资金 5150 万元，并成立专门的建设运营团队，创新性提出了“1+2+N”智慧城市建设模式，即打造包括“一个平台、两个中心、N 个应用”的“智慧沽源”平台体系。一个平台，即打造高度集成的智慧城市核心数据引擎，包含数据共享交换平台、物联网平台、GIS 空间地理信息平台和综合网格化平台。两个中心，即云计算中心和智慧城市运营指挥中心。N 个应用，包括“智慧沽源”门户、智慧党建、城市一张图、政务协同办公、呼叫中心、智慧社区、社会治理云平台、应急管理综合平台、智慧农业等应用。

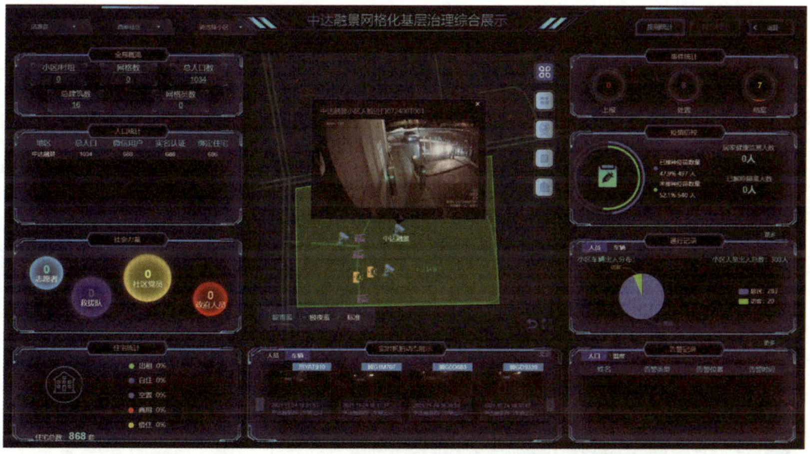

▶ “智慧沽源”平台实现对社区数字化管理

目前，“智慧沽源”项目一期工程已全面完成并已投入运营，二期工程建设已正式启动。平台投入运营后，大大提高了沽源城市建设、管理和服务水平，也将为沽源带来不可估量的经济价值和社会价值。比如，通过运用电子化办公 OA 应用系统，实现了公文一键套红生成并分发，领取文件从之前的 1—2 天变为实时领取、下载、传阅。通过实施无纸化办公，全县每年可节约纸张、耗材等成本超过 300 万元。比如，通过运用应急管理应用系统，实现了对原有 30 多个流程节点的解耦，应急物资匹配由之前的几小时变为一键自动匹配，应急指挥调度由之前的 2—3 小时现场勘查及汇报变为可通过无人机实时回传现场画面，应急指挥调度时间压缩至 1/3—1/4。运用“智慧社区”应用模块，可为街道、区县管理提供综合性数据展示平台，满足

全方位的日常管理需要。特别是结合疫情防控需要，对“智慧社区”功能进行了全面升级，既能实时掌控社区内疫苗接种情况，又能通过小区出入口闸机，24小时不间断地监控人员进出情况和进出人员体温情况，对中高风险区域人员进入小区进行预警。平台基于社区的疫情防控体系，为沽源县全县疫情防控作出了突出贡献。

三、加强数字赋能，助力推进乡村产业发展

习近平总书记强调，实施乡村振兴是一篇大文章，要统筹谋划、科学推进。作为数字信息基础设施运营服务国家队、网络强国数字中国智慧社会建设主力军、数字技术融合创新排头兵，中国联通坚持把落实网络强国、数字中国战略和实施乡村振兴战略统筹起来谋划推进，通过搭建信息平台、整合数据资源、强化数字赋能等，助力沽源推进乡村振兴。

打造信息平台，构建面向“三农”的综合信息服务体系。为助力乡村振兴战略实施、助推数字乡村建设，中国联通投资建设了面向全国的联通“数字乡村”服务云平台。平台包括平安乡村、便民服务、产业赋能等六大功能模块、32项具体应用。通过“数字乡村”云平台，一方面，为乡村引入5G、IPTV、专线、智能硬件等基础设施，另一方面，实现数据、流程贯通，打破城乡数字化鸿沟。在沽源，中国联通把“数字乡村”云平台纳入“智慧沽源”建设规划，彻底打通了“智慧沽源”向农村延伸拓展的“最后一公里”。“数字乡村”功能模块，面向乡镇基层政府，提供解决乡镇组织人员管理、消息精准传达、乡村治理、数据收集、高效办公等管理类问题，面向农户提供劳务用工、供销服务、科学养殖、产品买卖、办事指引等惠及农户的一体化服务。

强化数字赋能，促进农村农业生产方式转型升级。通过把数据感知与采集、远

▶ 指导种植大户使用平台远程监控大棚蔬菜生长环境

程控制等应用于农业生产，运用信息化手段获取环境要素，并进行数据融合，根据植物类型、生育期等进行智能环境调控，为农民生产经营装上“智慧大脑”。

推广“互联网 +”，推动乡村管理服务数字化。运用“数字乡村”云平台，可进行疫情防控、快递跟踪、安全监控等管理，以数字技术赋能乡村治理，时刻守护乡村平安。村干部、企业和个人也可以在数字乡村平台发布各类招工信息，村民根据自身条件进行查找、筛选，及时解决村民用工和找工作难的问题。运用智慧党建模块，农村党组织、党务工作者可以在线发布党建资讯，全流程管理及监管支部组织生活开展，按需分发及管控党员的考试和学习，全面筑牢农村基层党组织战斗堡垒，提升党组织创造力、凝聚力、战斗力，带领村民群众发家致富，凝聚乡村振兴强大合力。

▶ **“数字乡村”助力沽源平安乡村建设**

6. 五矿发展

寒花菊蕊独盈枝　枯木苏荣笑春时

2021 年是国家“十四五”规划开局之年，也是“巩固拓展脱贫攻坚成果同乡村振兴有效衔接”的开局之年，五矿发展股份有限公司（以下简称“五矿发展”）作为央企控股上市公司积极响应党中央号召，担当社会责任，真抓实干，鼎力助力脱贫攻坚和乡村振兴。2019 年以来，累计从贵州、云南等省份的国家级贫困县消费扶贫 381.76 万元，累计向贵州省德江县、沿河县、云南省威信县、湖南省花垣县和中国扶贫基金会累计拨付扶贫帮扶援助资金 2225.1 万元。

消费扶贫，挽救脱贫项目。2017 年，德江县桶井乡根据本地山地丘陵多、温暖多雨、无污染、非常适合菊花种植的特点，从江西引进了菊花中的优良品种金丝皇菊，它朵大饱满、色彩亮丽，除具观赏价值外，兼有清热解毒的功效，口感清甜，药茶两用，深受人们的喜爱。桶井乡河坝村青年安小江带领 29 户农户共 117 人，一口气套种了 500 多亩菊花。但还没来得及享受丰收的喜悦，安小江和乡亲们就犯了难，销路不畅导致采摘下来的优质菊花卖不出去造成积压，这让他们一筹莫展。

► 五矿发展消费扶贫的第一批德江县土特产品运抵北京

2018 年和 2019 年，虽然合作社连续大幅减少了菊花的种植面积，但销路不畅的问题依然存在。尽管他们也尝试了一些宣传促销办法，但收效甚微。同时因受存贮条件的限制，菊花无法长期保存，无奈之下安小江亲手烧掉的菊花就超过了 2000 斤。眼看着用心血和辛勤付出换来的劳动果实就这么打了水漂儿，大伙儿的心在流血。作为带头人的安小江，已不对菊花产业抱什么希望，甚至做好了外出务工的准备。

就在江宏水果种植合作社的菊花种植面临山穷水尽之际，消费扶贫的春风吹进了大山。五矿发展作为德江县的扶贫双挂钩单位与德江县签下了第一单采购合同，其中就包括了安小江的金丝皇菊。在了解到此前合作社因菊花严重滞销而遭受的艰难经历后，五矿发展又果断追加订购了两批金丝皇菊，并通过微信公众号、企业网站等平台，积极向员工和兄弟单位推广宣介。在五矿发展及中国五矿系统各兄弟单位的踊跃购买下，合作社当年种植并连同之前积压的菊花，在短短两三个月内销售一空，一个濒临失败的种植项目获得了重生！

授人以鱼，不如授人以渔，“扶贫又扶智”，实现乡村产业振兴、人才振兴。尽管消费扶贫可解决菊花滞销的一时之急，但新的课题又摆在面前。如何才能让乡亲们更多地了解市场营销知识，增强自主走向市场的本领，真正实现长富久安呢？带着这个思考，2019 年 8 月，五矿发展组建了由党委副书记、工会主席龙郁带队的扶贫调研组，深入德江县开展定点扶贫调研。

根据实地调研了解掌握的第一手资料，运用多年来在贸易和市场营销等方面积累的经验并结合德江当地的实际情况，有针对性地先后在德江县城、潮砥镇以“立足优势 整合资源 营销推广”为主题，为 100 多位青年企业家、致富带头人进行了两场市场营销培训。培训针对前期消费扶贫过程中发现的品牌、包装、贮存、物流等问题，从商务常识、营销意识、经营思路和发展理念等角度进行了辅导和交流，受到当地政府领导高度评价和群众的热烈欢迎。

▶ 五矿发展为德江县 100 多位青年企业家、致富带头人做市场营销培训

2019 年年底，五矿发展再次来到德江县潮砥镇现场签订定点帮扶脐橙采购合同。在中国五矿等定点帮扶单位的大力帮扶下，德江县已于2019年年底完成了贫困县“摘帽”。

2020 年，新冠肺炎疫情突如其来，五矿发展与定点扶贫地区携手抗疫，在年初疫情开始阶段防疫物资十分紧张的情况下，应德江县所在地贵州省铜仁市的紧急求助，积极发动海外企业筹措物资，第一时间向铜仁市捐赠韩国产 KF94 防疫口罩 2000 只，为缓解当地抗击疫情的燃眉之急作出了贡献，受到当地政府的高度评价。

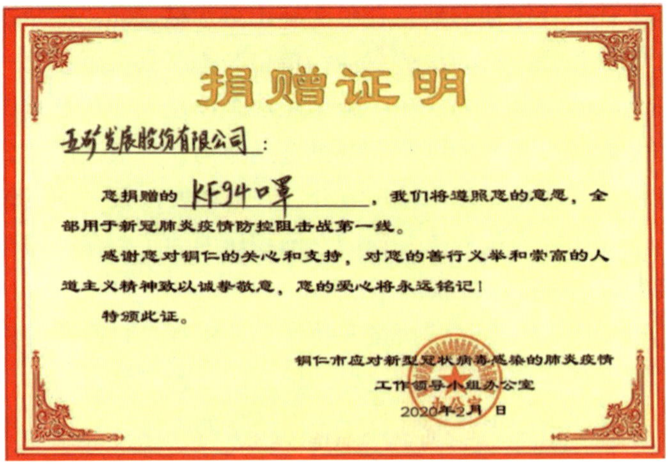
捐赠证明

五矿发展股份有限公司：

您捐赠的 KF94口罩，我们将遵照您的意愿，全部用于新冠肺炎疫情防控阻击战第一线。

感谢您对铜仁的关心和支持，对您的善行义举和崇高的人道主义精神致以诚挚敬意，您的爱心将永远铭记！

特颁此证。

铜仁市应对新型冠状病毒感染的肺炎疫情工作领导小组办公室

2020年2月 日

▶ 新冠肺炎疫情初期，五矿发展为贫困地区捐赠抗疫口罩

建立帮扶长效机制，推动对口帮扶工作迈上新台阶。针对新冠肺炎疫情给贫困地区农副产品销售造成的严重影响，五矿发展加大了对所有定点扶贫县的总体资金援助和消费扶贫力度。一方面，继续支持桶井乡金丝皇菊基地和潮砥镇脐橙产业园完善配套设施，建设金丝皇菊贮藏冷库、修建道路等项目，同时为桶井乡金丝皇菊商标注册和菊花茶生产许可证申报，打通网络品牌销售的最后障碍；另一方面，加大消费扶贫采购，重点采购德江县受疫情影响最大、积压最严重的蜂蜜和菊花，为当地农户克服疫情影响，恢复生产提供了有力的支持。

知识惠民，致力乡村文化振兴。2021 年 9 月 14—17 日，五矿发展党委副书记龙郁率五矿发展乡村振兴对口帮扶工作组赴云南省昭通市威信县开展工作调研工作，督导援建项目和“送法下乡”活动。在一系列考察调研的同时，调研组将党史学习教育同解决实际问题“我为群众办实事”活动结合起来，根据罗布镇法治建设的缺口和诉求，就地开展了“送法下乡”培训活动，宣讲普及民法典修订的相关法律知识，并立足于乡村群众身边常见热点、难点法律问题，为威信县罗布镇司法系统、教育系统等在内的 70 余名干部群众进行《民法典》培训，现场解答了乡镇干部群众提出的问题，运用自身专业知识用心用情用力解决群众的困难事，受到了镇村干部和群众的热烈欢迎和好评，为乡村振兴贡献更多智慧力量。

寒花菊蕊独盈枝，枯木苏荣笑春时。从 2019 年 4 月份签订第一单消费扶贫开始，不到 3 年的时间里，五矿发展积极响应并坚决落实党中央号召，以实际行动支持助力打赢脱贫攻坚战和乡村振兴，为实现两个一百年中国梦的美好蓝图，为巩固拓展脱贫攻坚成果和推进乡村振兴继续贡献“五矿力量”。

7. 中青旅

文旅赋能　亮剑破题

——中青旅乡村振兴“1+3+N”综合方案

实施乡村振兴战略，是党的十九大作出的重大决策部署，是决胜全面建成小康社会、全面建设社会主义现代化国家的重大历史任务。在乡村振兴的伟大事业中，如何坚持从实际出发、因地制宜发展乡村特色优势产业，充分发挥各方面的优势和联动作用，推动乡村事业持续发展，是摆在中青旅面前艰巨而又光荣的课题。作为中国光大集团“大旅游”“大民生”生态圈的核心企业，中青旅既承担着初心使命，又肩负着企业自身发展的迫切需求。

2021 年 8 月 6 日，国家国际发展合作署举行助力延庆乡村振兴合作项目签约仪式。会上，以中青旅控股股份有限公司为代表的文旅行业与延庆区签署合作协议。

▶ 助力延庆乡村振兴合作项目签约仪式

根据协议内容，中青旅将重点结合国家国际发展合作署搭建的连接各方的平台优势，围绕“一部手机游延庆”开展智慧文旅建设、围绕北京世园公园运营开展青少年社会实践及对口帮扶研学旅行、围绕“三亿人上冰雪”及冬奥场馆后运营开展“旅游 + 体育”融合，全面助力延庆文旅事业高质量发展。

2021 年 4 月 20 日，中青旅在北京召开以“文旅赋能乡村振兴”为主题的中青旅服务乡村振兴发布会。会上，中青旅董事长康国明率先向社会各界亮出中青旅积极破题亮剑的“赶考”答卷——中青旅“1+3+N”综合文旅解决方案。

► 中青旅服务乡村振兴发布会

“1”是指综合性文旅赋能。即依托中青旅40余年的深厚积淀和专业优势，为县域提供景区升级策划、文旅街区打造、城市更新、目的地营销、旅游产品开发、酒店物业托管运营、大型会展活动及体育赛事策划运营等文旅产业全链条升级服务，推动地方文旅产业高质量发展。

“3”是围绕产业振兴、人才振兴和文化振兴三方面内容赋能乡村振兴。

围绕人才振兴：是指借助对口帮扶机制，开展城乡双向研学旅行，打造新时代的“新希望工程”。

围绕文化振兴：是指开展以“一部手机游中国”为重点的智慧文旅项目。具体可为县域提供集智慧服务、智慧管理、智慧营销、大数据应用为一体的文旅服务平台，进一步增强目的地在线营销能力全面发展和行业监管能力。

围绕产业振兴：是指结合旅游消费中“餐饮”的刚需，以县域为单位，重点发展“中央厨房＋订单农业＋优质团餐”供应链业态。

在“文旅景区运营升级”综合文旅领域，中青旅运营的重庆南川东街堪为标杆，将本地昔日破败的棚户区摇身一变成为国内首个以小镇青年文化记忆为主调的文旅综合体，2021年元旦开街至今已吸引市内外游客520万余人次，实现旅游综合收入1亿元，入选重庆10强新地标；中青旅运营管理的山东日照莒国古城商业街，作为山东省重大项目、山东省重点文化产业项目，开业首周游客量突破34万人次，入驻商户累计营业额约1000万元，入选山东省新旧动能转换、乡村振兴、文化旅游三个重大项目库，是莒县打造“文化名城”“旅游名城”的龙头项目；中青旅正积极推进为“精准扶贫首倡地”湖南花垣县十八洞村提供景区运营升级等方案项目落地。

▶ 文旅景区运营升级

在“中央厨房 + 订单农业 + 团餐”产业振兴领域，中青旅组建了中青旅（重庆）食品供应链公司，与团餐领域的头部企业推进战略合作，以湖南新化县为样板，通过数月调研形成中央厨房项目合作解决方案，并与张家口市政府等达成合作意向。

▶ 中央厨房项目

在“城—乡研学旅行”人才振兴领域，中青旅为陕西杨凌、山东东营提供全域研学规划服务，高质量承办“2021 拉萨北京少年民族团结手拉手红色教育活动”、石景山对口帮扶青海玉树赴京研学、中投公司“小水滴公益研学”等项目，与光大银行携手组织高净值客户家庭赴湖南新化开展暑期研学活动。据不完全统计，近三年来，中青旅研学直接服务全国 32 个省市区、80 个市县、30 余个民族的青少年约 15 万人次，实现营业收入约 1.5 亿元。

在“一部手机游”智慧文旅文化振兴领域，中青旅目前已成功中标商务部援东盟、北京市红色旅游、福州市、昆明市、吉林市及北大湖、山东莒县、浙江临海等 10 余个智慧文旅项目，正在推进 10 个左右地方智慧文旅项目对接合作，以科技手段助力地市、县域文化旅游产业全面升级。

▶ “一部手机游”智慧文化项目活动现场

特别值得一提的是，中青旅作为光大集团旗下大旅游板块的核心载体，充分发挥光大“朋友圈”优势，举行以“文旅赋能 乡村振兴”为主题的光大服务季线上推介会。会上，来自光大银行、光大证券、光大保险、光大信托、光大金控、光大控股、光大环境、光大科技等光大集团体系内的相关企业负责人共约 150 人，在云端共商“乡村振兴”产融合作，致力于打造样板项目，以形成服务乡村振兴之“旅游 + 金融”创新组合。

▶ “文旅赋能　乡村振兴”光大服务季线上推介会

乡村振兴是什么？每个企业都有不同的解读和答案。中青旅作为我国文旅行业领军企业，坚持始终以人民为中心，以使命担当为本，以文旅赋能为田，将携手更多实施机构在乡村振兴之路上干“好事”、带“好头”，全力以赴在乡村振兴事业上贡献更多“中青旅力量”。

8. 福田汽车

多方位帮扶　全面推进乡村振兴

2021 年是“十四五”开局之年，也是巩固拓展成果和全面推进乡村振兴的起步之年。在北汽集团党委的正确领导下，福田汽车党委严格落实精准扶贫工作、脱贫攻坚与乡村振兴有效衔接的工作部署，以高度的政治自觉、责任担当，切实加大力度、加快速度、抢抓进度，把乡村振兴工作落地落实落细，用实际行动诠释了“上下同心、尽锐出战、精准务实、开拓创新、攻坚克难、不负人民”的脱贫攻坚精神。

一、组织保障

（一）调整乡村振兴工作组织架构，确保组织领导到位

福田汽车党委对原精准扶贫工作组织机构进行调整，设立了北汽福田汽车股份有限公司助力全面推进乡村振兴工作组织机构。领导小组由党委书记、董事长巩月琼同志及党委副书记、总经理常瑞同志担任组长，工作小组由党委常务副书记邢洪金同志任组长，下设六组一办，权责明确，保障了福田汽车乡村振兴工作精准高效开展。

（二）组织学习习总书记扶贫工作重要论述及习近平总书记在全国脱贫攻坚总结表彰大会上发表的重要讲话精神，确保思想认识到位

福田汽车党委分别在党委中心组、党委工作例会上组织相关人员学习了习总书记扶贫工作重要论述及习近平总书记在全国脱贫攻坚总结表彰大会上重要讲话精神。

二、就业帮扶

福田汽车通过提供岗位、就业培训等方式，帮助内蒙古重点帮扶地区农村劳动力就业 204 人；解决中西部 22 个省农村劳动力就业 814 人，其中包括 17 名来自脱贫仍享受帮扶政策的建档立卡家庭人员（湖南 12 人、陕西 1 人、河北 1 人、河南 3 人），巩固精准扶贫工作成果。

三、消费帮扶

（一）食堂消费帮扶农副产品采购

福田汽车结合 2021 年京内食堂全年农副产品采购总金额预计 3647.3 万元的情况，制定了在北京市扶贫协作地区、双创中心采购扶贫农副产品不少于采购总额

30% 即不少于 1094.2 万元的年度食堂消费帮扶任务目标。截至 2021 年 11 月，实际完成食堂消费帮扶采购 1136.3 万元，完成率 103.8%，其中包括采购内蒙古重点协作地区帮扶产品 763.22 万元。

（二）工会消费帮扶慰问品采购

福田汽车各级工会在采购慰问职工的慰问品时，优先采购受援地区扶贫产品，2021 年度完成消费帮扶采购共 261.6 万元，其中包括采购内蒙古重点协作地区帮扶产品 165.41 万元。

（三）积极鼓励职工参与消费帮扶

福田汽车党委鼓励职工积极参与消费帮扶，通过为属地消费帮扶双创中心合作，在厂区内建立消费帮扶专柜、消费帮扶采购驿站的方式，方便员工使用“北京消费扶贫爱心卡”参与消费帮扶。2021 年度，福田汽车参与使用“北京消费扶贫爱心卡”的职工近 1300 人次，购买帮扶产品 12.6 万元。

四、党建扶贫

福田汽车党委将党建与扶贫攻坚工作有机结合，各单位党委多次以党支部为单位，组织党员干部及积极分子百余人次赴北京市扶贫消费双创中心开展主题党日活动，上一次党课，重温入党誓词，体验一次消费帮扶，将习总书记扶贫重要论述及相关讲话精神纳入党员教育学习中。

五、教育扶贫

福田汽车持续开展与四川省甘孜藏族自治州康定县贫困学生一对一帮扶工作，该项目自 2012 年起累计资助金额 61.3 万元。截至目前资助了 60 位少数民族学子（其中 21 位已顺利完成学业）。

乡村振兴是实现中华民族伟大复兴的一项重大任务，全面实施乡村振兴战略更需要攻坚克难的“精气神”。征途漫漫，精神永恒，初心永照。北汽福田将秉承伟大的脱贫攻坚精神，为实现中华民族伟大复兴而接续奋斗。

9. 中信建投

结对帮扶山西省临汾市隰县优秀案例

2016 年是国家脱贫攻坚首战之年。这一年，中国证券业协会在新疆召开扶贫工作座谈会，正式发出了“一司一县”结对帮扶的倡议，全面吹响了证券行业全行业参与脱贫攻坚工作的号角。公司认真贯彻落实中国证监会各项要求，积极响应中国证券业协会号召，全面履行企业社会责任，在中国证券业协会和中国扶贫基金会的大力支持下，公司多年来坚持助力山西省临汾市隰县脱贫攻坚和乡村振兴工作。

一、具体项目

2017 年 12 月，中信建投证券捐赠 150 万元帮助隰县陈家河村修建 200 千瓦光伏电站，设备已在 2018 年 5 月投入使用并惠及 160 名“建档立卡”贫困户。

2018—2020 年，中信建投证券连续 3 年组织公司员工参与中国扶贫基金会组织的“善行者徒步活动”（2021 年因疫情延期举行），累计捐赠资金 32.48 万元用于隰县特困群众的大病及重灾救助。

2020 年 4 月，中信建投证券定向捐赠 1080 万元，通过划入中国证券业协会在中国扶贫基金会设立“证券行业扶贫公益基金”账户的方式，专项用于支持隰县的教育及产业扶贫。

2021 年 11 月，中信建投证券捐赠 100 万元用于支持隰县水灾灾后重建和乡村振兴相关工作。

二、项目执行情况

中信建投证券联合中国扶贫基金会在中国证券业协会和隰县人民政府大力支持下，克服新冠肺炎疫情的影响，目前已在隰县开展中证美好学校项目、中证公益助学金项目、中证致富带头人培训项目、中证玉露香梨品牌推广项目、中证爱心超市项目、中证基层干部能力提升培训项目和中证防雹网项目。

（一）中证美好学校项目执行情况

2020—2021 年，中证美好学校项目围绕“改善校园环境、助力两支队伍建设、培育学生核心素养”三大板块，开展“四好”（校长好、老师好、课堂好、校园好）项目内容，为隰县学校配备多媒体、教师用电脑等硬件设施，为 15 所学校开通校园广播，通过培训、跟岗学习、研读等方式计划培养 27 名校长、60 名骨干老师，并建设 135 个阅读角，助力隰县教育发展，使乡村孩子能够“上好学”，阻断贫困的代际传递。

▶ 中国证券业协会会员管理部主任徐仕达在中证美好学校项目开营式上讲话

（二）中证隰县公益助学金项目

中证隰县公益助学金项目是为隰县建档立卡的200名小学生、200名初中生、100名高中生和40名大学生提供助学补助，项目周期为两年。其中，建档立卡小学生和初中生每人每年960元的补助，高中生每人每年1800元，大学生每人每年4550元。通过实施学生资助项目，保障隰县小学、初中、高中阶段从入学到毕业的全程全部资助，不让一个学生因家庭困难而失学。2020年已完成隰县2020级大学生、100名小学生和100名初中生发放生活补贴共283000元。2021年资助的20名大学生、100名初中生和100名小学生的名单筛选和协议签署，生活补贴共283000元于11月底前拨付完成。

（三）中证基层干部能力提升培训班项目

2020年10月26—28日，举办“中证隰县基层干部能力提升培训班（一期）”，面向隰县8个乡镇的乡镇扶贫干部及村扶贫干部，学员总数113人。

▶ 隰县基层干部乡村振兴能力提升培训班（三期）

2021 年 5 月 31 日至 6 月 4 日，“中证隰县基层干部乡村振兴能力提升培训班”在浙江大学（华家池校区）举行，培训共有 100 名隰县基层干部参加。

2021 年 11 月 8 日，第三期中证隰县基层干部乡村振兴能力培训班在浙江大学华家池校区顺利开班，培训共有 68 名隰县基层干部参加。

（四）中证致富带头人培训

中证隰县致富带头人培训项目是通过培训的方式，培养一支懂农业、爱农村、爱农民的“三农”工作队伍，优化农业从业者结构，为实施乡村振兴战，打赢脱贫攻坚战，打造本土化新型职业农民。

▶ 中证隰县致富带头人“梨想行动”主题培训

（五）爱心超市项目

中证爱心超市项目是巩固脱贫成果、创新社会扶贫治理、推动乡村振兴的有效手段，是实现贫困户和非贫困户全覆盖、提高整体满意度认可度、做到扶贫扶智又扶志的重要举措，隰县县委以建设“好人村、好人县”思路目标，以“爱心超市”

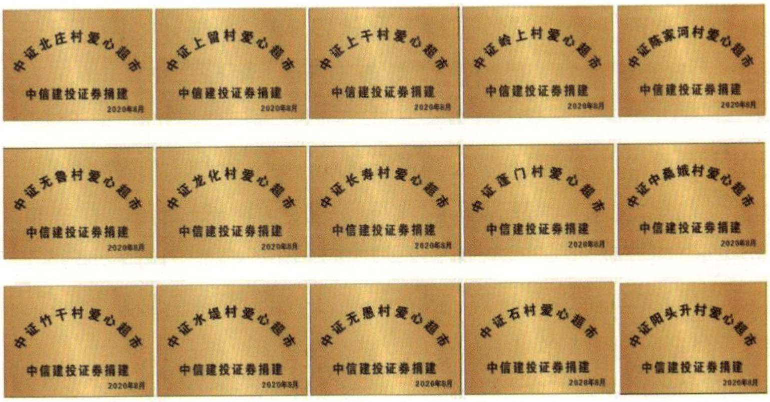

▶ 中信建投证券捐建爱心超市名单

建设为依托，以“十星农户”评选活动为载体，加快推进乡村治理能力和治理体系现代化。村级党支部书记担任“爱心超市”领导组组长，村主任担任副组长，成立“爱心超市”办公室。

2020—2021 年，中证隰县爱心超市建设项目，共捐助资金 54 万元，每年捐赠 27 万元，共 2 年，每年在隰县选择 15 个已脱贫村落地爱心超市项目，每个爱心超市每年 1.8 万元。共计支持 30 个已脱贫村。

（六）中证玉露香梨品牌推广项目

2020—2021 年，根据内外环境实际情况，善品公社延续“隰县好梨玉露香”的传播主题，通过策划善品公社 | 隰县玉露香梨云上发布会等活动，邀请微博百万级达人进行原产地探访，邀请艺人公益代言、邀请中央级媒体深度报道，并在全国性重要展会、全国一二线城市高端楼宇电梯、TCL、长虹、海信等全国电视开机等优质资源位投放隰县玉露香梨公益广告等多种方式支持玉露香梨品牌推广。不完全统计，近两年隰县玉露香梨品牌曝光量突破 5000 万次，传播受众遍布全国各地，品牌打造效果明显。同时善品公社整合优质产品销售渠道、号召消费帮扶，拓展市场渠道，助力隰县玉露香梨品牌影响力提升及精准对接市场，促进并推动隰县玉露香梨产业健康、高质量发展和可持续发展。

（七）果蔬大棚项目建设情况

通过中国证券业协会挂职领导和中国扶贫基金会相关同事实地调研后，结合隰县 8 个乡镇产业布局和实际情况，目前初步选定龙泉镇北庄村和上留村作为项目落地村。截至 2021 年 11 月 23 日，施工企业已进场，对场地地表植被进行清除，对场地进行平整，三座大棚主体工程已经完工，占地 13 亩，草莓苗木已经栽种两棚，附属工程如水、电、路和护栏等正在建设中。

（八）中证防雹网项目建设情况

截至 2021 年 11 月 23 日，防雹网项目一期在隰县龙泉镇“刘家庄村”和“北庄村”、午城镇“习礼村”和阳头升乡“竹干村”共建设 195.25 亩地的示范果园，覆盖农户 23 户。二期工程正在开展中，目前已经覆盖 16 亩，预计 2022 年 6 月底前建设完成 200 亩果园。

中信建投证券将继续发挥证券公司的优势，进一步加大在资金、人员等各方面资源投入力度，尤其要结合帮扶地区的实际需求，积极学习借鉴优秀同行参与乡村振兴工作的好经验、好做法，不断探索和完善公司开展助力乡村振兴工作的形式和途径，为贯彻落实国家乡村振兴战略，践行绿色金融服务绿色经济发展，助力实现“碳达峰 碳中和”目标贡献更大的力量。

10. 中国神华

发挥央企优势 助推乡村振兴

中国神华深入学习贯彻习近平总书记关于扶贫工作的重要论述，以高度的政治责任感和强烈的历史使命感，认真履行央企责任，切实助推地方巩固拓展脱贫攻坚成果全面推进乡村振兴，发挥“国家队”和“排头兵”的先锋作用。

中国神华目前承担陕西省吴堡县、米脂县和四川省布拖县 3 个定点县和西藏自治区聂荣县 1 个对口支援县的乡村振兴帮扶任务。实施的帮扶项目主要为：教育帮扶、健康帮扶、基础设施帮扶、产业帮扶、党建帮扶以及开展基层干部和技能培训的志智双扶等方面。

一、聚焦教育帮扶，阻断贫困代际传递

在教育帮扶上，教育民生“百年大计”从根本上解决贫困根源，助力帮扶县义教优质均衡发展。一是先后建成布拖县阿布泽鲁小学（全县最大的特殊儿童学校）、地洛二小、依撒小学等小学，援建米脂县第八幼儿园和米西区九年一贯制学校，新改建 5 所幼儿园，有效解决当地群众子女上学问题。2021 年投入帮扶资金 1350 万元在米脂县银州街道办班家沟村新建一所九年制义务教育学校，解决米脂城区约 2580 名学生学位供给问题；在布拖县特木里镇新建特里木镇中学，满足易地扶贫搬迁集中安置点及附近群众子女就学需求。二是在帮扶县设立教育奖励基金、助学资金、

▶ 援建的阿布泽鲁小学师生心形图形表达感恩

师生激励基金，为稳定教师队伍、提升教育质量和激励学生努力学习起到很好的促进作用。三是实施图书捐赠，为中小学生购买教辅资料，捐建“爱心书屋”，购买校服、运动服、捐赠文具书籍，减轻贫困学生家庭生活压力，改善提升学校整体精神面貌，缓解了贫困偏远地区青少年看书难的问题。

二、助力健康帮扶，优化改善医疗条件

在健康帮扶上，加强医疗帮扶投入，切实保障群众健康生活。一是加大医疗保障力度，突出解决群众看病难问题，为帮扶县医院、疾控中心购置核磁共振仪、HIV1核酸定性检测仪等设备，使医疗硬件条件明显提升。二是持续实施艾防“红丝带”母婴阻断项目，通过提升艾滋病检测能力，推进孕情早发现，提高助产服务团队积极性，规范孕期抗病毒治疗，补充人工喂养经费缺口等，切实降低艾滋病母婴传播率。三是持续在开展先心病筛查救治工作，聘请北京等医疗专家团队为帮扶县乡村医务骨干进行先心病筛查和救治培训，筛查覆盖儿童4000多名，5名病患得到救治，有效防止因病致贫、因病返贫。

三、聚焦基础设施，改善生产生活条件

在基础设施帮扶上，聚焦基础设施建设和人居环境改善，切实提高群众生产生活质量。一是为米脂县和吴堡县实施太阳能路灯项目、跨河大桥建设项目、便民桥项目、高标准农田项目等基础设施项目162个，解决了当地百姓最直接受益、最期盼解决的民生问题；二是援建布拖县博作乌科索玛花旅游环线公路项目，打通产业和旅游发展通道，为乡村振兴和可持续发展奠定基础；三是打造布拖县博作幸福美丽新村，为博作村户贫困户购置家具，让老百姓真正实现了“住上好房子，过上好日子，养成好习惯，形成好风气”。

▶ 援建的布拖县博作通村公路——索玛幸福路

四、推进产业帮扶，实现村民持续增收

在产业帮扶上，着力将产业发展作为脱贫攻坚与乡村振兴的引擎，探索强村富民之路。

一是“产业＋就业＋消费”扶贫，助力苹果产业成为县域第一大经济增长点。为促进米脂县脱贫攻坚，支持米脂县苹果产业专业化、规模化，根据该县域经济特色和农业生产环境，以志红苹果专业合作社产业示范园为突破口，贫困户入社，租用贫困户土地，建灌溉系统、配置苹果储藏筐架等扶贫项目。

▶ 帮扶的志红苹果专业合作社产业园

二是“产业＋就业＋消费”扶贫，助力吴堡县东庄挂面厂借力舌尖上的中国品牌从一隅走向全国。吴堡县空心挂面闻名全国，曾上过《舌尖上的中国》栏目，但一直没能形成规模效应，品牌效应没有凸显。中国神华投入帮扶资金 500 万元援建东庄村手工挂面厂项目，通过中央电视台《乡村大世界——手挽手》节目大力宣传吴堡空心挂面。带动本村及周边村劳动力 40 余名农民在家门口就业，其中贫困户 17 人。通过务工、分红和贫困户专股等形式带动东庄村全村 284 户农户、73 户贫困户及周边 17 个村的 427 户贫困户受益。

三是“产业＋生态＋消费”扶贫，助力布拖县农民收入稳步增长。通过村集体＋合作社＋农户方式，在布拖县博作村原有养鸡场基础上，援建成立博源高山生态土鸡养殖农民专业合作社，拓展线上线下销售渠道；同时，援建布拖县活禽交易市场项目，为布拖县养殖户、饲养场、养殖专业合作社等提供牲畜良种交易平台和提供合理规范的检疫监督场所条件，逐步构建产销对接的综合服务体系，打通从养殖到餐桌的全产业链，提高持续生产经营水平和市场化能力，实现了村民稳定增收；探索“生态＋产业”项目，实施布拖县合井乡朵洛村生态经济林项目，种植防风林和花椒林 200 余亩，项目既防风固土，又增加村民收入。

四是消费帮扶，助推地方产业持续发展。深入推进消费帮扶，开展产销对接，

倡议企业、职工参与“消费帮扶”行动，企业工会福利发放、单位食堂优先采购定点帮扶县农产品，购买扶贫大礼包、设立扶贫窗口、直播带货、党员带头全员购买、购买电子扶贫码、设立自动售货机，通过集团“慧采商城”积极认购帮扶县产品等方式累计消费扶贫 2000 多万元，帮助销售布农产品近 200 万元。

五、强化党建引领，深入推进移风易俗

在党建帮扶上，切实把党建优势转化为帮扶优势，盯住“看不见的贫困”，精准实施“四治（治病、治愚、治毒、治超生）并举 + 移风易俗”。一是新建、维修多个村级党群活动中心，改善党群活动条件，增强村基层党组织战斗堡垒作用；二是开展支部结对共建活动，协助开展“示范党委”“红旗支部”创建活动，发挥党组织凝聚力，发动广大干部职工关心帮扶、参与帮扶，开展帮扶日系列活动，捐款捐物，引入外部资金参与帮扶；三是投入特殊党费在帮扶村开展环境综合整治和形式多样的倡树新风、四好创建评比活动，推行丧事新办、破旧立新等移风易俗活动，帮助扭转彝区厚葬薄养、高额彩礼等致贫突出问题，移风易俗成效被四川省国资委作为示范进行推广。

六、注重志智双扶，提升技能促进就业

在志智双扶上，坚持授之以渔，开展技能培训和就业帮扶，切实提高群众的各方面能力。一是举办技能人才培训班、基层干部培训班、电商培训班等各类培训，为布拖县培训 3690 人次，为米脂县和吴堡县培训 2000 多人次；二是依托布拖县党校打造新型农民素质提升工程培训基地，对布拖县 12178 名家庭劳动力进行全覆盖培训，有效培养彝族贫困家庭脱贫致富的“顶梁柱”；三是以就业帮扶为载体，招录多名困难大学生到公司系统内工作，帮助困难群众就近转移就业等。

中国神华将深入贯彻落实习近平总书记关于实施乡村振兴战略重要讲话精神，按照中央实现脱贫攻坚成果同乡村振兴有效衔接的总体部署，切实提高政治站位，积极履行作为央企的政治责任和社会责任，坚定不移贯彻落实党中央、国务院针对乡村振兴发展战略的系列决策部署，继续深入产业、文化、人才、组织、生态振兴的帮扶路径，实现社会效益、帮扶效益最大化，力助乡村振兴落到实处、取得实效，帮扶村、县的人民生活幸福美好。

11. 东兴证券

“兴源惠民”乡村振兴培训教育基金项目

“兴源惠民”是东兴证券创立的一个公益品牌，在中国证监会、中国证券业协会、中国扶贫基金会、中国东方资产等单位的指导和帮助下，目前该品牌经过近 4 年的运作共有乡村振兴培训教育基金、贫困地区教师成长助教计划、边远地区医护人员成长计划 3 个子项目，资金总投入超 1200 万元，精准对应乡村振兴带头人、教育工作者、医护工作者三个在脱贫攻坚和乡村振兴过程中亟需帮扶的群体。

▶ 中国证监会帮扶办副主任杨志海为参训学员进行网上授课

一、证券行业内首个扶贫和乡村振兴培训教育项目

为响应习近平总书记在党的十九大报告中提出的“扶贫先扶智”精神号召，2017 年 12 月，东兴证券创证券行业之先，正式启用“兴源惠民”公益品牌，先后投入 300 万元与中国扶贫基金会携手打造证券行业首只扶贫培训基金“兴源惠民扶贫培训教育基金”，专门为贫困地区提供金融、电商、经管、劳动技能等方面的培训，为家庭经济困难的学生和教育资源落后的贫困地区提供经济资助和成才支持服务，积极从思想上转变贫困县的思维意识，提高贫困群众的脱贫能力，激发贫困群众内生动力。

截至 2019 年年末，“兴源惠民”在北京、上海、成都、湖南等地开展了 7 期培训，培训采取现场集中教学和实地考察交流相结合的形式，包括中国证监会、中国银保监会定点帮扶县在内的多个贫困地区的县级领导、乡镇场长、扶贫干部、驻村第一书记、驻村帮扶工作队队员等先后参加培训，现场参训累计超1500人次。

▶ 参加"兴源惠民"培训班的学员进行现场教学参观

从经济形势与政策解读到产业扶贫模式分析，从农村电商到农村科技创新金融体系建设，从乡村振兴成功经验到为贫困县脱贫发展开药方、提建议，来自中国人民大学、北京师范大学、中国农业大学、南开大学、北京大学贫困地区发展研究、农村发展与研究等多个领域的专家教授，以及中国扶贫基金会项目负责人、东兴证券投融资领域的业务精英，对各期培训内容做了深入浅出的讲解和剖析，为一线扶贫干部进一步提升扶贫能力，打好脱贫攻坚翻身战奠定了基础。除了现场授课，兴源惠民扶贫培训基金还多次组织了贫困县走进复兴集团等国内知名企业参观，学习交流优质扶贫项目的活动。试图通过理论实践相结合，助力贫困县政府加快金融领域人才的培养，提高贫困县通过金融手段服务县域经济发展的能力。

2020年以来，按照党中央和国务院的指示精神，"兴源惠民"系列培训的重心逐步由脱贫攻坚向乡村振兴转移。2021年，"兴源惠民"扶贫培训教育基金正式更名为"兴源惠民"乡村振兴培训教育基金，继续通过培训教育帮助不发达地区巩固拓展脱贫攻坚成果，守住脱贫攻坚胜利果实，推动脱贫攻坚政策举措和工作体系逐步向乡村振兴平稳过渡。

2021年10月，由中国证监会帮扶办、国家乡村振兴局社会帮扶司指导，中国扶贫基金会、深圳资本市场学院和东兴证券共同主办的2021年兴源惠民基层干部乡村振兴专题培训班在深圳举办，中国证监会一级巡视员曾彤、中国扶贫基金会副理事长陈志刚、资本市场学院副院长彭文革出席开班仪式，包括银保监会、证监会、中国东方和东兴证券结对帮扶县，以及其他中央国家机关企事业单位、民营企业、证券公司、期货公司、基金公司等金融帮扶单位的帮扶干部等200余人参加。培训主要围绕碳中和、ESG基金、“保险＋期货”等资本市场特有的金融工具如何参与乡村振兴工作展开，力求以新思路、新模式推动相关人员能力素质和业务水平的“双提升”，充分发挥应用在乡村振兴工作中。除课堂授课，培训还分别于深圳湾科技生态园和深圳证券交易所开展现场教学，学员实地观摩、了解了金融、科技等相关领域的扶贫实践经验。此外，培训期间还顺利举办“公益组织参与‘保险＋期货’可行性研讨会”，各地涉农干部和期货公司代表参与了讨论。

2020年5月和2021年9月，东兴证券与深圳证券交易所、资本市场学院、中国扶贫基金会、浙江大学合作，在克服疫情的不利影响下，突破现场教学的场地规模限制，创新形式采用线上培训的形式，成功举办了3次“兴源惠民”乡村振兴专题培训，培训期间单日最高访问量突破8千人次，总访问量突破6万人次。

▶ 2021年兴源惠民基层干部兴村振兴专题培训合影

“兴源惠民”乡村振兴培训教育基金，不仅发挥了行业引领作用，还体现了社会组织整合资源的优势，通过交流、分享以及项目实地考察等形式，共建金融行业参与精准帮扶工作交流学习平台，为金融行业参与乡村振兴贡献力量。该项目2020年入选全国银行业助力脱贫攻坚创新实践典型案例，以及中国证券业扶贫攻坚优秀案例汇编，2018年获得中国证监会优秀扶贫案例。

二、不断探索创新，打造“兴源惠民”乡村振兴品牌

在不断探索和创新帮扶工作中，经过4年多的运作和发展，“兴源惠民”已经从单一项目，发展为一个乡村振兴公益品牌，下设乡村振兴培训教育基金、贫困地区教师成长助教计划、边远地区医护人员成长计划3个子项目，资金总投入超过1200万元。

为了提升贫困地区的医疗水平，做好健康扶贫工作，东兴证券于2019年12月出资467万元，联合中国扶贫基金会成立“兴源惠民”边远地区医护人员成长计划，用于贫困边远地区医护人员的技能培训和医疗环境的改善。目前在该项目资金支持下，在东兴证券帮扶县重庆市云阳县人民医院正式设立了第一个“兴源惠民”天使之家，为医护人员和患者的医疗保健培训提供支持服务。2021年10月，第一期“兴源惠民·云阳天使之家”公益活动顺利举行，云阳县人民医院心血管内科、妇科、营养科以及口腔科专家10余名，先后到周边的养老院和学校开展健康知识讲座、急救技能培训等公益活动。

为集中力量帮助边疆民族地区、边远贫困地区补齐教育短板，有效提高帮扶县及其他不发达地区教师职业水平和校园管理能力，进一步扩大“兴源惠民”扶贫品牌影响力，东兴证券自2019年9月开始启动“兴源惠民”贫困地区教师成长助教计划，先后出资300万余元用于签约地区的教师职业水平培训和提升、优秀教师奖励激励和校园管理水平提升等方面。该项目首先在新疆尼勒克县和麦盖提县启动，目前已经惠及1500名以上的边远地区教师。

下一步，东兴证券将继续认真贯彻习近平总书记关于乡村振兴战略的重要论述，在中国证监会的统一领导下，充分发挥资本市场在服务乡村振兴战略中的作用，继续加强与中国扶贫基金会、资本市场学院的合作，不断开展工作创新，持续强化“兴源惠民”公益品牌优势和影响力，将“兴源惠民”系列培训搭建成乡村振兴的学习交流高效平台，在绿色生态、产业发展、数字乡村、金融助力乡村振兴、人才培育等方面重点发力，为实现巩固拓展脱贫攻坚成果同乡村振兴的有效衔接，为决胜全面建成小康社会实现新时代乡村全面振兴、全方位振兴作出更大贡献。

12. 工商银行

全力巩固脱贫攻坚成果 深化乡村振兴战略

党的十九大提出实施乡村振兴战略，以习近平同志为核心的党中央着眼党和国家事业全局，深刻把握现代化建设规律和城乡关系变化特征，顺应亿万农民对美好生活的向往，对“三农”工作作出的重大决策部署，是决胜全面建成小康社会、全面建设社会主义现代化国家的重大历史任务，是新时代做好“三农”工作的总抓手。

为深度融入国家乡村振兴战略，做好金融支持与综合服务，工商银行将围绕“产业兴旺、生态宜居、乡风文明、治理有效、生活富裕”的乡村振兴战略总要求，着力实现金融供给水平、绿色金融服务、融智服务效能、金融科技支撑、助农惠农能力等“五大提升”，推出金融服务乡村振兴行动举措，全力支持支持巩固拓展脱贫攻坚成果、持续提升金融服务乡村振兴能力和水平。

一、改善农民人居环境

长期以来，由于农村人口数量多、农民单户散、污水收集难等原因，导致农村污水得不到妥善处理、水体环境不断恶化，对农民群众安全饮水造成巨大隐患。工商银行通过与政府联合，引入专业化经营公司，投入长期限的资金支持，有效解决污水治理领域公共基础设施建设的资金缺口以及缺乏专业化长效经营管理的难题。

“天津武清农村污水治理项目”是国内最大的农村污水处理项目之一，政府、社会资本方、工商银行共同出资，以项目建成后运营收入作为还款来源。该模式将资金回报率低的公共服务类项目，通过延长贷款年限的方法缓解每年的还款压力。

（一）从运行效率上看。通过公开招标方式遴选社会资本方共同出资，并引入银行长期融资，缓解了政府短期内大规模集中投资压力，降低了财政负担，以时间换空间，使项目得以快速启动实施；运营方是一家致力于农业农村水资源专业化的民营企业，已发展为集节水灌溉材料研发、制造、销售与工程设计、施工、服务为一体的行业龙头企业，具有水利水电工程施工总承包壹级资质，拥有水利全行业设计乙级资质。“由专业公司干专业的事”，大幅提高了项目运营效率。

（二）从企业获益上看。政府根据项目建设投资、运营维护、融资成本及必要合理回报确定项目年化投资收益率为 6%。另外，本项目上游供应商及建设总包公司均为运营方成员企业，从原料采购到项目建设产生的收益均纳入集团合并综合收益，收益可观。且项目采用政府付费方式，有政府信用背书，收益稳定。

（三）从农民获益上看。项目改善范围覆盖天津市武清区 12 个村庄配套污水管网工程、289 个村庄污水处理及旱厕改水厕、道路恢复工程、配套电力工程等，解决了天津武清区 301 个自然村的污水处理和供水节水难题，使当地 11 万农民喝上放心水，大幅提升了农村人居环境。

二、助力乡村治理提升

伴随国家乡村振兴战略的深入推进，农村集体资产清产核资工作提上日程，如何监督为数众多的集体经济组织成为农村集体资产管理面临的一个紧迫问题。而农村三资管理涉及面广、项目多、管理难度大。针对农村集体资产家底不清、资产要素供需信息难以流通匹配、村务公开不够规范以及农民群体融资难等问题，工商银行自主研发推出向农业农村主管部门、乡村振兴管理部门、村集体、股份经济合作社、新型农业经营主体、村民等三农全场景客户，免费提供涵盖党务、村务、政务、财务、金融服务的“数字乡村综合服务平台”，助力明晰农村产权、激活农村生产要素、促进资产增值保值。

“数字乡村综合服务平台”通过“一窗受理”方式，免费向农业农村主管部门、乡村振兴管理部门、村集体、股份经济合作社、新型农业经营主体、村民等三农全场景客户，提供涵盖党务、村务、政务、财务、金融服务的“五位一体式”服务，实现“省、市、县、乡、村”五级穿透。具体服务包括智慧党建、数字政务、阳光村务、三资管理、产权交易、惠农补贴管控、宅基地管理、普惠信贷、农产销售等，可较为全面地满足乡村数字化建设需求，实现综合金融服务“一触即达”，有效帮助数量众多的集体经济组织管理农村集体资产。上线以来，工商银行已与 18 家省级农业农村厅签署“数字乡村综合服务平台”战略合作协议，与 610 家市县级农业农村主管部门达成信息化合作，覆盖全国 31 个省份、181 个地市及 8.3 万个村集体。创新涉农信贷场景近 60 个、通过信贷资金支持农户 1.5 万户，融资余额近 50 亿元，在明晰农村产权、激活农村生产要素、促进资产增值保值、金融支持农民增收致富等方面贡献金融力量。

（一）从产权制度上看。针对农村集体资产家底不清、处置不当等问题，平台通过“AI+ 大数据”技术，搭建农村集体三资数据可视化系统和全链路的数据采集平台，辅助清产核资工作。全面摸清集体家底、界定成员资格、集体和个人产权归属，明晰“产（权）有其主，主有其权，权有其责”的农村集体产权关系，协助政府部门建立阳光透明、触手可及的闭环监管体系，助力构建归属清晰、权责明确、保护严格、流转顺畅的现代产权制度。

（二）从资产信息上看。针对农村资产要素供需信息难以流通匹配、土地流转价值估计偏离、签订合同缺乏有效规范等问题，平台通过省、市、县、乡、村五级农村产权交易信息发布，为农户、农民合作社、农村集体经济组织、涉农企业等提供农户承包土地经营权、林权、农业生产设施设备使用权及农业类知识产权等农村产权交易和网络销售渠道，以数据驱动乡村高质量发展，激活主体、激活要素、激活市场。

（三）从村务运营上看。针对村务公开不规范、民主管理执行不到位、村级行政权力缺乏有效监督等问题，平台围绕村民事项决议、村级账户流水、收入、支出、收付款合同等村务财务情况以及村民迁入迁出等信息，构建公开、透明的共建共治共享智慧政务体系。村集体可在平台上公开党务、村务、财务信息，接受村民和监管机构监督。同时，村民也可在平台上录入意见建议，供村集体施策参考，对于提高乡村施政的公平和效率具有重要意义。

（四）从金融服务上看。针对农村贷款难、贷款贵、贷款繁的痛点问题，平台运用“农业大数据 + 金融科技”，建立数字尽调机制，开展涉农场景建设，即利用平台上农民群体的数字化信息为贷款投放提供数据支撑。根据农民群体不同场景融资需求，提供“信用 + 产权抵押 + 供应链”多样化融资产品，有效扩大普惠助农服务半径，打造新型农民金融服务体系，推动金融服务延伸到农业产业链末端。

三、促进农业发展升级

推进农业生产规模化、专业化、机械化，助推乡村振兴，确保国家粮食安全，实施高标准农田项目建设迫在眉睫，但因前期建设投入成本较高、财政资金补贴有限，项目经济效益不明显、银行融资介入较难等问题，高标准农田建设往往面临资金缺口难题。江苏盐城是长三角地区重要的农产品供应基地，作为江苏乃至全国的农业大市，粮食产量常年稳定在 700 万吨以上。与此同时，盐城市仍有很多地区存在农业基础设施薄弱、农民分散经营，经营规模小、低产低效等问题，农业大而不强、大而不优以及土地碎片化、种地人口老龄化的问题日显突出。

工商银行践行金融支持乡村振兴、积极支持国家高标准农田基础设施建设，为盐城当地龙头农业公司建设的 50 万亩高标准农田项目提供融资支持，有效解决建设资金缺口问题，助力盐城市高标准农田建设。该项目规划粮食种植总面积达 50 万亩，打造万亩以上现代化连锁农场 30 个左右，采取合伙制经营模式、引入新型农业经济主体，实现粮食种植标准化、规模化发展，带动农民就业增收。截至目前，该项目已签约流转农田 32.46 万亩，建成高标准农田约 16 万亩，建立（连锁）家庭农场 9 个。一方面，在土地规模化经营改造过程中，农民可获得农业公司支付的土地租金收入，同时，通过雇佣农民进行生产劳作，带动农民获取务工收入；另一方面，通过亩产提升、品牌溢价为参与合伙经营的合伙人带来分红收益。该项目克服了千家万户分散经营的缺陷，通过（连锁）农场一体化、标准化、品牌化经营，提升品质和价格，增加农业供给及农民收入的同时，也为企业经营该项目带来分红收益。

（一）从项目运作上看。该项目租用 50 万亩农田经营权进行高标准农田建设，并配备农事生产设备设施和应用物联网技术的自动管控终端。项目建设期 2 年，2020 年规划建设 20 万亩、2021 年建设 30 万亩，预计将全面打造 30 个面积为 1—2 万亩的现代化连锁农场，集中解决土地碎片化及基础设施薄弱等问题。目前，项目已在盐城市建湖县上冈镇、亭湖区盐东镇等 7 个镇区选址并启动，所打造农田以种植水稻和小麦为主，按每年一季水稻、一季小麦进行轮作，一年两茬产出优质粮主要供国家收储，部分对外销售。

（二）从经营模式上看。农业公司下设 30 个连锁农场，实行“五统一分”合伙制经营模式。“五统”指统一品种布局、统一技术指导、统一植保防治、统一农资供应、统一品牌销售，“一分”指各农场分别（连锁）运营，每个农场在农业公司的统一管理下设独立经营管理层，引入 30 个合伙人进行合伙加盟。合伙人与农业公司公司签订连锁合伙加盟协议，根据协议约定，合伙人按约定标准向农业公司公司支付土地租赁费，同时，农业公司公司与合伙人按一定比例对农场盈利后的经营利润进行分红。已加盟的合伙人主要为农机 / 农经站的退休人员、有农场经营经验的新型农业经营主体、盐城境内临海及滨淮等国有农场的职工三大类人员。该模式下，一方面，通过规模经营，解决当前种植大户规模小、标准难统一、品质难保障、抗自然灾害和市场风险能力不强等诸多现实问题，有效加快土地整治和高标准农田建设步伐，并带动项目区农民就业及增收；另一方面，合伙人支付农田租金参与经营，与农业公司公司共担盈亏，提升了合伙人主人翁意识，更有助于降本增效。

（三）从资金保障上看。农业公司自筹项目资本金，工商银行独家为农业公司提供项目贷款，由控股股东龙头企业提供全额保证担保，解决项目建设资金缺口问题。从项目盈利能力来看，根据项目可研报告，50 万亩高标准农田全面建成投产后，每年预计可实现净利润超 1 亿元。以 2022 年为例，预计总经营收入 13.86 亿元；预计总成本费用 12.78 亿元，可实现净利润 1.08 亿元。产生的利润由农业公司公司与合伙人按合伙协议进行分红，农业公司公司所分得的利润即为本项目的主要偿债来源，偿债来源充足可靠。

13. 邮储银行

多措并举　全面助力乡村振兴

自党的十九大提出实施乡村振兴战略以来，邮储银行积极贯彻落实中央决策部署，立足自身优势，强化科技赋能，围绕乡村振兴重点领域和主体，因地制宜地创新金融服务乡村振兴模式，不断提升三农金融服务质效，扩大服务范围，提升服务效率，改善服务体验，以高效高质金融服务全力支持乡村全面振兴。

一、海南省分行：以信用村建设“贷”动乡村振兴加速跑

邮储银行海南省分行积极实施乡村振兴战略，探索在农村金融行业市场经济环境中建立和健全诚信体系，以创建信用村为载体，大力构建农村诚信工程，持续推动海南农村诚信环境建设，进一步夯实海南“三农”经济发展信用基础、激发海南农村地区发展的内生动力，积极践行省委、省政府信用海南建设大局，助力乡村振兴。

（一）加强统筹协调，制定工作方案

邮储银行海南省分行首先加强组织领导，积极推动信用村建设调研。邮储银行海南省分行自信用村建设开展以来，成立了以分行一把手为组长，三农金融事业部等相关部室参与的信用村建设工作小组，加强统筹协调，确保信用村建设工作切实取得成效。自 2017 年以来，信用村建设工作小组针对海南农村诚信环境建设开展专题调研，实地走访“三农”信贷客户，制定了切实可行的信用村建设工作方案。通过选择特色优势产业集中、信用环境良好、资金需求旺盛的行政村，开展信用村建设。发挥金融优势，积极践行社会责任，实施“授信”与“增信”双管齐下，推进农村社会诚信体系建设，扩大普惠金融受益面，助推农村诚信环境持续向好，获得各级政府和农村客户的广泛好评。

（二）大力推动信用村建设

为提高社会公众信用意识，引导社会公众关心、关爱自身信用记录，邮储银行海南省分行每年都会在相关主管部门的组织下开展“6 · 14 信用记录关爱日”“征信专题宣传月”等征信专项宣传活动。征信专项宣传活动坚持贴近群众、贴近实际、贴近生活，通过电视夜校宣讲等丰富的载体和新颖的方式，帮助百姓了解征信知识，增强信用意识，引导社会公众关注、参与国家的征信和社会信用体系建设，切实增强了征信宣传的吸引力和感染力。

此外，为全面落实海南省委、省政府和邮储银行总行关于加强退役军人服务有

关要求，邮储银行海南省分行与省退役军人事务厅双方拟定了《邮储银行海南省分行与省退役军人事务厅乡村振兴合作活动方案》，利用退役军人担任村支两委的契机，合作共建信用村，共同支持退役军人就业创业。在有效解决当地退役军人融资难、融资贵问题的同时，充分发挥好“兵支书”“兵委员”在乡村振兴和基层治理中的优势和积极作用，合作共建信用村。2021 年已在全省范围内合作共建信用村 186 个，目前对退役军人的信用村贷款已突破 6000 万元。

（三）信用村建设为乡村振兴引活水

实践证明，邮储银行海南省分行信用村建设实现经济与社会效益双赢，邮储“三农”服务品牌影响力显著提升。早在 2017 年，邮储银行海南省分行信用村建设就已率先完成全省县域全覆盖，是金融同业内首个构建“三农”信用体系的银行。截至目前，信用户涉农贷款余额在海南省分行全部“三农”贷款余额中的占比已达 12.3%。

值得一提的是，信用村建设开创的“银村合作”新模式，成为了海南村级单位“增信”新抓手。通过信用村和信用户的评定工作，有效推动了“整村授信”“批量开发”的普惠信贷模式，构建了“银村合作”新平台，受益面延伸至镇、乡、村。截至 2021 年 10 月，海南分行累计已挂牌信用村超 900 个，信用户贷款放款量从 2018 年的 3.68 亿元增加到 2021 年的 11.53 亿元，年均增长率 71.1%。信用村镇的建立，打造了海南农村信用体系，有力支持了乡村振兴战略。

此外，推动信用村建设，产品覆盖由个体向规模、链式融合发展转型，推动农业行业开发助力乡村振兴。“信用村”建设通过对新增行业的深入挖掘，提高了产业链融合开发效率，拓宽了化肥、农药、饲料、物流、包装等涉农上下游产业链规模。截至目前，海南省信用村累计发放涉农贷款 20.96 亿元。在信用村建设的带动下，有效带动了农村地区的致富，有力扶持了农村规模农业的发展，助力乡村振兴。

“信用村建设”是邮储银行海南省分行响应乡村振兴战略的一个实实在在的印记，也是该行进一步拓宽农村客户融资渠道的一个新模式。

二、黑龙江省分行：“智慧龙江”极速贷打造金融助力乡村振兴发展的科技“加速器”

传统的农村小额信贷运营成本高、风险识别差异大、信息不对称性强，制约银行等传统金融机构进一步下沉“三农”服务重心。随着大数据、区块链、人工智能等新技术的发展，大数据、云计算等新兴科技与银行业务深度融合，推动小额信贷向“数字化、信息化”迈进，为新时期金融助力乡村振兴开辟了新的道路。

中国邮政储蓄银行黑龙江省分行积极走上科技赋能道路，应用数字技术改造传统农村小额信贷产品，面对农村金融市场新形势和农业现代化发展新要求，通过科技赋能打造“智慧龙江”极速贷产品体系。借助技术的创新应用进入农村金融市场当中，消除信息壁垒、打破流程约束，让农村小额信贷进入“数字化”的新时代。

一方面，变“数”为宝，将深耕“三农”金融领域多年的服务经验与大数据相结合，引入农业农村大数据，通过“标准化风控＋个性化升级”等多维方式，开发“智慧龙江”系列全流程线上小额贷款产品。借助农村确权土地数据、粮食补贴数据实现对农户真实生产经营情况的验证，将省级平台数据通过专属网络链路向总行核心系统定向传输，在核心系统内迭代升级专属客群风控指标体系，使客户画像和信用授信更为精准。另一方面，以“技”助农，黑龙江省内农民登录邮储银行手机银行即可在线申请，全流程线上办理无须再到银行物理网点，金融服务的质效大幅度提升，将过去的三天放款压缩成“10 分钟”。全流程线上贷款操作，不仅极大地提高了客户的体验，也提升了银行给客户让利的空间，“智慧龙江”系列贷款产品相较同类型非线上化产品，加权平均利率下降了 1 个百分点之多。截至目前，“智慧龙江”系列贷款产品自 2019 年年底上线以来，累计投放支农贷款 65 亿元，已实现息费让利达 6000 多万元，切实降低了农民的融资成本。

便捷、价优、高效的金融产品，在近两年的疫情期间也成为了银行助力春耕备播的重要抓手。由于新冠肺炎疫情突发，农业生产陷入停滞，“封村、封路”管理让乡村成为“孤岛”，春耕备耕工作受到严重影响。此时，金融科技成为银行助力春耕生产的关键。黑龙江省邮储银行自上而下转换思维，通过线上小额贷款投放打破物理空间的阻隔。足不出户申请贷款方便了农民，非接触模式又有效支持了疫情防控，获得了农民的一致好评。农民“融资难、融资贵”的问题得到有效缓解，拿着更低价格的资金，通过手机银行就可以在线缴纳地租和部分农资费用，帮助农户有力地抓住了春耕备播的黄金期，不误农时、不误农事，保障全年的好收成。根据测算，自邮储银行“智慧龙江”系列贷款产品上线以来，已助力当地农民实现创收约百亿元。

随着黑龙江省新型农业经营主体的蓬勃发展，规模化种植占比越来越高，针对这部分群体，“智慧龙江”极速贷产品已进一步优化并提高授信金额，支持新型农业经营主体更新农机具提高机械化水平。引导新型农业经营主体通过系统规范流转土地，在线完成流转、鉴证与抵押，实时系统审批效率高。新型农业经营主体可以通过手机银行 APP 将租金支付给被流转农户，省时省力也更安全。同时，新型农业经营主体还可以将资金受托支付至农资经销厂家，厂家接收订单后发货配送到田间地头，通过发挥邮政企业的集群优势，银行与寄递体系充分协同，加快构建“线上＋线下、自建＋嵌入、邮政＋银行”的“3+ 渠道网络”体系，截至目前，已服务新型农业经营主体客户达 9000 多户，授信余额 20 多亿元，有力推动了新型农业经营主体高质量发展。

14. 中国电建

"产业投资引领"模式 为定点帮扶县特色产业增值赋能

中国电力建设集团有限公司（以下简称中国电建）深入学习领会习近平总书记关于深化中央单位定点帮扶工作的重要指示精神，认真贯彻落实国务院国资委、国家乡村振兴局工作部署，立足定点帮扶县特色资源，坚持因地制宜，发挥企业自身优势，以"产业投资引领"模式为定点帮扶县特色优势产业增值赋能，助力巩固脱贫攻坚成果与推进乡村振兴有效衔接，实现"输血式"帮扶向"造血式"帮扶转换。

一、加强组织领导，建立健全工作运行机制

中国电建严格落实"摘帽不摘责、摘帽不摘政策、摘帽不摘帮扶、摘帽不摘监管"的"四不摘"政策要求，在此基础上，增加"摘帽不摘力度"，形成中国电建"五个不摘"的基本工作思路。调整成立乡村振兴工作领导小组，对定点帮扶工作及时进行研究部署和指导。2021年度编制了《"十四五"助力乡村振兴帮扶规划》和《2021年度助力乡村振兴帮扶实施方案》，确保现有帮扶政策、资金支持、帮扶力量总体稳定，推动帮扶举措和工作关系平稳过渡。

中国电建投运部（振兴办）党支部通过开展组织共建、实事共办、产业共创等内容，推动公司党建经验做法向定点帮扶县辐射，实现结对双方党建工作互帮、互促提升。充分发挥基层党组织在乡村振兴中的组织领导作用，强化党建在推进乡村振兴中的引领作用。

二、小投入撬动大投资，筑牢乡村振兴产业基础

（一）万头奶牛养殖及10万亩牧草种植产业项目

中国电建结合云南剑川县自然条件特点，经过充分调研论证，以"扶贫单位+县委政府产业平台公司+外部合作企业+金融机构+村民合作社+农场主+贫困户"的"1+6"创新帮扶项目模式，实施万头奶牛养殖及10万亩牧草种植产业帮扶项目。

万头奶牛养殖及10万亩牧草种植产业帮扶项目的实施，当地群众通过土地流转、就近务工、按订单种植饲草以及养殖奶牛增加收入。该项目惠及全县88个行政村，覆盖46个建档立卡贫困村。项目落地盘活剑川县近10万亩冬闲农田，为当地直接提供500个就业岗位，20万个临时用工机会，且农户通过出租牛舍给来思尔乳业，租期20年，每年为村级体创造44万元收入。

▶ “云端牧场”奶牛养殖

（二）民丰县多胎羊特色肉羊养殖基地项目

中国电建结合新疆和田地区民丰县资源优势和传统产业特色，根据民丰县优质肉羊在当地市场良好的销售预期，2019 年捐资 1000 万元，采取“公司 + 基地 + 农户”模式支持民丰县优质肉羊全产业链项目。

▶ 优质肉羊全产业链项目

项目委托新疆万丰畜牧发展有限公司进行专业化运营，实现六统一管理标准，通过肉羊良种繁育体系的建立、科技创新手段，确保羊产业的优质发展，确保优质羊优质优价，确保农民、社员利益的增加。

三、发挥电力建设核心优势，援建光伏发电帮扶项目

中国电建根据剑川县太阳储能丰富优势，利用职工捐款 1000 万元支持云南剑川县金华镇 8 个村级光伏扶贫电站建设，总装机容量 1850 千瓦，运营期 25 年，2020 年年底全部投入使用，实现“自发自用、余电上网”。项目年收益 92.68 万元，投资收益率 8.87%。项目总收益加上折旧共计 3362 万元，折合每个建档立卡贫困村

集体可获得420.25万元的收入，专项支持因病、因残完全或部分丧失劳动能力的“三类”重点帮扶户增收。

2021年剑川县金华镇八个村共实现180万元村集体经济收入，平均每个村约22万元，用于公益性岗位147人，少部分用于维护村级基础设施，为乡村振兴提供持续动能，确保可持续发展。

▶ 金华镇8个村级光伏2020年电站并网

四、“互联网+产品升级”新模式打通农产品产销渠道

中国电建根据新疆民丰、云南剑川特色农产品特点，助力农业产业升级，积极协助打造新疆民丰、云南剑川特色农产品品牌，为帮扶地区优质产品进入更广阔的的消费市场夯实基础。

通过“互联网+产品升级”模式，助推帮扶区域农业种植技术升级，实现产销对接，多渠道拓展帮扶地区农产品销售渠道，促进农业产业化、品牌化，提升当地大宗农产品种植销售持续发展能力。

▶ 苹果种植示范基地

五、促进农文旅融合，助推乡村振兴可持续发展

（一）一村一品建设

2020年中国电建在云南剑川县捐资1060万元设立旅游发展基金，其中400万

元用于剑川县石龙村喜林苑半山酒店开发建设。半山酒店建设带动了村内白族民宿体验中心、白族非物质文化遗产中心体验馆的建设，开发出环石宝山徒步路线。

▶ 石龙村（喜林苑半山酒店）（摘自喜林苑沙溪公众号）

（二）民丰尼雅文化博物馆

中国电建贯彻落实习近平总书记在第三次中央援疆工作会议指示精神，贯彻落实习近平总书记关于“文化润疆”的工作要求，捐赠帮扶资金1500万元援建新疆民丰县尼雅文化博物馆，实现让文物说话，让历史发声，助力民丰县挖掘尼雅文化、打造以尼雅遗址、精绝古国为标志的丝绸古道文旅业发展，不断巩固民族大团结。民丰县尼雅文化博物馆项目计划建设面积4000平方米，初步计划总投资约7000万元。

中国电建立足定点帮扶县特色资源，以“产业投资引领”模式，采取扎实有力的帮扶举措，为定点帮扶县特色产业增值赋能，基本实现产业帮扶、人才帮扶，文化帮扶，生态帮扶和组织帮扶全覆盖，助力定点帮扶剑川县、民丰县建立健全防止返贫长效机制，坚决守住不发生规模性返贫的底线，脱贫攻坚成果得到巩固拓展，助力推进乡村振兴开局起步良好。

15. 中国中车

"天鹅计划"培育新时代乡村振兴"领头人"

中国中车股份有限公司（以下简称"中国中车"）是全球规模最大、品种最全、技术领先的轨道交通装备供应商，现有员工 17 余万人。主要经营铁路机车车辆、动车组、城市轨道交通车辆、工程机械、新能源以及相关的投资、信息咨询、进出口业务等。2002 年，国务院确定广西百色市靖西市、那坡县和甘肃天水市麦积区、甘谷县为中国中车定点帮扶县。近 20 年来，中国中车始终把定点帮扶工作作为央企必须担当好的政治责任和社会责任，全力以赴发挥央企应有的示范、引领和表率作用。累计直接投入帮扶资金近 2 亿元，建成帮扶项目 140 多个，先后选派 43 名干部到定点帮扶县挂职，"天鹅计划"培训乡镇基层干部 236 人。多次被上级评为"扶贫开发先进集体"和"脱贫攻坚先进单位"等，2020 年年底，定点帮扶的 4 个县全部如期脱贫摘帽。

一、"天鹅计划"实施背景

"火车跑得快，全靠车头带。"在帮扶工作过程中，中国中车深深认识到，活跃在农村工作第一线的基层乡镇干部是乡村振兴的中坚力量。经调研，麦积区、甘谷县、靖西市、那坡县的乡镇干部，每年仅有不足 10% 的人有机会到省外开会、学习或调研等。2019 年，经过与市、县多次深入沟通协调，中国中车提出实施"天鹅计划"项目——中国中车精准帮扶乡镇干部领导力提升培训。

二、"天鹅计划"总体思路

"天鹅计划"把中国中车高端装备制造技术和企业创新管理实践，与帮扶地区乡村振兴战略对接起来，支持当地加强乡镇干部队伍建设，培育新时代乡村振兴"领头人"，为甘肃天水、广西百色提供有力的人才和智力支撑。

（一）把握新时代发展使命，激发乡村振兴内生动力

通过深入学习习近平新时代中国特色社会主义思想和党的十九大精神，重温习近平总书记关于乡村振兴战略的论述，强化乡镇干部"不忘初心，牢记使命"的担当与奋斗精神。着力解决帮扶的长效性，增强帮扶地区自身造血功能，激发建设美丽乡村的内生动力。

（二）感受中车智造魅力，拓展学员思维与视野

通过参观交流中国中车具有世界先进水平的高铁制造与研发技术，学习企业创新管理和领导力基础课程，加深基层干部对中国中车的认识与了解，拓宽乡镇基层干部关于现代企业与高端装备制造领域的视野。

（三）借鉴现代管理思想，创新美丽乡村工作思路

围绕本地区乡村振兴战略的实施，应用中车行动共创理念与方法，聚焦实际工作“痛点”，深入研究建设美丽乡村的重点、难点和关键点。组织学员围绕实际工作问题，创新工作思维，选准研究课题和重点工作方向，并制定相应行动方案。增强基层干部“发现问题，分析问题，解决问题”的能力，提升基层干部建设“美丽乡村”领导力。

三、“天鹅计划”组织实施

中国中车升级打造“天鹅计划”办实事品牌，把高端装备制造技术和企业创新管理实践，与乡村振兴战略对接起来。通过研究制定“天鹅领导力”模型，对来自中车定点帮扶地区及西藏昌都、河北平乡县等地区 3 批共 236 名乡镇基层干部和农村专业合作社负责人进行领导力提升培训，培育新时代乡村振兴“领头人”，开启乡村产业振兴新征程。

（一）“四位一体”顶层设计，赋能乡村振兴发展新局

“天鹅计划”根据“提升乡村振兴领导力，赋能乡村振兴开新局”总思路，以发展产业驱动乡村振兴为主线，以激发产业振兴内生动力为根本，对学员关心的四大类 123 个问题进行分类梳理，坚持使命引领、业务发展、人才开发与学习赋能“四位一体”，全面系统谋划设计“天鹅计划”项目方案，精准对接需求，迭代升级模块和课程内容，周密组织实施培训教学，高质量完成项目任务。

▶ 中车集团乡村振兴优秀乡村干部领导力提升培训班

（二）“天鹅领导力”新模型，激发乡村振兴能力提升

“天鹅计划”提出“天鹅领导力”模型。从综合分析能力、问题解决能力和落地实践能力三个维度，实现乡村振兴引路人和带头人领导力提升。一是拓宽视野，强化对发展形势的分析判断能力；二是睇准商机，强化把资源优势变为经济、产业优势的转化能力；三是转变作风，培养创新、创造、敢闯、敢试的创业精神。制定“培训方法论”模型，按照现场观察体验、学习分享反思、创新凝炼方法和开发解决方案等步骤，应用标杆学习、头脑风暴、论坛研讨和行动共创等方法。

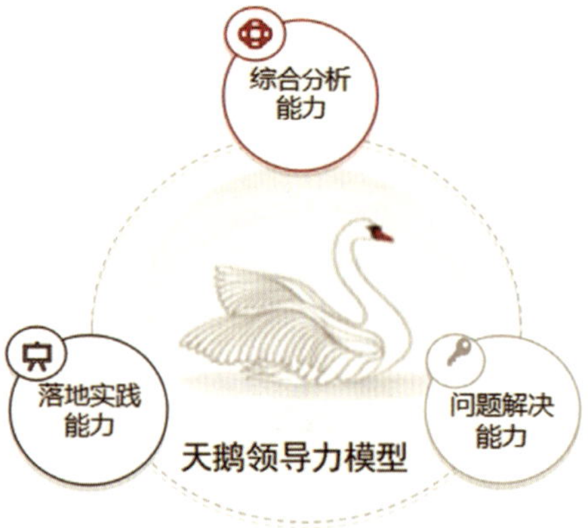

► 天鹅领导力模型示意图

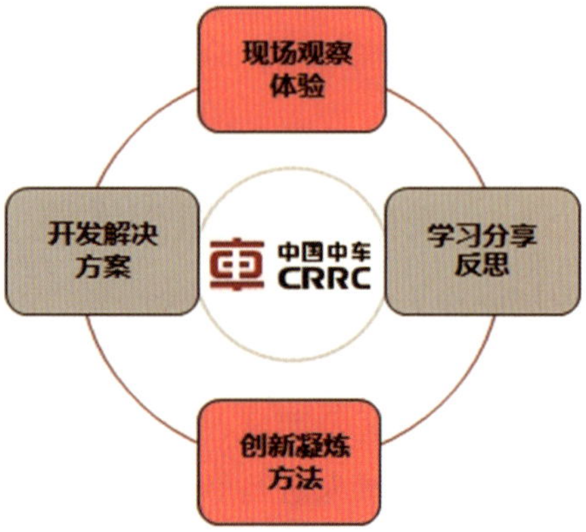

► 培训方法论模型示意图

（三）解码中车成长之道，推动精准帮扶转型升级

“天鹅计划”系统解码中车文化成长之道、人才开发之道、精益管理之道和精准帮扶之道。一是组织学员标杆学习中车智造国家名片——现场游学中车高端装备制造与研发基地中车南京浦镇公司，让学员亲身体验中车人“正心正道、善为善成”和“马上就办、办就办好”和数字制造的独特魅力，精细感悟高铁工匠精神、劳模精神和劳动精神。二是深入解析“十四五”中车定点帮扶工作思路，探寻“引进、消化、吸收再创新”帮扶发展之路和文化振兴之法，迸发乡村创新发展活力，持续推动精准帮扶转型升级。

（四）升华乡村产业价值，共创乡村振兴行动方案

“天鹅计划”组织学员系统学习道路交通助力乡村产业发展、产业园经营管理、产业平台发展和产业品牌建设等成功经验，深入研修乡村产业“无中生有”之法，探寻乡村产业振兴之道。发布了文旅运营和“欧标水果”两个产业项目，持续打造乡村产业价值创造力。学员们运用培训所学，群策群力、团队共创，分别呈现实践产业发展、实现乡村振兴的行动方案，并进行现场PK，由专家和全体学员评选优胜。以学习发展、团队致胜，同奔振兴之路。

▶ 学员现场游学中车高端装备制造与研发基地

四、“天鹅计划”经验与成效

“天鹅计划”落地了乡村振兴“领头人”带着现场工作实际问题来、带着乡村振兴解决方案回的项目实践理念。用培训所学指导实际工作，用创新思维武装工作团队，用学习激情创造崭新生活，用优异成绩回报中车帮扶，努力成为产业振兴的排头兵、乡村振兴的先行者。“天鹅计划”的实施，让中国中车与帮扶对象面对面深度交流，有效掌握了帮扶地区的现实情况、思想动态和关键“瓶颈”等第一手资料，发现了真实问题，为双方携手谋划下一步乡村振兴工作提供了重要指导和支撑，将极大促进帮扶工作的精准性和长效性。

新时代赋予新使命，新征程呼唤新担当。中国中车将坚持党的领导，坚持因地制宜，坚持创新驱动，坚持协同高效，以更强的使命感与责任感，乘势而上、接续奋斗，奋力谱写全面推进乡村振兴新篇章。

16. 中煤能源

真情融入助发展　心系群众扶真贫

自新疆维吾尔自治区党委启动"访民情、惠民生、聚民心"工作以来，中煤能源新疆分公司迅速选派政治素质高、工作能力强、作风过硬和责任心强的干部组成工作队驻村开展工作。工作队坚持问题导向和实践导向，从实际出发，因村制宜，综合施策，融入中煤"和"文化理念，创新工作思路和工作方法，把"访惠聚"各项工作引向深入。经过驻村工作队不懈努力，托万克艾来木库都克村31户贫困户实现稳定脱贫，成功摘掉了"基层组织软弱涣散村"的帽子，走出了一条立足当地实际、发挥中煤优势、体现中煤"和"文化特色的"访惠聚"之路。中煤能源新疆分公司被自治区评为"访惠聚"驻村工作2017年度优秀组织单位，工作队被自治区评为2017年度先进工作队。

一、拉家常　交朋友　架起干群"连心桥"

阿瓦提县阿依巴克乡托万克艾来木库都克村共有住户429户2032人，全村党员47名，平均年龄超过50岁。村干部更换频繁，村组织结构不合理，村财务管理混乱，村民生活条件差。工作队员初来乍到，语言沟通也存在一定障碍，工作难度很大。

面对困难，工作队员们迅速调整状态，和县乡政府领导干部沟通，研究制定工作方案，脚踏实地开展"接地气、转作风、交朋友、体民情、通民意、送政策、惠民生"活动。他们通过一家一家走访，一次一次畅谈，把村民的生产生活情况、愿望诉求和困难情况满满地记在几十本民情日记和走访日志里。

结合村民们反映的问题，工作队从固本强基抓起，把整顿"软弱涣散基层党组织"作为重点工作来抓，加强村级党支部建设，加强政治建设、思想建设、组织建设、作风建设、纪律建设，建强战斗堡垒，让村基层组织工作面貌焕然一新。加强了党组织建设，增强了凝聚力。村里每次开会，都有35名以上数量的党员积极主动参加。初步建立起党员发展后备人选"动态管理储备库"。村党支部工作逐步迈上规范化、制度化、常态化轨道，建成了一支对党忠诚的党员队伍，激活了农村基层组织的"神经末梢"。

工作队用脚步丈量了民情，用真心换回了民意，架起了一座"连心桥"。他们听到了群众的真实声音，了解到群众迫切需要解决的问题，赢得了村民的认可和信任。

二、定靶向找穴位精准扶贫汇聚力量

工作队紧紧聚焦脱贫攻坚这场只能打赢、必须打好的硬仗，全面落实自治区党委各项工作要求，以民生项目为切入点，重点解决灌溉、饮水以及村级阵地建设等突出问题，逐一细化分解责任。会同村两委班子成员开展调查和甄别贫困户，通过一看房、二看粮、三看劳动力强不强、四看有没有读书郎的方法，认真做好贫困户精准识别和建档立卡工作，做到不落一户，不差一人。经村支部、“两会两票”制度，反复研究、甄别筛选，并严格按照“四议两公开”的程序进行张榜公示，最后确定77户贫困户326名贫困人口。每户贫困户建档立卡，每户都有帮扶结对人员并制定相应的帮扶脱贫方案，做到了不多一户、不漏一人、一户一档、一户一策，确保扶到点上、扶到根上。

托万克艾来木库都克村盐碱地多，庄稼收成好坏要看雨水的多少，农田能不能及时灌溉直接影响村民的温饱问题。工作队自入村以来，点住这个“穴位”，把改变这种“靠天吃饭”的状态作为解决民生重点工程来抓。经过多方调研论证，决定兴修水利工程：先对年久失修排碱渠进行了修复疏浚，解决了土地排碱的难题；针对机井配置不合理的实际，补打了一口120米深的机井，并筹措资金200多万元建成了5.4千米长的防渗渠，彻底解决全村的灌溉问题。

▶ 自来水通到了村民家中

在工作队的协调努力下，一条长达15.7千米的供水主干线铺设完毕，分支输水到每家每户，自来水管网的改造，解决了村民吃水难的问题，终结了村民们多年拉水吃的历史。

脱贫致富，离不开农业科技。托万克艾来木库都克村有1000多亩核桃树，由于村民疏于管理，病虫害较多。工作队从提高村民的核桃种植管理技术入手，向派出单位申请技术扶持专款，邀请新疆农科院专家深入田间地头，讲解核桃种植管理技术要领，手把手教村民剪枝嫁接，传授施肥方法，防治病虫害。

三、扶志扶智并举精准发力“拔穷根”

工作队依照“先富脑袋，后富口袋”的工作思路，每周召集脱贫户宣传讲解政策，引导他们发挥积极性主动性，参与到巩固脱贫攻坚成果中去。工作队还经常组织召开脱贫专题会议和组织困难群众思想交流会，针对脱贫户的需求，用通俗接地气的话语宣传讲解，赢得了群众的理解支持和配合。

在数次政策宣传讲解工作后，贫困户以往落后陈旧的思想观念得到很大转变，巩固脱贫攻坚成果的动力得到了激发。大家都主动要求融入精准脱贫工作中去，积极开展农牧业生产活动，努力增收增效，为早日致富铆足了干劲。

为了开阔村民的视野，工作队专门建造了百姓大舞台和500平方米文化活动中心，在节日期间组织多种形式的文化体育活动，丰富村民的业余生活，引导青年人开展健康的体育运动，为美丽乡村营造了团结稳定、健康向上的文化氛围。

“扶贫重在扶智”。面对部分村民还存在“等、靠、要”和安于现状的思想，工作队有针对性地开出“药方”：一方面充分发挥村第一书记在脱贫攻坚中的领导核心作用，大力宣传国家扶贫政策；另一方面开办夜校，利用村会议室作教室、聘请村学校老师讲课，受到村民热烈的欢迎，村干部、年轻人都踊跃参加学习。

南疆绵羊肉质鲜嫩、绒毛细长，有很高的商业价值。工作队争取资金发放扶贫羊477只，成立了一个养羊合作社，动员缺少养羊经验和劳动力的贫困户同养殖大户签订托养协议。工作队又投资30多万元，建成占地面积700平方米的特种养殖场，通过招商引资，吸收阿瓦提金秋养殖合作社入股，饲养红嘴雁，带动20余户贫困户脱贫。

包括兜底扶贫在内，驻村工作队多个脱贫办法就像四通八达的道路一样，在村里铺开，引领村民们创业致富，拔出“穷根”。

四、结对子认亲戚相互抱成“石榴籽”

从领导到下属，从队长到队员，驻村工作队为村民着想的实际行动也体现在“民族团结一家亲”活动中。中煤能源新疆分公司各族干部职工坚定不移贯彻党中央治疆方略，聚焦新疆社会稳定和长治久安总目标，以强烈的责任担当和对各族群众的无比热忱，将心比心、以心换心，把结对子、勤走访、相互学、多活动、真帮扶、作贡献等具体要求落到实处。他们采取小板凳微宣讲、家庭会议讨论、拉家常解疑惑等“小场面”形式，以“小切口”讲清“小案例”，用“大白话”讲透“大道理”，把法律讲透彻、把政策讲鲜活、把文明讲到位，不仅敲开百姓家门，更敲开了群众心门，让各族群众享有了更多获得感、幸福感和安全感，形成亲戚越走越亲、情谊越聚越浓的良好氛围。

▶ 热比艳木·艾萨高兴地抱着工作队发放的扶贫羊

“民族团结一家亲”活动开展以来，中煤能源新疆分公司与各族干部群众走得更近了、心贴得更紧了，百姓幸福指数更高了，处处涌动着民族团结一家亲的深情大爱，形成了各族干部群众手足相亲的良好社会格局。

中煤新疆公司班子成员率先垂范，多次到南疆看望驻村工作队，与工作队员同吃同住同走访。其他班子成员和相关部门共 21 次到南疆贫困村指导工作，协调解决工作问题。

中煤能源新疆分公司坚定不移贯彻党中央治疆方略，聚焦新疆社会稳定和长治久安总目标，2021 年将工作队员由 5 名增加到 10 名。分公司从伊犁犁能煤炭公司选派优秀的维吾尔族干部吾布力塔力甫·巴斯提前去驻村，既是工作队副队长，又当翻译，不仅解决了语言沟通障碍问题，还充实了工作队力量。分公司统筹协调资金 300 余万元，用于民生项目建设，集企业之力，为各项工作顺利开展提供人力、物力、财力等方面支持与保障，推动“访惠聚”工作高效落实。分公司每月安排一名领导干部到村里和工作队员一起入户入住，做到同吃同住同学习同劳动，调研工作动态，关注工作进展，与各族群众打成一片、融为一体，让民族团结之花常开长盛。

驻村以来，从聚焦维护稳定、脱贫攻坚、群众工作，到建强基层组织、落实惠民政策、拓宽致富门路、办好实事好事，再到壮大党员队伍……中煤能源新疆分公司“访惠聚”驻村工作队为推进脱贫攻坚注入了力量，为密切干群关系架好了桥梁，为夯实基层基础发挥了作用，为培养锻炼干部提供了平台。

中煤能源新疆分公司将紧紧围绕新疆工作总目标，以更加坚定的决心、更加积极的态度、更加有力的措施，推动“访惠聚”驻村工作在新时代不断取得新的成效，为促进新疆社会稳定和长治久安作出了贡献。

17. 建设银行

“智慧乡村”农村金融综合服务平台建设案例

中国建设银行积极贯彻落实国家乡村振兴战略，立足国内经济大循环，服务农业产业发展，在黑龙江省建设“智慧乡村”农村金融综合服务平台，畅通农业全产业链、供应链，以“产业互联网 + 农业大数据中心 + 金融科技”模式，建设产业级数字化生态体系，实施产业级金融创新，将金融服务与产业链、供应链深度融合，畅通国内经济循环。人民日报等中央级媒体多次报道，“农业生产托管金融服务平台”荣登 2019 年度中国“三农”十大创新榜第三名。

一、战略重要性

实施乡村振兴战略，是党中央对“三农”工作作出的重大决策部署，是决胜全面建成小康社会、全面建设社会主义现代化国家的重大历史任务，是新时代做好“三农”工作的总抓手。习近平总书记强调，没有农业农村现代化，就没有整个国家的现代化。实施乡村振兴战略，产业兴旺是重点，必须坚持质量兴农、绿色兴农，以农业供给侧结构性改革为主线，加快构建现代农业产业体系、生产体系、经营体系，提高农业创新力、竞争力和全要素生产率，加快实现由农业大国向农业强国转变。

黑龙江省人民政府为治理省内乡村发展不平衡，切合推进农村现代化建设的发展需要，提出黑龙江省乡村振兴战略规划和农业强省战略目标。在政府的引导和鼓励下，金融供给不断增加，乡村振兴取得了一定的进展。但是在金融支持方面，还存在缺乏一个贯通农业全产业链的新型金融服务体系。在这样的大背景下，为解决金融供给缺乏、金融服务效率较低、农村信用体系不完善、融资难、融资贵等诸多问题，建设银行打造了一个贯通农业全产业链的新型金融服务体系，搭建了“数字农业”综合服务体系，深入落实乡村振兴战略规划和农业强省战略。

二、“智慧乡村”平台

（一）总体目标

着力打造“智慧乡村”农村金融综合服务平台，不断迭代优化平台功能，持续创新金融支农模式、拓展金融支农渠道、助力建设涉农信用体系，为推动乡村振兴战略实施和加快农业现代化建设，加大金融支持力度。

（二）做法原则

一是统筹谋划，多方参与、有序推进，建立协同推进机制，形成多主体参与的共建格局，合力共建。二是数据驱动，整合资源、创新引领，以农业、政务、金融大数据为创新驱动要素，持续创新金融产品和服务。三是普惠共享、应用导向，市场运营，坚持农业数据的公益性，发挥数据的商用性，为政府决策提供数字支持，为生产经营主体提供金融解决方案。

（三）具体做法

1.“智慧乡村”1.0 版——“数字田园”。支持农业生产种植，以“农业大数据 + 金融”模式，使数据成为“新农资”，手机成为“新农具”，创新线上信贷产品，解决农民融资难、融资贵、融资慢难题。2018 年，在省银保监局和建行总行的指导下，建行黑龙江省分行（以下简称“省分行”）积极承接农业农村部“金融支农服务创新”课题，联合黑龙江省农业农村厅、省财政厅、哈尔滨工业大学等单位，以“农业大数据 + 金融”为核心模式，建成全国首个“智慧乡村”农村金融综合服务平台。平台建成首年，运用“农业大数据 + 政务大数据 + 金融大数据”，将农业大数据资源，转化为数据资产，陆续推出“地押云贷、农信云贷、垦区快贷、农户抵押快贷、农户信用快贷”五款线上涉农贷款产品，服务广大农户和新型农业经营主体，将金融活水精准滴灌到农业生产经营的田间阡陌。

2.“智慧乡村”2.0 版——“数字农业”。畅通农业全产业链、供应链，以“产业互联网 + 农业大数据中心 + 金融科技”模式，建设产业级数字化生态体系，实施产业级金融创新，将金融服务与产业链、供应链深度融合，畅通国内经济循环。2020 年 9 月，省分行在省银保监局的指导下，从支持农业产业、助力农业现代化建设入手，推动“智慧乡村”从 1.0 版“数字田园”向 2.0 版“数字农业”迭代升级。省分行与省农业农村厅、省农业投资集团开展战略合作，以“产业互联网 + 农业大数据中心 + 金融科技”为核心模式，共建“数字农业”综合生态体系，打造农业产业互联网。目前，已建成投产 9 个平台，贯通了农业生产端、流通端、加工端、销售端的主要环节，将金融服务延伸到农业全产业链、供应链的更多场景，触达并服务于更多涉农主体。

三、“智慧乡村”平台的创新性

（一）构建产业级数字生态，创新金融支农模式

“智慧乡村”2.0 版“数字农业”综合生态体系，成功探索“农业大数据中心 + 产业互联网 + 金融科技”建设模式，主要建设内容是：打造 1 个省市县乡村五级农

业监管系统，搭建政府端、主体端、消费端3个产业互联网服务入口，聚焦农业生产要素供需、初级农产品收储、初级农产品交易、农产品销售4大市场，应用“农业＋金融＋政务”大数据创新金融产品和服务，联通农资经销、农业生产、农产品收储、农产品加工、农产品销售5类涉农生产经营主体，形成覆盖农业生产端、流通端、加工端、销售端的产业互联网，实现信贷、结算、保险、期货、担保、政务6类金融服务与农业产业链、供应链的全面融合。目前已建成投产9个平台（土地资源管理平台、投入品监管溯源平台、“农品惠”电子商务平台、涉农资金管理平台、农业生产托管服务平台、政策性保险服务平台、粮食银行交易平台、大宗粮食交易平台、农品惠＋裕农优品电子商务平台），贯通农业产业链、供应链，促进一、二、三产业融合，畅通国内经济循环。

（二）实施产业级金融创新，拓展金融支农渠道

“智慧乡村”2.0版“数字农业”综合生态体系，贯通农业生产、流通、加工、销售的关键环节，打通产业链和供应链的堵点、断点。依托平台汇集的“农业＋政务＋金融”大数据，2020—2021年省分行共投放线上涉农贷款占全省春耕贷款投放总量的1/4，规模效应凸显。

（三）政府推动、社会关注、农民受益，社会效应凸显

“智慧乡村”平台的贷款产品，实现了手机线上操作，避免了人为干预环节，消除了中间灰色地带，真正把手机变成农民的“新农具”，“省时、省事、省心、省钱、有尊严”的“四省一有”体验被广大农户普遍赞誉，“数据多跑路，贷款不求人”的新型农村营商环境，已在全省各地生根开花，中央电视台、人民日报等各级媒体

人民日报

RENMIN RIBAO

2019年12月

20

农田有了托管所

——黑龙江兰西县农业生产托管服务小农户1.1万户

本报记者 吴齐强 方圆

核心阅读

黑龙江兰西县积极试点农业生产托管服务，探索走出一条促进农民增收、助力乡村振兴的新路。

政府强化监管，加强风险控制，供销社、农机、保险、银行等部门各司其职，保证托管服务质量，推动小生产与现代农业有机衔接。土地投入成本更低，生产效益更高，农民的收入随之增加。而且，托管服务将农民从土地中解放出来，

▶ 人民日报报道

新华每日电讯

XINHUA DAILY TELEGRAPH

土地找“管家” 线上保春耕

▶ 新华每日电讯报道

持续关注。“农业大数据＋金融”的新型金融支农模式在农业农村部的推动下已在全国推广。“农业生产托管兰西模式”荣登中国“三农”十大创新榜，农业农村部两次在全国会议上向全国推介“生产托管＋农村金融＋农业保险＋粮食银行”服务模式，作为银行业唯一案例选入农业农村部30个“全国社会化服务典型”。

四、“智慧乡村”平台的效益性

从2018年至今，建行黑龙江省分行已陆续创新15款线上信贷产品，解决涉农主体融资难、融资贵等实际问题。覆盖全省13个地市、99县（市、区）、105个农林场，惠及31万户农户、6000余新型农业经营主体及涉农小微企业。“智慧乡村”平台建设获得了省委、省政府的高度重视。在省政府的支持下、银保监局指导下，省分行与省农业农村厅、省农业投资集团签署战略合作协议，在农业领域开展广泛合作，联合哈尔滨工业大学联合共建“数字农业”综合生态体系，省财政厅在农业大数据应用方面也给予了大力支持。

政、企、银、校共建“数字农业”综合生态体系，引领了区域内“三农”金融供给。省银保监局高度重视相关金融创新成果，联合省农业农村厅，指导建行黑龙江省分行将“智慧乡村”的金融创新模式、平台建设方法、产品设计理念等，在省内银行业推介共享，带动当地银行同业大幅压降经营成本，降低农贷利率，共同为省内农民和新型农业生产经营主体节省利息支出6亿元，相关金融产品及金融支农服务模式深受好评，被广大农户总结为“省时、省事、省心、省钱、有尊严”的“四省一有”体验，广为流传。截至目前，省内先后已有10家金融机构推广了“智慧乡村”金融支农服务模式，在乡村振兴领域，实现了农业大数据资源的资产化，丰富和拓展了线上支农金融创新模式，普降了农业生产场景的贷款利率，形成了银行同业共同服务乡村振兴的新局面。

18. 中金公司

打造全链条教育帮扶体系 为乡村振兴贡献中金力量

中金公司秉承“以国为怀”的使命，深入学习贯彻习近平总书记关于扶贫工作的重要论述，认真贯彻落实党中央重大决策部署及中投公司党委相关要求，把脱贫攻坚作为重要政治责任，积极服务国家乡村振兴战略，聚焦教育扶贫，着眼人才培养，打造了包括“孕育、保育、养育、教育”四个方面，覆盖出生至成年各阶段的全链条教育帮扶体系，累计受益人群超 25000 人次。

一、出生前：聚焦妇幼，呵护孕育新生命

针对西藏农牧区卫生条件差和母婴死亡率高的现实问题，自 2013 年始，中金公司持续资助西藏母子保健协会开展“乡村医生培训及孕产妇/新生儿保健”项目，推动西藏乡村妇幼保健工作发展。

2013—2021 年，项目共举办 78 期乡村医生培训，约 4190 名乡村级医务人员参加了培训学习，其中来自偏远农牧区村医占 50% 以上。这些医务人员分布在全区 74 个县，683 个乡镇，2000 多个村庄。经过培训，已成功接生 5000 多名婴儿。同时，项目每年还通过基层健康教育宣传及义诊方式，深入偏远地区村庄推进妇幼保健工作。2021 年，下乡宣传和义诊 2 次，受益群众近 370 名，为降低偏远地区孕产妇和婴儿死亡率、保护和增进新生儿童健康作出积极贡献。

▶ 乡村医生培训

二、0—3 岁：助力早教，走好保育“最初一公里”

针对我国乡村贫困地区幼儿早期启蒙教育落后的问题，中金公司自 2018 年年底开始，陆续为湖南省古丈县、西藏自治区尼木县、甘肃省会宁县、西藏自治区山南市森布日异地搬迁点引入拥有世界先进理念、在国内实践多年、取得明显社会成效且得到习近平总书记和中央多位领导高度肯定的“慧育中国 · 山村入户早教计划”项目，为当地贫困家庭 6—36 个月的幼儿提供科学的早期启蒙教育。

▶ “慧育中国”项目入户家访

三年来，“慧育中国”项目对 21 个乡镇的 4400 名儿童进行了“一对一”入户家访课程，从养育、营养、教育三个方面对当地幼儿的早期发展进行科学干预，改变了落后的养育观念和家庭教育环境，丰富了贫困地区家庭养育方式，促进了当地幼儿认知、语言、社会性等领域的全面发展。同时，“慧育中国”项目累计招聘辅导员、督导员 240 人，为当地农村妇女提供了就业机会。通过专业技能培训，帮助家庭妇女掌握早教技能，提升了当地教育水平。

三、3—6 岁：幼有所育，补齐养育短板

为使乡村贫困地区儿童获得学前教育机会，2012 年起，中金公司与中国发展研究基金会、湖南古丈县人民政府合作推行“山村幼儿园计划”项目，致力于为公办园覆盖不到、民办园不去办的村寨建设幼儿园，努力推动中西部农村地区学前教育政策落实。

2012—2017 年，该项目在湖南古丈县设立了 76 所山村幼儿园，惠及近 6000 名当地 3—6 岁幼儿，当地幼儿园入园率由项目实施前的 50% 上升到 90%，有效化解了当地留守儿童、贫困家庭子女入园不易的难题。同时，该项目每年为当地提供近 100 个就业岗位，促进外出青年返乡就业。该项目实现了政府投入少、办学效果好、

群众受益多的积极效果，为乡村贫困地区发展学前教育开辟了新的路径，为国家教育体系发展和政策制定提供了新思路，得到了中央有关领导的高度重视和肯定，并于 2018 年 7 月荣膺“教育界诺奖”——WISE 世界教育创新项目奖。

► 山村幼儿园

2017 年，“山村幼儿园计划”成功由当地政府接管。为了项目的持续发展，中金公司统筹各方资源，设立了“山村幼儿园走教志愿者发展基金”，用于支持山村幼儿园走教志愿者培训和学习。截至目前，已为走教志愿者开展各类师资培训 15 次，累计培训 1000 多人次，12 名志愿者学历获得提升，10 名志愿者获得了幼教专业资质，提高了当地师资队伍质量，为当地学前教育工作注入了新活力。

四、 6—18 岁：改善办学条件，为教育保驾护航

针对乡村贫困地区学校基本办学条件较差的问题，中金公司积极援助贫困地区学校基础建设，优化教学资源，改善办学条件，为贫困学生义务教育保驾护航。此外，中金公司联合上海真爱梦想基金会，在乡村贫困地区先后设立 20 个“梦想中心”，以“硬件 + 软件”双提升为目标，建设包含 30 多门“梦想课程”的多媒体教室，对乡村教师进行多层次素质培训，将大城市的优质教学资源注入乡村贫困地区，提高教学质量，提升儿童素养，帮助孩子从容、自信、有尊严地成长。

中金公司还将消费扶贫与教育帮扶相结合，采购定点帮扶贫困县农产品赠与乡村学校食堂，改善学生伙食条件和生活水平。开展“2021 年植树季”树苗捐赠和植树活动，帮助乡村学校美化校园环境。为迎接建党 100 周年，特别发起了“书送爱心，点亮梦想”活动，为 8 所乡村学校的孩子们送去近 5000 套优质课外读物。组织中金公司志愿者在开学季前往帮扶学校讲授“开学第一课”，为孩子们带去生动的素质启蒙课程，帮助孩子们树立积极向上的人生观和价值观。

▶ 安家皂学校新旧校园对比

五、18 岁以上：设立助学基金，助力寒门学子圆梦想

为使乡村贫困家庭子女不因经济困难而失去求学机会，中金公司在安徽省岳西县设立教育扶贫基金，在湖南省古丈县设立建档立卡户学生生活补助资金，专项资助当地贫困户在校就读子女，鼓励和帮助贫困学生顺利完成学业。

今后，中金公司将目标不变、靶心不散、力度不减，坚持“输血”与“造血”双管齐下，“硬件”与“软件”齐头并进，坚定不移服务国家乡村振兴战略，矢志不渝开展教育帮扶工作，让乡村贫困家庭儿童都能接受公平的有质量的教育，尽力从根源上阻断贫困代际传递，推动振兴乡村教育和教育振兴乡村的良性循环。

▶ 教育扶贫基金

19. 天宜上佳

参加全国脱贫攻坚、乡村振兴行动的实践与探索

天宜上佳是知名的工业消费品新材料公司，主要专注粉末冶金闸片及合成闸片/闸瓦、结构功能一体化（碳纤维）复合材料制品、碳碳/碳陶复合材料制品、大型金属结构件的研发、生产和销售。公司正从单一企业转型升级为具备造血功能，可以孵化技术和团队，能够利用金融资本实现产业链整合，以制造实体为基础的国际化高科技公司。

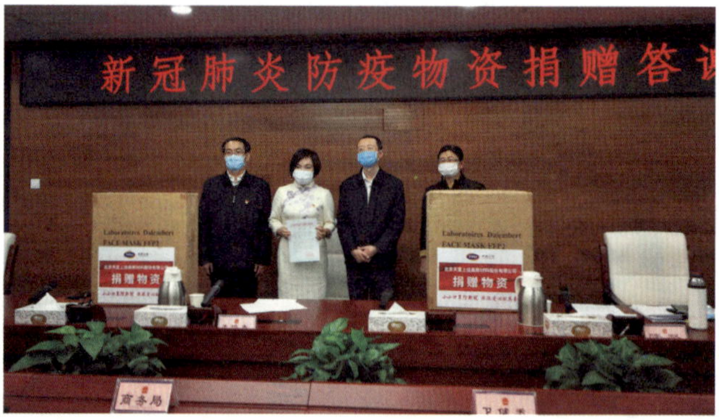

▶ 新冠肺炎防疫物资捐赠答谢会

天宜上佳始终把企业发展同国家繁荣、民族兴盛、人民幸福结合在一起，自觉承担首都优秀企业的使命责任，主动为国担当、为国分忧，做实公益慈善事业。公司每年都组织"共产党员献爱心"活动，每当国家遭受重大自然灾害都及时组织捐款捐物。

一、对脱贫攻坚、乡村振兴行动的认识理解

"万企帮万村"行动为打赢脱贫攻坚战作出了突出贡献，"万企兴万村"行动是乡村振兴战略的组成部分，对于建设"产业兴旺、生态宜居、乡风文明、治理有效、生活富裕"的现代化新农村必将起到重要的推动作用。

民营企业是推动经济社会发展的重要支撑，也是促进共同富裕取得明显实质性进展的重要力量，民营企业参与脱贫攻坚、乡村振兴行动体现了社会主义制度的优越性。助力乡村全面振兴、帮助农民实现共同富裕，是民营企业家的光荣使命和义不容辞的责任。一定要发扬"先富不忘后富，积极回报社会"的优良传统，弘扬"义利兼顾、

以义为先、自强不息、止于至善”的光彩精神，踊跃投身到“万企兴万村”行动中来，积极参与公益慈善、定点帮扶等福利事业，用实际行动感恩党、感恩国家、感恩乡村。

▶ 千里赴高原，及时送物资

二、参加全国脱贫攻坚、乡村振兴行动的具体实践

公司认真贯彻习近平总书记重要讲话精神，落实中共中央、国务院相关会议要求，立足新发展阶段，贯彻新发展理念，构建新发展格局，结合脱贫地区优势特色产业发展，聚焦乡村产业、乡村建设两大重点，积极参加“万企帮万村”“万企兴万村”行动，接续投入、久久为功，取得了一定成效。

一是参加“万企帮万村”，帮扶青海省玉树州杂多县某孤儿福利学校。杂多县是长江南源的发源地，是国家公园澜沧江园区的重要组成部分，多年来，该县干部群众秉承着环保优先的理念，以牺牲经济发展为代价，确保了江河源头的圣洁。杂多县集高海拔地区、少数民族地区、边远牧区、集中连片特困地区于一体，属国定贫困县，是全省贫困发生率最高、贫困程度最深、脱贫难度最大的地区之一。瓦里滩孤儿福利学校位于杂多县以西瓦里神山脚下，学校始建于2004年，是一所全寄宿制小学。现有学生413名，教职工11名。

公司坚持“扶贫先扶智，治贫先治愚”，以赋能学子新征程为目标，下力帮扶瓦里滩孤儿福利学校，重点解决该校学生住宿床位不足和校舍安全隐患的问题。一是配齐学生宿舍配套设施。公司投入资金36万多元，为该校购置高低床184张，床垫、被褥、三件套、枕芯各368套，二是新建电动伸缩校门。公司投入资金38000多元，为该校建设了一个12米宽的电动伸缩大门，消除了安全隐患，促进了安全管理。三是救助部分特困孤儿。公司组织13名领导与特困孤儿结成帮扶对子，每年每人至少资助2000元，解除这些他们的后顾之忧，使他们安心投入学习中去。公司的帮扶为该校孩子们创造了一个良好的学习环境，该县也在2020年4月成功实现脱贫摘帽，开启了乡村振兴的征途。

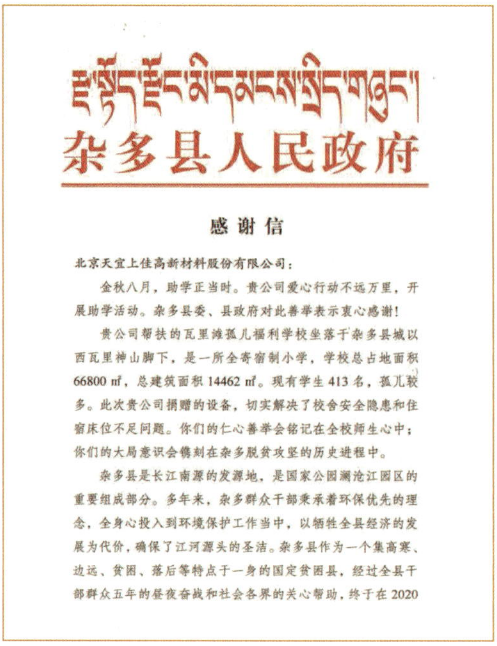

རྫ་སྟོད་རྫོང་མི་དམངས་སྲིད་གཞུང་།

杂多县人民政府

感谢信

北京天宜上佳高新材料股份有限公司：

金秋八月，助学正当时。贵公司爱心行动不远万里，开展助学活动。杂多县委、县政府对此善举表示衷心感谢！

贵公司帮扶的瓦里滩孤儿福利学校坐落于杂多县城以西瓦里神山脚下，是一所全寄宿制小学，学校总占地面积66800 ㎡，总建筑面积14462 ㎡。现有学生413名，孤儿较多。此次贵公司捐赠的设备，切实解决了校舍安全隐患和住宿床位不足问题。你们的仁心善举会铭记在全校师生心中；你们的大局意识会镌刻在杂多脱贫攻坚的历史进程中。

杂多县是长江南源的发源地，是国家公园澜沧江园区的重要组成部分。多年来，杂多群众干部秉承着环保优先的理念，全身心投入到环境保护工作当中，以牺牲全县经济的发展为代价，确保了江河源头的圣洁。杂多县作为一个集高寒、边远、贫困、落后等特点于一身的国定贫困县，经过全县干部群众五年的昼夜奋战和社会各界的关心帮助，终于在2020

▶ 感谢信

▶ 帮扶青海省玉树州杂多县孤儿福利学校

二是参加“万企兴万村”，帮扶内蒙古察右中旗科布尔镇西壕欠村。2021年6月，天宜上佳和西壕欠村签署《“万企兴万村”结对帮扶协议》，协议规定：双方结成帮扶对子，天宜上佳履行好帮扶责任，西壕欠村落实好主体责任，共同努力实现西壕欠村乡村振兴；双方成立结对帮扶工作小组，建立常态联系机制，明确具体工作人员，做好常态化沟通联系工作，主要负责同志每年至少召开联席会议和开展调研互访一次；天宜上佳连续5年，每年向西壕欠村投入资金不少于20万元，用于参与该村乡村建设、支持该村发展特色产业、稳就业带创业。首笔帮扶资金20万元已经打到该村账户，经村委会研究，该笔资金主要用于村容村貌建设，为该村建立了 20 个垃圾临时存放点，统一购置了和垃圾车配套、能自动装卸的垃圾桶 20 个。经双方共同研究，剩余资金主要用于三个方面：一是支持该村户用光伏建设。响应国家“碳达峰、碳中和”的政策号召，充分利用老百姓家的房顶空间，采取“每年解决一批、优先帮扶困难户”的办法，逐步为老百姓家安装屋顶光伏电站，实现自发自用、余量上网，保证老百姓每个月都能有一定的收益。二是支持农牧业产业化。支持马铃薯产业继续以市场为导向，因地制宜、合理规划、突出特色，以种薯生产为重点，千方百计优化品种、结构和区域布局，争取 3—5 年形成规模。三是支持该村畜牧业发展。采取购买进口奶牛、发展奶牛冷配和群众自繁自育等办法，促使该村畜牧业产业由粗放型向规模效益型转变。聘请技术人员指导寒羊养殖，引进新技术提高养殖质量和效益，加快出栏周转、提高个体效益。此外，我们还准备每年对该村进行就业帮扶和消费帮扶，面向该村招收员工，为该村开展实用技术、生产技能、经营管理等技能培训；采取“以买代帮、以购代捐”等形成消费帮扶常态化机制，在购买生产生活物资、发放员工福利和食堂采购时优先选择该村农产品，稳定购销关系。

三、对参加全国脱贫攻坚、乡村振兴行动的几点思考

脱贫攻坚、乡村振兴是实现农业农村现代化的重大战略举措，民营企业和民营企业家不会缺席，但需加强规范引导，形成长效机制。

一是要增强参加脱贫攻坚、乡村振兴行动的责任感。对于任何一家有责任心的企业，参加国家脱贫攻坚、乡村振兴，既是责任也是荣誉，要引导民营企业感恩党和政府给予回馈社会的机会，让他们守正笃实，久久为功，在投身这一宏伟事业中书写新作为和新辉煌。

二是要提升参加脱贫攻坚、乡村振兴行动的针对性。参加脱贫攻坚、乡村振兴光投入资金还远远不够，必须着眼长远，做好乡村振兴的规划路线，帮助帮扶对象实现产业兴旺、经济转型。要充分发挥民营企业家眼界宽、思维活、资源广等优势，引领帮扶对象创业创新，做大做强优势特色产业，培育特色产品和知名品牌，让农民分享更多的增值收益。要密切联系当地政府，积极参与当地重点项目建设，把重点放在支持乡村发展产业上，带动就业，助销特产，成为乡村经济发展的中坚力量。

三是要完善参加脱贫攻坚、乡村振兴行动的政策激励。各级政府，特别是乡村振兴部门要为民营企业参加这一行动提供力所能及的帮助，主动协调解决民营企业投资当地遇到的困难问题，努力实现企业和乡村双赢的局面。相关部门也要充分认识民营企业参与乡村振兴的重大现实意义和独特优势作用，健全用足政策激励，用优惠措施把民营企业这支生力军引向乡村振兴的主战场。

20. 慧辰股份

以数据分析助力种植养殖业数字化升级

中国是农业大国，如何解决当代农业问题对国家发展和社会稳定至关重要。目前，我国农业虽然基本解决了人民温饱问题，但距离现代化农业仍任重而道远，存在生产经营规模小、组织化程度低、科技实力弱，信息技术和现代化管理手段不够成熟等诸多不足。

作为一家根植于数字分析领域的服务提供商，HCR 慧辰在数字乡村建设初期就持续关注该领域，坚持将数字技术赋能行业，利用核心数字产品“慧辰农业数字化 SaaS 解决方案”，为农业发展提供数据支撑、解决方案等服务。

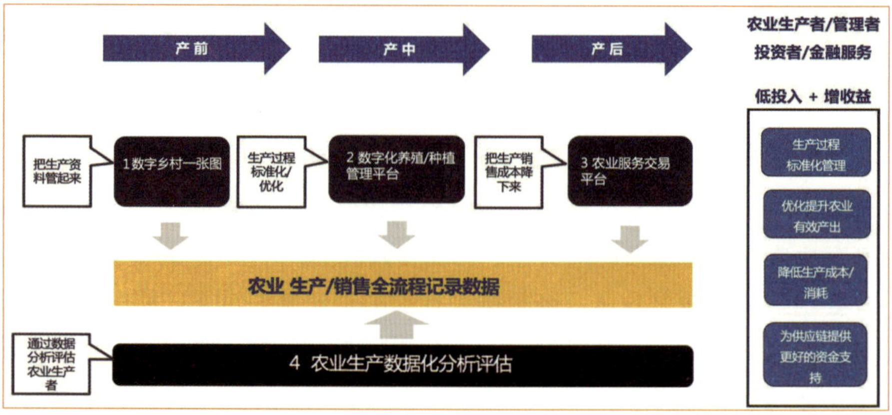

▶ 慧辰农业数字化 SaaS 解决方案图解

一、打造全流程的农业数字赋能方案

“慧辰农业数字化 SaaS 解决方案”是 HCR 慧辰面向农业领域主要的数字赋能平台，由数字乡村一张图、数字化养殖 / 种植管理平台、农业服务交易平台以及延伸的农业生产数据化分析评估平台四部分构成，全面覆盖产前、产中、产后，实现农业生产流程的标准化，并对多维度数据进行专业分析与应用。

其中，“数字乡村一张图”面向产前阶段，可以将基层农业所用的资源，人、土地和生产工具等的真实情况以及动态流转，做到数字化动态记录，使管理者真正了解可用资源与使用情况。同时，每个村民都能清晰地看到村集体产业信息、土地信息、党务、村务、财务公开等内容，实时了解村里情况。

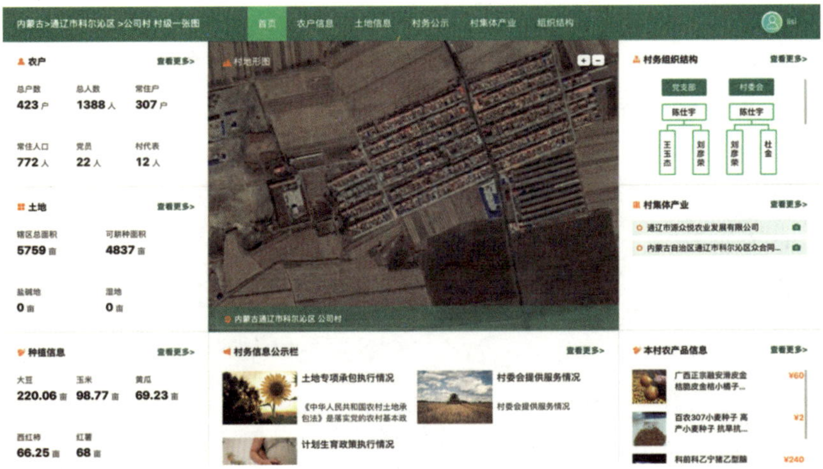

▶ 数字乡村一张图产品界面

"数字化养殖 / 种植管理平台"面向产中阶段，借鉴现代工业生产标准化思路，以数字化实现生产全流程的记录，从生产者端和管理端，实现全流程的标准化管理和精细管理。根据系统采集的相关数据，银行、保险等金融机构可进行相关业务的贷后监管和实时监控等工作。通过大数据的专业分析，进一步提升农业生产效率，降低成本，同时，评估生产者的生产能力与贡献，公正客观地按绩效考核来分配利润收益。

"农业服务交易平台"面向产后阶段，可以对农产品发布、加工、物流等整个流程提供数字化服务，并为农业生产者提供农业生产材料的集采服务及整个农业生产过程所需的相关配套服务。切实服务于农业一线生产者，使其收益，也打通从农业生产到最终消费者的通路，降低中间渠道的参与带来的损耗，更好地为农户服务。

在完成生产流程的全闭环后，利用"农业生产数据化分析评估平台"可针对不同客户及应用场景，研发个性化的农业效能分析模型。通过专业的数据模型分析，可协助农业生产者合理控制生产过程、分析成本与效率、挖掘生产潜力、发现潜在浪费等，是生产者进行重大决策的一个有力支撑点。同时通过模型分析得出的结论性数据也可帮助银行、保险公司和农业投资人有效提升农业贷款、投资的信用评估精度，降低贷前风险，贷后监管难度，从而整体上提升农资发放规模与效率，增加农贷类业务收入。

二、助力"种养园区"数字化转型升级

目前，"慧辰农业数字化 SaaS 解决方案"已应用于内蒙古、东北等相关养殖基地与企业产业园区，帮助企业逐步建立起标准规范的养殖流程，可视化的管理和智能化的操控，提升了养殖人员的专业化饲养水平与产出产品的品质，降本增效明显，获得市场认可。"2020 产业园区种养结合"项目，充分利用了"慧辰农业数字

化 SaaS 解决方案”中的数字化养殖 / 种植管理平台部分，实现了对 20 亩养殖基地与 2000 亩种植园区的平台数字化系统、智能化物联网体系搭建，配合养殖实操，进行标准化管理，实现全流程监管。

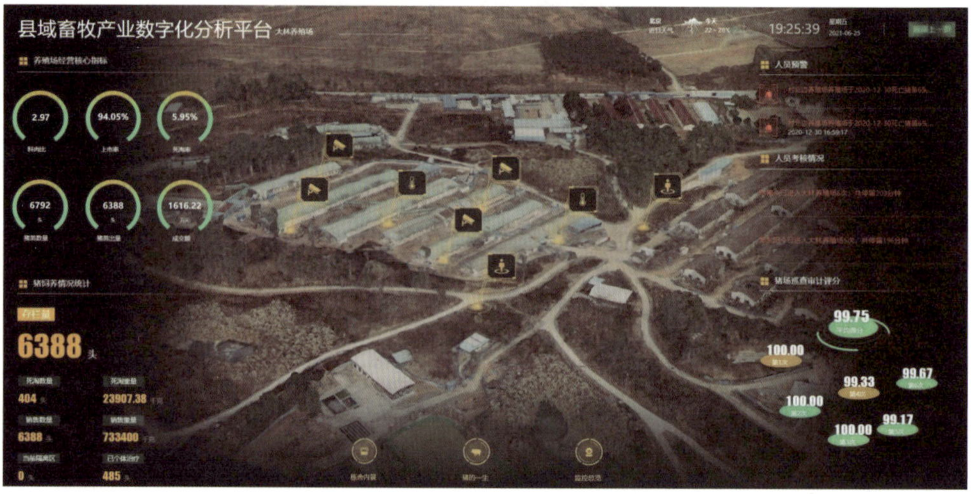

▶ 县域畜牧产业数字化分析平台界面

首先，对县域整体畜牧产业进行统计分析，获取标准化园区、自营养殖场、签约散户、养殖占地面积等数据及养殖场经营的核心数据，从县域整体农业生产发展的宏观角度，进行畜牧产业经济发展的整体分析，使农业的管理者直观全面地了解地区发展情况和农业生产总体状况。

其次，对具体某个养殖场日常管理的监管和分析，通过联网环境监测、UWB 定位系统、室内 3D 全景、农业数字化评估分析模型等技术前沿手段，使其实现数

▶ 数字化养殖 / 种植管理平台日志分析界面

字化，智能化、公开化办公，辅助管理人员制定日常养殖的标准化作业流程并对养殖对象和养殖人员进行实时监管，以及对日常管理的核心操作进行全面数据记录和采集等功能。

最后，基于全流程的数据统计与综合分析，实现降低死淘率损耗，增加料肉比经济产出，提升养殖人员饲养水平的效果，达到农业生产流程标准化，降本增效的目标。

三、联合领域专家洞察数字农业趋势

2021 年，由中央网信办、农业农村部、国家发展改革委、工业和信息化部、科技部、市场监管总局、国家乡村振兴局等组织编制的《数字乡村建设指南 1.0》强调，"数字乡村建设的核心在于利用数字技术全面赋能乡村振兴，通过发挥科技创新在'三农'建设中的支撑引领作用，以实际需求为导向，顺应城乡发展趋势，促进农业生产数字化、智能化，推动实现农业高质量发展。"

面对信息基础设施持续升级后的数字农业场景，HCR 慧辰也联合多名农业领域专家学者设立"慧辰乡村振兴研究院"，通过打造乡村振兴数字化研究领域一流的智库，持续洞察数字科技以及农业领域的行业趋势。"慧辰农业数字化 SaaS 解决方案"，也将继续丰富应用场景、探索更多可行路径，结合公司"一云两数"战略，发挥数字科技优势，更好助力乡村振兴战略，构建新发展格局。

21. 鸿合科技

乡村振兴　教育先行

“十三五”期间，我国脱贫攻坚成果取得举世瞩目成就，9000多万贫困人口全部脱贫、脱贫地区经济发展大踏步赶上来、贫困地区儿童“上学难”的问题也得到解决。但是，我国贫困地区教育依然存在着教育资金投入不足、基础设施落后、师资力量匮乏的困境。2021年是“十四五”的开局之年，也是全面推进乡村振兴的起步之年。鸿合科技作为一家提供教育信息化产品和服务的企业，始终以“科技推动教育进步，助力实现教育公平”为使命，用心用坚持，以责任大爱传递企业正能量，助力乡村教育发展，让乡村和城市共享教育资源。

一、捐赠教育信息化设备，助力完善乡村教育基础设施建设

2021年9月23日，在祖国72周岁华诞在即的喜庆时刻，特区人民和特区企业没有忘记革命老区和贫困群众。在习总书记“消除贫困，共同富裕”的指示之下，深圳市坪山区党委政府联合鸿合科技等知名企业代表，组成深圳市坪山区代表团，在深圳市坪山区区委副书记、区长赵嘉的带领下走进西南革命老区百色田东、德保调研，拉动沿海地区与革命老区的深度融合与帮扶。鸿合科技董事长邢修青出席活动并作为深圳市坪山区代表团成员向百色市德保县教育局捐赠教学设备。

当前，德保正处于脱贫攻坚与乡村振兴有效衔接的关键时期，强化人才培养至关重要。作为深圳市坪山区属地知名企业，此次深入百色田东、德保调研，鸿业科

▶ 鸿合科技董事长邢修青作为深圳市坪山区代表团成员出席活动

技积极践行企业社会责任，向百色市德保县教育局捐赠了智慧教育屏、智慧教育软件并提供免费的教育培训服务。通过加强百色市德保县的教育基础建设，将优质教育资源带给德保县学生，为革命老区的发展奠定坚实的基础。

30 年来，鸿合科技将教育信息化产品和服务带入全国 230 多万间教室，通过科技手段打造现代化教学场景，让教学更生动，课堂更高效，让亿万孩子能够通过知识改变命运”。此次鸿合科技向百色市德保县教育局捐赠教育信息化设备，是鸿合科技践行公益助力教育公平常态。2015 年，鸿合科技为乌干达边远地区儿童课堂学习捐赠移动多媒体设备；2019 年 9 月，鸿合科技为全国 70 所学校捐赠了双师课堂全套设备；2020 年疫情期间，为全国师生免费开放鸿合直播互动课堂平台；2021 年 6 月，鸿合科技向蚌埠市教育局捐赠“鸿合课后服务管理平台”软件系统等。未来，鸿合科技将继续以实际行动履行企业责任，发力公益事业，以鸿合人的社会担当，为偏远地区的孩子带来更加优质的教育，助力教育公平化。

二、开展公益培训进百校活动，助力提升乡村教师信息化素养

2021 年 4—6 月，鸿合科技应福建省宁德市教育局邀请，组织专业力量，制订完善方案，开展了为期三个月的“教师信息化素养提升—公益培训进百校”活动，覆盖 20 余所学校的 2000 余名教师，强力推动区域教育信息化发展。本次公益培训基于爱学班和鸿合白板软件，采用“培训 + 研修”结合的形式，鸿合的培训讲师团队由浅入深为教师讲解软件功能与应用、信息化与教学的融合、合理设计课堂交互式教学等。

培训帮助教师们积累了大量的理论知识，亟待通过整合实践积累经验。随后的研修活动采用任务驱动与合作学习的形式开展，教师们自由结组，头脑风暴，设计出一份符合授课实际的完整课件，由小组代表上台演示。

▶ 公益培训进百校活动

一份份课件精彩纷呈，幕布、计时器、放大镜、思维导图等各种小工具的灵活运用营造了浓厚的课堂氛围。教师之间相互点评，鸿合的培训讲师协助优化，针对课件制作、环节设计和课堂管理都给出了更好的建议与解决方案，真正做到理论与实践相结合，在热烈交流的气氛中相互学习提高。

经过这次培训，教师们具备了根据不同教学任务和学生特点及教学条件有效设计教学活动的能力；具备了收集、甄别、整合应用于学科相关的教学资源加以优化教学环境的能力；具备了在教学中对教学资源、学习活动、教学过程进行有效管理的能力。

宁德市的培训已圆满落幕，但是教育信息化对教师的挑战依然存在，鸿合科技将以提升教师实践应用能力、提高我国教育课堂教学质量为导向，持续开展专业、综合、系统地教师培训工作，力争不落下任何一个贫穷的地区、任何一位偏远学校的教师。

三、落地“三个课堂”，助力发展更加公平更高质量教育

2019 年，中共中央、国务院印发《中国教育现代化 2035》，提出积极推进“互联网 + 教育”发展，引导教育发达地区与薄弱地区通过信息化实现结对帮扶，以专递课堂、名师课堂、名校网络课堂等方式，开展联校网教、数字学校建设与应用；2020 年，教育部发布《关于加强“三个课堂”应用的指导意见》；2021 年 3 月，第十三届全国人民代表大会第四次会议上，李克强总理在部署 2021 年重点工作的政府工作报告中指出：要发展更加公平更高质量的教育，构建德智体美劳全面培养的教育体系，并进一步推动义务教育优质均衡发展和城乡一体化。

在教育信息化时代背景和政策的感召下，鸿合智慧教育加速由产品向服务逐步转型，打造“一核两翼”，积极推进“互联网 + 教育”发展，响应国家“三个课堂”的建设解决方案。帮助平衡不同地区教学资源，促进不同学校优质资源交流，实现“教育扶贫，切断贫困代际传递”。

若尔盖县红星镇中心学校，地处青藏高原东北边缘，位于四川省西北部和阿坝州北部，学校地处于素有“川西北高原的绿洲”和“云端天堂”之称的若尔盖县。成都天涯石小学，紧邻成都市太古里商圈，位于风景秀丽的府南河畔，拥有首批百所“四川省艺术教育特色学校”“四川省文明校园示范单位”等荣誉称号。看似差异很大的城乡两所学校，因为鸿合专递课堂，紧密连接在了一起……

成都天涯石小学和四川若尔盖红星镇中心学校的学生们“共聚一堂”，上了一节优雅的音乐课《摇啊摇》。成都天涯石小学音乐老师沈杨带领两地学生以“专递课堂”的形式，利用鸿合互动录播解决方案开展了一次远程同步课堂教学活动，让城乡孩子共享优课盛宴。

力促教育公平，共同托举希望。2020 年 5 月，在鸿合科技的助力下，若尔盖县

▶ 鸿合专递课堂

教育局与成都天涯石小学达成帮扶协议。自当年秋季学期起，成都天涯石小学每周都会安排老师给若尔盖红星镇中心学校的孩子上一节音乐课。旨在通过“专递课堂”的方式，将成都天涯石小学的音乐课堂以及优质教学资源带到若尔盖红星镇中心学校，让山区的孩子也能上真正的音乐课。

专递课堂是实现资源均衡分配和教育公平的一个重要途径。此次城乡两所学校与鸿合科技，共同响应教育部关于《加强“三个课堂”应用的指导意见》，通过有益实践，希望利用信息化手段扩大优质教育资源覆盖面，解决我国学科教育尤其是素质艺术类学科师资严重短缺、素质艺术类开课明显不足的问题，帮助其开齐、开足、开好规定课程，推动实现乡村素质教育迈上新台阶。

鸿合科始终技坚持做“有温度的企业”，以“根植中国教育信息化，服务亿万教师学生”为理念，积极践行社会责任，助力教育公平。未来，鸿合科技会继续用更优质的教育信息化产品和服务为乡村振兴战略添砖加瓦，为建设教育强国作出应有贡献。

22. 宣亚国际

发挥技术优势　赋能乡村振兴

宣亚国际营销科技（北京）股份有限公司自2007年成立以来，坚定不移听党话、感党恩、跟党走，始终在融入国家战略中实现自身更好更快发展，努力为社会创造更多价值。公司于2019年确立了以“高复用率PaaS平台为基础，轻定制化SaaS应用为抓手”的公司发展战略，并于2020年6月正式发布了自主研发的全场景认知管理数字化技术平台——“巨浪技术平台”，逐步夯实了公司在营销技术领域的竞争优势。公司从事的主要业务是基于该平台的系列自研或合作开发的产品，为政府及国内外知名企业提供营销解决方案、营销技术运营和数据技术产品服务。

2021年7月1日，在中国共产党成立100周年的重要历史时刻，中国共产党宣亚国际营销科技（北京）股份有限公司支部委员会在上级党组织的关心支持下正式成立。公司本着坚持正确的政治方向和价值取向，专注主营业务同时，立足技术优势，在国家提出实施乡村振兴战略后，主动融入这一战略，找准切入点、发力点，以自主开发的“我的家乡”APP（简称“我的家乡”）为重要载体，强化数字赋能，为乡村振兴贡献宣亚国际的智慧和力量。

一、在助力乡村振兴上的主要做法及成效

一是开发并用好“我的家乡”APP。乡村振兴战略下，数字科技作为重要抓手，正加速融入乡村发展的各个场景。宣亚国际凭借巨浪技术平台，组建一支专业团队，成功开发了“我的家乡”APP，这是专注乡村振兴的移动互联网数字化信息服务平台，第一版于2020年11月上线。“我的家乡”聚焦乡村振兴领域，以乡愁乡情为纽带，构建国内首个垂直乡村资讯、社交的互联网APP，涵盖公益、乡村振兴政策解读，平台原创视频及其他围绕家乡产生的内容，以内容产生共情，打通城乡信息、情感、财富三大链接，助力乡村精神物质文明建设双进步双丰收。归纳起来有四大产品功能亮点：

深入浅出的政策解读——涵盖最新最权威的专业政策解读与案例，图文并茂，增加了政策号召力和感染力，让政策宣传更接地气，更易于被群众接受；

全网助力的乡村文化建设——全国首个专注乡村的文化艺术公益性平台，与14亿人一起用爱解乡愁，助力家乡文化文艺发展；

乡亲邻里的熟人社交——不管身在哪里，随时随地打开手机，不仅能看到老同学、老街坊，更能结识到家乡的新鲜人、异乡客，见证家乡变化，更不会错过任何

家乡发展的新机遇；

新技术堪存鉴地方志——国有史，地有志，家有谱。数字化技术手段记录本地历史地理，人情风物，留住乡音、乡风、乡思，继承传统文化精华，为后代留下历史智慧，与时代同行。

▶ “我的家乡”APP 界面

2020 年春节期间，“我的家乡”APP 向全民发起了一场“我心安处即吾乡”春节随手拍活动，受到了社会广泛关注。该活动号召全国人民以宽广的视野、多样的形式拍摄记录身边的年味，传递战“疫”中人民的自信自豪，用影像的力量书写和讴歌中国大地上如火如荼进行着的乡村振兴大业，记录乡村振兴的历史瞬间。家乡人通过参与随手拍活动，不仅用镜头呈现了乡村的新风貌，同时也为远在异乡的游子送去“我心安处即吾乡”的慰藉与祝愿。这次随手拍活动，以抓住乡情为纽带，弘扬乡土文化，赋能村组织，引导正能量，为新时代乡村振兴注入了新动力。

二是携手推进“我的家乡”公益促进计划。在国家乡村振兴战略大背景下，为落实共青团中央办公厅关于印发的《县级团属青年社会组织建设工作方案》，“我的家乡”尝试“乡村振兴、公益先行”的创新实践新思路，推出了“我的家乡”公益促进计划。该计划由宣亚国际携手共青团中央直属中国光华科技基金会协同全国各级新时代文明实践中心、志愿者机构组织并实施，激发和促进基层团组织、团属青年、社会各界力量，以公益形式为县乡村精神文明建设贡献力量。2021 年 5 月

▶ “我的家乡”APP 发起“我心安处即吾乡”春节随手拍活动截图

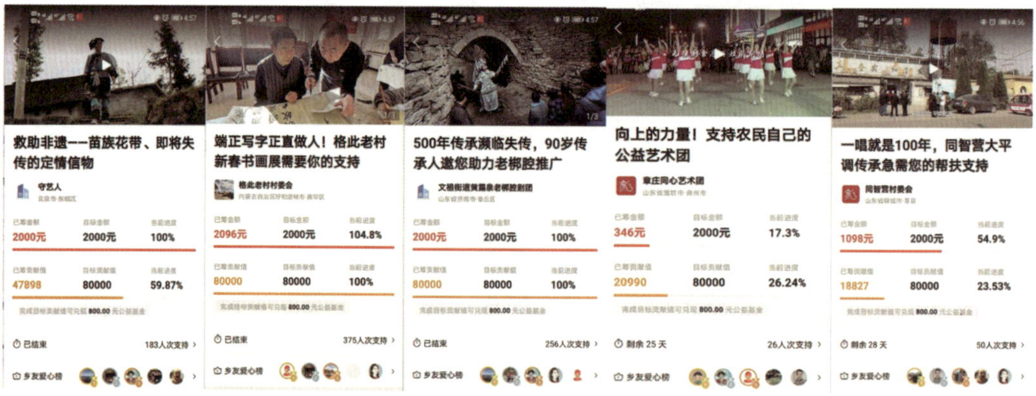

▶ “我的家乡”公益促进计划已发布的线上公益项目案例

17 日在民政部正式完成合规备案并开始在全国筹备试点和启动工作，这是一次探索社会力量参与乡村振兴的互联网实践举措。公益促进计划所募集的公益资金将投向乡村的文化、文体、教育和非遗项目等。

目前，“我的家乡”公益促进计划已发布线上公益项目覆盖近十个省市自治区，服务基层守艺人、艺术团体等宣传非遗传承项目、艺术剧团推广等，支持乡村社区开展丰富多彩的志愿服务活动，激发广大人民群众创造美好新生活的动力。“我的家乡”借助乡村社区文明实践志愿服务发展契机，充实和扩大村级团组织和青年社会组织的力量，在文明实践中夯实党的青年群众基础。公益项目以村、社区基层组织、乡村学校为公益资金受益人，通过互联网平台进行社会公益募资，发动社会之力、乡情之力，解决乡村文体、非遗传承保护等亟需的精神文明建设资金，从而焕发村级组织力，唤起离乡和返乡人群对家乡的关注和参与，进而深入认知乡村振兴，并更好地投身其中。

二、在全面助力乡村振兴上的继续探索

接下来，公司将协同合作伙伴，充分发挥自身优势，积极探索、主动作为，在全面助力乡村振兴上重点抓好以下两方面工作：

一是助力乡村精神文明建设数字基建工程：智慧化信息获取、高效传播（包括线上娱乐学习、政策资讯获取、动态记录、家乡风貌文化传承）；数字化社交（包括线上城乡社交、在线亲子沟通等），助力城乡信息链接、情感链接，加速城乡情感融合。

二是助力数智社区、数智乡村基建工程：数字化社区、乡村管理（包括智慧村务党务、信息发布等）；智慧生活（包括线上消费、便捷出行等）；智能产业经济（包括直播电商、智慧农业、技能培训、公益资源、商业资源、媒体传播等），助力城乡智慧化管理链接、财富链接，为乡村振兴和美丽乡村建设贡献智慧和行动。

乡村振兴是全社会的责任，民营企业不是旁观者，而应是主动参与者。推动乡村振兴，民营企业义不容辞、大有可为。宣亚国际将在中国共产党第十九届六中全会精神的指引下，更加积极融入国家乡村振兴战略，继续发挥技术优势，在做强主业同时，持续扩大“我的家乡”APP影响力，努力在乡村振兴新征程中展现宣亚国际更大作为。

23. 中信出版

打造"梦想书屋"　开展"梦想课堂"

中信出版作为上市公司和大众出版的龙头企业，具有高度的社会责任感，无论是在脱贫攻坚阶段还是乡村振兴时期，始终作为一项光荣的政治任务来完成，积极发挥自身优势，持续多年为帮扶对象提供人力、物力、财力等多方面的支持，在全面建成小康社会、推进乡村振兴、繁荣社会主义文化等方面作出了应有的贡献。

截至目前，已经连续三年为云南省红河哈尼族彝族自治州屏边县和元阳县打造"梦想书屋"和开展"梦想课堂"活动。累计捐赠图书1.5万余册，合计价值68.3万元，捐赠书柜174个，价值10.4万元。多次组织作者、编辑前往两地的乡村小学进行讲课活动，帮助孩子们增长知识，拓展视野。在中国数字阅读云上大会上，该项目获得了由中国音像与数字出版协会评选出的"十佳阅读扶贫项目"。

一、发挥优势，调动资源，支持贫困地区打赢脱贫攻坚战，全面建成小康社会

扶贫先扶智，教育当为先。教育扶贫，是扶贫的治本之策，是阻断贫困代际传递，让每一个孩子对未来有希望的正确之举。教育扶贫非一日之功，需要精准发力、持续发力。中信出版充分发挥运用自身所具备的图书资源和智力资源，于2019年年底，为云南省元阳县10所乡村小学打造"梦想书屋"和"梦想课堂"，捐赠了近4000册童书和50个书柜，帮助学校设立图书室。组织编辑、作者一行7人前往元阳县的中信桃园希望小学，举办了"中信出版集团云南梦想书屋捐赠仪式"，并带领学校的孩子们走进了"梦想课堂"，给孩子们讲解绘本故事课、音乐欣赏课和艺术启蒙课，将丰富的知识和爱心传递到山区孩子们的心中，为孩子们打开了一个通往崭新世界的大门。

"梦想课堂"受到了当地师生的极大欢迎，地方电视台给与全程报道，中信出版后续制作的活动视频片在出版同行内产生很大反响，带动了更多出版机构的参与，更引发了中国新闻出版广电报、国际广播电台等多家主流媒体的广泛关注和报道。

2020年，是我国全面建成小康社会的目标实现之年，也是脱贫攻坚之战的收官之年，中信出版尤其加大了对贫困地区的帮扶力度。

屏边县为2020年我国52个尚未脱贫县之一，据县教育局反馈，全县学生课外书籍较为匮乏。为助力全面脱贫做一份贡献，中信出版决定对全县的35个小学和6个中学实行全覆盖式捐赠。

▶ 云南梦想书屋捐赠仪式

在捐赠前，中信出版与屏边县教育局进行了细致地沟通，充分了解不同学校的藏书情况和阅读诉求。在发现不同学校的年级构成、学生数量、藏书缺口等均不尽相同的情况下，中信出版安排专业的童书编辑，根据教育局提供的每所学校的实际情况和诉求逐一配置书单，定制了 41 个完全不同的书单。小学的书单分为文学艺术、游戏益智、科普百科、课外教辅等类别；中学书单分为人文社科、艺术生活、励志人物等类别。

2020 年 8 月，在新学期开学前，价值 43 万元的 10000 册图书和价值 7.2 万元的 120 个阅览室专用书柜全部运送至屏边县教育局。屏边县教育局在收到图书和视频后特意发来了感谢信和捐赠证书。感谢信中写到："你们的爱心行动改善了边远

▶ 为屏边县捐赠图书

山区学校的办学条件，这是我县学校师生迫切需要的，是孩子们梦寐以求的，更是广大师生宝贵的精神财富。相信这些图书会帮助一批又一批的学生增长见识、开阔视野、培养能力、健康成长、快乐生活。”

二、矢志不渝，一以贯之，巩固脱贫攻坚成果，助力全面乡村振兴

2021年是“十四五”开局之年，也是巩固脱贫攻坚成果和全面推进乡村振兴的起步之年，中信出版继续发挥自身的优势和长处，为元阳县和屏边县打造“梦想书屋”和开展“梦想课堂”活动。

2021年10月，中信出版为元阳县和屏边县的小学捐赠了价值10万元的1800册图书。此外，还为新现座斗小学和黄茅岭乡大山小学捐赠了优质书架。

2021年10月25—29日，中信出版一行5人前往云南省屏边县的中信半坡希望小学、宋庆龄希望小学、新现座斗小学，元阳县的黄茅岭乡大山小学、中信桃园希望小学和主鲁村小学，给孩子们带来了“梦想课堂”，包含历史艺术课、绘本故事课和自然手工课。

三、专注扶智，深耕阅读，持续不断为乡村孩子拓展视野，启迪智慧

近年来，国家教育经费大量向偏远乡村地区倾斜，向基础教育倾斜，帮助乡村地区改善办学条件，有力地帮助了过去贫困地区的教育事业，有力地支持了我国的脱贫攻坚工作，为从根本上彻底消除贫困提供了长远而强大的助力。

2021年是中信出版面向屏边县和元阳县开展“梦想书屋”和“梦想课堂”活动的第三个年头，本次前往两县六所学校，令工作人员感触颇多。当大家看到学校面貌的改善，多媒体设备的应用，教学方式的优化，以及端着可口午餐、活泼礼貌的孩子们时，都深感国家扶贫战略带来的成效，更加理解了“上下同心、尽锐出战、精准务实、开拓创新、攻坚克难、不负人民”的攻贫脱坚精神。

从长远来看，让乡村地区的孩子接受良好教育，通过阅读优质书籍认知世界、放飞梦想，是启发智慧的基本方法，是树立志向的根本途径。

中信出版更加深感支持乡村地区文化建设的责任重大，感受到自身工作意义非凡，将“梦想书屋”和“梦想课堂”作为品牌公益项目，持续开展下去。

希望偏远地区的每一位学生都能心里有梦、眼前有光、脚下有路，无论身在何处都能看到外面精彩的世界，通过阅读点亮美好未来！

24. 联想集团

以 IT 助力乡村振兴为使命 推动乡村教育信息化

联想作为全球领先 ICT 科技企业，秉承“智能，为每一个可能”的理念，为用户与全行业提供整合了应用、服务和最佳体验的智能终端，以及强大的云基础设施与行业智能解决方案。作为全球智能设备的领导厂商，联想每年为全球用户提供数以亿计的智能终端设备，包括电脑、平板、智能手机等。2020 年联想 PC 销售量全球第一。作为企业数字化和智能化解决方案的全球顶级供应商，联想积极推动全行业“设备＋云”和“基础设施＋云”的发展，以及智能化解决方案的落地。

面向新一轮的智能化变革的产业升级契机，联想提出智能变革战略，围绕智能物联网（Smart IoT），智能基础架构 (Smart Infrastructure)，行业智能（Smart Verticals）三个方向成为行业智能化变革的赋能者与引领者。联想将进一步扩展和提升服务业务，以服务和解决方案为导向推动转型的深入，把服务和解决方案打造成联想新的核心竞争力。

目前，联想拥有三大业务集团，分别为专注智能物联网的 IDG 智能设备业务集团、专注智能基础设施的 ISG 基础设施方案业务集团及专注行业智能与服务的 SSG 方案服务业务集团。联想全球约有 7.15 万名员工。2020—2021 财年，联想的整体营业额达到 607 亿美元（4116 亿元人民币）。

作为可持续发展的标杆企业之一，结合公司数字化、智能化转型战略，在 IT 助力乡村振兴的使命指引下，北京联想公益基金会积极与相关公益组织及企业开展合作，始终围绕自主贫困家庭生活、资助贫困学生就学、资助贫困学校基础设施改善等方面，共同探索乡村教育信息化提升的合作模式，并启动联想智学项目，旨在提升乡村儿童教育信息化水平、乡村家庭的信息化素养以及乡村教师的信息化实践运用能力，为巩固脱贫攻坚成果、践行乡村振兴计划提供实证案例。

2021 年，联想智学项目在内蒙古乌兰察布察右后旗和重庆酉阳两地落地，通过 2 所乡镇中心校和 6 个村小（教学点）开展项目试点工作。在内蒙古乌兰察布市察右后旗，项目面向土牧尔台小学和白音察干第二小学的全部 4 年级学生，共提供 6 套联想“智慧教室”方案，覆盖 6 个班级，271 名学生和 110 名教师。整体方案包括 271 台联想平板电脑，58 台笔记本电脑，6 台无线 AP，6 台平板电脑充电车，并配备 58 套联想学堂教师端软件和 271 套联想学堂学生电子书包软件。

► **联想智学堂　智慧链接爱**

重庆酉阳县曾是重庆市最穷的五个国家级贫困县之一，直到 2020 年 2 月刚刚完成脱贫摘帽。联想智学堂项目在酉阳的 5 所村小和 1 所中心校进行试点，供提供 8 套联想智慧教室方案，覆盖 8 个班级，379 名学生和 116 名教师。联想智慧教室通过教师大屏与学生平板的智能互动，智慧课堂通过随机抢答、拍照上传、多屏互动等功能，使传统的课堂形式变得生动、有趣，可以极大地提高学生的注意力，提高学习兴趣，加强知识的理解和吸收。为了帮助当地的老师熟悉和掌握联想智慧教室的使用，联想基金会开展多次现场培训，从北京选派技术专家到项目地指导老师使用硬件和软件，并开展计算机基础知识和技能的培训。目前联想智学堂项目在两地的试点小学运行良好，由于设备新颖，课堂互动环节生动有趣，极大地增强了学生学习兴趣。

除此之外，联想从 2000 年持续投入乡村教育领域，沉淀、探索出了很多具有联想特色的乡村教育信息化、助力乡村振兴的范本和模式：

萤火虫课堂：员工志愿服务，从陪伴到影响；

扶智计划：扶贫先扶智，为欠发达地区学校 / 学生提供学习工具、学习资源等资助；

未来成长：在欠发达地区学校引入先进的理念、课程、方法，为乡村孩子成长提供更多可能；

联想智学堂：探索乡村教育信息化新模式，补设施短板，促乡村教育均衡发展。

▶ 联想智学堂　智慧大屏

展望未来，联想会继续积极响应国家政策，发挥行业领军企业优势，始终坚持可持续发展，持续加大科 技创新、科技人才的投入，借助信息技术、人工智能产品和方案，开展扶贫济困的公益活动，促进欠发达地区均衡发展，助力乡村振兴、人才振兴，贡献联想力量。

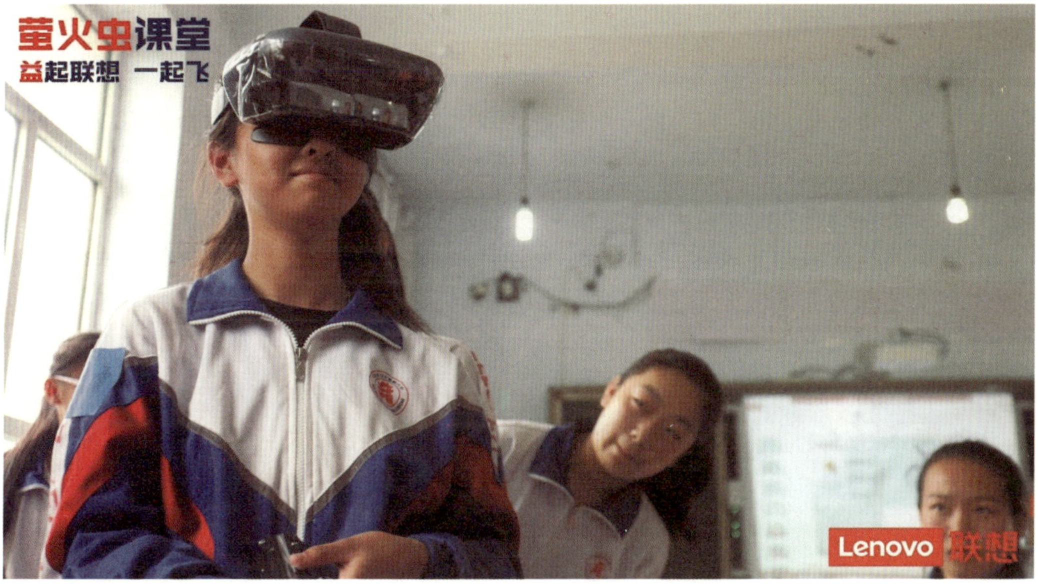

▶ 联想萤火虫课堂

2021年

1月7日，联想基金会通过中国社会救助基金会向强棒基地捐赠40万元，助力强棒天使逆风挥棒。同时联想基金会还在微博发起微公益，带动3800多人捐赠，#我想和你一起长大#话题阅读量超过两亿，让这些困境儿童被更多的人看见。

3月，为助力乡村振兴，联想通过海南成美基金会向武汉、河南、内蒙、河北等地捐赠150间体育教室，改善当地乡村学校运动环境，让更多的学生能够享受到运动的乐趣。

4月15日，千名大联想合作伙伴、西北将士从五省会师西安，开启FY21/22联想中国西北大区One Lenovo新财年！在这场士气昂扬的启动会上，大联想人携手中国扶贫基金会，对甘肃平凉威戎小学的学生们捐赠爱心包裹，现场共募集善款30145元。

8月2日联想基金会向情系远山基金会 “乡村校长训练营”计划捐赠10万元，为6个乡村校长的“实践计划”配资，帮助乡村学校发展。

8月，联想基金会与上海真爱梦想基金会联合发起“联想梦想中心”项目，通过标准化模式为学校建设风格独特，集图书、联想智能终端及解决方案为一体且便于互动式课程开展的教室，为乡村小朋友创造有温度、无边界的素养教育学习空间，项目一期投入142.5万元，未来联想还将探索多种形式助力梦想中心教室在乡村教育领域发挥更多的作用。

9月，北京联想公益基金会与西安市乡村发展公益慈善基金会联合成立的“共享信息实验室”在延安大学乡村研究院正式交付启用。该实验室配备了两块智慧互动大屏、100台联想计算机及多项智能教室升级设备，总价值50万元。联想共享信息实验室的投入使用将从乡村人才远程培训和回应困难大学生计算机使用需求两方面发挥作用。在乡村振兴战略的大背景下，对农村干部的系统化培训是推进农村发展的重要途径，共享信息实验室将为组织国内乡村振兴方面专家及相关农业技术人员通过线上、线下的方式对陕北地区专业人才培训提供场地及设备支持，为当地乡村振兴提供专业且多元的人才支持。

9月，联想基金会向中国扶贫基金会爱心包裹项目捐赠40.6万元，通过捐购爱心包裹的形式，关爱贫困地区及灾区小学生，让他们度过一个温暖的冬天。

第二部分

天津辖区

25. 爱玛科技

助力西部乡村振兴　爱就马上行动

2021 年年初，《中共中央国务院关于实现巩固拓展脱贫攻坚成果同乡村振兴有效衔接的意见》正式发布，文件中明确提出“要在巩固拓展脱贫攻坚成果的基础上，做好乡村振兴这篇大文章，接续推进脱贫地区发展和群众生活改善”。

爱玛科技作为电动两轮车行业的头部品牌之一，多年来一直奉行“爱”的企业发展理念，取之于民用之于民，积极承担社会责任，践行公益事业。作为天津市政府点对点帮扶西部贫困地区的重要参与企业，助力西部乡村振兴，爱玛科技一直在行动。

一、大力支援甘肃地区，点对点精准扶贫

在天津市静海区政府的指导下，爱玛科技与甘肃省镇原县的多个村镇结成点对点帮扶关系，从就业、捐赠、支援建设等多方面支持甘肃地区乡村振兴，先后多次前往慰问。

（一）人才振兴：战疫脱贫双赢，就业扶贫镇原县

2020 年 2 月，在新冠肺炎疫情突袭的关键时刻，为了不影响广大用户的用车需求，爱玛科技积极向天津市和静海区政府申请复工复产，并率先得到了批复。在政府的帮扶下，通过零疫区点对点、政府复工专用车、优先协调隔离点等多种形式，并协调了市区两级的资源通畅物流，顺利地复工复产。其中，爱玛科技为提高甘肃镇原乡村就业，通过建立对口合作，采用天津复工专用车从千里外的甘肃直接接至

▶ 就业扶贫镇原县复工专用车

天津工厂，成功为当地务工人员提供了就业机会，累计招收镇原县劳务人员 340 名，其中多为建档立卡户。此举大大解决了疫情期间贫困地区数百户家庭的劳动收入问题，真正做到了“战疫攻坚战”和“脱贫攻坚战”双赢的成果，央视、新华社等多家权威媒体纷纷为爱玛报道点赞。

（二）扶贫捐赠：点对点帮扶，送温暖到基层

2021 年 6 月，爱玛科技向甘肃省镇原县捐赠 200 辆价值 120 万元的电动三轮车，助力乡村振兴，积极支持甘肃省镇原县的“三农”建设。

▶ 捐赠电动三轮车

二、帮扶青海乡村振兴，支援基层干部工作

青海省黄南藏族自治州是天津市对口帮扶援建地区，爱玛科技响应天津市委市政府的号召，积极投入对口帮扶地区的建设中来，结合企业自身特色提供符合当地需求的产品支持，协助政府持续巩固脱贫攻坚成绩。

为全面彰显组织关怀，改善乡镇基层干部职工出行交通条件，2021 年 7 月 23 日，爱玛科技为青海黄南州捐赠总价值 150 万元的各种型号爱玛电动车共 300 辆，按照公开、公正、需求的原则发放到各乡镇和相关部门，有效解决了基层干部出行难、乘车难的实际问题。

在黄南州党群服务中心举办的“乡村振兴添动力 · 结对共建显担当”爱心物资捐赠活动中，爱玛科技相关负责人表示：“本次捐赠，我们旨在通过爱玛电动车高品质的产品和服务，提高对口帮扶地区群众更好地享受现代科技与便捷的交通出行。”

此次爱心物资捐赠，彰显了爱玛科技在东西部协作发展共赢造福于社会的使命担当，践行了“让出行充满爱”的价值理念，联通了服务群众的“最后一公里”，体现了天津市的头部企业对东西部协作与对口援助战略的深度践行。

▶ 捐赠电动自行车

三、宁夏生态振兴：捐一片生态树林，带一地群众创收

2019 年年初，爱玛科技参与支持中国绿化基金会“幸福家园——西部绿化行动”生态扶贫（宁夏）项目，启动了“爱玛 · 梦幻森林”环保公益扶贫计划，援助 10000 棵生态树打造“爱玛 · 梦幻森林”生态林。此举，不仅可以绿化荒山，保护我们的共同家园，更有助于当地居民增产增收脱贫致富。

▶ “爱玛 · 梦幻森林”环保公益扶贫项目

目前爱玛捐赠的 10000 棵树苗已经成为当地农民致富奔小康的“摇钱树”。从种植、采摘到加工、销售，在当地政府和企业的帮助下，给当地农民创造了一条完整的产业链，当地农民开玩笑常说“黄沙换黄金”。中国绿化基金会的领导也呼吁社会企业像爱玛科技一样，积极参与到绿化环保的公益事业中来。

四、爱玛公益行，助力乡村振兴

不仅在西部地区，爱玛科技在全国范围，以不同形式开展公益行动，助力乡村振兴。2021 年 9 月，广西贵港市港北区下辖的东津镇党委、政府携手爱玛科技在东津镇郑村小学举行爱心助学捐赠仪式，爱玛科技向学校捐赠价值 5.6 万元的 700 个书包，助力乡村教育事业。爱玛河南工厂积极对接商丘当地劳动局，为近 50 名当地妇女提供了就业岗位，支持当地发展。爱玛广西工厂在广西贵港中里乡中里村修建一条长 100 米、宽 3.5 米、厚 0.16 米的村屯水泥路，方便群众日常出行，促进地方经济发展。

▶ 爱玛科技爱心捐赠仪式

近年来，爱玛科技在承担企业社会责任、支持公益的道路上一直坚实前行，不断探索尝试新的合作方式，持续加码脱贫攻坚事业。作为新时代下的一家民营企业，爱玛科技将坚定地扎根在中国这块土地，做好企业，向社会和民众提供优质的产品，跟党走、听党话，奉献社会、感恩时代，报效祖国和人民，用实际行动诠释我们的责任和担当。

26. 中国铁物

巩固脱贫攻坚成果　全面推进乡村振兴

2021 年是建党 100 周年，是“十四五”规划开局之年，也是全面推进乡村振兴的第一年。中国铁路物资股份有限公司（以下简称“中国铁物”或“公司”）认真学习领会习近平总书记关于巩固脱贫攻坚成果、全面推进乡村振兴重要讲话和指示批示精神，坚决落实党中央、国务院决策部署，按照产业兴旺、生态宜居、乡风文明、治理有效、生活富裕总要求，立足企业实际，持续推动湖北省孝昌县巩固拓展脱贫攻坚成果同乡村振兴有效衔接，接续支持孝昌县经济发展和群众生活改善，积极在乡村振兴中发挥央企上市公司作用。

一、坚持党的领导，为乡村振兴提供坚强政治保证

党的十八大以来，以习近平同志为核心的党中央把脱贫攻坚作为全面建成小康社会的底线任务，作出一系列重大部署和安排。乡村振兴是党的十九大提出的一项重大战略，实施乡村振兴战略是关系全面建设社会主义现代化强国的全局性、历史性任务。中国铁物坚决落实党中央决策部署，坚持党的领导，为乡村振兴提供坚强政治和组织保证，充分发挥党委引领作用、党支部战斗堡垒作用和党员先锋模范作用，集中精锐力量投向乡村振兴主战场。

二、创新帮扶方式“下沉一级”助力乡村振兴

为更好贯彻落实中央关于乡村振兴工作相关要求，中国铁物不断健全定点帮扶单位湖北省孝昌县的工作机制，创新帮扶方式，实施“下沉一级”结对帮扶。2019 年起，中国铁物所属油料集团、轨道集团等 6 家企业与孝昌县经济发展较为落后的周巷镇、小河镇等 6 个乡镇建立了“一对一”结对帮扶关系，每年各自建成一个 10 万元“解难题”帮扶项目、完成一批农特产品的消费扶贫、开展一次支部对接活动，推动资源向基层倾斜延伸。6 家所属公司与对口乡镇深度对接，切实了解百姓需求，聚焦当前乡村振兴工作任务和当地干部群众共商脱贫之策，为贫困群众排忧解难，真正实现“项目安排精准、资金使用精准、帮扶成效精准”。

三、积极担当作为，全力投身孝昌疫情防控和乡村振兴

2021 年新冠肺炎疫情形势依旧严峻，尤其是我国部分地区不断出现散发病例的情况下，孝昌县常态化疫情防控工作始终保持高压态势，严格落实防控措施，完善

应急预案。2021 年以来，孝昌县疫情防控计划投入 4000 万元，资金缺口较大，根据孝昌县实际需求，经与孝昌县有关部门协商，中国铁物捐赠定点帮扶资金 150 万元用于孝昌县购买核算检测试剂 1560 多盒，强化当地医疗防范手段，进一步提升公共医疗卫生服务能力。此外，驻村第一书记以身作责，带领广大党员干部坚守抗疫第一线，外出返乡人员一律亲自安排送往隔离点，为村民打造出坚固的防疫堡垒。在疫苗接种清零任务下达后，迅速组织村民进行疫苗接种，在短短一个月内，带领村“两委”干部完成 3000 多名村民疫苗接种清零任务，其私家车当作疫苗接种“摆渡船”每天接送行动不便村民到县城接种疫苗，一个月时间接送接种疫苗村民 120 余人。

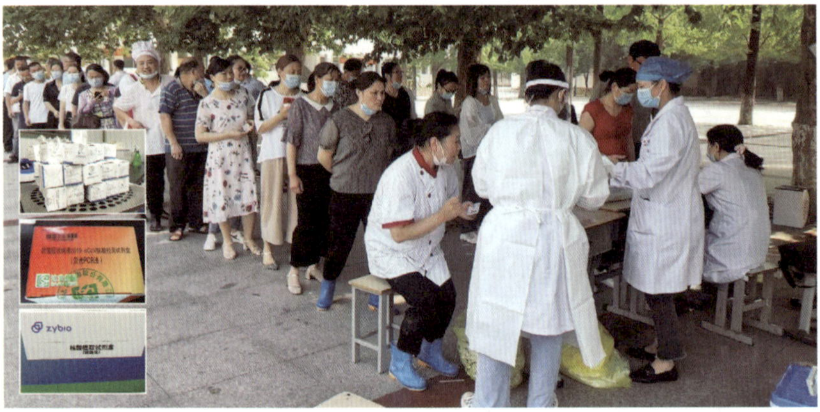

▶ 中国铁物捐赠 150 万元助力孝昌县疫情防控工作

四、坚持因地制宜，助力孝昌产业发展

一是帮助发展特色产业。中国铁物注重孝昌县地域特色及实际情况，通过定点帮扶干部和驻村第一书记充分调动当地群众积极性、主动性和创造性，推动当地特色产业发展，帮助培育绿色食品、地标性农产品，打造区域公共品牌。二是持续加

▶ 中国铁物开展消费帮扶助力孝昌县乡村振兴

大消费扶贫力度。三是帮助孝昌拓宽特色产品销售渠道。中国铁物扶贫干部利用专业优势，组织建设了“孝昌味道”网店，利用“互联网＋农业”电子商务发展，进一步拓宽孝昌县农产品销售渠道，使孝昌农特产品通过网络销售到内蒙古、吉林、河北等地，扩大销售范围和产品知名度，助力产业振兴促进乡村振兴，以产业高质量发展推动经济高质量发展。

五、坚持绿水青山，助力乡村建设

中国铁物牢固树立绿水青山就是金山银山发展理念，帮助孝昌县推进环境整治和美丽乡村建设，所属“一对一”下沉一级结对帮扶的公司积极帮助相关村镇解决通村公路不畅、开展村庄清洁行动等，改善生产生活环境，打造美丽乡村风景线，让农村成为安居乐业的美丽家园。6 家所属公司共投入帮扶资金 65 万元，实施 6 个帮扶项目，共受益农户 316 户 1325 人，其中脱贫户 57 户 136 人。包括合群村方小湾环境整治项目、小河镇曙光社区基础设施建设、桥湾村自来水入户管道改造、同裕村通村道路建设、四何村公路照明、刘店村机耕路建设。

▶ 中国铁物轨道集团助力孝昌县小河镇曙光社区基础设施建设

此外，中国铁物运用切实有效方式加强群众基本道德教育，营造“风清气正”的浓厚氛围。通过驻村第一书记开展喇叭广播、实地探访等多种形，不断提高村民的思想道德素质，通过宣讲党的方针政策，培养村民执法守法、勤劳善良、孝敬老人、文明出行、邻里互助，逐步形成和谐融洽的村民关系、绿化整洁的村容、安定有序的村貌、生态宜居的新农村，让广大农民有更多的归属感、获得感。

乡村振兴是实现中华民族伟大复兴的一项重大任务。中国铁物将高举习近平新时代中国特色社会主义思想伟大旗帜，紧密团结在以习近平同志为核心的党中央周围，在公司上下凝聚撸起袖子加油干的共识，结合公司实际，积极作为，力争在“十四五”期间再展央企上市公司风采担当。围绕产业、人才、文化、生态、组织等领域，持续创新帮扶举措，持续加大帮扶力度，帮助孝昌将巩固并拓展脱贫攻坚成果与乡村振兴战略有效衔接，在孝昌县希望的田野上播下金色的未来，让“产业兴旺、生态宜居、乡风文明、治理有效、生活富裕”成为孝昌每个角落的生动图景。

► 中国铁物工业集团助力孝昌县小悟乡桥湾村环境整治

27. 红日药业

发挥中医药产业优势
多措并举助乡村振兴

红日药业创建于 1996 年，是一家横跨现代中药、化学合成药、生物技术药、药用辅料和原料药、医疗器械、医疗服务及基因检测等诸多领域，集投融资、研发、生产、销售于一体的高科技医药健康产业集团，拥有下属公司 60 余家，员工 7000 余名，位列中国制药企业前 100 强，中国医药行业成长五十强，连续三年被评为福布斯中国最具潜力上市企业，拥有国家级企业技术中心、中药配方颗粒关键技术国家地方联合工程研究中心、国家技术创新示范企业等多项国家级创新平台和荣誉。

实施乡村振兴战略，是党的十九大作出的重大决策部署，是巩固拓展脱贫攻坚成果，提高农业农村的现代化水平，扎实推进共同富裕的重大历史任务。在助力打赢脱贫攻坚战、巩固脱贫成果、接续推进乡村振兴的过程中，红日药业作为改革开放后成长起来的新一批民族医药企业，积极响应党和国家“精准扶贫”和“乡村振兴”政策，在产业振兴方面，不断大胆创新、积极实践，为打赢脱贫攻坚战，实现国家乡村振兴目标积极贡献企业力量。红日药业利用自身优势，将全国 8 个中药现代化生产基地全部纳入集团乡村振兴发展规划，总投资超过 30 亿元。为实现巩固脱贫攻坚，接轨乡村振兴，坚持医药助困，公司各类捐赠累计 8000 余万元。仅近 10 年，策划公益活动超 1500 场，全国 700 余个县乡村 15 万人次受益。新冠肺炎疫情期间，带领全体员工保障抗疫药品“血必净注射剂”按时足量驰援一线，同时捐赠药品物资价值超 1400 万元。

▶ 河南红日康仁堂药业全景

一、发挥优势，产业振兴

红日药业充分利用企业在中医药方面的产业优势、技术优势和市场优势，扎实推进东西部协作和对口支援工作，在湖北英山、重庆秀山、河南宜阳、甘肃渭源、山东商河、河北安国等地打造以中药材种植生产基地为中心的系列产业链项目。以产业发展为杠杆，促进区域发展、增加群众收入，实现乡村振兴。

红日药业不断摸索好的机制和模式，践行“五依托五带动”的产业振兴模式。一是依托药源基地，带动当地道地药材的种植与采购。二是依托产地初加工车间，带动当地就业。三是依托工业生产车间，带动劳务用工。四是依托企业产品优势和产值规模，带动地方中医药产业转型升级和提质增效。五是依托企业社会经济贡献，带动县域经济快速发展，提升全县总体经济水平，全面助力乡村振兴。

二、提质增效，高质量发展

乡村振兴，就要坚持高质量发展。2018 年 7 月，红日药业携手甘肃当地中药龙头企业佛慈制药，在渭源县投资 4.35 亿元，打造甘肃乃至西北地区生产设备最先进、品种最齐全、质检水平一流的中药饮片生产基地，2020 年 6 月，二期项目开工建设。引入红日药业成熟的配方颗粒生产技术和全部品种，建设年处理中药材 3000 吨的中药配方颗粒生产基地。预计年产值超过 4 亿元，年税收 4000 万元。通过就业带动 300 余户实现稳定增收，通过收购原药材带动近 4000 户实现稳定收入。该项目也得到了原国务院扶贫开发领导小组、甘肃省以及天津市的大力支持和高度评价，成为精准扶贫、产业扶贫的示范项目。

▶ 甘肃渭源县政府与红日药业签署投资合作协议

红日药业继续把提质增效作为协助渭源县当地乡村振兴的重要抓手，结合公司的整体产业发展，通过“强化当地政策扶持、依托中药产业发展、企业和员工力量共建”等形式，强化推进渭源县乡村就业工厂的创建，并通过当地政府的大力支持，使公司在安全生产、运营管理、带动就业及可持续发展等方面突飞猛进。2021 年 7 月，甘肃佛慈红日药业有限公司被认定为渭源县第一批乡村就业工厂（乡村就业帮扶车间）。甘肃佛慈红日药业将立足新发展阶段，贯彻新发展理念，构建新发展格局，利用本次乡村就业工厂建设的契机，进一步巩固和加强公司持续良好的发展，为渭源县当地经济提升助力。

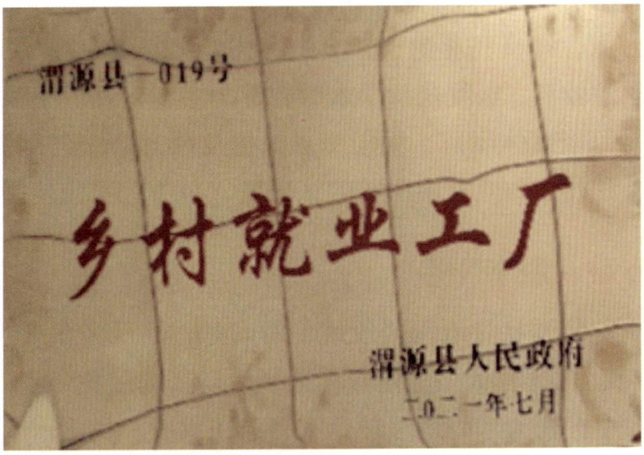

▶ 甘肃佛慈红日药业获批乡村就业工厂

三、中药材种植，生态振兴

红日药业坚持“道地药材，绿色加工”的理念，贴近产地收购优质药材，推进道地药材产区中药材产业的快速发展。红日药业在全国建设有 120 多个中药材种植基地，药材种植采购做到深入药材道地产区，土地流转清晰，基地产量有评估，种植加工有记录（可追溯），带动农户有证据。按照公司 + 基地 + 农户的订单农业模式运作，实行农工贸一体化管理，产销一条龙服务。应用中药产业接续推动乡村振兴提供了信心和支撑，红日药业继续增加中药材种植基地建设和定向采购力度，加强中药种植基地管理，与合作社联合开展种植技术培训，大力发展中药材生态种植。

▶ 中药种植技术培训

四、知识传播，文化振兴

在人才培养方面，红日药业每年从集团选拔和任命核心管理及技术人员，委派到各个生产基地，帮助基地建设，进行人才培训，将先进的生产技术和管理经验传授给各个生产基地。除了外派核心管理技术团队以外，红日药业还拥有自己的企业大学——红日商学院，秉持“乐学善思，学以致用”的学习理念，以“培养企业人才、解决实际问题”为出发点。

在文化传播方面，红日药业邀请知名中医药专家，以中医药文化、中医药保健知识、中医经方学术教育、医院药事学术教育等为主题，开展中医药知识科普宣讲，通过“大医智道”等新媒体渠道，面向基层医生及社会公众进行推广普及，提升基层医生的诊疗水平和社会公众对中医药的认同度，将中医文化传播到乡村。

五、热心公益，服务下乡

红日药业在产业精准扶贫取得阶段成果的同时，还从多角度，多渠道帮扶偏远地区、困难群众。“康方仁药”大型医疗救助系列活动陆续在各个乡镇、村庄铺陈开展。北京东直门、天津中医药大学等地医护专家，前往重庆、贵州、云南、陕西、湖北、河南、河北、甘肃、山西、广西、内蒙古等十几个省份的偏远地区，举办大型义诊。同时，约请医疗专家为当地乡村医生授课解惑，提高基层医疗救治水平，向群众普及各类疾病危害以及相关预防知识。

综上，为进一步践行乡村振兴战略，接续推动脱贫工作，红日药业将按照国家和地方乡村振兴工作部署，以产业振兴为重点，以各中药生产基地为依托，充分发挥产业和技术优势，带动农业农村经济发展，提升农民科学素质和致富能力，在创造价值的同时，保护自然环境，实现绿色发展、共享发展、可持续发展。

第三部分 河北辖区

28. 财达证券

巩固拓展脱贫攻坚成果衔接乡村振兴工作纪实

在脱贫攻坚过程中，财达证券一直以高度的责任感和使命感，积极响应协会发起的“一司一县”结对帮扶行动倡议，公司连续3年获得河北省委组织部扶贫脱贫帮扶工作考核评价“优秀”等次。

3年来公司各项扶贫成效显著，累计捐赠和“以购代捐”资金6600万元，结对帮扶3个深度贫困县、2个深度贫困村，深入贫困县贫困村走访调研300余次，高质量完成20多个扶贫项目，惠及贫困人口近万人，助力威县、涞源县、丰宁满族自治县顺利“摘帽”，为全面决胜脱贫攻坚贡献了财达力量。

一、切实提高政治站位，全面加强组织领导

公司扶贫脱贫帮扶工作取得的成绩得益于公司党委高度重视。公司党委始终把巩固拓展脱贫成果、全面推进乡村振兴工作放在党委工作的重要位置，及时学习传达贯彻中央有关会议和文件精神，研究落实省委省政府的部署和要求。公司党委书记、分管领导先后多次召开专题会议，围绕“持续巩固脱贫攻坚成果，接续推进乡村振兴”，深入帮扶项目和帮扶村走访调研，加强沟通，实地察看扶贫项目，现场协调推进各项工作，走访慰问驻村干部和困难群众，确保了各项工作的扎实开展。

二、加强扶贫队伍建设，配优配强工作队员

一是按照“优中选优、优中选适”的原则，进一步调整优化驻村工作人员，三年来先后有10余名第一书记、驻村队员，克服家庭困难、身体原因，战斗在地处高寒地区的两个驻村第一线；二是以驻村工作队为前沿，加强基层服务型党组织建设，党员培训教育进一步规范，协助村“两委”班子顺利完成换届工作，为落实好扶贫任务提供坚强的组织保障；三是疫情最严峻的关键时刻，公司驻村帮扶党员干部冲在前，干在先，坚守岗位，为贫困群众送去生活物资、防疫物资，复工复产中，党员干部积极协调就业、恢复产业，经受住新冠肺炎疫情的重大考验，真正成为贫困群众“贴心人”“主心骨”；四是2021年7月1日前后，为庆祝中国共产党成立100周年，两间房村工作队与村两委组织50多名党员举办了系列活动：重温入党誓词、驻村第一书记李月梅讲党课、为4名老党员发放“光荣在党五十年”纪念章、

党员知识竞赛、合唱歌颂党的歌曲等。上述工作的开展，充分显现基层党组织战斗堡垒作用和党员先锋模范作用。

▶ 公司驻两间房村工作队第一书记李月梅讲党课。（驻村工作队员刘少昆摄）

三、发挥自身专业优势，助力当地经济发展

一是辅导承德市御今农业发展集团股份有限公司于2018年9月实现区域股权市场挂牌成功，完成了丰宁县对接资本市场零的突破；二是2020年为承德国控成功发行15亿元公司债券，直接节省发行成本接近1亿元；为承德银行发行25亿二级资本债，票面利率为4.6%，远低于市场同等级债券发行利率；三是对平安高科进行尽职调查并作为我司投行重点工作，瞄准科创板进行上市辅导，同时积极推介创投基金参与，助力公司发展；四是对承德九龙、昌达农业等企业实地考察调研和对接，开展多层次的资本市场培训活动，重点孵化规范发展辅导整合，努力争取通过兼并收购、并购重组、招商引资等多种手段推荐当地企业多层次资本市场上市融资。

四、配齐帮扶责任人员，全面落实工作职责

公司自党委书记到所有总部、分支机构中层管理人员92人，全面分包帮扶户430户，通过建档立卡APP，定期走访或电话沟通，及时了解帮扶户困难，倾听贫困群众声音，有重点、有针对性地开展捐款捐物、消费扶贫以及就医、上学、销售农副产品等方面的救助帮扶行动，把党的温暖送到贫困群众心上。疫情爆发前及防控条件允许后，公司组织全体帮扶责任人集体入户12次，为贫困家庭送去了米面油，送去了温暖，增强贫困群众满意度。同时公司以每次入户为契机宣讲中央和省重大脱贫攻坚决策部署，帮助引导贫困群众克服“等靠要”思想，转变思想观念，激发脱贫致富的内生动力。同时为贫困户揭示非法金融危害性，提高贫困地区群众风险防范意识和抗风险能力。

五、积极筹措帮扶资金，落实帮扶项目推进

自脱贫攻坚工作开展以来，公司累计筹措帮扶资金 6600 万元，均已按期到账，县域帮扶项目全部顺利完成。一是公司投资 4000 万元，县自筹 935 万元，建设电站个数 22 个，每个电站 300KW，项目总装机容量为 6.6MW，均已建成并网发电，并开始发放收益，预计可持续发电 20 年；二是科学制定了《丰宁满族自治县光伏扶贫电站收益分配实施方案》，明确了村级光伏电站权属归村集体所有，明晰了电站收益使用方式；三是依托帮扶两间房村优质旅游资源，公司筹措了 40 万元帮扶资金，开展了两间房民宿扶贫试点项目建设，逐步引领民宿旅游发展，助力脱贫攻坚，通过组织培训村民提供标准食宿服务，两套高档民宿，十户中档民宿，2020 年夏天至今累计接待客人达 400 多人次，为帮扶村增加了新的收入来源；四是按照多劳多得、全面兼顾的原则，对有劳动能力的贫困户设立护林护草员、河道管护员、村组保洁员、护路员、电站看护员等公益岗位，每人每月 570 元工资收入，实现一人上岗，全家脱贫；五是筹措资金，为两个帮扶村建设小公园、活动广场、安装健身器材、硬化路面等，村容村貌得以明显改观。

▶ 两间房村民宿项目建设现场。（长城网记者张晨光摄）

六、探索创新帮扶方式，积极组织消费扶贫

一是开展公益慈善助力“两不愁三保障”，打通渠道推广认购当地特色产品，组织县域优质企业通过网络销售渠道，开展优质农产品展销，拓宽销售渠道，实现消费扶贫累计 170 余万元；二是认真落实《财达证券股份有限公司扶贫日活动实施方案》中的“消费扶贫”举措，积极号召公司员工优先采购结对帮扶县农产品，积极促进公司工会、内部食堂与结对帮扶县达成对当地肉、蛋、奶、蔬菜等优质农产品的直供合作意向；三是驻村工作队成立了“道德银行——爱心超市”，村民参加村里的各项集体活动、义务劳动等可以获得累计积分到爱心超市换取我司出资购买

的不同的商品，此创新工作的开展，极大地激发了该村村民对于集体活动的参与热情，改善了村民的精神面貌。

▶ 帮扶村村干部孙玉兰每次都会给来兑换奖品的村民拍照，便于核对货品支出，也成为爱心超市引领文明村风的纪念（长城网记者段维佳摄）

七、大力加强宣传引导，充分展现国企担当

脱贫攻坚全面开展以来，公司多次联系人民网、新华网、长城网等媒体介绍公司帮扶贫困县成果，宣传贫困县脱贫攻坚成效，河北日报专栏报道了公司金融扶贫的新模式；长城新媒体以三岔口村工作队为蓝本，制作了“我和我的扶贫故事”视频，发表了《从“新”出发｜丰宁：接续奋斗乡村振兴谱新篇》专门报道，通过帮扶村村民的切实感受，宣传公司民宿项目帮扶、“道德银行—爱心超市”等创新帮扶形式。通过全面传播正能量，为帮扶对象增加脱贫的内生动力。

公司将持续深入学习贯彻习近平新时代中国特色社会主义思想，认真落实党中央国务院、省委省政府和省国资委党委有关决策部署，积极服务国家战略，乘势而上、再接再厉、接续奋斗，以更有力的举措、汇聚更强大的力量，推动帮扶工作取得新的更大成效，让脱贫基础更加稳固、成效更可持续，为加快建设经济强省、美丽河北，打造有信仰、有担当的国有金融企业作出新的更大贡献。

29. 以岭药业

中药材基地“种”出乡村振兴“良方”

石家庄以岭药业股份有限公司成立近 30 年来，始终致力于创新中药的研发，坚持药品生产从中药材抓起，在全国多地建立了成规模、高标准的种养殖基地，不仅从源头严把产品质量，而且带动了当地农户的经济水平。作为以岭药业全资子公司，以岭燕赵中药材有限公司建立 10 万亩中药材种植基地，努力把中药资源优势转化为技术优势和经济优势，使小小的连翘绿化了荒山、富裕了乡亲、促进了旅游、保证了质量。

▶ 以岭药业万亩药材规范化种植基地

一、产业兴旺筑基石，乡村振兴新画卷

为响应政府产业扶贫、乡村振兴战略政策，涉县以岭在涉县偏城镇承包荒山 10 万亩，涉及 20 个村。采用“公司 + 基地 + 农户”的建设模式于 2012 年开始种植连翘，目前累计人工种植连翘 20000 余亩，人工抚育连翘 30000 亩，通过直接带动农民就业和资产收益进行产业扶贫。公司种植、管理、采收、加工均雇佣当地农民，以日工方式发放工资，增加农民就业收入。通过承租村集体山地，给村民带来集体收入；承包区所种植的连翘产权归公司，公司通过雇佣农民进行采摘和村民自行进行采摘、公司以市场价回收两种方式，给村民带来资产性收益。

▶ 村民在基地种植连翘

二、小小连翘，“翘”动致富产业链

以岭药业形成了以政府主导、科研院校为技术依托、龙头企业和基层农技站为实施主体的科技服务推广体系，不仅促进当地道地中药材特色产业的发展，同时也带动了当地物流业、旅游业，实现了社会、经济、生态效益的大丰收。

2016 年，涉县被列入首批国家全域旅游示范区创建单位，通过旅游带动农民增收成为涉县政府脱贫政策的重要内容。涉县以岭根据县政府特色旅游农业的发展政策以及公司大健康产业的布局，在基地修建了中医药文化景观等设施，增加了涉县旅游景点的吸引力，为旅游产业带动农民脱贫贡献了力量。

以岭药业加大科研投入，进行连翘全产业链开发，研发出以连翘叶为原料的代用茶——连王古茶，使连翘叶产生经济价值，进一步提高当地村民收入和企业经营效益。

以岭药业在涉县的连翘种植基地，所加工的连翘 90% 以上用于连花清瘟胶囊（颗粒）的生产，连花清瘟胶囊 2020 年实现销售额超 42 亿元，每年数千万人次服用受益，社会经济效益显著。

三、一颗连翘果，连接新希望

涉县以岭建立了连翘高产栽培技术操作规程，通过与涉县职教中心等政府职能部门建立技术培训基地，每年开展中药材种植技术培训，培育新型职业农民，为长效持久的致富注入新希望。

▶ 连翘种苗培育基地

涉县以岭利用自身的专业优势，已培养农民技术员百余人，培训农民2000人次，充分利用荒山荒坡，带动2000多家农户进行连翘抚育和种植，加工厂区实现年产连翘1000吨的生产能力，带动4000余人脱贫致富。公司每年组织不少于一次的农民技术培训，使农民掌握野生连翘抚育技术，并应用到野生连翘资源管理上，经过人工抚育的连翘产量两年增产达到50%以上。

▶ 连翘高产栽培技术培训会

以岭药业在涉县连翘产业的开发，既保障了企业所需原料药材来源基地固定、加工过程可控、药材质量稳定，又促进中药材原料上下游产业链拓展，形成了从药材种植、加工、购销、产品开发为一体的完整产业链，使靠天吃饭的农民实现脱贫致富，为乡村振兴打下坚实的基础。

四、践行民企社会责任，助力乡村全面振兴

在综合扶贫方面，以岭药业出资 1000 万元，在河北省工商联指导下联合君乐宝、河北养元等 9 家河北企业成立中冀扶贫基金会。基金会以产业投资扶贫为主，建立长效、可持续发展机制，使贫困地区长期受益。2020 年伊始，以岭药业参与了由该基金会组织的“君以智汇”助学行动，出资 300 万元对 2019 年入学的 1500 名贫困大学生给予资助，为贫困家庭解决了燃眉之急，为助推河北省决胜脱贫攻坚作出贡献。

在健康扶贫方面，以岭药业出资 3500 万支持“健康中国乡村行——全国基层卫生人员业务素质提升工程”，在全国范围内开展基层医生公益培训活动，惠及众多贫困群众。以岭药业还先后多次通过中国红十字会、中国抗癌协会康复会向贫困人口捐赠数千万元治感冒抗流感药物连花清瘟胶囊、抗癌药物参灵蓝胶囊等药品，并在农村开展多次义诊活动和捐赠药品活动。

以岭药业利用自身优势多管齐下，通过产业扶贫、健康扶贫、综合扶贫等多种模式提升贫困村经济实力和带动水平，惠及全国 20 余个省市的百余个贫困村，受益人数近几十万人，帮扶投资 1 亿多元。以岭药业作为中国医药上市公司 20 强企业，在“继承创新、造福人类”企业宗旨引领下，长期以高度的社会责任感关爱贫困群体，曾荣获“精准扶贫 • 中医药在行动”典型案例单位、中国健康公益星——十大公益企业、最具社会责任上市公司、中国医药企业社会责任贡献奖、河北省脱贫攻坚先进集体、全国万企帮万村精准扶贫行动先进民企等荣誉。

▶ 以岭药业荣获“全国万企帮万村精准扶贫行动先进民企”荣誉称号

第四部分

山西辖区

30. 山西证券

持续发力教育帮扶　从根源断愚甩贫

山西证券作为山西唯一的A股上市金融企业，成立30余年来，不断丰富“诚信”内涵，形成了“以义制利、协作包容、追求卓越”的企业核心价值观。公司在坚守金融本源、聚焦主责主业的同时，密切关注社会经济、民生和区域发展状况，充分发挥公司在人才、智力、资源和资本方面的优势，全力投入脱贫攻坚和乡村振兴的国家战略中，在结对帮扶各县担当尽责，为脱贫攻坚贡献“山证力量”，以实际行动阐释“以义制利”的核心价值观。

▶ “山西证券希望小学”的孩子们

山西证券始终把“扶贫先扶志，扶贫必扶智”作为履行企业社会责任和乡村振兴工作中的重中之重。在此理念引导下，公司较早展开了教育帮扶工作，旨在改善贫困山区学生们的教学环境，让孩子长知识、见世面、立长志，享受到更好的教育资源，力争做出特色，创立了“智惠雨露”教育帮扶的品牌在结对帮扶县进行充分实践，取得良好成效。近年来，公司援建1所希望小学、持续帮扶30余所中小学、设立5个“山西证券·智惠雨露”新长城自强班、开展12次“智惠雨露·爱心班主任进课堂”助教活动，直接受益学生达到2300余人。

一、始于山西汾西僧念小学

与教育帮扶的结缘始于2014年，在中国证券业协会的积极倡导下，公司投入

156 万元为汾西县僧念小学捐建教学楼，并于 2015 年 9 月投入使用，改善了在校 400 余名师生的教学设施、覆盖所在地近 15 个自然村孩子的上学环境问题。

▶ 山西证券为汾西僧念小学教学楼

公司不断通过倡议募捐、公益捐赠、组织活动等形式，举办了“奉献一份爱心点亮一个希望”“手拉手、献爱心”“爱心圆梦”等一系列持续关爱活动，多措并举给山区孩子不断送去关爱，还借着公司年会的契机邀请师生代表到山西省图书馆、科技馆、公司营业场所等进行参观和课外学习。

二、发展山西证券希望小学

有了对僧念小学全面教育帮扶的宝贵经验后，公司在 2018 年由山西证券公益基金会统筹出资 134.57 万元，为云南省临沧市沧源佤族自治县单甲乡永武完小援建综合楼。2018 年 11 月以“山西证券希望小学”命名的综合楼全面竣工，教学楼覆盖 534 平方米，包含音乐室及电教室等现代教育设施，配备价值 11.1 万元的教学物资，并持续对学校的用水条件、基础设施、周边环境进行深入的改善。

▶ “山西证券希望小学”的综合教学楼及收到“礼物”的孩子们

公司志愿者们每年还会跨越2000余千米，来到山西证券希望小学的孩子们身边，为他们带去最需要的过冬的床垫、崭新的校服和运动鞋、悦耳的校园广播系统、最新的平板学习电脑，午餐举着加了香喷喷的大鸡腿的小朋友们笑得合不拢嘴。

三、持续设立“山西证券·智惠雨露”新长城自强班

山西证券从2018年开始，与中国扶贫基金会的“新长城自强班”项目开始合作，通过严格选拔学业优异、家庭暂时困难的优秀学生，持续给予经济资助，帮助他们完成学业。四年间，公司已建立了山西省汾西县、山西省代县、云南省沧源县、甘肃省武山县和贵州省纳雍县等“山西证券·智惠雨露”新长城自强班。

▶ 山西证券设立的“山西证券·智惠雨露”新长城自强班合影

四、“智惠雨露·爱心班主任进课堂”贯穿始终

山西证券公益基金会面向全体员工发出倡议，组织富有爱心并具有一定特长的员工成为帮扶学校的爱心班主任。2018年10月“智惠雨露·爱心班主任进课堂”

▶ 山西证券组织志愿者开展“智惠雨露·爱心班主任进课堂”助教活动

活动在山西省汾西县僧念小学进行了首次实践，员工志愿者与学生们互动交流，进一步增强了孩子们对外部世界的了解和学习新知的渴望。助教活动以迥异于校内教学的方式，为孩子们打开了眼界、丰富了课余生活，取得良好反馈。

▶ "智惠雨露·爱心班主任进课堂"孩子们的"悄悄话"

正如习近平主席所勉励的"青年兴则国家兴，青年强则国家强"。未来，山西证券将坚定践行"金融向善"、做"好金融"的理念，不仅在教育帮扶方面努力做到"脱贫不脱帮扶，脱贫不脱责任"，持续发力，为推进脱贫攻坚与乡村振兴有效衔接贡献力量，以高度的责任、百倍的热情、踏实的奋斗，向社会传递有爱心、有情怀、有责任、有担当的企业形象，不断探索金融业态与乡村振兴融合新路径，书写助力乡村振兴的新篇章。

第五部分

内蒙古辖区

31. 包钢股份

多措并举全力推动乡村振兴

实施乡村振兴战略，是党的十九大作出的重要决策部署，是新时代“三农”工作的总抓手，是关系全面建设社会主义现代化国家的全局性、历史性任务。近年来，包钢股份坚持以习近平新时代中国特色社会主义思想为指导，深入贯彻落实党中央、自治区和包头市关于全面推进乡村振兴的重要决策部署，深入践行自治区工业长子之责，自觉肩负使命，勇于责任担当，充分发挥公司组织力量，全面推进乡村振兴工作，助力建设美丽乡村。

一、压责任、保落实，示范引领构建工作新格局

做好乡村振兴工作，必须压实责任，充分发挥各级党组织的战斗力，以高效的组织力和执行力为推动工作落实提供坚强政治保证。近年来，包钢股份党委以高度的政治责任感和使命感，全面落实上级党委关于乡村振兴的各项部署要求，自觉融入全面推进乡村振兴工作大局，主动谋划，果断出击，精准施策，把准方向不偏离，锚定任务不走样。

为保质保量完成包头市委、市政府指定包钢股份对口承担固阳县、达茂旗所辖25个村帮扶工作和落实帮扶资金任务，公司多次召开会议专题研究部署工作，公司党委书记靠前指挥，与公司领导深入走访调研，现场办公，实地了解情况，对重要工作亲自部署安排，对急难问题亲自抓落实。各级党委落实主体责任，充分调动和发挥基层党员的示范带动效应，做到层层有任务、步步有计划、人人有责任、件件有落实，形成党委领导、基层推动、党员引领的工作格局。

二、兴产业、办促销，多措并举打造帮扶新模式

做好乡村振兴工作，关键是产业要振兴。产业兴旺是乡村振兴的重要基础，是解决农村一切问题的基础和前提。近年来，包钢股份不断加强与对口帮扶点的联系，扎根基层深入调研，协助地方充分利用现有资源，打造具有地方特色的产业，做大做强农产品基地，将推进维古奇村（包钢猎民新村）乡村振兴纳入“我为群众办实事”清单，结合维古奇村以种植业为主、养殖业为辅的实际情况，拨付乡村振兴产业项目资金100万元，主要用于帮助其升级农业生产设备，支持其发展村支柱经济产业。投入150万元在固阳公合当村投资建成了占地面积20亩的养殖基地，建有两栋600平方米的圈舍，一栋占地300平方米的饲料房，一栋300平方米的办公生活用房，努力推动形成“以农养牧、以牧促农、种养结合”的新型经济模式，并通过引入餐

饮合作经营方的模式，与内蒙古小尾羊科技公司签订租赁协议，并提供纯种澳洲白、杜泊杂交基础母羊和种公羊，开展人工授精和胚胎移植及各种养殖技术指导，打造初具规模的育种改良养殖基地。向二连浩特红十字会捐赠58台估值25.6万元的报废通勤车，用于支持“中蒙俄国际汽车露营公园”建设，有效促进了贸易业务往来，推动了地方经济的发展。

为加强消费帮扶力度，促进地方群众增收，包钢股份拓宽思路，及时调整策略，积极推动公司党委“我为群众办实事”实践活动落实落地，印发《包钢（集团）公司消费帮扶工作实施方案》。通过线上线下相结合等多渠道、多形式，在职工福利选择、工会慰问品采购、食堂和职工自愿采购等方式上打出“组合拳”，采取“以购代帮、以买代捐”等形式，鼓励引导优先采购脱贫地区产品，全方位融入消费帮扶工作大局。与产品过硬、信誉良好的帮扶地区农副产品销售公司开展农副产品采购战略合作，投入187.565万元认购“爱心扶贫卡”，采取直供直销、农产品现场交流会等方式，全面助力消费帮扶工作。公司先期主动联系5家扶贫企业，利用绿色帮扶采购渠道直接采购农副产品以及水果蔬菜、食品饮料、调味干杂、粮油副食等多个种类，并根据企业资质、产品质量和公司需求不断扩大扶贫企业数量，仅2021年采购各类农副产品达685万余元，其他二级单位近三年来累计采购额达496.5万元，实现采购与销售同频共振，全方位合作。近年来，公司采购力度不断增强，采购方式不断丰富，采购品种不断扩大，产品数量和质量有效提升，在全公司营造积极参与消费帮扶的浓厚氛围。

三、解难题、办实事，践行责任赋予公益新内容

做好乡村振兴工作，必须坚持以“人民为中心”的发展思想，以解决当地群众的困难和需求作为根本出发点和落脚点。近年来，包钢股份加大与地方和干部群众的交流，坚持“以党建为引领，助力脱贫攻坚”，选派干部开展驻村扶贫，与当地干部群众坐炕头唠家常，扛锄头下田地，吃住在一起，生活在一起，学习在一起，聚焦焦点热点难点问题，聚焦村民群众的“急难愁盼”问题，帮助解决了许多生产生活实际问题，进一步推动乡村振兴，把好事办好、实事办实。为切实改善固阳公合当村的生产生活条件，持续加大基础设施投入力度，相继投入780余万元打深井6眼，从根本上改善了6个自然村的人畜饮水问题；修建2.9千米通自然村水泥公路和4.2千米通自然村砂石公路，极大改善了村民出行难的问题；装修了党员活动室、修缮了村委党群活动中心；持续加快养老院等基础设施建设，村容村貌和村民的精神面貌焕然一新。为化解固阳西瓜滞销的问题，包钢股份在固阳县金山镇旧城村、下十二分子等地，投入15万余元，购买西瓜30余万斤，有效解决了瓜农的后顾之忧。

投身社会公益事业，积极参加社会公益活动，向自治区扶贫基金会兑现承诺捐赠扶贫资金500万元，用于自治区开展扶贫项目建设。向固阳专项捐助200万元用

于抗洪救灾，帮助恢复生产生活设施，重拾村民对生活信心。按照《精准扶贫、守望相助”关爱留守儿童健康成长公益活动倡议书》精神，为自治区留守儿童捐助爱心安全包物品；响应包头市扶贫基金会在全市范围内开展的关于“严冬送温暖·爱心促和谐”关爱困难家庭爱心棉服活动，为1000余名脱贫家庭以及重点“监测对象”的孩子和老人捐赠棉服，两项合计58万元，奉献了企业爱心，践行了社会责任。

四、兴文化、树风貌，文化建设彰显乡村新风尚

做好乡村振兴工作，要把文化建设作为重要内容，进一步满足广大农民群众的精神文化需求，始终坚持物质文明和精神文明一起抓，提升农民的精神风貌。公司坚持扶志和扶智相结合，加强人文关怀、技能帮扶等，从思想上、文化上、精神上不断提高和丰富。公司向维古奇村委员会赠送了价值5000元的书籍，包括党史、乡村振兴、科学种植养殖类图书，帮助该村文化活动室进行了建设，让更多村民能够阅读到相关农业的书籍，以实际行动巩固民族地区脱贫攻坚成果。积极响应自治区扶贫基金会项目计划，为开展建党100周年，“情暖儿童·为爱前行”书香助学公益捐赠28万元，全面助力美丽乡村文化建设的蓬勃开展。

近年来，包钢股份积极调动全公司上下各方力量，发挥自身优势，践行使命担当，乡村振兴工作取得了一定成绩，受到了上级党委政府的一致好评。进入实现第二个百年奋斗目标新征程，包钢股份将认真贯彻落实习近平总书记关于乡村振兴的重要指示批示精神，继续巩固脱贫攻坚成果，以更有力的举措、汇聚更强大的力量，全力推动乡村振兴各项工作落实落地，为实现乡村振兴战略目标，推进农业农村现代化和共同富裕，贡献力量。

32. 亿利洁能

将光伏治沙打造成沙区乡村振兴新引擎

2021 年是“十四五”规划开局之年，也是进一步巩固和拓展沙区脱贫攻坚成果，全面有效衔接乡村振兴的“元年”。国家将光伏治沙上升为国家战略，陆续推出《黄河流域生态保护和高质量发展规划纲要》《国务院办公厅关于鼓励和支持社会资本参与生态保护修复的意见》以及在黄河几字弯建设清洁能源基地等政策，旨在通过政策引导，金融机构支持，让社会资本积极参与到沙区生态振兴和产业振兴中去。

在政策利好频出的大背景下，中国光伏治沙先导型企业——亿利洁能（600277）迎来了千载难逢的发展机遇：光伏治沙不仅能变漫漫黄沙为绿电基地，为经济社会绿色转型、推动高质量发展输送阳光动力；更担负着低碳减排、治沙固碳、乡村振兴的新任务。

亿利洁能创业发展 20 多年，始终遵循“生态优先，绿色发展”理念，依托控股股东亿利集团在库布其沙漠生态治理成果、技术、经验和区位自然禀赋等优势资源，践行以生态治理为先导，因地制宜发展沙漠经济的 EOD 模式，通过内生性增长和外延式发展，积极推进光伏治沙核心主业。

2013 年，亿利洁能建成我国第一座因治沙而批建的大型生态光伏电站。在实践中，公司有机地把光伏发电产业与生态修复、农业、工业、特色旅游业和乡村振兴结合，推动生态产业化和产业生态化，探索出一条“板上发电、板间养殖、板下种植、治沙改土、水资源综合利用”等多位一体循环发展模式。利用光伏治沙发电设施，推动治沙、防风、固草，系统保护和修复沙漠，实现了土地、太阳能等多种资源综

▶ 亿利洁能建成我国第一座因治沙而批建的大型生态光伏电站

合利用，改善了当地生态环境和人居环境，有力地解决了当地建档在册贫困人员就业、扶贫难题。

亿利洁能光伏治沙充分利用了沙漠天然的发展优势和独特的发展潜力，把沙漠自然资源优势转化为经济发展优势，形成“生态振兴、土地增值、产业振兴、共同富裕”的可持续高质量发展机制，有效打通生态促进产业升级，产业发展反哺生态的内循环，实现了绿色产业与生态治理双向赋能。为贫瘠的沙漠创造了高质量可持续发展的新经济、新生态，更为沙区农牧民创造了就近就业的机会。

从亿利洁能光伏治沙实践看，不但获得了较好的生态效益、经济效益和社会效益，更形成了一整套行之有效、可复制、可推广的新型光伏治沙模式。随着光伏治沙发电规模化、产业化发展，其在各类生态场景下的应用探索也逐渐开始增多：

三层立体发电模式，促成一二三产业协同发展。光伏板发电的同时也起到了遮光挡风的作用，减少了板下土壤水分蒸发，有效降低了风速，为板下开展种植业、养殖业、修复沙漠土壤提供了基础条件。在板下、板间，种植甘草类植物或南瓜、土豆等农产品，不但有机发展了现代农牧业，有效提升土壤肥力，加速沙漠土地改良进程，更为沙区开展以光伏治沙为核心的清洁能源、绿色化工产业提供了源源不断的基础能源。

▶ 光伏治沙让沙区拥有了优势产能，是乡村振兴的新动力、新引擎

“生态治沙增汇”+“光伏治沙减排”双向碳中和成效显著。亿利洁能库布其光伏治沙项目，不仅实现了工业、农业、服务业多层次发展，还有效增加土地综合利用率，修复局部生态环境、实现碳汇。实践证明，1 吉瓦光伏治沙发电项目可以治理 5 万亩沙漠土地，植物生长每年可以固碳 2.5 万吨；光伏电站每年至少可以发电 16 亿度，相当于节约标准煤约 50 万吨，减少二氧化碳排放约 125 万吨。

发展沙漠先进产能，加快沙区乡村振兴。光伏治沙规模化发展后，使修复后的土地属性由荒地变成农业用地和工业用地，土地价值实现重估。同时，光伏治沙也为沙区提供了多种就业机会：一是产业工人需求；二是产业外包业务需求（如看护并清洗光伏板以及参与光伏板下种养殖工作）；三是形成以沙漠生态经济为核心，发展以运输、餐饮、旅游为主的第三产业。

有效破解国家可再生能源发展瓶颈，促进东西部地区产业优势互补。目前，在“碳减”压力下，要解决电力供应紧张，避免拉闸限电，就必须生产更多的可再生能源。在城市土地使用高度紧张的当下，充分利用沙漠资源优势，开展光伏治沙发电，不仅不会挤占现有的土地利用空间，避免破坏生态环境，还能够起到改善生态的效果。随着国家输电通道建设，中西部沙区清洁能源输送到东中部地区必将成为现实。届时，西部和东中部地区在土地资源、绿色能源和经济社会发展等方面的优势互补，发展更为均衡协调。

► **近期，亿利洁能开工建设国内单体规模最大光伏治沙项目，“光伏 + 治沙”生态综合治理进入新阶段**

从能源禀赋上看，我国沙漠、戈壁、荒漠地区主要分布在新疆、内蒙古、青海、甘肃、宁夏、陕西等地区，面积广阔，风能太阳能资源富集，技术可开发量占全国比重 60% 以上。目前，沙区大部分土地已初步具备发展光伏治沙基础，且不涉及生态红线和林草地，地区电网完备，接入条件优良，消纳能力充沛。

习近平主席在《生物多样性公约》第十五次缔约方大会领导人峰会上发表主旨讲话时指出，我国将“大力发展可再生能源，在沙漠、戈壁、荒漠地区加快规划建设大型风电光伏基地项目，第一期装机容量约 1 亿千瓦的项目已于近期有序开工”。

同时，为保障这些项目所发出的绿色电力能顺利进入电网被送往全国各地，国家相关部门还将衔接新能源基地项目与输电通道布局，发挥存量火电、大型水电调节能力，着力提高外送通道中新能源电量占比，提升大型风电光伏基地项目开发和利用水平。

2021年10月15日至16日，亿利洁能相继获批在内蒙古自治区库布其沙漠开工建设“蒙西基地库布其200万千瓦光伏治沙项目”，在甘肃省腾格里沙漠建设“甘肃武威50万千瓦立体光伏治沙产业化示范项目”。建设总规模在国家第一期开工大型风电光伏基地项目中占比2.5%。

项目建成后，预计每年生产绿电近50亿度，可节约标准煤约156万吨，防风固沙面积近15万亩，平均减少二氧化碳排放近426万吨。同时，因光伏治沙形成的一二三产业生态圈还将为当地提供近5000个就业岗位。

“十四五”期间，亿利洁能将在夯实现有循环经济、新材料、清洁热力等产业基础上，携手央企，围绕“高科技、平台化、轻资产、服务型”企业发展战略，聚焦发展“生态＋发电＋治沙＋扶贫”于一体的“光伏治沙”主业。依托吉瓦级光伏治沙的技术经验、沙漠丰富的光照资源及广阔的未利用土地，在库布其沙漠、乌兰布和沙漠、腾格里沙漠等中西部沙区，投资建设集“光伏＋风电＋光热＋分布式光伏＋储能＋治沙生态”六位一体、千万千瓦级规模的治沙基地，全面推进绿色产业、绿色企业、绿色园区发展建设。

亿利洁能冀望于通过规模化、集约化发展光伏治沙产业，在为中西部沙区经济发展提供稳定优质的绿色电力支撑，有效提升区域可再生能源利用水平，加快区域达成“碳达峰”“碳中和”承诺的同时，为筑牢我国北方生态屏障，加强黄河流域生态保护和高质量发展作出积极贡献。

33. 鄂尔多斯

温暖的力量

2021年是建党100周年，是“十四五”规划开局之年，也是全面推进乡村振兴的第一年，更是巩固拓展脱贫攻坚成果、实现同乡村振兴有效衔接的起步之年。

内蒙古鄂尔多斯资源股份有限公司（以下简称“鄂尔多斯”或“公司”）前身为内蒙古伊克昭盟羊绒衫厂，成立于1980年，是改革开放后内蒙古自治区的第一个通过补偿贸易方式引进日本先进设备的项目，鄂尔多斯羊绒产业也由此开启了温暖全世界的远航，中国也结束了单一的无毛绒出口，羊绒加工业开始由初、粗加工向深、精加工发展。现在的“鄂尔多斯”羊绒制品，既能与国际接轨，又能满足不同群体的需求，已成为世界T台上一抹亮丽的中国色彩。

秉承着温暖全世界的理想，公司积极响应党和政府的号召，坚持以社会主义核心价值观为引领，积极履行企业的社会责任，将扶贫工作作为崇高的政治任务，积极参与捐资助学、扶危济困、抗震救灾、保护环境等社会公益事业，用有力的行动和显著的成效，生动诠释“上下同心、尽锐出战、精准务实、开拓创新、攻坚克难、不负人民”的脱贫攻坚精神，为脱贫攻坚和乡村振兴奉献了自己的力量。

一、厚植优势，聚势创新，以产业振兴来带动乡村振兴

产业兴旺是乡村振兴的基础，鄂尔多斯作为羊绒行业的传承创新推动者，一直秉承为地区经济献力的理念，肩负引领产业发展、行业进步和带动农牧民增收致富的重任。为了能够在全产业链中做好最前端的工作，公司通过加大牧场建设投入，在牧场建设推广、牧场科研、优质优价推行、标准化示范牧场建设等方面开展了一系列工作，对优良绒山羊品种保护、羊绒品质控制提升、草原生态保护等方面取得了初步的成效。

（一）尊重生态，保护羊绒资源，与自然共生共赢

内蒙古自治区是中国乃至世界山羊绒原料的主产区及山羊绒制品深加工和出口大省，羊绒产业是自治区的特色优势产业和重要的民生产业。然而，由于羊绒收购价格较高，刺激部分牧民采用一些技术手段一味追求产量，草原遭到破坏，羊绒纤维逐渐变粗，造成原料品质下降，反而影响了牧民的收入。为了遏制这种现象，鄂尔多斯作为羊绒行业的传承创新推动者，提振羊绒产业已经势在必行。

公司在产业前端实施了以“保种细化”为指导的牧场建设工程。从2017年开始，

依托地区阿尔白色优质绒山羊种群，公司聘请内蒙古大学畜牧专家及其团队，进行选种、育种、改良等科研活动。同时与中国农业大学合作，通过在绒山羊体内埋植褪黑素的方式开展超细高产绒山羊科研实验与研究，旨在通过科技手段，从增加羊绒生长毛囊、延长羊绒生长周期两个维度解决超细高产问题。

2021 年公司在阿尔巴斯苏木乌兰乌素嘎查租用 5000 亩集体草牧场，投资 5000 万元打造示范牧场，进一步引导牧民科学养殖，保护优良品种和草原生态建设，以此来提高整个产业链条的高质量发展。在示范牧场的基础上，公司配套设立资源保护与繁育技术实验室、营养健康与疾病防治实验室、羊绒品质与养殖标准实验室、智慧养殖与环境保护实验室，同时申请设立博士后工作站，广泛吸纳国家、自治区的科研技术力量，形成世界最大的绒山羊科研基地。并设立牧民培训服务中心，对信息化建设、标准化养殖、科学饲养、人工授精、疾病防控、动物福利、羊绒分级整理等内容，并聘请相关专家教授，面向牧民开展免费培训服务。

示范牧场研究成果的推广和应用，不仅引导了养殖户降低牧场载畜量，实现标准化、规模化的绿色养殖，还充分发挥科研基地的教学示范作用，让广大牧民都能分享到实实在在的科技成果，让科技成为广大牧民增收致富的新亮点。

（二）顺势而为，营造以羊绒为核心的产业生态环境，为农牧民的增收致富带好头、领好路

公司在联合当地政府组织羊绒分级整理技术的现场推广培训的基础上，实行了优质优价收购，并对于符合质量要求的牧户给予二次补贴，减少了中间环节，直接让牧民得到了实惠。

2017 年公司开始先后与鄂托克旗亿维公司、阿尔巴斯蓝源畜牧业合作社、阿尔巴斯苏木、伊旗敏盖、阿拉善银根苏木、西藏措勤县、宁夏固原市建立了牧企合作关系，合作牧场涵盖了绒山羊公司化养殖、绒山羊舍饲养殖、绒山羊放养养殖的三种主要形式，直接和间接联系牧民数量达到了 4 万多户，公司通过努力推行优质优价收购政策，最大限度地让利于农牧民。2018 年、2019 年和 2020 年在贫困地区收购原料分别投入资金 32481 万元、32775 万元、21125 万元。

公司派遣专人对阿尔巴斯的牧户进行免费细度摸底检测，为近千户推广牧户建立起细度档案，为今后深入推进牧场建设掌握了第一手资料。

牧企合作，旨在通过“企业 + 合作社 + 牧户”的共同努力，引导、带动绒山羊养殖业走上一个科学、规范、优质、高效的发展之路， 在羊绒加工业的带动下，羊绒已经成为牧户的主要生产生活资料来源，大多数农牧民靠发“羊”财脱贫致富，更促进了自治区农牧业经济繁荣和边疆少数民族地区的社会稳定。

公司还启动了“互联网 + 扶贫”的新模式，利用公司在线平台大力推广阿尔巴斯山羊肉以及绒山羊、乳业、果蔬、食用菌等优势特色产业发展。目前，公司共援

建了1个饲料加工厂，1个肉羊养殖项目，3个肉牛养殖项目，持续为集体经济解决销路，真正实现从“输血”到“造血”的可持续发展。

二、乡村振兴，教育先行

乡村教育是我国是乡村发展的一个重要前提条件，公司在调研考察原绒产地情况时发现，很多地区都存在着农牧民子女上学难的问题。为了帮助解决农牧民子女上学难的问题，公司从2001年起，以每年5所、每所20万元的规模和速度，在国内各产绒区和集散地援建鄂尔多斯希望学校。截至2019年年底已投资850万元，共建设了41所希望小学，这一举措已产生了良好的社会效应。2021年9月，公司为鄂托克旗教育基金会捐资2500万元，助力当地教育发展，并荣获鄂托克旗捐资助学“突出贡献奖”。

三、巩固拓展“百企帮百村”成果，接续开展“万企兴万村”行动

随着鄂尔多斯不断的发展壮大，同时也带动了一批配套中小企业的繁荣，创造了大量的就业岗位。公司依照自治区的要求，紧紧围绕“长治久安”这个主题在就业、民生领域积极发挥企业的作用，解决了一大批就业难的问题，并通过对员工进行岗前、岗中培训，提高了员工的就业意识，使他们成为公司的骨干力量及技术核心。从而解决了当地的富余劳动力，创造了良好的经济效益和社会效益。

在国家精准脱贫攻坚行动中，公司目前已经实现所有帮扶人员45户103人建档立卡贫困户全部脱贫。

巩固拓展“百企帮百村”成果是巩固拓展脱贫攻坚成果的重要举措，未来，公司将继续找准着力重点，加强组织引导，发挥企业优势，聚焦重点任务，实现合作共赢，确保“万企兴万村”行动取得实效。

四、将公益慈善行动与履行社会责任相结合，彰显企业担当

迄今为止，公司在救灾、扶贫、助学、社会公益等已累计超过4亿元，鄂尔多斯的温暖不会缺席。

近两年来，新冠肺炎疫情突如其来，公司在做好自身经营管理和疫情防护工作的同时，第一时间组织协调各种资源，全力以赴捐赠防疫物资，组织生产防护用品，以实际行动充分展示了公司的责任、担当与温度。仅2020年，公司及大股东就已累计捐款捐物支援抗疫约2810万元。

2021年10月，山西省遭遇有气象记录以来最强秋汛，猛烈的汛情牵动全国人民的心。公司通过山西省慈善总会向山西灾区捐赠2000万元防寒救灾物资，与灾区人民共渡难关。

在积极响应国家提出的蓝天、碧水、净土三大保卫战中，公司提出“环保是企

业的责任，环保也是产业，环保更是新的竞争力”的环保理念，严格按照国家和自治区、市开展的环保专项行动的统一部署，在节能环保技术、装备及项目累计投入资金超过 60 亿元，并且每年持续不断地投入研发和改造。

公司两大生产基地大力提倡绿色工厂建设工作，安排专项经费用于绿化，邀请园林绿化、景观规划方面的专业人员，采用一区域一景点的先进设计理念。未来几年，公司将在两大园区计划每年投资 300 万元用于培育碳汇林项目，规划每年种植苗木 3 万余株，增加绿化面积。

习总书记在中央农村工作会议中强调：民族要复兴，乡村必振兴。鄂尔多斯也将一如既往积极响应党和国家号召，持续巩固拓展脱贫攻坚成果，并在优势特色产业发展的路上，科学发展、绿色发展、高质量发展，切实发挥龙头企业产业带动作用，增强地区内生动力，促进区域经济发展，在推动乡村振兴和共同富裕方面持续作出新贡献。

34. 伊利集团

以奶业振兴全面推动乡村振兴

内蒙古伊利实业集团股份有限公司（简称“伊利集团”“伊利”）深入贯彻落实党和国家关于乡村振兴的相关工作部署要求，发挥龙头企业的引领作用，在实现自身发展的同时，积极回报社会、反哺社会，从产业带动、营养支持、灾害应急等方面助力乡村振兴，注重以产业兴旺巩固脱贫成果，让更多的人从乳业及相关产业活动中获得稳定收入，以奶业振兴全面推动乡村振兴。

一、完善与农牧民利益联结机制，以奶业振兴带动乡村振兴

（一）产业基地带动乡村产业兴旺

多年来，伊利先后在黑龙江林甸、河北张北、甘肃凉州、宁夏吴忠等经济欠发达地区投资数百亿构建起多个现代化奶产业集群，将奶业振兴与乡村振兴有机融合，拉动当地一、二、三产协调发展，着力解决20多个贫困地区劳动力流失、就业率低等问题，经济贡献值将达到数千亿元，带动直接和间接就业过百万。通过推动种植业、养殖业的发展，有效将农村地区与农牧民纳入产业链发展体系中，实现农村经济发展与农牧民增收。在甘肃省贫困县武威市凉州区，伊利投资约21亿元建设项目，辐射带动相关产业6000人就业；在宁夏脱贫主战场之一的吴忠，伊利投入超过30亿元建厂，精准帮扶当地6000家养殖户；在国家级贫困县黑龙江林甸，伊利投资约23亿元建设我国东北和华北地区最大的高端液态奶生产基地，年均纳税额近1.8亿元，新增就业约3000人。

在内蒙古，伊利还积极探索党建引领机制下的乡村振兴党建联合体，即“龙头企业”+“党政机关”+“产业链合作伙伴”+“乡村”的“1+1+1+N产业链党建兴农”实践。在呼和浩特市土默特左旗，伊利集团党委与10个村党支部结成共建帮扶关系，共同致力于促进乡村可持续发展。通过青贮种植收购的订单农业模式，2019年以来，伊利为土默特左旗10个参与青贮种植的共建村累计创造收益超过6000余万元；在巴彦淖尔市，伊利以众筹牧场的形式带动乡村奶牛养殖业发展。众筹牧场在伊利集团扶持下，以合作社为基础、由村党支部协调村民众筹入股，保本分红，探索出一条“以奶业振兴助力乡村振兴”的新路子。参与众筹牧场的农牧民在正常经营情况下，平均每股每年可领取1000—3000元。

（二）“七个联结”带领农牧民共同富裕

为切实解决奶业上游产业存在的技术弱、融资难、转型慢、风险大等困难，伊利集团与广大农牧民在技术、金融、产业、风险等方面进行“四个联结”，带动全产业链高效协同发展，为奶业振兴打下坚实基础。2021 年，为有效巩固脱贫成果，帮助更多农牧民走上致富之路，伊利在“四个联结”机制上，增加了三个联结：优质高产饲草料联结、奶牛品质升级联结、全面贴身服务联结。“七个联结”形成了伊利“利益联结 2.0”概念，进一步完善与农牧民的利益联结机制，助力农牧民早日过上更加美好的生活，以奶业振兴带动乡村振兴。

在河北省邯郸市肥乡区，有一座淼澧牧场。牧场主谢利波 2014 年转业回乡后把乡亲们散养的奶牛集中起来建牧场，希望通过规模化养殖带动乡亲们脱贫致富，但受制于资金、技术与管理等因素，牧场单产水平迟迟无法突破。与伊利的合作开启了淼澧牧场的腾飞之路。伊利从技术、管理与资金方面给予牧场全方位支持，推动淼澧牧场导入 SOP 管理这一先进的标准化、规模化牧场管理模式，指导牧场专业养殖和日常管理。

淼澧牧场是伊利发挥产业龙头作用，助推乡村振兴的一个生动实践。截至目前，伊利带动 500 万养殖从业者走上了脱贫致富的道路。2014 年至今，伊利已累计为牧场提供融资扶持达 250.45 亿元，其中 2020 年全年提供融资扶持 69.58 亿元，2021 年 1—9 月提供融资扶持 65 亿元。通过技术联结机制的实施，依托“嵌入式”服务模式，伊利帮助合作牧场的奶牛平均日单产从 2016 年的 25.89 公斤提升到 2020 年的 29.96 公斤，每公斤牛奶养殖成本从 3.58 元降到 3.09 元，“一升一降”帮助合作养殖户增收 50 多亿元。未来 5 年，伊利在资金支持、技术服务、良种奶牛、饲草种植等方面进行重点扶持，以此推动全产业链发展形成合力，强化与上游农牧业的利益联结，为中国奶业赋能，让奶业振兴成为乡村振兴的有力抓手。

二、“伊利营养 2030”坚守十年承诺，以关爱孩子助力乡村振兴

2021 年，伊利集团联合中国红十字基金会，积极响应农业农村部和中国奶业协会“中国小康牛奶行动”的号召，将已实施 4 年的“伊利营养 2020”精准扶贫项目升级为“伊利营养 2030”平台型公益项目，致力于用营养物资呵护孩子们的健康，用知识科普拓展孩子们的眼界，用关爱陪伴守护孩子们的梦想。升级后，“伊利营养 2030”关爱对象更聚焦，项目内容更精准，参与主体更多元，用可持续的模式全心全意守护孩子们成长，让公益更有益。

早在 2017 年，伊利联合中国红十字基金会推出了“伊利营养 2020”项目，旨在聚焦贫困地区儿童营养改善需求，通过营养调研、健康教育与公益捐赠等多种形式，持续开展“D20 中国小康牛奶行动”“国民营养行动计划”“金领冠母爱计划”“伊

心为你——贫困先心病患儿救助行动”等系列活动，提高贫困地区儿童营养健康水平，助力贫困地区全面发展。截至2020年年底，“伊利营养2020”项目已覆盖全国25个省（市、自治区），累计投入8400余万元，60余万儿童从中受益。

为了让孩子持续得到关怀，伊利秉持着责任初心，持续深入落实乡村振兴和健康中国两大战略。2021年，伊利在云南、河北、内蒙古等15个省开展40多场捐赠活动，以营养关怀助力乡村振兴。

三、及时响应重大灾害性事件，以责任担当守护乡村振兴

伊利集团积极主动承担社会责任。2021年，面对河北石家庄、安徽合肥、宁夏等地突发疫情，伊利第一时间将营养物资捐赠给一线交警、医护人员；面对河南等地遭遇特大暴雨侵袭，伊利紧急调拨营养物资，驰援抗洪救灾一线；面对青海、云南地震，伊利迅速成立专项救援小组，将营养物资送达漾濞县安置点、玛多县黄河乡藏文寄宿制小学等地，用实际行动守护受灾群众、一线坚守人员的营养健康。

一直以来，伊利始终坚守责任初心，在重大灾害性事件出现时及时响应。2003年抗击“非典”时，伊利第一时间捐款700万元支援。2008年汶川地震时，伊利率先向四川灾区伸出援助之手，及时把牛奶送到灾区老百姓手中。2019年四川长宁地震后的两个小时，伊利就成立了专项救援小组，设立流动母婴服务站，为灾区人民送去关爱。2020年新冠肺炎疫情发生后，伊利持续投入2.8亿元驰援全球抗疫。伊利将持续关注重大灾害性事件，用实际行动让世界共享健康，守护乡村振兴“健康线”。

实施乡村振兴战略，是党的十九大作出的重大决策部署，是新时代做好“三农”工作的总抓手。在“十四五”高质量发展新时代，伊利将继续发挥龙头引领作用，大力推进脱贫攻坚与乡村振兴有效衔接，积极构建“全球健康生态圈”，以奶业振兴为抓手全面推动乡村振兴。

第六部分　辽宁辖区

35. 出版传媒

巩固脱贫攻坚成果　助力乡村振兴事业

北方联合出版传媒（集团）股份有限公司（以下简称“公司”）坚持从实际出发，切实做好定点帮扶及精准帮扶工作，公司定点帮扶单位为清原县南口前镇，驻村精准扶贫单位为南口前镇高力屯村。公司坚持深入帮扶镇村，了解镇村建设、生产基本情况及面临具体困难，了解掌握贫困户的生产、生活现况，认真分析贫困户的致贫成因及制约贫困户脱贫的突出问题。有针对性地制订年度精准帮扶计划，细化帮扶工作措施，追求实际成效。针对贫困成因，因户施策，通过提供资金、技术、项目等扶持，使贫困户摆脱贫穷，逐渐走向富裕，按期完成精准扶贫、精准脱贫工作任务。

一、履行主体责任，发挥组织保障作用

公司坚持以习近平总书记扶贫开发重要战略思想为指导，认真贯彻落实党中央和省委、省政府脱贫攻坚决策部署，切实把定点扶贫作为一项政治任务和民生工程来抓。公司专门成立扶贫工作领导小组，公司董事长杨建军亲自主抓，公司领导曾多次前往定点扶贫单位开展调研慰问活动，深入贫困户家中进行实地走访，全面了解村民的生产生活情况，并结合村里实际情况，提出了品牌化、标准化、质量化的产业发展目标，积极协调村两委班子，推进各项扶贫举措和优质项目精准落地、高效实施，确保贫困人口在产业发展中真正受益，早日达到小康标准。

二、聚焦目标，脱贫攻坚主要举措

科学制订帮扶计划。公司驻村工作队深入开展调查研究，广泛走访群众，紧密结合驻村实际，科学制定脱贫攻坚规划。认真听取群众意见建议，自觉接受群众监督，充分激发群众改变贫困落后面貌的内在动力。

发展特色产业，实施精准扶贫。习近平总书记提出：“脱贫攻坚既要扶智也要扶志，既要输血更要造血，建立造血机制，增强致富内生动力，防止返贫。”发展集体经济是确保根本脱贫的有效途径，是实现乡村振兴的必由之路。党的十九大报告明确提出要“深化农村集体产权制度改革，保障农民财产权益，壮大集体经济”。公司积极响应党中央和省委、省政府的号召，以高度的责任感和使命担当，积极投身脱贫攻坚战，引领产业发展助力精准脱贫。2017—2019 年，先后投入 65 万元扶贫引导资金，带动镇村两级和社会资金投入 160 余万元，充分考虑镇村气候条件、土壤特点，因地制宜、精准施策，创新推动高力屯村和南口前镇先后实施了辽藁本

▶ 董事长调研

▶ 董事长慰问

中草药、无公害绿色蔬菜和鲜切菊等三个种植项目，每年获得固定收益18万元以上，同时带动当地农民就业增收，真正实现了产业扶贫。2020年公司再次拨付40万元产业扶持资金，资助高力屯村参股南口前镇食用菌产业项目，进一步壮大高力屯村集体经济。

大力推进“组织销售农产品”活动，多举措开展销售扶贫。一方面以公司工会年节福利和食堂菜品采买为切入点，主动认购当地农产品，建立长期稳定的供需协作关系。另外，利用公司自身资源优势，通过下属公司惠农电商平台主动与南口前镇农户特色农产品深度对接，搭建农产品销售平台，促进当地农产品走入更大市场，带动更多贫困户实现持续增收、稳定脱贫。几年来实现消费扶贫销售额达20余万元。

▶ 工作队工作

劳务扶贫。为解决外出打工就业难的问题，驻村工作队协调公司下属企业辽宁新华印务有限公司，2016—2017年先后两次在高力屯村招收临时工20人，两年经济收入50万元，帮助高力屯村闲置劳动力实现优质就业，解决村民外出打工就业难的问题。

物资捐赠。2018—2019 年，公司下属辽宁印刷物资有限责任公司两次捐赠化肥价值 4 万元；2016—2021 年，捐赠图书总额 26 万元。捐赠南口前镇中学图书 1300 册，价值 11 万元；捐赠南口前镇图书 2200 册，价值 5 万元；捐赠高力屯村图书 5600 册，价值 10 万元。

慰问走访形成常态。积极开展形式多样的走访慰问和帮扶活动，全年不少于 2 次，帮助贫困户出谋划策，解决实际困难，公司党员干部走访贫困户并捐赠资金，支持贫困户发展“五小”产业，使之尽快脱贫。鼓励贫困户坚定脱贫信心，自力更生，脱贫奔小康。

三、创新举措，脱贫攻坚成效显著

脱贫攻坚工作规范有序。高力屯村由公司帮扶的贫困户共 19 户 39 人，2017 年底已全部脱贫。为了巩固脱贫成果，全年驻村工作队队员走访贫困户达十次之多，与贫困群众交心交谈，宣传普及扶贫政策，帮助贫困户解决实际困难，因人施策、因户施策。

基础设施大改善，致力改善民生。要想富，先修路。公司立足加快实施乡村振兴战略，着力推进乡村人居环境建设，针对村内道路损毁严重、村民出行困难等问题，统筹安排，制订解决方案，投入帮扶资金大力支持、高效推进，并协调抚顺市财政局等单位，为高力屯村修筑柏油马路 6 千米，水泥路 18 千米，造桥 4 座、涵洞 22 个，实现了水泥道路村村通，村级公路全覆盖，不仅方便了村民出行，也为当地农业发展带来极大便利。路修好了，但问题还没有彻底解决：公路两边的路灯损坏严重，到了夜晚漆黑一片，治安事件、安全事故时有发生。为此，公司推动实施了村级公路亮化工程，安装、修缮太阳能路灯 74 盏，让高力屯村的夜晚不再漆黑。路灯亮了，村民们的心也亮了，晚间文化娱乐活动随之开展起来，到处充满着欢声笑语。

聚焦精准扶贫，大力发展集体经济。公司以发展壮大农村集体经济为抓手，把扶贫“输血”转变为扶贫“造血”，切实提升村集体经济的自我发展能力。2017 年，在公司的倡导下，高力屯村成立了第一个集体经济合作社，由合作社牵头租地 50 亩，试种辽藁本中草药。此后的三年里，公司持续为合作社提供资金及物资支持，引导高力屯村中草药种植逐渐形成规模，并与村里 16 户贫困户签订了产业带动协议，帮助、带动贫困户逐步实现脱贫。2019 年，南口前镇人民政府与清原尚艺花卉有限公司合作建设了鲜切菊产业园，公司拨付资金 40 万元，加速推进项目建设。目前，该项目吸引了全镇 180 户建档立卡贫困户积极参与，带动当地农民就业增收，鲜切菊产销季每天用工达 30 多人，每年为南口前镇创造收益 18 万余元，真正实现了产业扶贫。

▶ 图书室调研

助力文化下乡，扶贫扶智双管齐下。要想富口袋，先要富脑袋。2018 年 5 月，公司领导到高力屯村调研指导扶贫工作时，发现村图书室十分简陋，图书种类和数量非常有限，很难满足村民学习和阅读需求。经公司研究决定，出资 3.3 万元对高力屯村图书室整体环境进行改造，并精选了一系列适合当地村民阅读的优秀图书充实其中。仅用一个月时间，图书室改造完成并对村民免费开放，宽敞明亮的环境、琳琅满目的图书让人耳目一新。村民们争相前来借阅书籍，学习党的先进理论知识，了解最新的农业专业技术，阅读经典的文学历史著作等，极大丰富了村民的业余文化生活。为进一步增强村民的农业知识和实践能力，扶贫队还联合村委会在农民夜校开设了田间课堂，手把手地讲授农业技术，随时为村民们解决生产生活上遇到的难题，深受村民的欢迎和喜爱。

出实招、见实效，帮穷户、拔穷根。在公司的大力帮扶下，南口前镇高力屯村摘掉了贫困村的帽子，建档立卡贫困户已全部实现脱贫。产业扶贫为高力屯村注入了源头活水，昔日的经济薄弱村正持续撬动集体经济内生力，驱动造血，让村集体“家底”厚实起来，老百姓“钱袋”鼓起来，乡村生活幸福起来。

36. 华锦股份

发挥驻村干部积极作用 推进脱贫攻坚与乡村振兴的有效衔接

多年来，华锦股份积极履行政治责任和社会责任，以扶贫项目为抓手，以群众急需和贫困地区可持续发展为目的，近 4 年累计投入资金 500 余万元，助力贫困村镇奔小康。华锦股份在扶产业、扶智力，着力增强贫困地区“造血功能”，取得了出色成绩。其中，北沥公司驻建昌县新开岭乡青山村工作队荣获“全国脱贫攻坚先进集体”荣誉称号；华锦股份获“集团公司脱贫攻坚先进集体”突出贡献奖；王跃、黄绍永、王刚三位驻村干部获得“集团公司脱贫攻坚先进个人”重要贡献奖。

一、调查研究，摸清贫困底数及原因

按照党的十九大提出的实施乡村振兴战略，根据精准扶贫要求，为快速融入农村工作和百姓生活，听到基层最真实的声音，感受百姓疾苦，华锦股份派驻干部逐家逐户进行了走访，就种植业、养殖业、矿产、旅游资源等情况进行了解，分析贫困原因并积极与两委班子和村民进行座谈，掌握当地贫困情况，努力寻找脱贫治困的措施和办法。

二、精准扶贫，聚焦壮大村镇集体经济，推进脱贫攻坚向好发展

华锦股份不断精准扶贫、精准脱贫，选派的驻村干部亦是敢闯敢拼、精准精细、自立自强，这种精气神正是实现成功脱贫的动力源泉。

充分调研，启动“扶贫大赶集”。凌海余积镇齐家村驻村干部通过党员教育群众，努力形成爱党爱国爱社会的良好氛围和积极向上的村风村貌。2020 年，走访党员 19 次，扶助贫困党员一名。协助村两委扎实开展各种综合基础性工作，急难险重任冲锋在前。完成了防火防汛、土地确权、人口普查、土地外包、农村集体成员确认、“三变”改革可行性调研、落实土地补贴等诸多繁杂的基础性工作，建立了初具规模的扶贫带货渠道。提出“扶贫大赶集”活动方案，选出了村镇及周边具有比较优势地域特色的 13 品类的的农副产品进行销售。2020 年共开展此活动 40 余次，销售额 30 余万元，为村镇产业振兴提供了新思路，发展前景可期。

多措并举，精准选择扶贫项目。义县头道河镇拉拉屯村驻村干部，在脱贫攻坚工作任务中做了很多工作。一是帮助村两委严格审核全村建档立卡贫困户档案，逐一入户对各项数据进行核对，对发现的问题及时纠正，确保识别贫困对象精准、扶

贫措施精准、脱贫成效精准。二是在人口普查、合作医疗缴费工作中，合理制定工作方案，优化工作方法，快速精准地完成各项工作任务。全村建档立卡贫困户参保率100%、普通户参保率97%。在产业调整方面，着力打造产业型新农村，坚持集体果园带动高效大棚引领的产业发展模式。三是为解决村集体果园水果丢失严重的难题，利用集团公司拨发的4.2万元扶贫款，修建了一座60平方米的果园监控室，设置10处监控点，完成果园监控全覆盖。四是为保障单家沟12栋高效大棚建设项目顺利实施，对17户村民进行土地流转工作入户动员，提前完成大棚建设用地97亩的土地流转工作，在大棚建设阶段帮助村两委做好施工用电、用水、施工安全等保障工作，确保大棚项目建设任务顺利进行。

请进来走出去，扶贫扶智双管齐下。朝阳县南双庙镇驻村干部的2020年是收获最大的一年，共协调筹集资金29.8万元。多次带领各村第一书记到附近乡镇考察产业和种植项目，研究适合南双庙镇的产业和种植项目。开展“助力扶贫攻坚，资助困难学子”活动，进行爱心帮扶，公司团委接力帮扶资助7名贫困学生，每人每年帮扶资金1000元，购买文具、生活用品每人每年150元，解决贫困学生上学困难问题，并形成长期帮扶机制，助力孩子们健康成长，顺利完成学业。坚持以产业扶贫为主，在南双庙村实行户户产业养鹅，公司捐资1万元购买850只鹅雏，为79户建档立卡户分发鹅雏，带动南双庙村养殖业发展，形成多条健全产业链。公司捐资3万元新建粮食化验室，发展壮大村集体经济，实现公司＋合作社＋农户形式带动脱贫，认真履行国有企业的社会责任，助力打赢脱贫攻坚战。

► 为建档立卡户分发鹅雏

走访建档，解决村民生活实际问题。义县头道河镇张家湾村驻村干部一是为30户建档立卡户发放庭院养殖鸡雏2000余只，走访建档立卡户到家中核实生活生产情况，对建档立卡户113户房屋进行测量、照相、APP定位上传；二是协调镇主管交通领导和县交通部门，争取5.5千米的道路硬化指标，为吴家沟和杨家沟道路进行修复，于2020年8月份两个村组进行了道路硬化翻新；三是协调资金4.2万元，在杨家沟组为村民打了一口直径2米深12米的大口井，解决了人畜饮水难题。

▶ 打深水井解决人畜饮水问题

内外通力，协调帮扶资金落地。义县头道河镇李西沟村驻村干部争取上级扶贫发展资金建高效温室大棚用于发展壮大村集体经济，提高村民收入。投资500多万元，在李西沟村付屯组建成12栋高效棚，通过对外承包，带动了全村87户194人增加收益。申请4.2万元扶贫项目资金用于赎买农机。争取到3万元资金将村部进行了装修，方便村民来村部办公。

防疫作为，第一时间争取物资。凌海市余积镇余西村驻村干部多次带领村“两委”成员走访慰问本村建档立卡户、低保户和五保，解决实际困难。为四位困难户维修房屋，如今，余西村建档立卡户已经脱贫，全体村民们已经达到了“两不愁，三保障”。疫情期间积极争取社会各方面支持，募集到方便面60余箱，消毒液20余桶。在口罩非常紧张的疫情防控初期，驻村干部个人捐助口罩50余副。公司拨款4.2万元资金，为村里购买了一辆铲车，用于村环境卫生整治等。

精准扶贫，实现“家门口”就业。葫芦岛市建昌县新开岭乡青山村驻村干部建立光伏发电扶贫项目，车间的建设及配套设施由北沥公司投入资金32万元，设备采购及安装由德容集团投入资金36.5万元，购买机器设备40台。车间建成后，解决青山村建档立卡贫困户及青山村村民就业问题。

此外，华锦股份除了帮扶驻村干部所在乡镇，2019—2021年向集团公司定点帮扶黑龙江省甘南县扶贫资金总计240万元，采购黑龙江省甘南县总价值为113.64万元的红豆、绿豆、食用油等。同时华锦股份还拨付扶贫资金200余万元，解决了帮扶村群众交通、饮水、照明等基础设施建设问题，有力推动了贫困地区的经济发展和社会进步。华锦股份新疆化肥还承担了两项援疆扶贫任务。2019年向新疆拨付扶贫物资及资金总计 37 万元，2020 年向新疆库车县人民政府捐赠尿素 280 吨，总价值为 38.94 万元。

► 拨付扶贫资金

2021 年 9 月底，华锦股份 8 名驻村干部（含北沥公司 2 名驻村干部）中 7 名已调整，新调整的第一书记驻村后，及时与上任第一书记完成工作对接，在村两委干部的帮助下，通过入户走访、开座谈会、实地考察等多种形式进行了村情村状调研，确保帮扶项目选择上更贴合实际、更适合乡村振兴发展需要。接下来，华锦股份将全力完成 2021 年各项帮扶任务，为巩固脱贫攻坚成果，实现乡村振兴贡献华锦力量。

► “百企帮百村”脱贫攻坚活动

37. 奥克股份

共同创造奋斗　共同富裕发展

2021 年是“十四五”开局之年，也是巩固拓展脱贫攻坚成果和全面推进乡村振兴的起步之年。辽宁奥克化学股份有限公司是奥克控股集团股份公司的控股子公司，是环氧精深加工行业首家上市公司，专注于环氧乙烯衍生精细化工高端新材料的研发与生产经营。下辖上海、江苏、辽宁、四川、广东、武汉、吉林等 20 多家子公司，生产高性能聚羧酸聚醚系列、高品质全规格聚乙二醇系列、绿色表面活性剂系列、高端化新材料产品系列、特种助剂系列等五大系列产品，应用于高铁、地铁、机场、高速公路基础建设方面绿色发展，传递梦想；在日化、洗涤、医药、电子、汽车、纺织印染等领域创造美好，带来希望。30 年来，目标如一， 持之以恒 ，公司经营业绩始终保持持续高速增长。

公司自成立以来，始终坚持“共创共享、共和共荣”的企业核心价值观，坚持“立足环氧创造价值”的发展战略，坚持“大趋势、大市场、少竞争、高端化、集约化”的市场开发与经营原则，并通过文化创新、营销创新、科技创新、技术创新以及管理创新等，实现了企业持续、健康、快速与和谐的发展。公司品牌评估价值 33.41 亿元，截至 2021 年，连续 12 年入选中国化工 500 强，拥有 211 项专利，聚醚单体入围全国制造业单项冠军。国家首批创新型企业、国家重点高新技术企业、中国优秀民营科技企业、国家博士后科研工作站和国家级企业技术中心等荣誉交出奥克成长的完美答卷！

一、勇担新时代使命

2021 年，中国的绝对贫困问题得到历史性解决，公司将从全面小康迈向共同富裕，乡村振兴是实现共同富裕的必由之路。共同富裕，正如习近平总书记所讲，是社会主义的本质要求，是中国式现代化的重要特征，是中国共产党坚持以人民为中心的发展思想的必然要求，是新时代人民日益增长的美好生活的必然要求，也是新时代企业家应担负起的社会责任和历史使命。

二、责任关怀推进共同富裕

在企业做大做强的同时，奥克一直秉承着“依靠科技发展经济，创造财富回馈社会”的经营理念。公司先后被全国总工会和全国工商联评为“全国双爱双评先进企业”称号，被中国残疾人联合会授予“爱心企业”称号等，被授予“辽宁省安置残疾人就业先进单位”。

在过去的近30年里，奥克安置了近百名残障人士就业，并优先安置残疾大学生就业，努力为残疾人营造一个良好的就业环境。高度关爱残疾员工，公司各级领导和员工不仅对残疾人员工一视同仁、给予足够的尊重，同时为他们工作生活提供方便条件，不断完善各子公司残疾人设施。每年春节公司领导都会亲自到残疾员工家慰问，每年助残日都和残疾员工举行座谈会，倾听他们的心声和诉求，亲自为残疾员工讲解奥克文化，讲解国家有关残疾人政策法规，讲解奥克对残疾人职工的关爱事例，并鼓励残疾员工自强不息，使残疾人员工感受到奥克的温暖。

2011年，公司创立了“奥克爱心基金”，每年从盈利中拿出近百万元重点用于扶残助学和光彩事业等公益慈善活动，并在辽宁省率先发起了“爱心企业联盟行动”。

2016年，奥克与清华大学签订了100万元的捐款战略协议，积极参与清华大学国家无障碍研究智库的建设与活动。

2017年，奥克积极响应党的精准扶贫的号召，参与统战部和工商联组织开展的光彩事业，对贵州省毕节市七星关区层台镇向阳村在校学生开展“倾情解难、爱心圆梦”结对帮扶活动，为在校大中小学生共捐资10万元，作为对口帮扶的首批项目。同年，奥克向辽阳市残联捐助10万元，定向资助残疾大学生学习和就业。

在这一年，奥克积极响应辽宁省委统战部“百企帮百村”活动号召，成立了产业扶贫领导小组，确定了以产业扶贫为主线，以增强帮扶对象“造血”功能为目的，坚持“义利兼顾、以义为先”原则的产业扶贫工作指导思想，将产业扶贫工作正式纳入规划与工作计划和组织分工中，与辽阳县吉洞峪乡杨家堡村结对子，共同开发蘑菇种植产业。奥克派专人到中科院、沈阳农科院等多地进行调研，提供了专业发展意见及方案。通过前期细致周密的准备工作以及专业的方案提供，使杨家堡村民信心十足，大力发展该项产业，在2019年实现了脱贫致富。

为深入贯彻习近平总书记关于定点扶贫工作的重要指示精神，奥克于2019年再次向贵州省毕节市织金县捐款20万元，用于支持其修建水窖、种养殖业、危机改造三类公益项目。

在过去十多年担任三届全国政协委员期间，公司董事长朱建民先生积极参加全国政协、中残联和辽宁省残联等组织的残疾人事业工作。先后赴全国多个省份和地市，深入社区针对残疾人社会保障、特殊教育、残疾人就业以及无障碍等事关残疾人事业的难点和热点问题开展调研，并提出十几份全国政协提案，为我国残疾人事业的健康发展积极献计献策。

2020年新冠肺炎疫情爆发之后，公司坚决响应党的号召，迅速行动起来，全面投入驰援武汉救灾、支持地方防控、保障员工健康、确保安全生产、防范经营风险的疫情防控阻击战中。1月27日，奥克率先通过辽阳慈善总会捐赠现金100万元人民币驰援武汉。1月29日，奥克、党委和工会发文联合成立了疫情防控工作领导小组，全面部署捐款捐物驰援武汉救灾、支持地方疫情防控的工作。1 月 31 日，公司设立 500 万元的抗击疫情专项基金，并再向辽阳慈善总会捐赠 100 万元人民币支持地方防控疫情。与此同时，多次向辽阳市和宏伟区捐赠口罩 5 万只。奥克从集团、党委、工会发出号召，向管理人员、青管班、青干班发出捐赠倡议。2 月 28 日至 3 月 6 日，公司共有 1400 名党员和员工慷慨解囊，捐款将近 45 万元。为了对抗击疫情作出更有意义的贡献，公司捐赠了一条医用口罩生产线并承诺优先低价供应辽阳市中小学生，填补了辽阳医用口罩生产线的空白。同时，结合本次疫情防控暴露出的在医疗器械及口罩和防护服等医疗物资的消毒灭菌方面短板和不足，奥克勇于担当、勇抓机遇，自 2 月 16 日起，开始了高效环氧乙烷灭菌与解析技术及装备开发项目。这一项目对于弥补我国本次疫情暴露出来的环氧乙烷灭菌技术与装备的短板和应对突发疫情时灭菌机动能力的不足，补短板、堵漏洞、强弱项，对于我国精密医疗器械、光学仪器、电子设备以及芯片等精密制造业的灭菌，对于提升我国医疗防护物资和器械乃至军事上的生化灭菌能力水平，提升我国疫情防控和生物安全保障能力均有显著的社会效益。

2021 年，奥克在辽阳市慈善总会设立 100 万元扶残助学爱心基金。8 月份，在扬州突发新冠肺炎疫情时，奥克股份旗下全资子公司江苏奥克向扬州捐款 100 万元用于抗击疫情，践行社会责任。

公司坚信，党的“共同富裕”的东风和奥克“共创共享、共和共荣”的文化，必将驱动奥克全体员工在新时代的伟大进程中，共同创造奋斗出更加辉煌的成就，共同富裕发展实现更加美好的生活，必将驱动奥克更好地通过初次分配、再分配和三次分配等举措，践行奥克为客户、员工、股东等利益相关方创造价值，追求员工、企业、国家、社会及自然的和谐发展和实现共同富裕的新使命。努力实现奥克从高速增长向高质量、高效益的转变，努力在 2035 年之前将奥克建设成为世界环氧乙烷衍生精细化工新材料的一流强企，为中华民族的伟大复兴作出奥克的积极贡献！

第七部分

黑龙江辖区

38. 中航产融

乡村振兴路上　中航产融在行动

民族要复兴，乡村必振兴。2021 年，进入实现第二个百年奋斗目标新征程，“三农”工作重心转向全面推进乡村振兴。作为中国航空工业集团旗下的上市公司，中航工业产融控股股份有限公司结合自身资源优势，积极开展金融助力乡村振兴行动，组织推动所属企业因地制宜开展乡村振兴工作，以高度的使命感和责任感，巩固拓展脱贫攻坚成果，持续深入做好乡村振兴工作。

一、红色三湾，产业为先谋振兴

产业振兴是乡村振兴的重中之重。中航信托驻村工作队快速融入当地工作，制定了一条契合实际的乡村产业振兴之路。结合当地特色，中航信托联系三湾乡探索“公司 + 农户 + 合作社”的合作模式建立中草药种植基地，项目总面积 300 亩、总投资 50 万元，在带动当地农民就业的同时，大幅提升村集体收入。

▶ 中航信托驻村工作队

红薯干是一款三湾特色美食，中航信托经过研究计划将空置仓库打造中草药烘干加工工厂与三湾红薯干加工工厂，购置烘干机、切割机与包装机用于生产加工。返乡青年通过红薯干加工工厂的包装加工，通过抖音直播带货，销量一路飙升。

蜂蜜产业历来是三湾乡的特色产业，中航信托驻村工作队精心打造示范蜂场——三湾蜂语蜂场，多次聘请专家现场教学，还带着村干部和村民“走出去”学习，系统升级蜂场养殖生产营销体系，获评江西省农业农村厅授予的“省级四星蜂场”称号。后续还将通过抖音直播、淘宝、线下门店多渠道进行销售，致力于通过养蜂带头人带领一支养蜂人队伍，建立产销一条龙体系。

三湾是一块红色的土地，是秋收起义部队从胜利走向胜利的起点，老一辈无产阶级革命家曾在这里战斗过。中航信托驻村工作开展以来，汗江村基层组织实力不断壮大，驻村第一书记定期组织召集党员大会和村民大会，组织党支部“三会一课”学习、发展青年储备干部、收集各村组实际需求，强化基层村组工作，为汗江实现乡村振兴奠定坚实的组织基础。

► 中航证券为小学生赠送安全书包

二、“金融 +”引资引智，创新帮扶机制

在离三湾约 75 千米的井冈山，中航产融旗下中航证券承担 2021—2023 年对井冈山市光明乡乡村振兴重点帮扶村——光明村的结对帮扶任务，并对江西井冈山市和上犹县进行“一司一县”结对帮扶。中航证券充分运用公司金融服务行业优势，以金融帮扶为重心，开展一系列特色金融扶贫。

针对乡村振兴重点帮扶地区现代管理人才较缺乏、资本市场相对陌生现状，中航证券充分利用资本、产业、市场等信息聚集优势，安排金融研究所、投行等部门专家，对“一司一县”对接的井冈山市和上犹县开展县域经济发展调研和资本市场知识培训，为县域经济高质量发展出谋划策，帮助经济管理人员了解、认识、熟悉并更好地运用资本市场服务县域经济发展。组织专家团队，对井冈山市深入开展调研，从政策支持、资源禀赋、产业定位、困难挑战等角度，研究分析井冈山市经济的发展难点、潜在机遇以及融资需求，形成了县域经济发展研究报告，为井冈山市政府打造当地特色产业、巩固脱贫成果、推进乡村振兴提供科学建议，为井冈山市县域经济新发展贡献智力支持。同时，组织上犹县相关经济管理部门人员及工商企业负责人就资本市场分类、企业上市的基本流程、企业上市关键环节等内容开展资本市场系列知识培训。

三、多措并举，助力人才振兴

乡村产业振兴，人才是关键。中航产融积极落实帮扶措施，通过中国扶贫基金会，为航空工业集团公司对口帮扶县引入助力“三农”人才成长的培训项目。“新农人培训”项目通过系统化课程设置，让新农人们了解互联网与乡村行业趋势、行业法律法规及平台规则，掌握短视频内容营销、直播带货等新技能。

在四川，中航信托作为受托人共同发起成立“蒙顶山合作社发展慈善信托”，以支持乡村振兴战略下的乡村合作社人才培养等相关公益慈善活动为信托目的，慈善信托资金初始规模为500万元，于2020年11月正式启动。2021年，“蒙顶山合作社发展慈善信托”经管委会审议通过，以慈善信托资金100万元用于蒙顶山学院持续发展及建设，支持乡村振兴战略下的乡村合作社人才培养。同时，对慈善信托闲置资金进行配置管理，保证了慈善信托项目的有效执行和慈善资金的保值增值。

▶ 中航信托 慈善信托

在江西，中航证券与南昌市青少年发展基金会联合设立了中航证券“启航公益”基金，基金首期启动资金30万元，针对井冈山市碧溪贫困学校和公司乡村振兴帮扶重点村井冈山映山红红军小学，开展儿童安全书包套餐公益捐赠活动，为革命老区井冈山市的贫困、留守儿童安全健康成长献上一份爱心，致力教育帮扶，稳固脱贫成果。

四、发挥保险优势，为乡村振兴保驾护航

习近平总书记指出，要以构建现代农业产业体系、生产体系、经营体系为抓手，

加快推进农业现代化。中航产融旗下中航安盟保险，以数字化转型为驱动，以创新产品研发为抓手，以综合金融服务为功能外延的方向，以风险管理和控制为目标，以农村业务为渠道，开展农业保险创新工作，为农业发展装上“安全网”，让农民吃上“定心丸”。

中航安盟积极响应中国人民银行联合七部委下文组织开展的金融科技赋能乡村振兴示范工程，探索运用新兴技术，推进农村金融机制和模式创新，助力乡村振兴战略实施。2021 年 4 月，中航安盟保险与四川省农村信用社联合社联合发起申报的《基于物联网和大数据技术的养殖金融服务》项目，被正式纳入 29 个金融科技赋能乡村振兴示范工程中。四川省试点养殖企业均实现通过线上在中航安盟投保生猪养殖保险，线上远程查勘理赔。凭借在农业保险领域的数字化转型、风险管理、产品等方面的创新成果，中航安盟荣获 2021 中国金融机构金牌榜金龙奖“年度最佳农险创新财险公司”称号。

实施乡村振兴战略是党中央作出的重大战略，是关系全面建设社会主义现代化国家的全局性、历史性任务，在新阶段的征程中，中航产融将一如既往，接续奋斗，为推动乡村振兴作出应有的贡献。

39. 龙建股份

勇当时代先锋　助力乡村振兴

实施乡村振兴战略，是党的十九大作出的重大决策部署，是决胜全面建成小康社会、全面建设社会主义现代化强国的重大历史任务，2021 年是中国“十四五”开局之年，也是加快建设交通强国的开局之年。近年来，随着新型城镇化和新农村建设的深入推进，城乡之间的相互联系、作用、影响显著增强，在此背景下，促进城乡统筹、城乡一体化融合发展，公路交通的建设对乡村振兴的意义十分重要。

龙建路桥股份有限公司（简称龙建股份）是东北地区最具实力、最具规模的大型综合建设集团之一，主要从事国内外公路、桥梁、隧道、市政工程的建设，兼具 PPP 项目投资、新型城镇化建设、农业电商、文化旅游等业务。作为黑龙江省国有控股上市公司，龙建股份科学理解实施乡村振兴战略的丰富内涵，准确把握实施乡村振兴战略的时代要求，站在历史发展的高度，担负起国企为巩固拓展脱贫攻坚成果，全面推进乡村振兴工作的崇高历史责任，有力地用行动和显著的成效，诠释“精准务实、开拓创新、攻坚克难、不负人民”的脱贫攻坚精神。

龙建股份党委上下同心、统一认识，加强顶层设计、科学总体规划，整合各方力量，统筹协调推进，紧紧围绕“乡村要振兴，道路要先行”的原则，全力推进国省干线公路质量提升工程的建设任务，2021 年累计完成质量提升公路里程 1245 千米，惠及沿线 6 个地市（哈尔滨、齐齐哈尔、大庆、伊春、绥化、黑河）29 个县域，有力提升了公路交通基础设施条件，带动了沿线特色旅游产业经济，拓宽了地方企业发展渠道，增加了劳动力就业和创业机会，促进了地方产业振兴、人才振兴，文化振兴、生态振兴，让沿线地区 1000 多万的百姓，生活面貌整体上发生历史性变化，龙建股份聚焦打造人民满意交通，补齐乡村交通短板，精准发力提升普通国省干线公路管养质量，建立建养并举的长效机制，为全面深入推进乡村振兴工作奠定了坚实基础。

一、以公路为基础，带动地方旅游文化振兴

亚雪公路是质量提升工程项目之一，这条路连接着著名的国家 AAAA 级亚布力滑雪旅游度假区，亚布力滑雪场是亚洲最大的滑雪场，是滑雪旅游的首选之地，景区吸引了多家知名酒店前来投资运营。

S214 省道前胡公路段，途径杜尔伯特蒙古族自治县境内的国家 AAAA 级连环湖景区，位于杜蒙县泰康镇西南 18 千米处，修路前由于雨水侵蚀等原因造成道路损坏，景区客流量少，经济发展停滞不前。2021 年通过龙建股份对 S214 公路进行

▶ 亚雪公路

▶ S214 省道前胡公路段

质量提升修复并顺利通车后，景区重新吸引了大量的游客，带动了景区生态化旅游行业的发展，增加了村民就业岗位和收入，地区乡村经济得到了全面发展。

二、以公路为依托，促进地方企业发展振兴

宾西开发区汇集了宾西牛业、今麦郎面品（饮品）、宾州水泥、奥瑞德光电等知名企业，汇聚专业化、特色化、分散化物流配套企业 316 家，集装箱、冷链、发散式物流行业发展迅速，设计年吞吐量达 1200 万吨。龙建股份对公路质量提升工程的开展，对大力发展宾西经济开发区的意义重大，龙建股份助力全面推进宾西镇的乡村振兴显得尤为重要。

龙建股份党委“不忘初心、牢记使命”，在对宾西经济开发区道路进行质量提升过程中，持续开展落实“我为群众办实事”活动，积极发挥自身优势，创新帮扶举措，帮助沿途居仁镇、蜚克图镇地方维修破损路面十余条，同时千方百计为当地贫困村民提供就业岗位，建立帮扶长效机制，与地方政府形成共建帮扶对子。龙建股份公司得到了当地百姓的高度认可，同时收到了来自宾县人民政府、宾县交通运输局、宾西经济开发区管理委员会的锦旗和感谢信，感谢为当地交通运输和经济发展作出的贡献。

三、以公路为驱动，促进县域交通网络振兴

黑龙江省大庆市肇源县新站镇历史悠久，资源丰富，“水、草、田、油”四分天下，新站镇铁路、公路、水路交通便利快捷，又处于黄金玉米带主产区，经多年努力，已成为黑龙江西部重要的粮食集散地。2017 年，新站镇入选为中国特色小镇。物流业是新站镇的王牌，自从把公路修好后，粮食的公路运输更加便利了，镇上物流业的发展壮大，往来的运输车辆在各方面的消费，为百姓创造了更多的收入，百姓对于美好生活更加富有激情和动力。

▶ 新站镇公路

同样，尚志市亚布力镇下辖10个行政村，大部分村民主要经济作物以食用菌种植为主。完善的道路交通网络吸引了企业落户乡村，带动了木耳产业的发展，开拓了各村村民木耳的销路，助力了整个村镇的乡村产业发展，乡村公路作为乡村产业发展的基础“骨架”，以“农村公路+”不断疏通乡村振兴的“经脉”。

四、以公路为支撑，打造乡村振兴示范点

龙建股份参建质量提升工程的所有项目，与地方政府共建立精准扶贫示范点5处，流动扶贫示范点16处，这些“精准务实、开拓创新”的做法，对乡村振兴发展具有极大的促进作用。

龙建股份在肇源县施工的项目，主动与地方政府建立了帮扶体系，积极与相关部门协作配合，踊跃加入当地脱贫攻坚工作之中，充分分析当地村民不稳定、人员流动性大的游牧特性特点，为让村民过上更稳定幸福的生活，积极出资为村里修整300平方米沥青混凝土道路，解决了村里道路通行不畅的大问题，把扶贫工作真正落到实处。为帮助贫困户脱贫，劳务队在用工上还主动聘用当地贫困人员50余名，伸出援助之手进行帮扶，平时生活物资用品，也优先从当地村民那里采购。解决了当地贫困户生活困难的实际问题。

五、以公路为保障，促进地方教育振兴

百年大计，教育为本。乡村教育的振兴也是实施全面乡村振兴战略的关键，龙建股份在质量提升工程的施工过程中，时刻不忘为地方的学校伸出援助之手，积极通过为民修路来助力乡村振兴。

龙建股份的项目建设者，主动承担起服务社会的国企责任，成立支援帮扶小组，制定支援方案，注重实效，为杜蒙县的红旗小学修建活动场地，提升校园的硬件水平，进一步改善办学条件，优化校园环境；把上学的砂石路进行质量提升，重新维修铺

设沥青路面。同样情况的还有尚志市亚布力镇小学，由于多年重车碾压、年久失修，路面出现坑洼积水，已经无法正常通车。龙建股份质量提升工程建设项目在知道情况后，主动联系亚布力镇党委、镇政府，建立帮扶共建小组，迅速调配施工材料、机械设备，组织人员进行道路路面质量提升的铺筑。亚布力镇政府为感谢龙建股份对亚布力镇乡村教育的帮助，送来感谢信和锦旗——“筑镇外环小学门前路，展龙建与政府合作情”。

▶ 亚布力镇人民政府答谢会

“筑路无止境，有路方能振兴”，龙建股份从国省干线公路建设到乡村地方产业振兴，再到特色旅游的生态振兴，以及乡村人才文化振兴，时刻发扬着国企担当精神，勇当时代先锋，攻坚克难、尽锐出战，全面落实乡村振兴发展战略，积极发挥自身优势，奋力打通乡村振兴快车道，精准务实做好巩固脱贫攻坚成果和推进乡村振兴的有效衔接，为实现“十四五”时期发展目标与2035年社会主义现代化远景目标而不懈努力!

第八部分

上海辖区

40. 海通证券

增进文化自信　助力乡村振兴

“扶贫先扶智，扶智先通语。”普通话作为我国的国家通用语言，是语言助力乡村振兴的主体与核心。携手共富，离不开语言扶贫的深入推进，让普通话得到更为广泛充分的应用，书同文、语同音、人同心，方可让更多人走上脱贫致富的康庄大道。

2017 年，海通证券积极响应党中央号召，在贯彻落实中国证监会和上海市委市政府部署要求，开展援疆、援藏帮扶工作的实践中发现：语言不通，缺乏与外界的沟通交流，是不少边疆地区致贫、返贫的重要原因之一。因此，作为总部位于上海的大型国有证券公司，海通证券在边疆助推精准脱贫，不仅要发挥行业优势和专业优势，做好“金融帮扶”，更要致力于做好“语言帮扶”，通过推广普通话，为边疆民族和乡村地区精准脱贫、发展振兴奠定坚实的文化基础。为此，海通证券以“爱在海通”党建品牌为引领，携手全国政协委员、央视新闻主播海霞老师“石榴籽计划”开展了“海通 · 爱朗读”推广普通话助力乡村振兴项目。

▶ 2019 年 12 月，“海通 · 爱朗读”推普助力乡村振兴项目走进新疆叶喀什

一、捐赠爱心书屋，架起文化桥梁

2019 年，海通证券在全国政协民宗委和中国证监会帮扶办的指导下，与国家广

播电视总局主持实践锻炼基地共同主办了“海通 · 爱朗读”推普脱贫公益项目，面向新疆喀什、西藏日喀则等边疆民族地区和云南西畴等“一司一县”结对帮扶地区的6省（自治区）11县23所中小学生和学龄前儿童，捐赠了书籍、朗读亭，以及学习文具等，投入公益资金500余万元，惠及学生儿童2万4千余名。

2021年，“海通 · 爱朗读”为新疆、西藏等边疆地区和河南灾区的孩子们带去62个“海通证券 · 小石榴书屋”、近8万册图书，并精心准备了5000个爱心盲盒。小石榴书屋内有各类图书近千册，包括中华优秀传统文化、普通话推广、安全教育、科普知识等，为孩子们学习语言和中国传统文化知识提供条件。

项目开展以来，“海通 · 爱朗读”已覆盖7省（自治区）17地，累计向70所中小学和幼儿园捐赠21.5万余册文化书籍、13个朗读亭，为提升受助地区普通话语言水平，增强文化认同发挥了积极作用。

二、助力“一村一幼”，筑强“推普”阵地

位于云南省文山壮族苗族自治州西畴县东部的董马乡么铺子村，是海通证券在云南的结对帮扶村之一。由于经济教育发展滞后，2018年前，么铺子村是董马乡唯一没有幼儿园的村。

为积极响应教育主管部门实现“一村一幼”的办园规划方向，落实山村幼儿享受同等教育的目标，助力普通话推广，“海通 · 爱朗读”项目于2019—2020年分两次共投入帮扶资金100万元援建么铺子海通幼儿园，帮助西畴县董马乡实现“一村一幼”全覆盖，以实际行动贯彻落实习近平总书记“要把下一代的教育工作做好，特别是要注重山区贫困地区下一代的成长”要求。

2020年9月，么铺子海通幼儿园首批56名适龄儿童顺利入学，解决了困扰村民多年的幼儿失学难题。“海通 · 爱朗读”第一时间为幼儿园捐赠了书籍，并带去了公益课堂，助力西畴县董马乡教育旧貌换新颜，让读书声成为这片土地上最响亮的回声。

三、培训乡村教师，点燃教育火种

推广普通话，离不开优质的师资队伍。为不断提升边疆民族地区和乡村地区的教师专业水平，“海通 · 爱朗读”还将前期启动的“海通 · 爱飞翔”纳入整体项目体系，借助专业教育培训机构合作，每年7—8月定期组织一批优秀乡村教师赴上海参加专业培训。

2021年“海通 · 爱朗读”还启动了新疆喀什地区叶城县学前教师公益培训项目，该项目将持续2年，面向叶城县幼儿园的园长、教研主任、骨干教师等不同层面的培训对象，以线上、线下相结合的方式开展教学培训，进一步提升幼儿园特色发展思路，建设科学的教育教学体系。

截至目前，“海通 · 爱朗读”已累计投入资金70余万元，支持70位来自西藏、新疆、宁夏、四川、安徽、江西、黑龙江、山西等9省区长期扎根乡村教育事业的优秀教师参加专业培训。

四、举办公益课堂，托起信心希望

“海通 · 爱朗读”充分发挥金融企业人才优势，启动“小海星公益课堂”项目。海通志愿者化身公益志愿教师，跟随“海通 · 爱朗读”项目奔赴安徽、江西、云南、新疆、宁夏、西藏等地，为当地的孩子们带去一堂堂“小海星公益课程”金融知识普及课。为边疆民族地区和乡村地区的孩子们普及金融知识，传递红色基因。

新冠肺炎疫情期间，海通证券志愿者心系千里相隔的新疆喀什，与海霞老师等播音朗诵名家一起，创作诗歌、朗诵美文、录制音频寄语，开展线上心理疏导，帮助新疆喀什学子克服疫情影响，坚定生活信心。2021年，海通志愿者再次携手海霞老师等播音朗诵名家为新疆、西藏等民族地区和河南巩义等受灾乡村地区的孩子们录制红色语音课堂，以线上交流的方式助力普通话推广和传统文化的传播，帮助孩子们进一步增强文化自信。项目开展以来，已累计录制送出68个音频课堂等教学资源，开展300余场志愿者公益课堂。

五、成效与经验启示

作为“爱在海通”党建品牌系列重要项目之一，“海通 · 爱朗读”志愿公益项目开展情况得到央视、人民网等主流媒体和受助当地媒体的持续关注和深度报道，

▶ 2021年10月，“海通 · 爱朗读”推普助力乡村振兴项目走进河南巩义

获得了良好的社会效益。2019 年海通证券党委“爱在海通”党建公益品牌入选“上海国企党建品牌”；海通证券也先后荣获全国金融系统思想政治工作先进单位、“中华慈善奖”上海市提名奖等一系列荣誉。

经过初步的探索与实践，海通证券深刻感到，在新时代背景下，开展公益志愿服务项目：

一是必须坚持党的领导，把政治建设摆在首位，充分发挥党委“把方向、管大局、促落实”的领导作用，统筹推进党的各项建设，提高站位，把公司党员群众思想和行动统一到贯彻落实党的重大决策部署上来，统一到服务上海打造“上海服务”品牌和“国际金融中心”建设上来，统一到推动资本市场健康稳定发展和落实上海三项新的重大任务上来。“海通 · 爱朗读”项目坚持党建引领，发挥了先锋模范作用，公司上下凝心聚力，掀起了一股奉献爱心的热潮。

二是必须立足行业特色和优势。一方面要立足资本市场和专业优势，坚持扶智与扶志相结合，激发帮扶地区群众的内生动力，为帮扶支援地区巩固脱贫成果、实现乡村振兴提供金融专业支持；另一方面要立足公司的人才优势，通过开展教师培训、经济人才培训、提供锻炼平台等，为帮扶支援地区培养和输送教育、经济等方面的人才，支援帮扶地区的经济发展。

三是必须坚持融合公益文化建设。通过契合公司文化的帮扶公益模式，持续激发员工的公益心和正能量。海通证券将“海通 · 爱朗读”公益品牌和理念嵌入“合规、诚信、专业、稳健”的证券行业文化，以及“务实、开拓、稳健、卓越”的企业文化之中，以文化建设引导志愿公益工作健康向善发展，充分凝聚员工的公益共识，引导员工将公司的公益理念内化于心，外化于行，在公司内外凝聚和传递“爱在海通”的公益力量。

第九部分

江苏辖区

41. 南京证券

打好资本帮扶“组合拳”助力乡村振兴事业

南京证券创建于 1990 年 12 月，由中国人民银行南京分行发起设立，与新中国资本市场“同龄”，2018 年成功在上交所主板上市，是行业首家获得“全国文明单位”和“全国五一劳动奖状”的证券公司。经过 30 多年的发展，公司逐步成长为一家总部在南京的全国性、综合类证券公司。2016 年，为贯彻党中央国务院打赢脱贫攻坚战精神，落实中国证监会扶贫工作要求和中国证券业协会“一司一县”倡议，南京证券与宁夏回族自治区同心县达成结对帮扶关系，经过四年的真帮实扶，同心县成功实现脱贫摘帽。

▶ 2021 年 10 月 29 日，南京证券党委书记、董事长李剑锋通过视频参会方式签署《证券行业促进乡村振兴公益行动发起人协议》助力乡村振兴事业

为帮助同心县进一步巩固脱贫成果，南京证券认真贯彻落实党中央、国务院关于巩固拓展脱贫攻坚成果同乡村振兴有效衔接的精神，积极响应中国证券业协会号召参与行业乡村振兴公益活动，充分发挥自身金融专业优势，多措并举、真帮实扶，打出资本帮扶“组合拳”，助力同心县乡村振兴事业发展。近年来，公司牢牢把握乡村振兴着力点，从党的建设、产业发展、人才培养、生态建设等方面在同心县稳

步推进乡村振兴工作计划，取得了良好成果。

一、开展联创共建，建强党建阵地赋能乡村振兴

乡村振兴对增强组织凝聚力、战斗力、服务力等提出了更高要求。同心县地处宁夏中部干旱带核心区，是革命老区、民族地区，外出人口多，农村老龄化、空心化较严重，劳动力资源相对匮乏，乡村振兴难度较大。解决上述问题，关键要发挥基层党组织的战斗堡垒作用。

南京证券坚持把党的全面领导落实到结对帮扶的各方面，把加强基层组织建设作为实施乡村振兴的关键。南京证券驻村工作队筹资高标准打造党建示范点，进一步完善村级阵地服务功能，并结合美丽村庄建设，通过第一书记抓党建、“双联系双报到”等党性实践活动，切实帮助群众解决困难和问题，当地群众满意度进一步提升。2021年11月，南京证券宁夏分公司党委暨所辖党支部与同心县兴隆乡党委暨李堡村党支部开展联学联建座谈会，共同研讨在壮大集体经济、增加群众收入、助力产业升级、服务实体经济等方面工作，努力开创助力同心县李堡村乡村振兴工作新局面。

二、壮大集体经济，做强县域产业赋能乡村振兴

产业兴旺是乡村振兴的重要基础，发展壮大农村集体经济，是强农业、美农村、富农民的重要举措，对贯彻新发展理念，推动高质量发展，打赢脱贫攻坚战和推动乡村振兴具有重要作用。自结对帮扶同心县以来，南京证券多次深入实地开展调研，结合同心地域特色、劳动力资源、经济作物、产业发展等特点，确定了重点支持葡萄种植产业，大力发展扶贫车间、蔬菜大棚、养殖基地等集体经济的工作思路。

▶ 同心县罗山东麓葡萄种植产业发展前后对比

为帮助进一步壮大村集体经济，南京证券先后出资设立“扶贫产业基金”，定向用于贫困村民贷款贴息、扶贫产业贷款等；捐资援建就业扶贫服装加工车间，并协调引进福建邦基国际贸易公司入驻扶贫车间，解决村民在家门口就业的问题；捐资援建现代高效设施农业蔬菜大棚、畜牧养殖基地帮助当地壮大村集体经济，探索农业经济合作社模式助力乡村振兴发展。2021 年年底，公司将再向同心县捐赠帮扶资金，发展重点产业，巩固脱贫攻坚成果，实现更高质量发展。

▶ 南京证券捐资援建的就业扶贫服装加工车间

同时，南京证券积极利用资本市场手段服务当地实体经济发展。公司先后推荐当地 68 家企业在子公司宁夏股权托管交易中心挂牌，帮助 1 家企业在宁夏股权托管交易中心备案发行债券，与3家企业签订财务顾问协议，有力服务了当地企业发展。南京证券宁夏分公司先后获得宁夏自治区“支持经济发展贡献奖”“金融支持贡献奖”等荣誉。在全力支持同心县各项产业发展的同时，南京证券想法设法进一步扩大当地产业知名度，拓宽产品销售渠道。公司积极对接同心县多家企业，将同心圆枣、八宝茶、冻干枸杞、富硒杂粮等产品在“中证普惠”商城上线；利用公司官网、官微、金罗盘 APP 和遍布全国的分支机构展示窗口推荐同心县产品。

三、推进扶智工作，加大人才培养赋能乡村振兴

在支持乡村教育事业方面，南京证券多次捐资同心县困难大学生“助学基金”，对困难大学生进行贷款贴息补助等帮扶支持；捐资助力宁夏自治区“工会班”学生，为发展落后地区的困难学生救助事业贡献力量；积极联系社会爱心人士和公益机构，向同心县李堡村小学捐赠羽绒服、运动服、电脑、图书等学习生活物品。

在支持扶智工作方面，南京证券经常邀请当地企业负责人参加 IPO 专题培训会，帮助企业更好了解资本市场；依托公司在宁夏设立的省级投资者教育基地，积极开展投资者教育和保护工作，帮助当地居民树立正确的投资理念。

▶ 南京证券捐资宁夏自治区总工会“工会班”

四、改善村容村貌，加强生态治理赋能乡村振兴

良好的生态是乡村振兴的支撑点。近年来，南京证券驻村工作队积极协调当地政府部门帮助同心县李堡村解决了 5 千米村级道路建设、20 千米渠道维修、村部维修、农户安全饮水工程及危房改造等重点项目。2021 年以来，围绕李堡村建设“四化”示范村的目标，南京证券努力协调政府部门在村委会、居民点配套了垃圾箱、垃圾斗、垃圾车、清运车等设施，扎实推进李堡村环境卫生综合整治工作，全村环境卫生基础设施逐步完善，人居环境明显改善。

▶ 南京证券捐资帮助同心县李堡村 90 岁老党员新建房屋

民族要复兴，乡村必振兴。“十四五”时期是开启全面建设社会主义现代化国家新征程、向第二个百年奋斗目标进军的第一个五年，站在新起点上，南京证券将以习近平新时代中国特色社会主义思想为指引，全面贯彻国家乡村振兴战略部署，在上级党委政府和监管部门的领导下，立足资本市场，发挥金融优势，优化金融供给，提升帮扶质效，为乡村振兴提供全方位的服务支持，为社会主义新农村建设贡献应有力量。

42. 鸿达兴业

“授人以鱼”不如“授人以渔”

2020 年，中国如期完成了新时代脱贫攻坚目标任务，现行标准下农村贫困人口全部脱贫。然而，脱贫摘帽不是终点，而是新生活、新奋斗的起点。“十四五”时期是实施乡村振兴战略的发力期，要在巩固脱贫攻坚成果的基础上，逐步把国家“三农”工作的重点从脱贫攻坚转移到全面实施乡村振兴战略上来。实现农业强、农村美、农民富，保护和改良好土壤这一农业基础成为重中之重。

在土壤改良与修复领域，上市公司鸿达兴业股份有限公司（简称“鸿达兴业”）已深耕近十年。10 年来，鸿达兴业积极响应国家号召，坚持绿色兴农的理念，持续加大环保事业投入、绿色环保技术运用，在全国多个地区开展土壤修复和改良，让瘦田变沃土，助力实现扶贫助农、保护土壤的目标。

作为第十二届全国人大代表，鸿达兴业董事长、广东地球土壤研究院院长周奕丰在参与全国人大组织的土壤污染调研活动中，发现部分土壤有酸碱性过度、施肥过量、施农药过量、污染等问题，如果不注重治理和修复，终归会反映在餐桌安全上。于是，他一边呼吁全社会提高对土壤污染防治及土壤改良工作的重视；一边开始尝试寻找解决办法：自费千万调研土壤治酸和组建土壤修复科技攻关团队。

经过充分的调查论证，鸿达兴业找到一个利用土壤调理剂调节土壤酸碱度，增加土壤中、微量元素的解决方案，并由子公司西部环保有限公司进行批量生产，品牌为“丰收延”的土壤调理剂。

通过在广东、内蒙古等地的小区肥效试验证明，“丰收延”能有效调节土壤酸碱度，并增加农作物产量、品质和抗病害能力。经内蒙古自治区卫生检测中心的检测，认为“丰收延”属于实际无毒物质，符合登记肥料急性毒性评价要求。经广东耕地肥料总站及内蒙古自治区农产品质量安全综合检测中心检验显示，“丰收延”重金属均远远小于国家限量标准。经多方试验和检测，“丰收延”均无毒有效，一条切实有效解决土壤污染治理的方案孕育而出，为土壤“解毒”不再可望而不可即。

截至目前，鸿达兴业帮助改良逾百万亩土地，甚至改变我国西北部分地区长期不能种植农作物的历史，为粮食生产和农业可持续发展等提供了有力支撑。“丰收延”土壤调理剂业务覆盖广东、广西、江西、浙江等中国多个省区，并且向柬埔寨、印度尼西亚、越南、哈萨克斯坦等国家拓展。

与此同时，鸿达兴业于 2015 年年底成立了中国第一家非营利性土壤研究机构——广东地球土壤研究院，已通过国家检验检测机构资质认证，它的主要责任是研究土壤问题以及土壤防治修复，包括为社会免费测土、提供土壤改良方案等，同时，还基于实地调研，研发土壤修复剂，希望能更好地修复土壤、改善生活环境。6年来，广东地球土壤研究院已测量了2万多份样本。

在提供土壤改良方案方面，广东地球土壤研究院围绕土壤资源与持续利用，土壤改良与污染控制治理技术、发展模式等做了大量的科学研究工作，为社会提供土壤治理技术咨询及土壤、水质检测分析等服务，积极开展土壤改良领域的国际合作与交流及国内外土壤样品及标本的采集与研究，推广土壤改良与治理新技术。

此外，鸿达兴业还聘请当地土壤改良和种植专家，打造土壤治理智囊团，在全国大部分地区逐步设立“西部环保土壤改良科技服务站”，积极培训各地农技人员和种植户，并成功举办多场土壤改良、种植技术培训会，推动科技下乡，服务“三农”。

“我们的出发点就是将有障碍的土壤进行改良、修复，让其回到健康状态。这是一项利国利民的好事，鸿达兴业今后也会持续加大对环保事业的投入，继续推广土壤改良的理念，为农民解决实实在在的问题。”鸿达兴业董事长周奕丰表示。接下来，鸿达兴业也将继续响应政府的号召，结合各地的需求及特色产业的发展，发挥自己的优势，推进耕地质量提升，助力乡村振兴战略。

鸿达兴业土壤改良案例分享

项目地： 广西崇左

成效： 实现甘蔗种植每亩增产1吨

广西崇左有“中国糖都”之美誉，蔗糖产业是当地农户主要的收入来源。然而，近年来却有不少农户反映：甘蔗亩产量降低，收入也每况愈下。

得知蔗糖产量降低后，广东地球土壤研究院组织专家通过实地考察，并对广西崇左市的农耕土壤进行取样检测。经考察了解发现，该地区由于种植结构较单一，化肥、农药施用过量，使得土壤酸化、板结情况不断加剧，导致甘蔗产量下降。

若想改变这一状况，首先就要进行土壤改良。为此，鸿达兴业在广西崇左开展了精准扶贫活动：向每户免费派送一包“丰收延”土壤调理剂，大概有500多户。不到一年的时间，崇左地区通过施用“丰收延”土壤调理剂的甘蔗地，土壤酸碱度得到有效调节，板结情况明显改善，土壤地力、肥力提高，每亩地甘蔗产量增加近1吨，蔗糖糖分也提高了，能给农户带来约500元/亩的增收。

如今，“丰收延”助力崇左甘蔗种植户的扶贫活动还在持续开展，参与的农户达2万多户。

项目地：海南

成效：香蕉种植每亩增收上千元

香蕉产业是热带地区的重要支柱产业。其中，海南省是我国香蕉的主产区之一，也是最早实现香蕉产业化、组织化发展的产区。不过，“黄叶病”却让当地果农无比头疼。

据了解，黄叶病发病时，蕉株的下方老叶叶缘首先黄化，逐渐扩大至中肋，叶柄软化弯曲下垂，枯萎，上方幼叶亦逐渐发黄，最后导致整个蕉株枯萎死亡，给果农带来巨大损失。而“黄叶病”的根源依然是土壤。

为此，鸿达兴业在海南开展起了系列扶贫活动。通过测土、提出解决方案、小规模试验……广东地球土壤研究院专家组欣喜地发现，通过施用“丰收延”土壤调理剂的香蕉，平均每株可增产3—5斤。

据介绍，一亩地大概可以种植150株香蕉，也就是说，每亩可增收450—750斤。按收购价1.5元/斤来计算，果农一亩地可增收670—1125元，成效显著。

鸿达兴业更是在海南挑选了50个大型的香蕉种植基地进行土壤改良、修复，助力果农增产、增收。据了解，每个种植基地的规模都在300亩以上。此举也得到了当地政府的大力支持，未来将进一步加强政企合作，实现共赢发展。

项目地：新疆

成效：棉花种植每亩可增产1吨

新疆是我国棉花主产区，也是世界重要棉花产区。2019年，全疆棉花总产量达到500.2万吨，分别占全国和全球棉花产量的84.9%和19.4%。为了推动“白色产业”的发展，提质量、降成本、增效益也是当地的重要目标。

而影响棉花单产的重要因素之一就是土地盐碱化，土地盐碱严重影响到了棉花的出苗、根系生长、现蕾、开花、坐果等，以致新疆有些地方根本种不出棉花来。

令人头疼的是，盐碱地的改良又是公认的世界性难题。在我国，盐碱地主要分布在西北和东北地区，以黄河冲击形成的河套平原的中套、下套地区的土地盐碱化尤其严重。

2016年鸿达兴业在助力新疆棉花增产、增收方面下了不少功夫：先是小规模试验，当取得明显成效后，再大范围推广。起初在新疆的“试验区”达150亩，农户可免费试用土壤调理剂。通过土壤调理剂的改良，棉花产量每亩可达550-560公斤，一般情况下450公斤/亩。

作为土壤污染防治的重要参与方，鸿达兴业和全国各地的众多农户一起见证了越来越多的改良农田迎来丰收。截至目前，除了上述几个项目地点外，鸿达兴业还助力山西、甘肃、广东等多个地区的提质增产。通过使用“丰收延”土壤调理剂后，农作物喜获丰收、达到高产，农户也实现了脱贫增收。

鸿达兴业一直坚持“实干创造未来”的企业精神，积极履行社会责任，做好环保事业与扶贫振兴乡村工作。实践证明：对于案例所述的农村地区，要因地制宜，以“授之以渔”的方式，既可治标，又可治本。鸿达兴业运用专业的土壤改良技术，指导农户改良土壤，增加种植收入，帮助农户增产增收，持续巩固拓展脱贫攻坚成果同乡村振兴有效衔接，点燃乡村振兴“新引擎”。未来，鸿达兴业将积极履行企业社会责任，助力乡村振兴，提升百姓幸福感，提高村民的生活质量。

43. 红宝丽

村企联建一条心 携手并肩共振兴

红宝丽集团股份有限公司（以下简称“红宝丽”）系深交所上市公司，是国家级重点高新技术企业。2007 年，红宝丽积极响应南京市市委统战部的号召，与东坝镇红松村签约启动“村企共建，结对帮扶”活动。签约以来，红宝丽积极投身村企共建实践，在村企精准对接的基础上，立足红松村实际，注重适应本地特色产业项目发展需要，有效开展帮扶工作，走出了一条具有“宝松”特色的村企联建道路。2020 年，红宝丽以“万企联万村，共走振兴路”活动为契机，以更加有力的举措推动联建，实现农民增收、企业增效。如今的红松村已从昔日的贫困村蜕变为现在的领头村，该村先后荣获“高淳区先进村”“江苏省社会主义新农村建设先进村”“全国一村一品示范村”等称号。2020 年度村集体总收入近 500 万元，其中经营收入达 280 万元。

一、以组织凝聚党建“红”心

组织共建“联盟”。红宝丽党委与红松村党委共建一二三产融合发展联合党支部，由红宝丽总裁芮益民担任联合党支部书记。红宝丽党委把建强联合党支部作为重要抓手，在符合条件的合作项目、产业链、新兴业态上及时建立党组织，做到联建到哪里，党的组织就延伸到哪里，党的工作就开展到哪里。红宝丽党委与红松村党委还共同制定了党建联建工作目标计划、互派 1 名党员担任党建工作联络员、召开 1 次党建工作联席会、开展数次对接走访。

思想共振“联频”。结合开展“三会一课”，利用红宝丽党员之家、红松村党群服务中心等阵地，推动村企党员干部充分认识开展村企联建行动的重要意义、目标任务，凝聚思想共识，强化责任担当。目前，红宝丽党委与红松村党委已互上党课 2 场，联合开展主题党日活动 3 次。主题教育期间，组织党员及志愿者赴红松村开展志愿者活动，密切党群关系，有效提升了村企党建工作的融合度。

党员共管“联力”。深入开展党员互学、党员骨干互派、岗位建功互促等活动。红宝丽党委先后派遣 5 名党员骨干在村项目一线锻炼，积极参与美丽乡村建设。深入开展党员慰问、尊老敬老、困难帮扶等为民服务活动，共送去总价 5 万元慰问金和慰问品，为村集体发展贡献“红宝丽人”的力量，真正把党组织的战斗堡垒作用、党员的先锋模范作用体现在产业项目和为人民服务中。

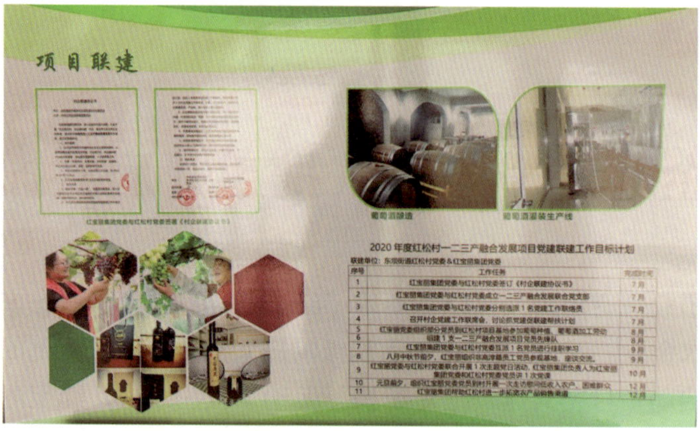

▶ 2020 年度党建联建工作目标计划表

人力共育“联智”。红宝丽党委牵头建立人才互培、互聘、互相交流的共育共享机制，既为乡村人才提供一个好的学习、锻炼机会，也把企业现代经营管理理念引入乡村社会治理、集体经济发展。为红松村积极开展各类辅导培训 6 场次，覆盖人群达 258 人。邀请企业管理人员、有关种苗专家 10 多人次深入农村开展技术对接交流和便民利民服务。

资源共享“联利”。注重发挥党组织领导作用，构建双方利益共享联结机制。依托红宝丽企业资源和渠道，将产业联建作为企村联建的核心内容来抓，推动村级集体经济发展壮大，促进农民就业增收。定期和不定期为红松村开展科技成果对接和农产品展销活动，提高村里招商引资吸引度。同时，集团通过集中采购红松村葡萄、葡萄酒等产品作为员工内部福利发放，帮助村级经济体葡萄、葡萄酒等产品实现销售 50 万元以上，实现村企互促并进的良好局面。

二、以帮扶编织发展“宝”图

联建以来，红宝丽每年为红松村提供 15 万元帮扶资金，目前已累计给予红松村资金帮扶 200 多万元。帮扶措施始终紧扣以下四个方面：

一是紧扣基础设施建设，当好乡村振兴的筑路先锋。红宝丽先后投入数十万元将村内主要道路修建连接到乡镇主干道，进一步打通乡村振兴、农民致富“最后一公里”，为农业发展、农村建设、百姓出行提供了坚强保障。

二是紧扣宜居环境改造，当好乡村振兴的美丽使者。红宝丽按照高淳区委提出的“美丽乡村”建设要求，在持续加大村庄环境整治建设投入的同时，帮扶建成以桃园、竹园、玫瑰园为主的林果种植基地，形成了绿色经济与美丽乡村相融合的发展模式，有效推动了农村生产、生活、产业“三种功能”的有机融合，显著提升了村民的获得感和幸福感。

三是紧扣特色产业发展，当好乡村振兴的产业精锐。红宝丽充分发挥企业的发

▶ 联建后的红松村道路

▶ 红宝丽帮扶红松村建的林果种植基地

▶ 红宝丽创始人、董事长芮敬功视察千亩葡萄园

展经验和资源优势，以“农业 + 文化 + 旅游 + 互联网”的发展模式，帮扶成立了红岗经济林果合作社，建有 1000 多亩有机葡萄种植基地，并成立南京红松葡萄酒业有限公司，构建起“产购销”一体产业链，打通了乡村振兴、农民致富的“最后一公里”。通过修缮村庄原有的文化长廊植入文化元素、建设党建红色阵地等方式，建设了一批具有本地特色的农村文化标识和党建特色品牌。

四是紧扣农民生活改善，当好乡村振兴的富民先导。一方面，积极引导村民参与经营，采取技能培训、学习参观等方式给予经营扶持和指导，提升村民的参与意识和服务水平。同时，充分利用专场招聘会和村级就业宣传栏等渠道，加大就业岗位信息宣传力度，坚持“同等岗位，优先录用”原则，吸纳 100 多位村民在公司就近就业；另一方面，带动村级集体经济发展。对集体资源进行整合利用、开发，进一步增强集体经济造血功能，确保集体资产保质增值。

三、以文化绘就惠民“丽”景

红宝丽特别注重文化惠民，先后为红松村新建 1 个村级养老服务中心和 3 个文化广场，建成 500 米“廉政文化”长廊，积极开展送戏下乡、文艺汇演等活动，每年邀请红松村村民参加红宝丽年终文艺晚会演出，与红宝丽共享文化发展成果，丰富了村民的精神文化生活。

▶ 村级养年服务中心

四、联建启发

共建十四载，弹指一挥间。通过资金扶持、活动共办、产业共享等多重抓手，提高了村民的积极性，提升了企业的参与感，形成了互带互动、优势互补、资源共享、共同发展的村企共建新格局。下一步，红宝丽将从以下三个方面继续推进“万企联万村、共走振兴路”行动落实：

一是提高政治站位，增强责任感和紧迫感，把村企共建工作作为重大政治任务，全力以赴确保各项帮扶措施落到实处、见到实效。

二是结合自身优势，聚焦精准施策，进一步创新工作方式、把握工作重点、强化工作措施，有效提升帮扶的针对性和实效性。

三是切实发挥带头作用，广泛联系各界人士，调动各方积极因素，鼓励、引导、组织更多企业参与到行动中来。

第十部分

浙江辖区

44. 中国巨石

情系最美石台　助力乡村振兴

中国巨石深入贯彻党中央、国资委党委部署要求，充分发挥人才、资源和资金优势，不断加大帮扶力度，紧紧围绕民生帮扶、产业帮扶、就业帮扶、电商帮扶等策略，公司成立了扶贫工作领导小组，制定了三年扶贫工作规划，明确了扶贫工作方案、方向、途径和保障措施，创新优化各项帮扶举措，着力巩固拓展脱贫攻坚成果，为乡村振兴注入巨石力量。

一、对口扶贫·心系石台

为落实党中央、国务院关于实施精准扶贫、实现扶贫地区和建档扶贫人口脱贫目标的战略部署，自 2017 年以来，中国建材集团每年为定点扶贫地区安徽石台县选派 10 位驻村第一书记。中国巨石深入贯彻落实中国建材集团的要求，将定点扶贫工作作为一项政治任务抓紧抓实，将工作推向深入。驻村书记时刻牢记自己作为共产党员的初心与使命，认真履行挂职书记工作职责，坚持落实关于贫困户“两不愁、三保障、一过线”、安徽省脱贫攻坚“十大工程”等扶贫工作。积极配合乡党委开展“春、夏、秋、冬四季攻势”做好政策宣传与贫困户满意度调查、村内双基建设询问等一系列与群众密切相关的工作。加强走访力度，深入了解贫困户的实际情况，因户施策做到精准帮扶。

▶ 扶贫干部与养蜂农户

二、消费扶贫·情暖石台

近年来，石台县依托富硒资源优势，大力发展富硒农业现代化产业，主要集中在硒茶、硒米、硒水、硒果和富硒土特产五大类近二十个品种。中国巨石在选派挂职干部的期间内多次开展了“消费扶贫·情暖石台”，帮助贫困村富余农特产品的销售，增加贫困家庭收入。特别是2020年新冠肺炎疫情的影响，农产品出现了滞销的情况，驻村干部主动尝试网络直播带货形式，当起了“带货郎”，让村里的农产品走出大山，走出安徽，走向全国。公司通过行政事务部与党群工作部的组织宣传，动员广大员工采买石台农特产品，2018—2021年连续四年开展消费扶贫，累计消费扶贫金额超35万元，有效地解决了当地群众农产品销售难的问题，巩固了当地的脱贫成果，获得了群众的好评，当地新鲜、富硒的产品也得到了巨石员工们的喜爱。

此外，驻村干部积极不断完善电商综合网点资料，建立网络销售平台，走进群众中，积极发动村两委组织成员与村内党员宣讲慢村电商综合服务网点功能，多途径解决村内群众农产品销售问题。截至2021年11月，洪墩村综合网点累计实现农产品销售收入超50万元。

► 公司积极组织开展消费扶贫活动

三、旅游扶贫·走进石台

石台以旅游立县，县内以生态旅游为主，中国巨石积极推进“旅游扶贫”工作，促进当地旅游业发展，在增加县旅游经济收入的同时使村集体经济得到提升，将“扶一把”向“送一把”递进，让当地旅游业的步子走得更稳一些，解决了新生行业的前期困难。2019年中国巨石携手桐乡市旅游业，以增加村集体经济与村民收入为目的，开展“旅游扶贫·走进石台”活动，充分利用石台地区旅游资源与桐乡地区旅游资源，携手桐乡市各大旅行社走进“中国原生态最美山乡”石台考察旅游资源，与当地共同探讨如何促进当地旅游事业的发展，开辟新的旅游路线，制定后续旅游方案，使石台县的旅游资源能更好、更快、更有效地向浙江市场扩散、提升，助力乡村振兴。巨石九江公司前后四批次来石台旅游，帮助石台增加旅游收入 10 万余元。

此外，由于洪墩村慢村民宿起步晚，在服务水平与烹饪技艺上亟待提升。时任驻村书记唐益锋积极赴乌镇等知名景区参观交流，学习先进经验。同时，他还寻求公司帮助，积极邀请中国巨石的国家一级厨师走进洪墩村慢村民宿为农户传授烹饪技艺，将桐乡美食阿能面、明虾煲等特色美食带到了慢村民宿。活动带动了洪墩村内多家农家乐、民宿经营者的参与，同时得到了当地群众的支持，让游客有了更多的选择。2020 年，洪墩村以集体经济收入超 20 万元，“慢村”民宿旅游收入 51 万余元，全村建档立卡贫困户人均年收入超过 1 万元的成绩，交上了一份乡村振兴的高分答卷。

▶ 派遣厨师传授烹饪技艺

四、小善大爱·情系石台

开展“小善大爱 · 情系石台”活动，2019 年中国巨石志愿者走进占大中心学校，开展关爱贫困山区儿童爱心捐赠公益活动，专程为孩子们送来一批益智类教学用具，希望让山区孩子们拥有一个快乐的童年，感受到企业浓浓的关爱。学校领导高度赞扬了中国巨石是一个十分有责任感的企业，是一个懂得回馈社会的企业。此外，志愿者代表向利源村党支部捐出善款，所捐款项来自公司本部党员志愿者自发捐款，用于修缮利源村党员活动室。2020 年公司再度派遣党员志愿者代表公司向矶滩乡中心学校捐赠了音响设备和体育用品，改善学校教育设施；对矶滩乡考上大学和高中的优秀毕业生发放了奖励金；为洪墩村贫困大学生发放了助学金。

▶ 积极开展爱心捐赠公益活动

▶ 向当地优秀毕业生发放奖励金

习近平总书记在全国脱贫攻坚总结表彰大会上指出，脱贫摘帽不是终点，而是新生活、新奋斗的起点。脱贫攻坚目标任务完成后，“三农”工作的重心将转向全面推进乡村振兴。把握好国家“十四五”建设规划机遇，真正把当地建设成为产业兴旺、生态宜居、乡风文明、治理有效、生活富裕的社会主义新农村，我们还有很多事情要做。挂职有限，但是帮扶无限，中国巨石将充分发挥党建“三建”工作品牌的优势，肩负乡村振兴的新使命，赓续脱贫攻坚精神，汇聚乡村振兴力量，接续奋斗，一如既往、深入持久地干下去，强化各项举措，争取在旅游扶贫、消费扶贫等工作上再接再厉，再创佳绩，为乡村振兴贡献不竭动力！

45. 永安期货

利用生猪期货功能为乡村振兴添砖加瓦

2021年伊始，猪周期下跌趋势席卷而来，生猪产业步履维艰。2021年已经披露业绩预告的10家头部生猪上市公司企业中6家企业大幅亏损。少的几十亿，多达上百亿。散养农户势单力薄，更难以主动对价格风险进行管控。

所谓“猪周期”，指的是生猪价格波动呈现出明显的波峰与波谷交替的周期性特征，其间往往伴随着“价高伤民，价贱伤农”的价格变化怪圈。虽然我国养殖产业链集中度越来越强，我国依旧有2000多万户小型生猪养殖户，猪周期之下，他们多数没有主动进行价格风险管理的能力。小型生猪养殖户又多为身处农村的家庭猪场，生猪养殖收入是农户家庭收入的一个重要组成部分，剧烈的周期性波动，让养殖农户整天胆战心惊。如何帮助农村养殖户和家庭农场做好猪周期价格风险管理，做好对于乡村振兴和巩固脱贫攻坚成果具有重要的现实意义。

在生猪价格由波峰向波谷走的时候，大连商品交易所历时20年研发的生猪期货呱呱落地，“平稳度过‘猪周期’”是众多生猪养殖企业、养殖户参与和利用期货市场的诉求与初衷。2021年1月8日生猪期货一上市，便受到了产业的热捧，同时也被寄予厚望。

但是，除了一些大型养殖企业、上市公司拥有专业人才、资金等保障积极参与外，更多的中小养殖企业和家庭农场技术、资金、人才等匮乏，无法参与期货套期保值，转移风险。经过多年的努力，在2021年永安期货与多年合作伙伴辽宁爱普罗斯发挥各自专业优势，达成了企业增效农户增收的初心。

辽宁爱普罗斯饲料有限公司的主要客户群体为家庭猪场，这些家庭猪场正是我国2000多万户小型养殖户中的一部分，且其中多数为农民。2015年以来，企业持续致力于“生猪保价”模式的推广和应用，确保养殖户有一个稳定的养殖收入，一方面间接促进了企业饲料销售规模稳中有升，另一方面提升了旗下农村散养户的养殖收入，稳定了存栏。

2021年之前，由于没有生猪期货作为对冲工具，企业多数时间通过营业收入弥补农户的养殖收入，这点限制了企业的保价规模。随着生猪期货上市，永安期货协助辽宁爱普罗斯不断培训其及养殖农户对生猪期货的认知，不断挖掘期现结合模式。以2021年3月签订的“生猪保价合同”为例：合同规定该批生猪保底价13元/斤，赔付上线为200元/头，该批保价规模合计2万头，合计赔付上线为400万。签约的同时，企业陆续在大商所LH2109合约进行卖出套保——累计卖出开仓200手，开仓均价 28000 元 / 吨。5 月中旬至下旬，企业陆续买入平仓，买入平仓均价 23000 元 / 吨。期货卖出套保收益合计 1600 万元，完全覆盖了最大赔付额度 400 万元。

2021 年全年，永安期货协助辽宁爱普罗斯饲料有限公司通过开展“生猪保价”业务，累计为散养户保价生猪存栏 56.56 万头，累计赔付旗下散养户 1.1312 亿元。其中累计利用大商所生猪期货卖出套保 1200 手，折合 17.28 万头生猪存栏，相当于对保价合同中 1/3 现货头寸进行了卖出套保。永安期货协助爱普罗斯饲料有限公司开展的“生猪保价”业务，解决了中小养殖户缺乏专业知识、资金不足、抗风险能力弱等问题，探索出的“人不进场、风险转移”的“保险 + 期货”模式让他们有了新的出路，为稳定“菜篮子”工程和乡村振兴贡献了力量。

永安期货与爱普罗斯于 2013 年结缘，恰逢 2013 年开始豆粕基差定价模式在我国迅速普及，饲料企业采购的豆粕成本至少 90% 要通过大商所豆粕期货价格决定，饲料企业与期货市场的联系开始变得紧密。永安期货从企业眼前实际需求出发，从原料期货切入，协助企业建立科学的套保体系。

经过多年的合作，永安期货协助爱普罗斯在专业人才培训、风险控制体系、投研体系等方面加大合作力度。协助企业挖掘 6 大期现结合模式，（1）利用厂库卖交割无风险套利；（2）生猪保价与卖出套期保值结合扩大保价规模；（3）生猪保价与卖出套期保值结合调，控制基差风险；（4）生猪期货与豆粕及玉米期货结合锁定养殖利润；（5）与屠宰企业开展生猪基差定价模式；（6）设立产业链公司服务生猪养殖企业风险外包。多年来，永安期货协助爱普罗斯通过场内外期货期权，创设更多定价、报价模式，服务了千余户家庭农场，稳定了供应链，达到了助力企业增效的目的，助力农户增收的初心，实现了高质量发展。

从脱贫攻坚到乡村振兴永安一直在路上，永安期货作为国有控股的上市公司，始终不忘初心，牢记使命，履行社会责任，在企业自身获得高质量发展的同时，始终坚持践行“从脱贫攻坚到乡村振兴，期货业亦责无旁贷”的理念。综合运用“保险 + 期货”专业帮扶、产业帮扶、消费帮扶和教育帮扶等手段，累计投入帮扶资金超 9000 万元，帮助 2 万多户建档立卡贫困户实现脱贫，连续 5 年位居中国期货业协会扶贫考评第一名。

2013 年起，永安期货就开始探索运用期货期权工具，发挥龙头期货公司的专业优势，致力于市场化手段服务“三农”。2016 年以来，永安期货已累计开展近 200 个“保险 + 期货”项目，为 160 万吨农产品保驾护航，涉及玉米、大豆、天然橡胶、苹果、棉花等 10 余个品种，在交易所的支持下，永安的“保险 + 期货”项目中获益的农户已遍布全国 22 省市区，从雪域高原西藏到新疆的阿克苏，从中原大地河南到东北三省，惠及千家万户。2022 年我们将为更多地区的更多农户和相关主体提供价格风险保障，同时希望能在有条件的地区或企业全年开展项目，真正做到帮助农户和养殖农场提前锁定养殖成本和收益，为乡村振兴共同富裕作出更大贡献。

46. 浙商证券

打造产业生态圈　走出发展新路径

2018 年年底，浙商证券与湖北省恩施市政府签订战略合作协议，结对帮扶白果乡两河口村。2019 年 4 月 29 日，浙商证券董事长吴承根来到恩施，接受“名誉村长”的聘任。为了推动两河口村持续发展，利用两河口村阳昌隆组生态宜居、风景秀丽、资源丰富的优势，2019 年 12 月，浙商证券决定援建生态农场，努力打造东西部扶贫协作一二三产业融合发展和名誉村长扶贫典型样板。

▶ 生态茶厂外景

该项目是杭州市和恩施州东西部扶贫协作重点项目，由杭州市江干区政府专门负责。2019 年 11 月，恩施市政府提出了《浙商证券援建恩施市白果乡两河口“浙商证券 · 杭恩东西部扶贫协作生态农场”扶贫项目实施方案》，计划在 2 年内，由浙商证券、东西部协作帮扶资金和白果乡政府共同出资 1232 万元，修建一座集种养殖、农产品加工、民宿旅游、电商体验于一体的生态农场。项目由浙商证券、东西部协作帮扶资金和白果乡政府共同出资，项目建成后，由恩施市政府选定运营团队来经营。

▶ 浙商证券生态农场揭牌仪式

一、康养旅居，打造产业生态圈

康养旅居，就是将旅游与健康养生和养老更好地结合起来，比起传统的景区景点，其环境更适合休养生息、康养恢复等。首先让游客进得来。浙商证券首先打通企业内部渠道，凡是本企业的退休员工，都能享受在两河口村旅居的福利。民宿经营者建立了自己的线上旅居平台，针对退休老人，提供富硒康养旅居服务。其次让游客留得住。利用好当地的区域优势，整合资源，逐步完善周边配套设施。浙商证券携手民宿经营者积极推进土家文化体验项目建设，康养旅居与生态农场实现有机结合。最后让游客带得走。浙商证券积极推进特色农产品规模化生产销售，就旅居的客人而言，提供林里土鸡、山中黑猪、水中鱼、车间茶，客人们不仅能在两河口村享用到，回家之后还能通过旅居平台下单，在家里也能品尝到山货。

▶ 民宿外景

▶ 民宿内景

二、打造名片，走出茶企新路子

作为生态农场配套项目——生态茶厂，恩施市偲蓓生态农业发展有限公司占地1.06万平方米，年生产能力达到50吨，2021年销售计划突破800万元。浙商证券提供最便捷的通道，为偲蓓茶业打开浙江市场，而偲蓓茶业自身也要结合恩施州打造的“一红一绿”公用品牌建设，形成企业品牌核心竞争产品，融入大市场。双方积极探索“以茶促旅、以旅带茶”发展模式，将浙江的游客吸引到恩施来，体验茶文化乡村游，形成乡村经济增长点。

▶ 生态茶厂

三、案例成效

2021年6月，项目一期建成并举行了揭牌仪式。一期包括农场、养殖基地、茶叶加工厂、农产品加工中心、民宿接待中心和电商体验中心。

浙商证券生态农场援建项目，提升了两河口村脱贫攻坚的信心和决心，全村围绕生态农场调整了产业结构，新发展油菜300亩，改良老茶园500亩，建成了1000亩的茶叶示范基地。引入的偲蓓茶厂加大了与农户的链接，订单种植，高价回收，提升了广大农民的收入。生态农场建设实现了脱贫攻坚与乡村振兴的无缝对接，激发了群众发展的内生动力，积极主动参与到人居环境整治和乡村民宿发展上来。

1. 经济效益：该项目实施后，每年可带动当地200户以上的贫困户发展产业，帮扶贫困户户均年增加经济收入2000元以上；此外，发展民宿、电商中心、养生疗休养产业、种养产业等，每年再增加经济收入100万元，激发贫困群众内生动力，加快贫困群众脱贫致富步伐，带动区域发展。

2. 社会效益：该项目实施后更进一步加宽杭恩东西部协作发展路径，以东部为主导，升级系统扶贫的新举措，真正变输血为造血，打造名誉村长的3.0版，形成系统扶贫新样态。

3. 环境效益：整体改造两河口村，强化基础设施，升档生产方式，改善生活环境，让恩施市两河口村实现生活环境的更新换代，提升幸福指数，探索美丽乡村发展新模式。

四、启示及推广价值

（一）用企业部分资金撬动社会各方帮扶资金

湖北省恩施市是杭州市江干区东西部协作对口帮扶地区，针对乡村振兴，当地政府可动用的资金包括杭州东西部协作资金、中央和省市的乡村振兴补助资金等。浙商证券生态农场项目的介入，直接撬动了杭州东西部协作资金和乡村振兴补助资金的投入。生态农场项目一期建设整体投入 1232 万元，浙商证券共投入 415 万元，实现了 3 倍的杠杆撬动效应。

（二）授人以鱼不如授人以渔

扶贫先扶智。对口帮扶，物质支持固然重要。然而，新理念、新思维的引导和培育，更是能管长远的治本之策。正如浙商证券带着“授人以鱼，不如授人以渔”的帮扶观念，让对口帮扶既看得见近期效果，又能产生持续性影响。浙商证券不仅以援建项目带动两河口村的基础产业发展，更是从产品提质、品牌建设等方面入手，提升产品的核心竞争力；不仅引导村民发展乡村旅游，更是提出“康养旅居”的更高要求，援建生态农场，推进土家文化体验项目建设，打造扶贫典型样板；还引入电商直播带货的新模式，为稳定脱贫致富、产品销售探索了新方向。

（三）让当地政府和群众充分参与，调动当地的积极性

浙商证券在项目规划、设计和实施过程中，主要起到引导和把关的作用，具体的执行环节均委托给当地政府。恩施市和白果乡党委、政府高度重视，把浙商证券生态农场项目作为年度重点项目推进，组建了由恩施市东西部扶贫协作小组挂帅的工作专班，驻点推进项目建设。通过群众会、现场会等统一了群众的思想，克服了疫情影响，完成了项目建设，乡村环境面貌焕然一新，群众感恩意识进一步提升。

两河口村全村围绕生态农场调整了产业结构，新发展油菜 300 亩，改良老茶园 500 亩，建成了 1000 亩的茶叶示范基地。引入的偲蓓茶厂加大了与农户的链接，订单种植，高价回收，提升了广大农民的收入，激发了群众发展的内生动力，积极主动参与到人居环境整治和乡村民宿发展上来。

47. 咸亨国际

公益扶贫在行动

2021 年是“十四五”开局之年，也是巩固拓展脱贫攻坚成果和全面推进乡村振兴的起步之年。回顾脱贫攻坚路，各级党委和政府都做了大量工作，脱贫工作取得了举世瞩目的成绩。在此过程中，中国民营企业也积极响应，发挥了资金、技术、服务、产业等优势，通过实实在在的帮扶行动，为打赢脱贫攻坚战，推动乡村振兴献出自己的一份力量。

咸亨国际是工器具、仪器仪表等类产品的 MRO 集约化供应商，主要服务于电力行业，同时涉及应急、铁路、城市轨道交通、石油石化等领域。在这个“十四五”开局之年、巩固拓展脱贫攻坚成果和全面推进乡村振兴的起步之年中，咸亨国际一直保持着将扶贫工作作为崇高的政治责任，多年来持续用自己的实际行动和显著的成效生动诠释“上下同心、尽锐出战、精准务实、开拓创新、攻坚克难、不负人民”的脱贫攻坚精神。

▶ 公益扶贫活动现场

自2016年以来，咸亨国际联合中国电机工程学会举办“电力之光”科普下乡暨扶贫攻坚活动。“电力之光”是学会多年来持续开展的电力科普品牌，旨在通过举办“电力之光”系列科普活动，把电力科学知识、科学思想像“光”一样传播出去，照亮每一位青少年的心灵，引导青少年对科学知识的渴望和追求，努力学习，奋发图强，成为新时代栋梁之材，为国家、为家乡贡献自己的智慧和力量。

▶ 触电急救模拟练习

截至目前，“电力之光”科普下乡暨扶贫攻坚活动已经开展了近百期，在甘肃陇南大桥镇、山西长治西沟乡、贵州榕江兴华水族乡、福建龙岩溪口镇等地通过专家科普讲座、触电急救模拟练习、科普大篷车进校园等活动为大批青少年带去了一场场科普“盛宴”。为践行科技为民的社会责任，帮助欠发达地区改变穷困面貌，改善教学条件，提升科学素质，活动发起募捐，来自电力行业及科普协会的众多单位纷纷献出爱心，为学校捐赠彩打机、速印机、课桌椅、体育器材、书籍、书柜等；为贫困户捐献应急用品、农业书籍；为五保户送去棉被、衣物等。咸亨国际还为当地学校捐建了应急安全实训室。来自咸亨国际赛孚城的专业教官现场为师生们传授有关心肺复苏的正确操作方法，详细讲解伤口包扎处理的专业知识和实操方法，亲自示范传统校内灭火器与新型水基灭火器的使用，以及火灾逃生的相关知识。应急安全教育对环境、设备、器材存在高度的依赖性，应急安全实训室的建设使欠发达地区的安全教育更具实用性、可操作性。

同时，咸亨国际积极响应东西部扶贫协作工作，主动加入杭州市上城区对湖北恩施州鹤峰县的结对帮扶队伍，秉持“民生优先、互惠互利、合作共赢、共同发展”的帮扶原则，建立长期交流互访制度，就共同关心的问题广泛交流意见，协商落实。帮扶内容主要以发展农村社会事业、民生改善为重点，推动五里乡陈家村产业发展。帮扶期间，咸亨国际为陈家村、水泉村等累计捐赠资金15万元，主要用于乡村急需的民生工程、必要的基础设施及民生项目建设、重点产业发展等专项支出。

2019 年，咸亨国际获得由上城区发展改革和经济信息化局、上城区对口支援和区域合作局授予的“年度上城区东西部对口扶贫突出贡献奖”。

企业于社会大环境中发展孕育，没有良好的发展环境，企业生存也如无根之水、无源之木。在行有余力的情况下兼济社会是民营企业的应有之义。扶贫攻坚有期限，协作共进无止境。寻找符合当地实际的帮扶途径，探索村企合作的新模式，民营企业一直在路上；聚力公益扶贫，汇爱携手同行民营企业一直在路上；承担社会责任、践行企业社会担当民营企业一直在路上。

▶ 咸亨国际获得对口扶贫突出贡献奖

48. 兴源环境

施秉县易地扶贫生态移民建设工程

兴源环境科技股份有限公司于 1992 年创立，2011 年在深圳创业板上市（证券简称：兴源环境，证券代码：300266），2019 年成为世界 500 强新希望集团成员单位，2020 年承担火神山、雷神山医院医疗废水处理工程，铸就出使命必达的“两山”精神。秉承新希望集团乡村振兴战略，兴源环境以产业支持智慧城乡建设，确立了“智慧城乡 + 生态环保”发展模式，围绕国家乡村振兴战略和碳达峰、碳中和战略定位，聚焦环境综合治理、农牧和环保装备、双碳创新三大赛道，为客户提供一体化的综合解决方案。目前，兴源环境拥有 30 多家成员企业，业务遍及全国各地及东南亚地区，现有员工 2000 多名，资产规模超百亿元，拥有院士专家工作站、博士后工作站和省级企业研究院，技术储备深厚、项目经验丰富、资质体系完备。未来，兴源环境将一如既往地以“两山”精神为引领，服务客户，回报社会，为创造美好人居环境持续贡献力量！

▶ 兴源环境科技股份有限公司

一、项目背景

施秉县，地处贵州黔东南苗族侗族自治州西北部，因有巴施山和秉水，取山水之名而得“施秉”。这里三江汇聚，风光旖旎，同时，受地理条件的限制，当地也是有名的贫困县。

2015 年 11 月 23 日，中共中央政治局审议通过《关于打赢脱贫攻坚战的决定》。《决定》提出到 2020 年农村贫困人口实现脱贫。2016 年，施秉县针对当地生存环境差、生态环境脆弱、地质灾害区、安全隐患较大，同时远离城镇、村寨人口规模较小、扶贫成本大、基础设施和公共服务设施难以延伸、不具备基本生产生活条件的地方决定实施整体易地扶贫搬迁工作。

2017 年，兴源环境全资子公司杭州中艺生态环境工程有限公司与施秉县政府签订合作意向，实施了两个扶贫项目——施秉县城区基础设施建设二期工程（河滨休闲公园一期）和施秉县易地扶贫搬迁（扶贫生态移民）建设工程。历时 17 个月完成施秉县易地扶贫搬迁（扶贫生态移民）建设工程，完成 516 户 2377 人易地扶贫搬迁任务。两个项目总共聘用当地工人 3000 多人次。

二、施秉县异地搬迁扶贫项目（已建成）介绍

（一）施秉县城区基础设施建设二期工程（河滨休闲公园一期）

河滨休闲公园一期建设以当地自然环境为基础，以“水车风情小镇”的主题进行规划设计，彰显了独特的文化历史及特色风光，如今，“水车小镇”已成为这个城镇的代名词。

▶ 施秉县河滨休闲公园一期建设项目实景

（二）施秉县易地扶贫搬迁（扶贫生态移民）建设工程

以生态移民区房屋、道路及配套基础设施、生态商业区、广场绿化等为重点建设项目，提升整体环境，增强搬迁群众的安全感、归属感和幸福感。

同时，兴源环境依托新希望集团内部产业协同优势和在“双碳”领域的技术发展，协同兄弟单位新希望六和在施秉县的猪场合作推进屋顶光伏和整县光伏产业，进一步促进“乡村振兴”的绿色发展，助力碳达峰、碳中和“3060”目标。

▶ 施秉县易地扶贫搬迁（扶贫生态移民）建设工程

自施秉县开展易地扶贫搬迁工作以来，为了让搬迁群众搬得出、稳得住、能致富，新希望六和先后在施秉县翁塘村投资建设牵猪坡 6000 头种猪场项目，该项目计划总投资 1.35 亿元，施工阶段直接解决当地 310 人务工，实现务工收入 260 万元。项目目前已经建成开工，自 2019 年夏季逐步开始引入种源，满负荷运行后可达到年出栏 20 万头规模。该种猪场可解决当地 75 人稳定就业，同时可以覆盖 400 户贫困户，实现户均增收 4000 元以上。2019 年 7 月，施秉县二期 30 万头生猪养殖扶贫项目签署协议，选址施秉县双井镇翁粮村，面积约 480 亩，计划投资总额 5.2 亿元人民币，设计 12000 头母猪养殖基地，实现年出栏 30 万头优质商品猪养殖规模，并通过 1+1+1+N 模式，即公司 + 政府 + 合作社 + 贫困户模式，发展贫困村建设育肥猪养殖基地，引导本地养殖产业扶贫。

三、项目意义

1. 完成 516 户、2377 人易地扶贫搬迁任务，助力施秉县易地搬迁，实现脱贫攻坚。

2. 通过城区基础设施工程建设，兴源环境将人居环境改造和小镇风貌融入项目中，随着生态移民区房屋、道路及配套设施、生态商业区、河滨休闲区、广场绿化等一系列重点项目的建成落地，极大地提升了安置区的整体环境，增强了搬迁群众的安全感、归属感和幸福感，为实现“乡村振兴”战略打下良好的基础。

3. 两个项目总共聘用当地工人3000多人次，在实施易地扶贫搬迁工作的同时，带动当地居民就业增收。

4. 依托新希望集团内部产业协同优势和兴源环境在“双碳”领域的技术发展，协同推进猪场屋顶光伏和整县光伏产业，进一步推进绿色“乡村振兴”，助力碳达峰、碳中和。

5. 协同新希望六和实施规模化高效养殖项目建设，着力解决当地村民就业问题，让搬迁群众搬得出、稳得住、能致富。为当地产业发展提供保障措施，带动搬迁群众增收致富，最终实现“乡村振兴”。

四、总结

实施乡村振兴战略亟需破解“乡村病”，项目围绕“人丁兴旺，安居乐业”的建设主旨来激活乡村人口、土地、产业等要素活力，从而提升乡村地域系统可持续发展能力和竞争力。

乡村振兴战略引入社会资本，可以充分发挥资本在市场上的号召力和影响力，可以更好地培育协调乡村人地关系，培育提升乡村内生动力，从而构建打造乡村的新型主体。实现乡村地域“人—地—业”耦合发展中的重要作用。

在未来的战略实施中，我们希望拥有更多产业形态的社会资本能投入这一伟大的国家战略中来，能有更多的模式创新来进一步助力乡村振兴，巩固现有的战略成果。

49. 可靠股份

立足农村起步　带动农村发展

2021 年是“十四五”开局之年，也是巩固拓展脱贫攻坚成果和全面推进乡村振兴的起步之年。乡村振兴包括产业振兴、人才振兴、文化振兴、生态振兴、组织振兴，其中最重要、最根本、最关键的是产业振兴。

产业振兴是乡村全面振兴的基础和关键。杭州可靠护理用品股份有限公司（以下简称“可靠”或“公司”）创办于 2001 年，经过 20 年的积累和沉淀，已成为中国成人失禁护理产品市场的领导者。公司主营产品成人纸尿裤和婴儿纸尿裤等产品拥有自主知识产权，申请专利 200 余项，其中已授权发明专利 39 项，并通过国家知识产权管理体系认证，被认定为国家知识产权优势企业和浙江省专利示范企业，是《中华人民共和国国家标准 GB/T 28004-2011 纸尿裤（片、垫）》、团体标准《T/NAHIEM 002-2017 医护级成人纸尿裤（片、垫）》起草单位。

可靠股份立足临安，通过做大做强民族品牌、加强对员工培养等多种方式实现产业振兴，依法纳税，带动周边建设，提供更多的工作机会，为区域提供更多懂技术、懂管理的新型职业人才，为乡村振兴贡献自己的力量。

第七次人口普查显示，我国 60 岁以上人口 2.64 亿人，占比达 18.7%。20 世纪 60 年代初，婴儿潮出生的人口将在 2022 年步入老年期，老年人口和高龄人口绝对数将持续增长，成人失禁护理产品、设施和服务供给处于增量阶段。成人失禁用品自引入我国后，不仅给失禁者带来了更健康的体验，更是给其他照顾的家庭成员、护工带来了极大的便利。

20 年来，可靠股份专注于成人失禁品类，拥有可靠、吸收宝等知名品牌，连续多年国内成人失禁用品销售第一，电商平台单品类全网销售八连冠，连续 7 年荣获全球电子商务纸尿裤类目销售额第一世界纪录认证，是名副其实的中国成人失禁用品领军企业。可靠股份的发展，离不开自身科技能力建设，投入上亿元建成行业内省级企业研究院；并承担国家火炬计划、浙江省、市级重点研发项目 10 余项；被认定为国家高新技术企业，被国家工业和信息化部评为第二批专精特新小巨人企业。在锦城街道和玲珑街道分别建设了两大智慧生产基地，通过持续投入，形成良好的产业效应。2021 年 6 月 17 日，可靠股份（301009.SZ）在深圳证券交易所挂牌上市。利用自身上市公司的资源优势、业务优势、技术优势、管理优势、人才优势和组织优势，为振兴乡村产业提供有力服务与支撑。公司注重员工职业生涯发展，积极开展职工培训，鼓励和支持职工参加业余进修培训，为职工发展提供更多的机会，与公司共同发展进步，为乡村提供更多人才。引入“行动教育”《绩效增长 3.0》模式，践行健峰集团“5S”管理，建立起科学、完整的员工绩效激励与反馈机制，注重不同岗位员工的职业生涯发展规划，并明确要求部门负责人定期与员工进行一对一的工作与绩效情况面谈，聆听员工心声，提出改进建议，促进员工发展，持续输送人才。始终以实际行动推动乡村产业高质高效发展。

50. 阿里巴巴

打造乡村振兴新引擎

2020年，在党中央的坚强领导下，我国取得了农村贫困人口全部脱贫的伟大成就。2021年是"十四五"开局之年，也是我国将巩固脱贫攻坚成果与乡村振兴战略有效衔接作为新时期一项重大战略的实践之年。

阿里巴巴认真学习习近平总书记脱贫攻坚及乡村振兴的重要论述，积极配合各级政府开展相关工作。2021年5月，将"阿里巴巴脱贫基金"升级为"阿里巴巴乡村振兴基金"，继续通过平台的力量，为形成乡村振兴和帮扶工作"人人皆可为、人人皆愿为、人人皆能为"的全社会参与格局贡献力量。截至2021年6月，阿里巴巴平台上销售的原国家级贫困县农产品超过20万种，2020年全年县域农产品销售额达3037亿元。

针对欠发达地区产业实际，阿里巴巴整合自身技术、产品、运营等方面的资源和能力，积极优化供需关系，扶持优秀品牌，在消费、流通和生产环节努力解决农产品售卖难问题，取得了一定成效。

一、创模式，特派员扎根县域定制化服务

为进一步探索建立乡村振兴和帮扶工作长效机制，阿里巴巴创新模式，委派公司资深员工常驻帮扶县域一线，用互联网的思维和方法，充分调动阿里巴巴各类资源，为当地提供"定制化"的帮扶方案。2021年5月，阿里巴巴将原有"脱贫特派员"正式升级为"乡村振兴特派员"。目前阿里巴巴已派出三批共22位员工，相继赴江西、山西、湖南、贵州、甘肃等12个省的19个脱贫县常驻，在当地政府的指导下，协调阿里内部资源共同助力当地乡村振兴工作。

尹贻盼是阿里派往甘肃礼县的乡村振兴特派员，在常驻期间发现苹果这个当地具有乡村振兴潜力的水果品种，并先后推动内贸批发"1688"平台、淘宝直播等业务帮助礼县苹果带货。在他的推动下，礼县苹果成为网红产品，2020年丰收节期间屡创上万斤的销售量的佳绩，也得到当地农户和政府部门的广泛好评。在他的推动下，礼县农业农村局等部门联合成立了"礼县苹果管理办"统筹产业发展，当地卖家也相继成立礼县企业家俱乐部、礼县商学院等机构，在特派员的倾情付出下，乡村振兴的氛围带动效果大大加强。

刘亚辉是陕西宜君县的特派员，在他的推动下，支付宝芭芭农场项目在该县顺利落地。芭芭农场是一个引导支付宝用户参与帮扶的创新项目，用户只需要在支

付宝客户端进入芭芭农场界面定期点击“施肥”，即可种成一棵虚拟果树，待虚拟果树长成后，支付宝出资从宜君县等缺乏品牌推广、储运条件相对薄弱的地区，直接采购特产水果，用户只需象征性支付 1 分钱，“助农果”就可将水果包邮到家。2020 年 4 月至 2021 年 3 月，芭芭农场已帮助 14 个省份，43 个产区的果农，解决了超 8000 万箱水果的销路问题。

二、拓渠道，精准对接消费市场

长期以来，产销对接不畅是直接关系到脱贫地区稳定增收确保不返贫的重要环节。阿里巴巴花大力气整合聚划算、淘宝直播、兴农脱贫、芭芭农场、盒马等平台资源，形成立体销售矩阵。2021 年全年，盒马新零售平台也已经在全国通过多种方式建立 500 个基地和 120 个盒马村，其中带动的脱贫地区销售额已超 30 亿元。2021 年“双十一”网购节期间，阿里巴巴为当时 52 个未摘帽贫困县建立脱贫攻坚专区；在手机淘宝的开设爱心助农专区，主打正宗原产地品牌；在淘宝“土货鲜食”频道首页开设了消费扶贫专区和扶贫馆，并专门投入 10 亿元现金补贴消费者购买贫困县农产品，触达 7700 万消费者下单了助农商品。其中仅原国家级贫困县甘肃定西岷县的黄芪销量就超过 238 万元，云南普洱澜沧县的普洱茶销量也比上年同期翻了一番，有效扩大了产销对接的范围和帮扶效果。

三、强品牌，提升农产品市场认可度

县域品牌打造也是乡村振兴工作的重点任务。阿里巴巴针对有一定产业基础的脱贫县域，开展由特色产品到品牌商品的全面升级帮扶工作。截至 2020 年底，阿里巴巴已经打造了寻乌百香果、砀山梨膏等 50 个农产品金字招牌，覆盖县域超过 30 个，其中在汪清、宜君、寻乌、城步、平顺、礼县六个县域完成了县域标识、农产品包装、线下旅游视觉、文化周边的县域品牌全面升级。品牌全案制作。

以宜君县为例，作为阿里巴巴“寻找远方的美好”项目在全国的第一个试点县，阿里巴巴为全县农产品量身定制包装设计。在铜川举办的第三届扶贫产品交易会上，通过在农产品的外包装上展示宜君剪纸、农民画等民间艺术，新的包装设计使当地的农产品零售价格相比往年最少增长 20%，预计帮助当地苹果增收 3000 万元。

四、促生产，助力农产品数字化生产

利用数字化服务和升级农业产业链是阿里巴巴一直积极参与的帮扶领域之一，在过去的不断探索中，也逐步走出一条集“产、采、供、销”多环节为一体的农业数字化路径。

在湖北秭归县，阿里巴巴团队深入该县各村的脐橙产地源头踏园看果，联合研究制定了 130 道脐橙质量标准保证产品品质，根据每颗果子周围叶片数量和颜色等规格要求，进行不同销售渠道的订果、采果分级机制，在源头做好品控关。在进行分拣和包装环节，精确实施了从称重、装箱、符合、封箱十余个环节的机械化帮装作业。另外，车间配备全景 VR 直播，每 15 分钟刷新记录一次，旺季日均包装发货能力峰值已突破 3 万件，实现从产品采摘到包装 24 小时内完成，保证产品鲜度、发货响应速度及产品品级标准化。通过数字化赋能，该县已经初步实现秭归脐橙从田间到餐桌全链路的智能化、数据化。秭归脐橙销量在近三年内增长了 60 多倍。

五、建体系，强化乡村物流服务能力

物流设施建设是阿里巴巴支持乡村发展的重要领域。针对快递下乡不进村的痛点，阿里巴巴菜鸟网络“农村快递物流智慧共配”项目优先落地脱贫县，在云南陇川、贵州正安等地落地实施，目前已覆盖全国 1000 多个县域和 3 万个村点，提供共配操作系统和硬件一体化解决方案，使乡村快递平均配送成本降低了 30%。在吉林汪清县，2020 年 7 月菜鸟网络帮助搭建的共配仓正式投入运营，通过系统打通、增设龙门扫描仪、自动传送设备、开设末端共同揽配点等举措帮助快递企业降低运营成本，派件成本每笔从 1.2 元降低到 0.79 元。

此外，在农业“最先一公里”，阿里巴巴持续重投入冷链物流建设。2020 年，阿里巴巴 5 大数字农业集运加工中心（数字化产地仓）建成投用，打造农产品转化为标准“农商品”的核心枢纽，从集货和派送两端提升乡村物流服务能力。

六、育人才，夯实可持续发展基础

为激发县域发展内生动力，阿里巴巴不忘县域人才培养这个可持续发展的核心要素。自推出“村播计划”以来，淘宝持续帮助贫困县域扩大电商人才储备，保障电商发展人才供给，在多地设立乡村振兴学院，为当地提供民宿、运营、直播等系统化培训。截至 2020 年年底，在淘宝平台上淘宝直播平台已经诞生超 11 万名农民主播。在甘肃礼县，年近 60 岁的果农张家成，在积极参加阿里巴巴组织的电商培训之后，通过自己的摸索，成为了一名“网红村播”被新闻联播报道。在他的影响下，子女也从外地返乡跻身村播主播行列。同时，阿里巴巴通过公益明星下乡，聚划算、淘宝直播线上推介，电商讲堂培育“村播”的方式共同帮助贫困县推介农产品，树立特色品牌。

未来，阿里巴巴将全面贯彻落实中央有关精神，在相关政府部门和行业协会的指导和支持下，认真践行企业社会责任，全面支持我国巩固拓展脱贫攻坚、促进乡村全面振兴重要战略部署，运用自身沉淀 20 多年的技术能力，大胆探索创新，不断探索乡村振兴新模式，为实现农业强、农村美、农民富贡献力量！

第十一部分　安徽辖区

51. 马钢股份

践行企业责任　助力乡村振兴

脱贫摘帽不是终点，而是新生活、新奋斗的起点。马钢按照中共中央、国务院关于实现巩固拓展脱贫攻坚成果同乡村振兴有效衔接的要求，深入贯彻习总书记不摘责任、不摘政策、不摘帮扶、不摘监管“四个不摘”指示精神，认真落实省、市及中国宝武的各项工作部署，接续开展定点帮扶工作，努力推进帮扶地区实现乡村振兴，切实履行企业社会责任。

一、加强组织领导，压实帮扶工作责任

2021 年上半年，马钢股份学习贯彻党中央、国务院《关于实现巩固拓展脱贫攻坚成果同乡村振兴有效衔接的实施意见》精神。6 月 12 日，调整帮扶机构，成立了马钢乡村振兴工作领导小组。公司坚持“一把手”亲自抓，建立分管领导、职能部门、实施单位和驻村干部上下联动、高效协同的帮扶工作机制。公司党委每季度听取乡村振兴帮扶工作汇报，定期总结、研究帮扶事项，提出具体要求。

二、落实上级要求，选派干部到村上岗

按照中国宝武《关于推荐选拔帮扶援派干部的通知》要求，公司选派一名年轻干部作为定点帮扶县挂职干部（副县长），赴云南省普洱市江城县任职；按照省委办公厅《关于做好第八批选派工作的预通知》要求，公司推荐两名同志作为第一书记人选到村上岗，为进一步实施乡村振兴帮扶工作提供组织保障。根据安徽省安排，马钢继续与阜南县地城镇李集村开展结对帮扶，原帮扶的马楼村调整为含山县林头镇龙台村。为扎实落实乡村振兴帮扶任务，公司乡村振兴办组织驻村干部召开专题会，保持日常联络，了解他们在村里的工作生活情况，共同商量帮扶措施。

三、开展现场调研，促进帮扶项目落地

针对定点帮扶村申请援助的项目开展调研。2021 年 3 月和 8 月，公司乡村振兴办会同公司有关部门先后赴阜南县地城镇李集村和含山县林头镇龙台村，经公司研究，确定实施李集村路面修复、花卉种植入股分红产业两个项目和龙台村道路修建、苗木基地建设两个项目，公司投入帮扶资金约 108 万元。

▶ 马钢组织开展帮扶项目可行性调研

四、实施消费帮扶，助推产业持续发展

根据中国宝武《关于继续大力实施消费帮扶工作的通知》要求，公司及时启动消费帮扶工作，下发通知将任务指标进行分解，积极组织各单位采购对口帮扶地区农副产品。截至 2021 年 11 月中旬，公司共计采购和帮销农副产品 1163 万余元。

五、开展结对共建，发挥党建引领作用

针对龙台村党组织涣散的现状，公司发挥党建引领作用，助力乡村振兴要求。协同龙台村帮扶团队成员单位（马鞍山市公管局、太平财险马鞍山中心）与龙台村党总支开展结对共建，签订共建协议。通过帮扶困难党员群众、宣讲主题党课、推进基础设施建设、产业项目帮扶等多种形式帮扶活动，助推乡村振兴各项工作落实落地。驻村工作队协助村两委加强基层党组织建设，积极支持配合村两委进行换届选举，扎实推进党史学习教育，严格落实“三会一课”。按照农村基层党组织标准化规范化建设要求，抓好村全体党员大会、党员活动日、组织生活会等工作，组织开展“建党 100 周年马钢慰问困难党员”等活动。

六、参与防疫抗汛，有效排除险情

面对新冠肺炎疫情和淮河流域汛情，马钢驻村帮扶干部积极参与疫情防控工作和抗洪防汛工作。面临近期疫情严峻形势，结合党史学习教育“我为群众办实事”实践活动，有序做好适龄人员新冠病毒疫苗接种工作和疫情防控工作。与村两委召开疫情防控专题会议，严格按照上级要求，对中高低风险地区返乡人员纳入双包保，做好隔离指导、健康监测等工作。2021 年 7 月初，阜南县普降大到暴雨，防汛形势严峻。马钢驻村帮扶工作队迅速行动冲在第一线，与镇、村干部一起察看雨情汛情，

看望独居老人、低保、五保户，及时掌握房屋漏水、排水不畅等情况，果断动用挖掘机、抽水泵等机械设备，疏通沟塘积水进行排涝，排除险情。

▶ 在含山县龙台村签订结对共建协议

七、组织调研走访，关注帮扶地区发展

公司制订调研走访计划，公司领导和管理人员分批次深入定点帮扶村调研走访。下半年，公司主要负责人 4 次赴含山县龙台村和阜南县李集村调研走访，听取帮扶工作情况汇报，捐赠帮扶项目资金，实地查看产业项目基地，走访慰问脱贫户，深入了解当地群众生产生活，指导帮扶村的振兴发展。

▶ 党委书记、董事长丁毅代表公司捐赠帮扶项目资金

八、落实教育帮扶、开展助学助困

利用公司教育培训基地，推行“教育 + 就业”帮扶。2021 年利用马钢技师学院的教育平台，通过校企合作项目招收 12 名阜南县学生，开展理论学习和技能实践培训，毕业后可分配到企业就业；安徽冶金科技职业学院（高职）招收 5 名阜南县学生，毕业后拟推荐就业。

公司针对定点帮扶村技能落后，人才缺乏的实际情况，分批次对帮扶村开展技能培训，通过教育帮扶，助推帮扶村发展。

公司结合镇村政府“雨露计划”，开展脱贫户、易返贫户和贫困边缘户子女开助学助困帮扶，加大对困难群体的帮扶力度。通过逐户摸排，其中 42 名学生符合助学助困帮扶条件，对符合条件的，公司按每人 2000 元标准发放助学金，切实为这些家庭解决上学难问题。

九、加强典型宣传，充分展现帮扶成效

公司将深入学习领会习近平总书记关于扶贫工作的重要论述和定点帮扶工作的重要指示精神，贯彻落实上级部门关于乡村振兴工作的有关文件要求，坚持“两个维护”，把巩固拓展对口帮扶地区脱贫攻坚成果、实施乡村振兴作为重要政治任务和政治责任，加强组织领导，压实帮扶责任，落实帮扶政策。继续发挥企业帮扶优势，加大产业帮扶力度，进一步提高对口帮扶地区的内生发展能力。持续落实马钢助学政策，实施贫困户和困难边缘户子女就学情况的动态管理，充分发挥助学金的帮困和激励作用。利用马钢教育平台，组织招生招工，开展技能培训，切断贫困的代际传递。结合公司实际和员工需求，进一步通过消费帮扶促进对口帮扶地区经济发展，变“输血”为“造血”。持续采取一系列综合措施，促进帮扶村逐步实现产业振兴、人才振兴、文化振兴、生态振兴和组织振兴。

52. 合肥百货

助力乡村振兴 彰显国企使命担当

作为国有上市公司，近年来，合肥百货深入贯彻落实党中央重大战略部署和习近平总书记关于乡村振兴工作的重要指示，在加快自身经营发展的同时，积极履行企业社会责任，以产业扶贫、消费扶贫、对口帮扶助力脱贫攻坚取得扎实成效，将促进农产品流通作为推进乡村振兴的重要抓手，同时常态化、多层次、全方位开展捐资助学、扶弱济困等社会公益活动，在助力乡村振兴过程中充分发挥企业的推动作用。

一、突出特色，发挥优势，以带动“三农”发展助推乡村振兴

（一）积极搭建产销对接平台，深入推进产业扶贫

公司充分发挥周谷堆市场流通平台作用，秉承“惠民、惠农”原则，积极对接，主动为省内金寨、寿县、霍邱等地农产品划出专销区，对农户滞销的农产品制定相关优惠政策，为其安排合适档口，加大助农助销力度，促进市场与产地的有效衔接，实现精准帮扶。同时，将产业链深入革命老区，进一步推进产业扶贫。自 2017 年全力助推安徽金寨同心工程百大周谷堆农产品市场项目成功开业后，周谷堆深入整合市场上下游资源，实现买卖双方的供需对接。近年来通过金寨同心工程项目，共带动发展渔谭村、前畈村、后畈村、黄河村 4 个行政村蔬菜基地，帮扶 1 个高山有机蔬菜基地，辐射周边长岭乡、吴家店镇、燕子河镇 3 个乡镇，近万人受益，年销售额达 1.5 亿元，户均增收近万元，为解决当地农户卖难、群众买难、买贵等民生需求有关的迫切问题，提供了强力保障。

（二）充分利用零售渠道资源，不断拓宽销售渠道

近年来，公司旗下合家福超市充分依托多网点优势，在门店设立专销区，帮助销售滞销农产品，年均开展帮扶活动 20 余次，取得显著成效。承办新疆优质农产品安徽直通车在皖启动项目，在合家福马鞍山路购物广场开辟“皖疆心连心，援疆在行动”消费扶贫主题专柜。将市政府“惠民菜篮子”工程与精准扶贫项目有效联动，活动期间每日提供五个以上低于 1 元的特价菜，累计销售滞销农产品超过 1 万吨，实现“扶农”与“惠民”的有机结合。

▶ 农产品产销对接签约仪式

▶ 农产品产销对接专区

（三）积极关注滞销农产品，以实际行动解决“卖难”问题

及时从各类信息渠道了解农产品滞销讯息，帮助农民解决滞销难题。一是公司旗下合家康农产品配送公司将市政府“惠民菜篮子”工程与精准扶贫项目有效对接，常态化开展“三农贴心人”“合家康助农小帮手”等助农活动。二是特殊困难时期彰显国有企业政治担当，面对突如其来的疫情，周谷堆物流园立即设置上万平米的自产菜专销区，合肥市 400 多户蔬菜农户入场销售，日销售量近 200 吨。积极通过新闻媒体、合作供应商及基地等信息渠道，及时了解周边地区的滞销农产品，让更多贫困地区的优质农产品通过公司平台进入市场销售，为贫困地区脱贫致富贡献力量。

（四）开展对口合作帮扶，加大农业产业对接力度

积极参与合肥市与颍上县对口帮扶工作，推动颍上县名特优产品直接进入合肥市乃至全省市场；在百大周谷堆场内设立颍上县基地专销区，并适时制定相关举措，确保颍上农产品销量的稳步增长。充分发挥公司优势，以农产品流通为抓手，有针

对性地制订颍上县产销对接帮扶计划，贯通并持续扩大颍上特色农产品的流通渠道及影响力。

▶ 颍上县农产品进合肥产销对接活动

二、多渠道帮贫助困，积极履行社会责任

（一）关注青少年健康成长，用行动践行公益

合肥百货长期关注留守儿童、关心青少年成长，自 2006 年年底正式启动“百年百大，百所小学”计划，已先后捐助长丰县百大杨庙希望小学、芜湖百大盲童小学、新疆和田皮山县小学等学校，设立爱牙示范学校，合肥百货联合供应商共同向师生代表捐赠了 2196 套价值 105 万元的电动牙刷，通过实际行动播下公益种子，为乡村孩子的健康成长不断努力。

▶ 爱牙行动

（二）帮扶慰问弱势群体，积极开展志愿服务

合肥百货积极投身社会文明建设，主动承担社会责任，以“心悦”“阿福”“三农贴心人”三大志愿品牌宣传活动为依托，积极协调各企业与所属行政区域组织的

各类帮扶结对活动。定期开展“四送二进”志愿服务以及无偿献血、慰问孤寡老人与留守儿童等公益活动，通过捐赠捐助、慰问走访、举办慈善义演募捐等方式，连续多年向贫困社区及农村困难家庭捐赠爱心物资，主动承担企业的社会责任，把送服务、送温暖落到实处。

▶ 帮扶慰问弱势群体

（三）多措并举推动消费帮扶，以实际行动践行使命担当

积极响应合肥市工商联“百企帮百村”的倡议，通过扶贫助农、扶贫农产品帮扶、参加“爱心助农”活动等方式，鼓励广大职工积极响应、踊跃购买肥西扶贫产业园、庐江县果农等群体扶贫产品，同时大力推进合肥市消费扶贫智能专柜铺设工作。通过“以购代捐”“以买代帮”方式，把日常经济消费行为与爱心行动结合起来，全力推动消费潜力转变为推动乡村振兴的不竭动力。

未来公司将进一步结合企业实际，更好地利用自身优势条件，将脱贫攻坚成果同乡村振兴有效衔接，采取更切实际的措施，发挥国有企业担当作用。

53. 国元证券

坚决打赢扶贫攻坚战
助力贫困县（区） 脱贫摘帽

作为一家国有上市券商，国元证券一直非常注重履行社会责任，公司从2007年上市至今先后通过结对帮扶、教育扶贫、金融扶贫、消费扶贫等方式累计向社会捐赠扶贫资金8000多万元，捐赠范围覆盖全省并逐渐扩展至全国少数民族地区。公司近年来“公益性支出”与“公益性支出占营业收入”两项指标均位居行业前列。先后多次被证监会评为A类证券公司，连续13年荣获深交所信息披露最高等级A评级，连续7年荣获省政府颁发的“支持地方经济发展业绩考核一等奖”。先后荣获“2018中国证券期货业扶贫卓越贡献奖”“2018中国证券期货业优秀教育扶贫奖”“2018中国上市公司论坛公益奖”“2019年度安徽金融行业社会责任奖”“安徽上市公司履行社会责任贡献奖”等荣誉。

一、党委抓总，加强扶贫总体设计

2016年9月，证监会发布《关于发挥资本市场作用服务国家脱贫攻坚战略的意见》后，国元证券党委高度重视，充分发挥党委在扶贫工作中“把方向、管大局、保落实”的政治核心、方向引领作用，研究确定了“积极响应国家号召，精准聚焦弱势群体，坚定实施精准帮扶”的基本方略，结合公司实际情况制订了精准扶贫工作计划，成立了由党委书记担任组长的扶贫工作领导小组，统筹领导公司内部投资银行总部、债券业务总部、新三板办公室等相关部门（单位）开展扶贫工作。此外，根据安徽省委组织部、省扶贫办要求选派帮扶干部为当地发展提供金融智力支持。

▶ 2016年9月国元证券结对帮扶太湖签约仪式

二、从一到三，结对帮扶稳步推进

中证协发出“一司一县”结对帮扶倡议后，公司党委高度重视，公司与太湖县进行全面对接帮扶，在产业扶贫、教育扶贫、多层次资本市场建设、人才培养、农副产品销售帮扶等方面与当地政府及企业展开全方位合作，加大帮扶攻坚力度，助力贫困县加快发展、早日脱贫摘帽。公司自结对帮扶太湖县以来，共计捐赠扶贫资金1500万元，还通过消费扶贫的方式组织广大员工从太湖县采购了1700多万元的农副产品，极大提高了太湖县农产品的知名度，有效增加了农户收入。

除太湖外，公司还于2016年结对帮扶了寿县，并累计向寿县捐赠扶贫资金800万元。帮扶资金主要用于基础设施类项目，产业类项目建设和资助类项目。

▶ 国元证券时任党委书记、董事长蔡咏到寿县调研

2017年12月，公司又将六安市裕安区新增为结对帮扶对象，2018—2020年公司共捐助帮扶资金500万元，对裕安区脱贫摘帽起到很好的助推作用。2018年公司

▶ 2017年12月国元证券结对帮扶裕安区签约仪式

共向裕安区捐赠扶贫资金 200 万元，用于资助贫困大学生项目、丁集镇烘干房建设项目和电子商务项目。2019 年，公司向裕安区捐赠扶贫资金 200 万元，用于丁集镇长青村农特产品物流园项目、丁集镇烘干房续建项目、江家店镇桂花村蔬菜大棚基地项目以及江家店镇芝麻地村特色养殖钢构厂房项目。2020 年，国元证券股份有限公司向裕安区捐赠扶贫资金 100 万元，用于龙门村农产品加工基地项目和长青农特产品物流园续建项目。

三、金融活水，为贫困地区精准赋能

国元证券一直坚持“一家好企业带活一方经济”的扶贫理念，注重为贫困县引入金融活水，激活贫困县的内生动能。一是着力帮助贫困县企业规范公司治理、登陆多层次资本市场。截至 2021 年 4 月，公司先后支持 9 家贫困县企业完成新三板挂牌，其中和田维药是新疆和田地区首家新三板挂牌企业。二是着力帮助贫困县企业发行债券。公司债券业务总部将贫困县债券发行作为工作重点，2016 年至今，积极帮助潜山、舒城、金寨、萧县、枞阳等 6 个贫困县累计发行债券 54.5 亿元。公司 2018 年成功发行了 1 亿元的岳西司空山非公开发行可转换公司债券，这是国内区域性股权市场首单“扶贫可转债”。三是为贫困县提供各类金融知识培训。子公司国元期货还针对挂职扶贫副书记（副乡镇长）、村扶贫专干、驻村扶贫工作队长进行了多场“脱贫攻坚班”培训活动。

▶ 国元证券时任党委副书记、总裁俞仕新率队在新疆和田维药调研

四、教育扶贫，阻断贫穷代际传递

扶贫先扶智，扶贫先治愚，这是扶贫工作的重要任务，也是阻断贫穷代际传递的重要途径。从 2006 年首次在安徽大学设立奖学金至今，公司在教育扶贫领域的捐资已达 4000 多万元，资助了两万多名大、中、小学生。

▶ 2018 年 11 月国元证券推荐太湖县企业进入安徽省股权托管交易中心挂牌之专场挂牌仪式

为了支持边疆地区教育事业发展，公司投行总部员工响应公司倡议，自发成立了“雪莲花爱心基金”，2012 年 6 月将首批 30 万元资金捐赠至错那县，用于县中学的阳光房建设；2013 年 6 月，再次向错那县捐款 30 万元。随后，2015 年 8 月 10 日，公司投行总部员工代表雪莲花爱心基金向塔什库尔干县进行捐资助学，并约定自 2015 年至 2018 年向塔县每年捐赠 20 万元，用于资助考取大学的塔县贫困学生。

安徽省砀山县树人学校现有学生 1000 多人，近一半为农村留守儿童。公司从 2012 年起持续对树人学校进行帮扶：2012 年向树人学校捐物 30 万元；2013 年再次捐款 30 万元，用于建设教学楼；2014 年、2015 年先后捐赠 70 万元和价值 10 万元的 30 台电脑，用于购买校车、修建幼儿园、电教室以及改善就餐条件；2016 年捐款 30 万元，用于资助贫困生，奖励优秀教师和优秀学生；除公司捐助外，2017 年公司员工还在扶贫日自发向树人学校捐款 25 万元。此外公司还通过安徽省红十字会为树人学校购置了价值 17.4 万元的 600 套安全书包；2018 年，又再次捐款 30 万元。截至目前，公司已累计向树人学校捐赠钱物 240 多万元。在公司的持续资助下，树人学校已发展成为“皖北乡村教育的一颗明珠”和砀山县“留守儿童工作先进单位”。

第十二部分 福建辖区

54. 舒华体育

打造全民健身新形态
激发全民健身新活力

实施乡村振兴战略，是党的十九大作出的重大决策部署，党的十九大报告明确了“产业兴旺、生态宜居、乡风文明、治理有效、生活富裕”20字总要求。而全民健身是全体人民增强体魄、健康生活的基础和保障，是乡村振兴的重要工作内容之一。

作为国内领先的健身器材和运动健康解决方案提供商，舒华体育一直致力于促进全民健身事业的发展，多年来积极推进城乡全民健身工程建设，为各类的体育场景和应用设计出不同的解决方案，在满足全民健身的基础需求的同时，打造出不同类型的运动场景，而且从全方位引导科学健身，打造全民健身新形态，不断激发全民健身新活力，助力乡村振兴建设。

▶ 舒华体育台商工业园区

一、全民健身“室内化场景”解决方案，打造15分钟健身圈

在室内健身方面，舒华体育不断推出百姓健身房、智慧社区健身中心等解决方案，打造15分钟健身圈，让老百姓在家门口就可以健身。目前舒华全民健身“室内化场景”解决方案已应用于全国多个省份和地区，为老百姓提供更丰富、更优质的公共体育设施和服务。

（一）温州百姓健身房

温州百姓健身房，是温州市于 2017 年首创的村社健身场馆模式，已连续三年被列入温州市“十大民生实事”体育项目之一。从 2017 年至 2020 年，舒华体育已助力温州市建成了 209 家百姓健身房，充分缓解了百姓“健身去哪儿”的难题，帮助实现 15 分钟健身圈的全覆盖。百姓健身房自从建成以来，就成了当地百姓业余时间最热闹的去处。宽敞的综合健身房内健身器材齐全，配置了舒华跑步机、力量训练器、健身车、椭圆机、划船器等专业的健身设备。2020 年，浙江省将温州百姓健身房模式全省复制推广，到年底浙江省新推出了 1010 家“百姓健身房”，让浙江全民健身更亲民、更便民、更惠民。

▶ 温州百姓健身房

（二）国家体育总局智慧社区健身中心建设试点

舒华体育近年来也参与了上海祝桥镇、浙江湖州章家埭、天津丁字沽等国家体育总局智慧社区健身中心建设试点，智慧社区健身中心由信息监管系统、智能配套系统和运动环境系统组成，不仅有效解决了市民健身去哪儿的难题，还让广大市民能够以更经济的方式体验到更便捷化、更高质量的智能健身。舒华体育承建的国家体育总局智慧社区健身中心试点项目，受到了各界的广泛关注，同时也得到了国家体育总局和社会各界认可。

二、全民健身“室外场景”解决方案，打造全民健身新载体

在室外健身方面，舒华体育以市场需求为导向，对产品结构、材料以及智能化方面加大研发创新，并推出智能体育公园等全民健身解决方案和相应的智能产品，有效解决场馆管理、全民科学健身和趣味健身等难题。目前，舒华全民健身解决方案已运用于全国各地城乡体育公园及全民健身中心，如湖北新全民健身工程、石狮体育公园等，受到当地人们及相关政府部门领导的关注和肯定。

（一）湖北新全民健身工程

近年来，湖北省体育局认真贯彻落实党的十九大精神和习近平总书记关于体育的重要论述，深入落实国家体育总局关于全民健身工作的有关要求，紧紧围绕体育强省建设的总体目标，全面唱响“崇尚人人体育，共创美好生活”的荆楚全民健身新主题，科学编制了《湖北省新全民健身示范工程四年行动计划（2018—2021年）》，创新实施县、乡、村三级新全民健身示范工程项目建设。

舒华作为专业、科学的运动健康解决方案提供商，不但深度参与了项目标准的制定，还承建了湖北烟墩包村文体广场、仙女镇运动健身中心、问安镇运动健身中心、袁码头村文体广场等多个新全民健身示范点。全民健身示范点所使用的器材是舒华新一代智能配置健身器材，包括塑木智能景观路径、智能健身驿站、智能体质检测仪、户外力量路径等产品，相比传统的户外健身设施，不仅可实时查看运动数据、监控心率，还可以进行竞赛互动及体质检测，极大提高人们运动热情，提升身体素质，同时有效监测人们运动情况。该项目的落地进一步改善农村体育设施条件，夯实全民健身基础，为群众的体育需求提供了硬件支撑。

▶ 湖北新全民健身工程

（二）福建省智慧体育公园

2021年8月，为进一步加强全民健身场地设施建设，推动群众体育蓬勃发展，福建省政府办公厅制定并公布了《加强全民健身场地设施建设发展群众体育实施方案》。方案指出，争取到2025年，福建全省行政村公共体育设施和城市社区实现“15分钟健身圈”全覆盖，人均体育场地面积超过2.6平方米，每万人拥有足球场地数量达到0.9块，全方位推进我省群众体育实现高质量发展超越。

舒华体育参与建设了福建漳州华安江滨智慧体育公园、霞浦智慧体育公园、鲤城区智慧体育公园、石狮智能体育公园、晋江海滨智慧体育公园等，助力提高福建全民健身公共服务智能化、信息化、数字化水平。

体育公园的建设不仅为人们提供了体育锻炼的场所，更对城乡的发展、城乡景观塑造、绿地系统建设、生态环境改善等方面起到了极大的促进作用，也进一步推动了美丽乡村、文明乡村的建设。自创办以来，舒华体育积极推进美丽乡村建设，参与全国城乡全民健身工程建设，提升乡村工程建设质量，助力推进乡村健身场地的实施。

▶ 石狮体育公园

三、完善的售后服务体系，为全民健身提供有力保障

在售后服务方面，舒华体育拥有近千家销售和售后服务网点，在全国范围内建立了完善、规范的管理体系和售后服务体系。舒华体育在全国区域内建立服务网点，树立行业服务标杆，培训出一批高素质、高技能的售后服务安装、维护人员，为顾客提供及时、高效、专业、个性化的服务，同时定制开发“舒华售后服务系统”，该系统由智能化后台管理系统、移动巡检 APP、微信小程序组成。客户通过后台查看项目、场地、产品、巡查、报修等实时数据，同时通过可视化电子地图监管每日的实时动态，维保人员通过移动 APP 对器材数据进行采集建档、日常巡查，并拍摄器材的实时动态，为全民健身提供了有力的服务保障。

通过售后服务项目推广，舒华体育进一步规范与提升健身器材行业的售后服务市场管理，特别是室外健身器材，一举解决了乡村全民健身器材有人买、无人管的问题。

四、积极履行社会责任，助力乡村振兴

自创办以来，舒华体育在高速发展的同时始终不曾忘却自己的使命，积极投身公益慈善事业，并支持贫困区域全民健身建设。

2011 年，舒华通过中国红十字基金会向四川灾区学校捐赠价值 80 万元的跑步机，使贫困区域的运动场所有所保障；2012 年，舒华体育联合中华全国体育基金会启动

阿波罗 5 号大型公益健康跑活动，多年来，公益健康跑活动已经陆续走进北京、福州、泉州、晋江、重庆、江西、安徽、广东、浙江等地，所到之处都受到广大市民的热烈响应和积极参与。在这项爱心接力的公益活动中，舒华向全社会倡议：每个人只要在跑步机上每跑一公里，舒华就捐赠价值 10 元的健身器材，最终联合中华全国体育基金会将这些健身器材定向捐赠给贫困山区中小学，使山区的青少年们健康成长；2013 年，舒华体育携手中国奥委会开展了“奥运健儿公益服务大行动”，活动开展以来，舒华体育先后向南京弘光中学、青海北大街小学，以及渭南市、宁洱哈尼族彝族自治县等多地区的学校捐赠了体育器材。同时多年来舒华体育还通过中国文教体育用品协会等单位向贵州、山西、甘肃等贫困地区学校捐赠健身器材，广泛参与体育公益事业，在奉献爱心的同时传播运动健康理念，全力促进中国体育事业的发展。

2021 年，舒华体育协同当地经销商向甘肃临夏州广河县捐赠价值 100 万元的智能健身器材，助力临夏州广河县乡村振兴创建篮球之乡。此次舒华体育捐赠，将协调“姚基金”在广河县 34 所中小学建立篮球培训基地，为广河县创建篮球之乡、发展全民健身事业、实施乡村振兴战略注入了动力，让群众共享体育发展成果，享受体育带来的健康和快乐，养成健康文明的生活方式。

▶ 舒华体育向南京弘光中学捐赠健身器材

作为专业、科学的运动健康解决方案提供商，舒华体育将不断致力于全民健身事业的发展和体育强国梦的实现，助力构建更高水平的全民健身公共服务体系，有效解决乡村老百姓健身难、健身不当和健身枯燥等问题，为乡村振兴建设贡献一份力量。

55. 圣农发展

破题起势　破壳重生

隆冬之际，一条消息在光泽全县不胫而走：圣农集团党委组团式带动光泽县 3 个乡（镇）32 个行政村实现乡村振兴，村财增收最多的村收入达 280 万元，增收最少的村收入超过 10 万元。在南平市 10 个县市区中，光泽县“C 位出道”，摸索出可观可感、可预期、可持续、可借鉴的乡村振兴样板。

32 个行政村从村财收入不足 6 万元的困难村到明星村，带来改变的正是光泽企业的“龙头老大”圣农集团。以圣农集团为核心，将产业链有机嵌入乡村，带动产业兴旺，形成了“1+32”民企带村新模式。

一、“里子”强：在农村产业兴旺上做“实”

2018 年年初，在圣农集团党委多年助力下，光泽县首批退出省级扶贫开发工作重点县，但脱贫只是第一步，86 个行政村村财收入普遍不足 6 万元。集团党委把助力光泽县乡村振兴纳入集团发展总体规划、圣农“十四五”规划，强化顶层设计，坚持示范引领、以点串线、连线成片、全域推进。2018 年 1 月，集团党委在鸾凤乡中坊村、十里铺村采取“单村点上发展”模式，创建乡村振兴试点村。

“无中生有”延伸产业链条，投资 1300 万新建“乡村振兴工厂”——鸡肠子加工厂，由中坊村承包生产加工。2018—2020 年，中坊村每年村财收入达 100 多万元。

创建“飞地经济”模式，提供 500 万元启动资金，协助十里铺村创办日月兴物流有限公司，把原来由社会车辆承包的饲料厂豆油运输改由十里铺村承运，2018—2020 年十里铺村每年村财收入突破 200 万元。

2019 年，集团党委采取“以点串线、抱团聚力”模式，整乡（镇）组建乡村振兴共同体，探索乡村振兴新路径。集团豆粕运输量庞大，单靠一个村无法完成任务。党委书记、董事长傅光明提供 1200 万元启动资金，引导油溪、上屯、双门、大羊、黄溪、高源 6 个村财困难村组建圣兴物流有限公司，承运集团豆粕，2020 年 6 个村村财收入达 30 多万元。

2021 年年初，党委书记、董事长傅光明提供 500 万元启动资金，支持止马镇 10 个村财困难村组建新振肉制品加工厂，承包加工集团腌制肉串。提供 500 万元启动资金，支持崇仁乡 9 个村财困难村组建崇振食品有限责任公司承包加工集团鸡尾串。

集团部分鸡肉冻品长期由外部物流企业承运，2021 年 7 月，集团党委书记傅光明提供 420 万元启动资金，引导鸾凤乡饶坪、大陂、上屯、君山、崇瑞等 5 个村财

▶ 中坊村鸡肠子加工厂

▶ 十里铺村日月星物流

困难村成立圣通冷链物流有限公司，运输集团鸡肉冻品。

目前，集团党委组团式带动光泽县 3 个乡（镇）32 个行政村，“十四五”期间，将连线成片，带动全县 8 个乡（镇）86 个行政村全域实现乡村振兴。并将复制经验，向浦城县、政和县推广乡村振兴运营机制、模式，助力浦城县、政和县多个村财困难村实现乡村振兴。

二、“底子”稳：在农民持续增收上赋“能”

促进农民持续增收，走向共同富裕，不断提升农民的获得感、幸福感，是乡村振兴的出发点和落脚点。

圣农集团在光泽县建设 200 多个饲养场、饲料厂、孵化场、宰杀厂、食品厂和配套生产单位，带动了光泽县 70% 农村劳动力转化为产业工人，还带动剩余 30% 的农村劳动力通过发展服务业增收致富。

▶ 止马镇振新鸡肉串加工厂

集团党委还因地制宜，优先利用光泽县的荒地、劣地等建厂房，既提高土地的使用价值，又增加农民收入。在集团党委帮扶的 6 个乡村振兴项目中，累计吸纳 300 多名年纪大、缺乏劳动技能、生活贫困的光泽县农村富余劳动力就业。圣农集团的发展壮大和助力乡村振兴还为光泽县培养了大量的乡土人才，培育出一支新时代高素质、高收入的农民队伍。

三、“日子”火：在农村二次分配上立“规”

实现村财增收后，圣农集团党委引导光泽县 3 个乡（镇）32 个行政村坚持“第二次分配更加注重公平”原则，村财收入全部用于改善农民的民生福祉。2021 年 8 月 24 日，鸾凤乡召开共同富裕示范村启动大会。十里铺村主任傅存军高兴地宣布：依托村财持续增收，十里铺村农民的教育、医疗、养老、公交、改善居住条件五大民生项目实现免费。

▶ 鸾凤乡“共同富裕”示范村建设启动仪式

会上，十里铺村与中国人民财产保险股份有限公司签订商业医疗保险合同，每年出资25万元为614位农民购买商业保险，建立新农合+商业保险叠加模式，实现大病有保障，自费费用全报销。

村里每年发放学业金，资助农民子女上学，覆盖学前教育和公办（不含合资）的普通高中、中职、大专、本科、研究生教育。2021年发放学业金38万元，受益农民子女81人。

村里每年为60岁以上高龄农民发放慰问金，2021年发放慰问金5万元，受益农民35位。为每位农民免费办理客运班车公交卡，实现公交乘车全免费。实施户厕改造，蹲便器改坐便器，60岁以上老人安装防滑扶手，极大地改善农民的居住条件。

村里还补齐基础设施短板，普及自来水，硬化通村道路，新建休闲广场、农民公园、农村书屋，建立共享食堂。

“十四五”期间，光泽县将全面投入共同富裕示范片建设，加快突破发展不平衡不充分问题，努力打造更多标志性成果，以十里铺村的先行探索为全县推动共同富裕闯关探路。2022年将总结十里铺村的经验向鸾凤乡15个村推广，5年内向全县86个村推广。

四、“面子”靓：在乡村风貌上塑“形”

如今的光泽县新农村，到处能领略到“半城山水半城绿”的意境。沿河两岸建起十多里长的水上漫道走廊，为城乡增添了水美色彩，也为市民、农民休闲漫步提供了好去处。沿岸的水土杂草，已蜕变为美景。一幢幢新房矗立青山绿水间，青砖黛瓦白墙，绿植错落有致，百花馨香争妍，宽阔的道路以“花化+亮化”的新姿穿村而过，超市、食品店、餐馆生意红火，处处呈现出欣欣向荣的景象。

▶ 十里铺村容

圣农集团党委助力32个行政村实施乡村环境提质升级工程，提升乡村振兴的成色。依托村财增收从“输血”方面下功夫，解决村的基础设施难题。并围绕庭院整洁、村容村貌提升、厕所改造、农村生活垃圾治理等重点领域，开展环境整治。

在十里铺村，村两委从村财中拨出1000万元，新建7条沥青路面的村道、2个公共厕所、一个农民公园、一个休闲广场。十里铺村巨变成看得见山、望得见水、记得住乡愁的美丽乡村，成为光泽县的后花园。

从32个村财收入不足6万元的困难村到明星村，4年来，党委书记、董事长傅光明付出了常人难以想象的物力、财力、心力，但他觉得很值的。“人不是为钱而活着，是为希望而活着，能给很多急切需要帮助的人带来希望，我感到很欣慰！”他说，只要活着这一辈子就帮扶不停，带领光泽县农民走向共同富裕。

第十三部分 江西辖区

56. 返利科技

乡村振兴不只是乡村的事

返利科技(600228.SH)成立于2007年,是4000万网购达人首选的消费决策入口,也是一家致力于帮助全球用户购物省钱的电商导购平台。返利科技自成立以来,15年来持续扶贫济困。2013 年,返利科技还启动了“公益返利计划”,基于“网购献微爱,点滴传真情”和“购物即慈善”的宗旨,从返利科技的服务收入中拿出一部分支持公益行动,倡导消费者在购物消费的同时就可以为公益作出一份贡献。这一计划开创了一种新的消费理念和生活方式,强调了消费者的责任消费,同时也表明了公益新主张和新态度。

“公益返利计划”自启动以来,公司参与公益项目近 20 个,参与公益捐赠超 110 次,受益人数超过 10 万人次,获得了社会各方的认同与赞誉。2019 年,返利科技还入选了由通信产业报全媒体与赛迪网联合发起的“互联网 50 年 50 佳公益榜”。

一、返利助力产业和生态振兴

云南省临沧市永德县乌木龙彝族乡菖蒲塘村是永德县扶持彝族支系俐侎人发展三年专项规划实施 13 个建制村之一。

近年来,乌木龙彝族乡菖蒲塘村按照“五个示范”,即“脱贫攻坚示范、生态文明示范、提升人居环境示范、民族团结进步示范、党建扶贫双推进示范”,扎实推进乡村振兴综合示范村创建工作。上海市根据《中共中央、国务院关于打赢脱贫攻坚的决定》《中共中央办公厅、国务院办公厅关于进一步加强东西部扶贫协作的指导意见》的指示,努力发挥自身平台优势,加强与云南省临沧市永德县东西部扶贫协作工作向纵深发展,切实提高携手奔小康行动成效。为此,上海市慈善基金会发起了“种植省藤帮扶”“野生茶种植帮扶”等项目。自 2018 年起,返利科技连续三年参与此类项目并每年向菖蒲塘村进行定向捐赠。其中,2020 年“种植省藤帮扶”项目,返利科技的捐赠数额可计划用于种植省藤 208 亩,惠及建档立卡贫困户 334 户 1264 人,能大大提升人居环境。

二、返利助力人才和文化振兴

一盒牛奶加一份面包,是最常见不过的早餐搭配,但是对于云南怒江平安寨添富小学以及旧乃山完小的师生来说,却是一种奢侈。对此,返利科技启动“返给童年一份爱”活动,希望通过网上公益售卖定制抱枕的募捐方式,为怒江边的孩子筹集早餐款。公益售卖的抱枕图案，全部是怒江边的孩子们一笔笔画出来的，制作成本则由返利科技全额承担，抱枕售卖后的款项也全部用于“1份早餐”项目。同时，该活动还开设了捐赠窗口，捐赠金额和公益售卖的全部所得款，统一以“上海中彦信息科技有限公司爱心会员”的名义，在活动结束后的10个工作日内捐赠给“1份早餐”项目。公益售卖结束后，返利科技还通过站内信的形式，对参与公益购买及捐赠的用户发送捐赠的票据截图，希望将公益事业做到公开透明。

▶ 享受“1份早餐”计划的孩子们

除此以外，返利科技还参与过由中国社会福利基金会发起的“免费午餐”项目及“爱心衣橱”项目。从2013年至今，返利科技累计捐款捐物43次，为贫困学童提供关爱。

除了要解决贫困孩子们的温饱问题，教育问题也是返利科技公益行动的重中之重。一个地区的人才和文化振兴，离不开当地孩子所受到的优质教育水平，换句话说，教育就是培养人才和发展文化的根。2017年4月14日，返利科技携手美丽中国项目、腾讯公益，共同发起了“行走赋能，为爱前行”微信捐步公益活动，为中国中西部乡村地区的孩子募集更多的优质课堂。该项目已累积为教育资源匮乏的地区输送了1000多位项目老师，影响着超过33万名学生。

返利科技类似这样的案例还有很多。

2013—2014年，返利科技累计捐赠由壹基金发起的“雅安灾后重建”项目7次，为受灾地区的儿童、校舍提供支持。

2013年6月，返利科技参与捐赠由中国残疾人福利基金会发起的“我送盲童一本书”项目，为家境贫寒的盲童捐赠学习书籍和优秀读物。

2013年至今，返利科技累计参与捐赠由中国扶贫基金会发起的“小包裹，大爱心”公益项目、“有你救有力量——甘肃地震”紧急救援行动、“有你救有力量——

云南鲁甸地震”人道救援行动49次，为全国的贫困学生及其家庭送去爱心包裹、帮助受灾群众度过难关。

2013年7月，返利科技参与捐赠由中国青少年发展基金会发起的“希望工程”项目，资助家庭困难学生。

2016年11月，返利科技参与捐赠由中华少年儿童慈善救助基金会发起的“自闭症儿童救助”项目。

2016年至今，返利科技对由上海第一财经公益基金会、上海真爱梦想公益基金会、上海联劝公益基金会发起的“真爱梦想”计划、“99公益计划”等项目展开了3次捐赠。

2019年11月，由中华少年儿童慈善救助基金会携手凤凰网发起的“美丽童行”公益盛典，返利科技参与义拍，捐赠了困境儿童公益图书馆，助力贫困地区打造高质量儿童阅读和教育环境。

从2013年“公益返利计划”启动至今，在各种公益活动中都能看到返利科技的身影。也正是通过这些努力，近几年来，参与到返利科技与慈善机构发起的公益活动中的爱心网友已达30万人次。

截至目前，返利科技已经与10家公益机构进行了合作。作为企业，回馈社会是我们应承担的责任，为了让更多的人能够参与到公益中，返利科技也会在APP中添加公益入口，用户可以将自己账户中的返利捐赠给公益组织。未来，返利科技将会持续发挥自身优势，深化消费帮扶，建立帮扶长效机制，动员更多社会力量参与，巩固提升帮扶成效，为实现乡村振兴输出我们的力量。

57. 方大特钢

从赣鄱红土地到甘陇黄土地

中华民族要复兴，乡村必振兴。方大特钢作为辽宁方大集团旗下钢铁板块上市公司，坚持以“党建为魂”企业文化为引领，怀着“牢记党恩，回报社会”的初心，不以山海为远，从赣鄱红土地到甘陇黄土地，结合当地资源、环境、农民自身条件等，充分利用公司资源优势、业务优势、技术优势、管理优势、人才优势和组织优势，为振兴乡村产业提供有力服务与支撑，推进乡村产业实现高效发展，与当地群众一起努力绘就乡村振兴的壮美画卷。

江西赣南苏区，作为乡村振兴的“中部战场”，关系全局、影响深远。2012 年以来，方大特钢积极响应江西省委省政府号召，从主动承担国家“十二五”贫困村瑞金市武阳镇石阔村定点帮扶任务开始，以系列“组合拳”先后定点帮扶瑞金市武阳镇石阔村、于都县新陂乡庙背村、余干县枫港乡白家圩村，3 个村庄、9 年时间，使定点帮扶的贫困村全面脱贫摘帽，让村庄焕发蓬勃生机。

甘肃临夏州东乡族自治县是党的十八大召开后，习近平总书记考察慰问的第一个民族自治县，曾是甘肃省 58 个集中连片特困片区县和 23 个深度贫困县之一，属于“三区三州”深度贫困地区，是脱贫攻坚主战场。2019 年 5 月以来，方大特钢积极响应党中央号召，与辽宁方大集团旗下的另外 6 支工作队积极投身于东乡乡村振兴工作，用艰辛付出的“辛苦指数”换来当地群众摆脱贫困的“幸福指数”。

一、“输血”到“造血”，以产业带活当地经济

乡村振兴，产业为要，只有把产业做大做强，乡村振兴才能全面发展。方大特钢帮扶做法是既授人以鱼，又授人以渔，从“输血式”向“造血式”转变，把产业作为拓宽群众增收渠道、提升群众自我发展能力的关键举措，并将产业与当地资源特色结合起来、与“三农”结合起来，推动经济较为落后地区逐步建立起优势产业。

瑞金市武阳镇石阔村盛产脐橙，但受制于道路不畅与仓储难题，脐橙产业化遇到瓶颈，方大特钢出资新建村里的安垄桥，对村里道路进行硬化，建立脐橙仓储基地，打通脐橙产业化的“最后一公里”，如今石阔村已成为武阳镇脐橙种植的大村。赣州市于都县新陂乡庙背村发展“一村一品”产业，土地流转 500 亩后种植蔬菜，创建赣南七星中药材产业基地，采取“公司 + 基地 + 农户”的模式发展中药材种植产业，带动周边贫困户年均增收约 5000 元。上饶市余干县枫港乡白家圩村成立“华惠特种养殖专业合作社”，搭建 4000 余平方米厂棚养殖野鸡。一个个具有当地特

色的生态农业产业基地建立，不仅鼓了村民的“钱袋子”，更为村域经济的振兴探索出了一条条因地制宜的“好路子”。

▶ 方大特钢定点扶贫村石阔村脱贫致富

在推进甘肃东乡产业帮扶中，辽宁方大集团董事局主席方威深入东乡县24个乡镇调查研究、现场论证、座谈交流，把“贫”脉、找“穷”根，有针对性地制定精准脱贫措施。方大特钢既立足当下，又着眼长远，本着“微利持久、让利东乡、让利合作方”的原则，以市场为导向，以产业发展为杠杆，积极开展产业协助帮扶，拓展帮扶合作力量，配合东乡有效破解传统产业发展链条短、抗风险能力弱、附加值不高等难题，填补当地产业发展空白。在短短一年多时间内，方大特钢在东乡县投入资金5975万元，落地实施服装加工、涤纶加工、腐竹生产、吨袋制造、养羊等5个产业帮扶项目，充分显示了方大速度、方大效率和方大情怀，截至目前解决就业1558人。其中，由方大特钢与合作方合资兴建的大型纺织企业方大丽明，产品销往孟加拉、菲律宾、土耳其、乌兹别克斯坦、阿曼等国家和地区，是东乡县第一家出口创汇企业。企业步入正轨后，全年可实现产值1.1亿元、利税1100万元，出口创汇1500万美金。

▶ 方大特钢在东乡的涤纶加工项目（方大丽明）

二、“扶志”加“扶智”，“志”“智”齐扶促发展

一是下好转变观念的先手棋。方大特钢把转变就业群众观念、扶志扶智作为扶贫工作重要内容，引导贫困群众摒弃“穷自在”“等靠要”思想，激励他们用勤劳的双手改变贫困现状，摘掉贫困帽子。

二是实施技能帮扶。在帮扶瑞金市武阳镇石阔村、于都县新陂乡庙背村、余干县枫港乡白家圩时，方大特钢立足村域实际，通过建立村级综合文化活动室，与技术学院建立结对帮扶联系点等方式，帮助当地群众提升技能水平，为那些想改变贫困现状但又投师无门、缺乏知识能力和方法的贫困户搭台通渠。在甘肃东乡开展帮扶时，通过发展产业，带去现代工业文明，带去现代化的产能技能，使得当地群众足不出户就能学到技能，成为产业工人。

▶ 方大特钢定点扶贫村石阔村脱贫致富

三、“精细”又“温情”，推进工作和生活质量双提升

一是植入精细化管理，助力产业发展更具后劲。近年来，方大特钢保持良好发展势头，盈利能力强劲，其精细化管理模式在其中发挥举足轻重的作用。该公司在参与乡村振兴工作中，将精细化管理模式应用于产业项目。层层选拔出骨干人员，深入东乡乡村产业工厂一线，与合作方共同围绕稳定生产、拓展就业、提高员工技术水平、规范企业运营管理、实现员工增收而努力；每周召开乡村振兴工作例会，协调、监督相关工作落到实处；成立东乡降本创效帮扶工作组，分解下达东乡产业帮扶指标，出台帮扶工作激励办法、奖励分配实施办法等，激励乡村振兴人员和企业各职能部门更好地管理好、经营好东乡乡村振兴企业，实现东乡乡村振兴企业长久持续有效运行。

二是坚持温情待人，让村民享受更高质量服务。白家圩村脱贫摘帽以后，方大

特钢持续派出工作人员驻村，让村民们享受更高质量的教育、医疗、住房和社会保障等社会公共服务。为让孩子们养成读书习惯，每周二和周五下午，方大特钢驻村工作人员在村民活动中心等着村里的孩子们，一起开展读书活动；为了帮助失能人员家庭“减负”，驻村工作人员主动联系余干县福利院、县行政服务中心、大地保险余干分理处等单位，为白家圩村 6 位中度及以上失能人员办理长期护理保险，根据医保政策每人每月将享受 300—450 元补贴。

四、取得的成效

“脚下沾有多少泥土，心中就沉淀多少真情。”方大特钢倾情倾力乡村振兴，肩负起乡村振兴的责任与担当，不仅源于对乡村振兴最深沉的热爱和执着，更源于辽宁方大集团董事局主席方威的“牢记党恩，回报社会”的初心和使命。2021 年 2 月 25 日，全国脱贫攻坚总结表彰大会在北京隆重举行，辽宁方大集团荣获全国脱贫攻坚先进集体称号。方大特钢连续三年被江西省扶贫开发领导小组评为“帮扶贫困村工作先进单位”。这些荣誉的取得，是对方大助力乡村振兴工作的褒奖，也是对方大人众志成城勇担当、乡村振兴不放松的肯定。

58. 赣能股份

低碳脱贫困　洁能奔小康

赣州市寻乌县南桥镇古坑村，是江西省定“十三五”重点贫困村，位于赣粤闽三省交界处的寻乌县南部，共有9个村民小组423户1608人，其中贫困户74户贫困人口316人。2015年10月，江西赣能股份有限公司向省扶贫办主动请缨，倾力定点帮扶该村。公司选优派强驻村帮扶工作队，先后选派精干扶贫工作队员及其他辅助扶贫干部四十余人驻村帮扶，并创新工作机制体制，捐资设立江西赣能扶贫开发基金会专业化运作扶贫资金，以光伏扶贫为突破口，开创了一条独具特色、绿色低碳的精准扶贫之路。截至2020年年底，累计投入扶贫资金650余万元。古坑村于2017年实现整村退出，2019年年底贫困发生率下降到0，该村集体经济、人均收入、基础设施、村庄环境、乡风文明等方面发生翻天覆地变化。2017年，中央精神文明建设指导委员会授予古坑村“第五届全国文明村镇”称号。

一、产业扶贫　“针针精准”

为实现精准施策，2015年10月，赣能股份驻村工作队通过深入分析、缜密论证，很快就制定了一个通过大力发展主导产业使古坑村恢复自我“造血”功能，从而走上良性发展轨道的扶贫总体思路和中长期规划，并因地制宜、对症下药地制定了相应的“路线图”和“施工图”。赣能股份党委会研究决定，以“科技、项目、资金”作为精准扶贫的关键词，精准施策，在产业扶贫、转型发展方面尽快破题开局。赣能股份随即首期捐赠400万元初始资金设立江西赣能扶贫开发基金会，以统筹规划、专业化运作扶贫资金。

▶ 2019年龙南村扶贫工作小组给赣能股份送锦旗

（一）光伏扶贫一骑绝尘

古坑村资源匮乏、精壮劳力不足成了制约产业经济发展的最大瓶颈，不仅贫困户较多，还没有村级经济。找准一个切合古坑村实际的特色产业一直是脱贫攻坚的重点、难点和痛点。工作队经实地勘察及分析论证后敏锐地发现，古坑村所属的寻乌县南桥镇，是江西光照时间最长的地区，坐拥极其丰富的可开发光伏资源，且古坑村有一些荒山荒丘可供利用，大部分贫困户住宅屋顶平整，适合安装分布式屋顶光伏系统，因此，只有光伏产业最适合成为古坑村的脱贫主导产业。

赣能股份决定充分发挥自身的行业优势和经验，在科学论证和专家评估的基础上，率先在古坑村整村推进光伏产业，为寻乌县的光伏扶贫树立标杆和样板。工作队积极协调落实国家和地方政府对分布式屋顶光伏电站的财政补贴，并为意向安装的村民联系落实县农业合作银行提供的免息贷款，还对已安装的村民按贫困户 8000 元 / 户、一般农户 4000 元 / 户的标准进行奖补，共计发放奖补资金 43.2 万元。2016 年全村安装分布式屋顶光伏电站共计 80 户，每户发电年增收约 6000 元，绝大部分贫困户次年即实现脱贫摘帽。

为扭转古坑村村级集体经济为零的不利局面， 2017 年 4 月，公司斥资 143 万余元在村内一座碎石渣土堆积而成的荒山上建设了一座总装机容量约 245 千瓦的小型村级光伏扶贫电站。该电站投入运营后，每年可为村集体经济增收约 25 万元，村集体自此拥有较为充裕的财力举办一些公益事业和文化活动。古坑村已成为寻乌县首批安装分布式屋顶光伏电站的标杆示范村。

（二）生态果业另辟蹊径

2014 年受赣南黄龙病大面积爆发影响，古坑村脐橙产业遭遇毁灭性打击，全村 600 多亩 3 万多株脐橙被迫全部砍掉，直接经济损失 500 多万元，间接经济损失 2000 多万元。

工作队经调研后认为，肆虐赣南的黄龙病虽系昆虫引发的病虫害，但也不能排除是赣南长期、大面积种植脐橙从而破坏生物多样性引发的生态灾难。工作队决定对症下药，积极引导村民实现产业转型、分散经营风险、恢复经济活力，促使村民真正走上多元化、绿色低碳的转型发展之路。

去单一化，奖多元化。针对古坑村土地资源匮乏且高度碎片化，难以开展大规模集约化经营的资源禀赋现状，工作队因地制宜、精准施策、出资出力，出台系列奖补政策，鼓励村民各显神通，自由、灵活、分散地开展形式多样、各具特色的种植养殖业，如普遍采用绿色无污染农艺新技术大面积种植山桦李、红心李、焦芋、葛根、油茶、猕猴桃、龙脑樟等适合本村水土的新型水果和中药材，以上举措实现增收脱困，效果显著。工作队还自建了 50 亩生态果业示范基地，率先种植百香果和无花果两种适销对路的新型水果，积极示范引领、传授辅导村民大规模种植，同

▶ 2020 年寻乌县南桥镇古坑村村民文化汇演

时优先照顾贫困户尤其是留守老人和妇女在示范基地参与田间管理，使其获取务工收入。经过长达 3 年的不懈努力，村民的种植养殖日趋多样化，古坑村长期过度依赖脐橙的单一产业结构得到根本性改观，一个品种丰富、绿色低碳、收益可观的多元化种植业新格局初步形成。

2019 年，赣南的黄龙病得到有效控制，寻乌县脐橙柑橘产业开始复苏。根据县委县政府统一部署，各乡镇有序开展脐橙复种工作。古坑村成立了合作社，带动 69 户贫困户和 20 户非贫困户，流转土地 21 亩建设脐橙苗假植基地。赣能股份为此帮扶 11 万元产业发展基金，助力寻乌县脐橙复种政策落地。2019 年 11 月，该基地合作社成员每户免费分发了 150 株脐橙苗，并为全镇 14 个村培育脐橙苗 76758 株，积极推动了全镇脐橙的有序复种。

二、民生扶贫 “线线温婉”

（一）上善若水，光芒四射

古坑村干旱缺水，此前全村只能依靠少量未经净化的浑浊山泉水以及浅层井水满足基本生活需要，饮用水常年无法得到保证。赣能股份扶贫工作队进驻伊始，急村民之所急，视解决饮用水问题为第一要务，在很短的时间内出资 22 万元进行自来水引水和管道扩建，解决了古坑村常年缺水及原有管道布局不合理等问题，村民用水需求及安全得到了切实保障。工作队进驻后出资 43 万元，在村主路及支路上安装了 155 盏最先进环保的太阳能路灯，为全村百姓带来了期盼已久的光明。此后，桥梁道路维修硬化、污水排放处置、便民服务中心，这些事关全村福祉的民生工程、惠民设施在工作队雷厉风行的狠抓力推下，很快得以一一落实。通过工作队大力帮扶及整治改造，古坑村村庄环境和老百姓的精神面貌发生了翻天覆地的变化，村民幸福感、获得感得到大幅提升。

（二）安居惠民，大爱暖心

2016年春节，赣能股份主要领导到古坑走访慰问贫困户。在看到贫困人家的状况后，商议由公司出资在村里建设贫困老人安居房，改善老人们的居住环境，对没有劳动能力的村民用“养起来”的办法解决其生存问题。不久后，公司斥资145万元捐建的村级养老院和保障房“赣能惠民楼”落成启用，无房户及住房困难户可拎包入住，已成为村内的口碑工程及地标性建筑。

扶危济困、惜老怜贫永远是扶贫工作队的中心工作。每年扶贫工作队都对全村200余名60岁以上老人进行慰问并发放慰问品；开展冬日送温暖活动，向贫困户捐赠冬衣；公司领导都会率领扶贫工作队对贫困户进行走访慰问……赣能股份始终将送温暖、献爱心作为常态化工作，通过“暖心工程”推进扶贫工作。扶贫工作队会同赣能股份团委积极开展学雷锋活动，力推“教育扶贫”，向古坑小学学生们捐赠书包文具，并捐资2万元帮助学校安装防盗窗并购置课桌椅。

三、文化扶贫“面面俱到”

（一）扶志＋扶智，双驱助脱贫

工作队在走访调查尤其是产业扶贫过程中深深感到，村民小农思想严重，缺乏敢闯敢试的精神，扶贫先扶志，扶志再扶智，必须不断增强村民脱贫的内生动力及技能水平。为此，赣能股份经常组织村民代表到先进村参观学习，树立危机意识和赶超意识。

为提高农民科技素质，扶贫工作队先后邀请市、县种植和养殖专家对村民进行了科技培训，提高了村民的致富本领和水平。同时，赣能股份每年均投入产业帮扶资金7.5万余元，开展贫困户产业发展“微心愿”活动，通过帮扶干部走访形式征集贫困户养殖、种植等“微心愿”，根据贫困户实际开展的产业发展项目，每户按1000元标准进行资金投入或种苗补助帮扶，并拿出一定专项产业帮扶资金培养种植、养殖致富带头人，进而激发贫困户自身发展动力。几年来，建档立卡户通过自身发展种植、养殖产业，年收益3万元以上农户达到16户，每年树立勤劳致富先进典型达到4人。

（二）移风易俗，润物无声

贫困村需要摆脱的不仅仅是物质财富的贫乏。古坑村原有舞龙舞狮队、秧歌队、演奏队等，但一般只在春节或者重大活动中表演，平时文化生活贫乏。相反，该村一度赌博之风较盛，有的打工者在春节返村就将一年辛苦赚的钱输光，甚至还有的借钱赌博。针对这种不良风气，赣能股份注重“文化扶贫”，在古坑村大力倡导健康文明的生活方式，移风易俗，崇德向善，树文明新风，重道德教化。在古坑村文化广场、村综合活动室和农家书屋等文化平台相继建成的基础上，鼓励、扶持村委会组建老年柔力球队、舞龙队、小型演奏队、广场舞队，开展村级农民运动会、村民文化节等各种健康有益、丰富多彩的文体活动。其中，赣能股份举办的一年一度的古坑村“赣能杯”农民运动会和村民文化节因其极富乡土气息，已经成为村民踊跃参加及好评如潮的年度盛会。

▶ 第二届“赣能杯”古坑村农民运动会现场

赣能股份在长达6年的精准帮扶中，始终坚持绿色低碳、可持续发展的扶贫理念：主打光伏产业作为破解困局的开山利器，力推生态农业作为转型发展的不二法门，聚焦民生福祉作为凝聚人心的定向旗帜，润泽乡风文明作为乡村振兴的源头活水。在赣能股份的倾情帮扶下，昔日号称“苦坑”的贫困村古坑已经破茧成蝶、焕然一新，正步履铿锵地走向美丽、幸福、和谐、宜居的康庄大道。

第十四部分 山东辖区

59. 华电国际

践行红色初心　共谱乡村新篇

作为长期服务于国家能源发展战略、扎根公用事业的中央企业和上市公司，华电国际电力股份有限公司（以下简称“华电国际”或“公司”）以习近平新时代中国特色社会主义思想为统领，一贯坚持履行社会责任。在国家新发展阶段全面推进乡村振兴的战略引领下，华电国际深入贯彻习近平总书记关于乡村振兴的重要论述，坚决落实党中央、国务院以及国资委决策部署，持续校准帮扶举措，精准发力，注重扶贫与发展的联动，有力推动实现乡村全面振兴，生动诠释了脱贫攻坚精神。

一、强化党建引领，彰显央企担当

华电国际成立于 1994 年，脱贫攻坚战打响以来，作为负责任中央企业和上市公司，华电国际以习近平新时代中国特色社会主义思想为指导，充分发挥自身优势，以高度的政治担当、责任担当和行动自觉，切实承担助力乡村振兴的主体责任。党的十九大以来，华电国际着力做好项目发展扶贫、民生设施扶贫、特色产业扶贫、就业扶贫、教育扶贫、人才扶贫、“救急难”等七个方面的工作，重点投入了产业扶贫和民生扶贫，2020 年直接投入帮扶资金 851.8 万元用于民生扶贫，帮助建档立卡贫困人口脱贫 1245 人，圆满完成深度贫困地区脱贫攻坚任务、地方党委政府安排的扶贫任务，为助力打赢防范化解重大风险、精准扶贫、污染防治“三大攻坚战”作出了积极贡献。

2021 年以来，华电国际接续助力乡村振兴，通过扎实开展党史学习，深化“不忘初心、牢记使命”主题教育，深化和巩固了脱贫攻坚宝贵成果。公司本部持续探索“线上 + 线下”宣传模式，进一步弘扬企业的责任品牌，激发职工责任动力，通过组织党员群众开展“爱心捐赠”活动，向定点扶贫的新疆克州地区阿图什市的部分贫困群众捐赠物品 731 件，助力贫困群众脱贫致富。

二、注重授人以渔，助力产业脱贫

龙口市七甲镇敖子埠村是华电龙口发电股份有限公司对口帮扶的贫困村。多年来，龙口公司助力村容村貌整治、陆续修建了环库路、水库周边新建 5 个阶梯型钓鱼台、一处农家乐饭店、一个观赏鱼塘，安装了 30 个路灯，并实施了自来水及配套设施建设、进山生产路硬化、村内公园建设、村内道路（约 5000 平方米）的硬化、两委办公场所危房改造与山地核桃园经济作物日常维护等工作。2019 年，龙口公司根据地方政府安排，结合村自然条件和生产特点，为敖子埠村引入建设了60千瓦光伏发电项目，项目投资30万元。该项目利用该村现经营的农家乐饭店、婚宴大厅房顶空闲空间，所发电量全部上网，发电回收的电费等投资收益和政府补贴全部回馈村民，为敖子埠村全面脱贫夯实基础，突出体现了华电特色产业扶贫的优势。

▶ 龙口市七甲镇敖子埠村光伏扶贫项目

三、承建基础设施，打造宜居"硬件"

乡村公共基础设施的建设和升级是乡村振兴战略的关键。2019年以来，华电国际宁夏新能源发电有限公司与西吉县深度贫困村张岔村结对进行帮扶脱贫，以"地方所需、企业所能"的原则制定了扶贫方案，投资帮扶资金一百余万元，从生产工具到环境卫生，激发内生动力，带动帮扶村农业发展。为了改善乡村卫生环境，宁夏公司将之前村里的砖砌式垃圾集中点改为各村组分散放置240L挂车式垃圾桶，并配备3辆自装卸垃圾清运车。为方便村民夜间出行，宁夏公司在张岔村村部到大堖组之间的乡村道路旁安装45座太阳能路灯，每年为村民节省照明电费4万余元。

▶ 宁夏新能源发电有限公司捐赠农用机械

在助力生产方面，宁夏公司投入改良 1000 亩闲置土地，进一步提升农作物产量，并购置了农机油卡，改善当地农作物生产条件，每年节约农耕机器租赁费约 20 万元，全面提升张岔村集体生产机械化水平。在宁夏公司的帮助下，当地 45 户 191 人走上脱贫致富之路。

四、投身智志帮扶，共建乡风文明

基层组织建设是乡村治理的关键环节。一直以来，落实驻村帮扶、“摘帽不摘帮扶”，不仅是华电国际落实人才扶贫的重要举措，更是公司共建乡村文明、扎实做好基层组织建设的根本。

▶ 杭州华电江东热电有限公司员工帮助村民清理电受灾场地

浙江公司以“乡风文明”为重点，通过送文化、送科技下乡，做到牵手山乡村镇，“智志相扶”“美美与共”。浙江公司不仅多次购买捐赠图书、电脑、体育用品等设施，更在文化活动的组织方面，帮助天坪村、高畈村、湖南村等开展“村民之家”活动室、文化礼堂共建，与结对村开展鱼类增殖放养、垃圾分类倡导、旧物改造、书画作品展、“心灵驿站”等活动，推动乡村打造“精品民宿”，从而达到丰富村民文化生活、拓宽眼界的目标，让群众心中“向往的生活”人人可及，为乡村振兴锦上添花。

五、开展志愿服务，仗义扶危济困

在助力乡村脱贫和全面振兴的过程中，华电国际广大干部职工大力弘扬“奉献、友爱、互助、进步”的志愿精神，在开展了大量的爱心援助工作的基础上，急群众之所急、解群众之所困，采取各种助力消费扶贫措施，及时为广大乡村送去光明和温暖，在“救急难”方面取得了乡村振兴的工作实效。

在疫情严重时期，为保证村民日常生活物资需求，天津华电福源热电有限公司联系了多个蔬菜供应商购买蔬菜，为困难村送去两百余斤蔬菜，急村民所急，将物资及时送到困难村。在夏季来临之际，天津公司为帮扶村困难户送去电风扇、凉席、夏凉被等生活用品，在炎热夏季送去了一份清凉。得知村年内老党员突患疾病导致家庭困难，天津公司立即组织党员领导干部捐款，派人前去慰问帮扶患病老党员。在水果丰收季节，因受疫情影响，各村道路封闭交通不便，大唐庄镇本地果农种植的甜瓜滞销，天津公司组织20多人团队，分赴果农田间地头，通过网络直播带货形式，帮助困难村销售滞销水果，为瓜农解了燃眉之急。

六、着力教育扶贫，点亮华电心灯

教育扶贫是让贫困地区儿童接受良好教育，拔掉穷根、阻断贫困代际传递的重要途径，也是实现乡村长期脱贫的治本之计。华电国际广大干部员工在帮扶乡村教育方面与地方百姓积极互动，为企业与地方、经济与社会的协调发展贡献一己之力。

在组织志愿者先后对 21 名贫困生家中进行走访调研后，华电国际奉节发电厂团委认真贯彻落实党中央决策部署，积极在扶贫济困、支教帮扶等方面引领企业职工奉献爱心、主动作为，展现企业良好形象。针对前期帮扶与近期摸底调研情况，奉节发电厂团委商讨支援对策，制订帮扶方案，发动广大团员青年积极开展募捐支教、送温暖、扮靓“七彩小屋”等活动，并从 2020 届新入职大学生中精挑细选出十名志愿者老师扩入支教队伍，与品学兼优的学生进行“1+X”结对精准帮扶，为孩子们健康成长提供更多的帮助与关爱。在“度度关爱、情暖青橙”结对帮扶活动中，奉节发电厂结对帮扶 1 个贫困村、3 所小学、14 名贫困学生，为当地学校和贫困村组织开展大型募捐活动两次，累计募捐 2.95 万元，成立“华电支教团”，累计到学校授课 240 余节，受益学生 420 人。奉节发电厂还依托地方平台，组织开展“冬日阳光温暖你我”爱心圆梦活动，帮助 220 名留守儿童实现新年愿望。围绕学生亲情陪伴，组织开展感受央企风采志愿服务活动，邀请学生参与青春道德讲堂、公众开放日等活动，激发学生对美好生活的向往，并把这种向往之情转化为他们学习的内生动力和对人生的价值追求，在他们的心中埋下梦想的种子，点亮了一盏盏“心灯”。

▶ 奉节发电厂帮助留守儿童实现新年愿望

60. 山东高速

担当铸就脱贫“高速”路

近年来，山东高速股份有限公司积极响应中央和省委省政府号召，勇担国有企业政治责任和社会责任，通过加强交通基础设施建设、推动乡村产业振兴、深入基层一线帮扶等措施，在推动乡村振兴工作中发挥积极作用。2012 年以来，已连续 9 年选派五轮 11 名党员干部先后到滨州市惠民县、菏泽市牡丹区担任驻村“第一书记”，开展“抓党建、促脱贫”帮扶工作。其中，选派菏泽市牡丹区“第一书记”工作队在派驻期间，先后帮扶牡丹区油楼、张庄 2 个行政村、4 个自然村圆满完成帮扶任务，向党和群众交出了一份满意答卷。在 2021 年 2 月 25 日全国脱贫攻坚总结表彰大会上，该工作队被党中央、国务院授予“全国脱贫攻坚先进集体”，是山东省属企业中唯一获此殊荣的团队。

一、组织扶贫：打造“带不走的工作队”

宋运华是山东高速股份有限公司选派菏泽市牡丹区“第一书记”。如何帮助村里尽快脱贫，老党员宋运华思路清晰，他认为首先要摸清村里的基本情况，才能“对症下药”，拿出精准扶贫措施。不到半个月，他就将村里的情况摸了一个遍。村里每一位党员干部，他都交了底谈了心；全村 68 户贫困户，他逐一走访，详细了解生产生活情况和致贫原因。经过深入了解调研后，宋运华认为，加强村“两委”班子建设是头等大事。

怎样加强班子建设？老宋也有自己的思路：2017 年正赶上村委换届年，经过与李村镇党委沟通，借这次换届选举之机，将敢想、敢干、能干的党员选拔出来，充实“两委”班子力量，发挥他们在精准脱贫中的攻坚作用。于是，宋运华积极动员村里政治素质高、群众公认、致富经验丰富的青年党员向村委班子靠拢。在村“两委”换届时，几名群众威信高、敢担当、能干事的同志进入了班子。宋书记组织对新一届“两委”班子进行了相应政策培训，组织修订了村“两委”议事制度，动员大家把主要精力集中到精准脱贫上来，让个人的“小心思”转变为村里的“大智慧”。

在坚强的领导班子带领下，基层党组织战斗堡垒作用得到夯实，党员先锋模范作用不断增强，成为油楼村脱贫路上的指挥员，真正为村里打造了一支“带不走的工作队”。2020 年油楼村党支部被区委组织部评为“五星级党支部”。

在相隔 20 公里的牡丹区吴店镇张庄村，2019 年开始驻村的山东高速“第一书记”岳才千，同样把工作的重中之重首先放在了村“两委”班子建设上。

以往吴店镇40个村考核排名，张庄村往往是35名以后。随着党建工作的加强，村领导班子力量增强了，党员干部敢于担当，村民群众有了精气神，全村老少奔头有了，干劲足了，村庄面貌自然便发生了翻天覆地的变化。“第一书记”不但给村里建立了切实可行的工作制度，还留下了吃苦耐劳、勇于奉献的工作作风。在镇里最近的考核排名中，张庄村已经提升至中等偏上水平。

二、产业扶贫：栽下“不凋谢的摇钱树”

“问渠那得清如许，为有源头活水来”。要使贫困户真正脱贫，光靠“送”和“补”是不行的，必须把“输血”变成“造血”。这是山东高速“第一书记”们的共识。

油楼村临近黄河，有得天独厚的生态资源，却因为道路不通、村貌不美，守着聚宝盆不知道该怎么赚钱。宋运华对此看在眼里，记在心里。2018年5月，宋运华得知村里有一块土地闲置很长时间了，于是，他把这块地作为自己的“造血试验场”，创造性地提出了“龙头企业+合作者+贫困户”的扶贫模式。几经周折，他耐心说服有顾虑的干部群众，三番五次考察项目，最终成功流转土地315亩，建起了高效农业观光示范园。为了让示范园尽快变成农民脱贫致富的“金母鸡”，宋运华又整合专项扶贫资金376万元，并引进龙头企业资金400万元，在示范园内种起了优质果桑、樱桃等果树。很快，闲置多年的土地变成了小有名气的旅游景点，吸引不少开封、濮阳、济宁、聊城等周边地区的市民前来休闲旅游、观光采摘，带动了村里40余人就业增收，每年增加4万余元集体经济收入。

在村北头，一间标有“油楼村扶贫车间”字样的车间映入眼帘，这就是宋运华多方筹措80多万扶贫资金建起的1400平方米的扶贫车间，并多方考察，“精挑细选”引进一家家具加工项目，全力加快脱贫步伐，在实现村集体经济增收的同时，还彻底解决了本村及周边地区剩余劳动力、贫困户就业难题。

经过宋运华两年时间的努力，油楼村村集体不仅还清了负债，现在已经有了20余万元的结余，村里68户287人也全部实现了脱贫。

在张庄村，岳才千选择了另一条脱贫路子。

张庄村先前就有光伏发电项目，但因体量小，惠农效果一直不理想。在深入了解了国家相关政策后，2020年11月，岳才千“比着葫芦画瓢”，帮助村里又申请了60余万元的政策帮扶资金，扩大规模，建起了光伏发电项目，实现与国电并网运营，再给村民的“摇钱树”加水施肥。

扶贫先扶智，激发贫困户内生动力，让贫困户通过自主创业实现脱贫才是脱贫攻坚的“长久之计”。为此，岳才千先后带领贫困户10余人次去章丘、到莱芜进行学习培训，学技术、开思路，回村后，学以致用，贫困户渐渐成了致富路上的先进户。

扶贫项目的实施，不仅增加了原本薄弱的村集体经济收入，还能给贫困户分红，增加了就业机会，成为引领村民脱贫致富“不凋谢的摇钱树”。

三、基建扶贫：铺就“惠民增收致富路”

“路是实现脱贫的首要条件，必须改善村庄交通状况，拓宽路网设施，才能更快地提高村民生活水平。”说起修路，“行家”岳才千深有感触。

先前张庄村的路，都是土路，村民出行“晴天一身土，雨天一身泥”，先前村里发展的大棚种植项目，也因为道路出行不便，给村民的创收带来了影响。岳才千实地了解了情况后，充分利用扶贫政策，想方设法筹集到了包括扶贫资金在内的100多万元资金，带领村民修建硬化道路3.4千米，村内实现了户户通。不仅如此，他还和村民们一并修建了下水道，安装了路灯，建设了1000多平方米的文化广场，组织开展了豫剧公益演出……这一“折腾”，原本看起来平淡无奇的张庄村，一下子成了远近知名的“美丽乡村”，夏天晚上，吸引周边村庄的村民经常跑来休闲纳凉。

村里的路通了，乡村经济就“活”了！

又到了甜瓜成熟的季节，新修的硬化道路非常便利，村里每天都来十几辆货车，瓜果贩子直接到地里来收购，货物装车直接拉走，货款人家也直接递到手里，非常方便。

岳才千驻村以来，张庄村村集体收入增加到了14余万元，增长40%；28户共65人全部实现脱贫，但脱贫不是终点，岳才千正带领村民鼓足干劲推进乡村振兴。

在油楼村，宋运华同样交出了一份亮丽的基础设施建设成绩单：硬化道路6.3公里，修筑沟渠2.5公里，建桥涵14座、打井10眼……村容村貌变美了，种粮种菜不用担心浇水、运输、售卖等难题了，老百姓口袋鼓了，脸上的笑容也多了。如今走在油楼村的路上，总会时不时听到村民说一句“多亏宋书记帮咱修了路”。

在看到宋运华的“实力”后，油楼村所在的李村镇政府让他当上了全镇修路的“参谋长”，道路绿化的“指导员”，为全镇道路施工绿化出谋划策。李村镇党委书记贾欣国戏言：“有了宋书记，我们已经‘无路可修’了！”

脱贫攻坚，基础设施建设是根基。自驻村以来，山东高速股份的“第一书记”们整合各项扶贫政策资金，强力推进基础设施建设，集中人力、物力、财力，着力解决了村民最关心、最直接、最现实的出行难等问题，全力打通了致富道路“最后一公里”，为持续推进乡村振兴奠定了坚实基础。

四、交出“群众满意的答卷”

脚步丈量扶贫路，汗水谋划致富途。脱贫攻坚路上，“第一书记”付出太多。为了帮包村尽快脱贫，他们勇担使命，舍小家为大家，在脱贫攻坚中交出了一份群众满意的答卷。

“荣誉的获得是后方单位无私支援的结果；是当地政府密切协作的结果；是全

体村民共同努力的结果。”在得知工作队获得全国脱贫攻坚先进集体时，宋运华、岳才千谦虚地表示，荣誉是大家团结协作共同奋斗出来的。

“山东高速‘第一书记’工作队牢记组织重托，聚焦抓党建促脱贫促乡村振兴，抓班子带队伍，谋产业促发展，破难题办实事，全面完成了第一书记帮包任务。所帮扶村发生了翻天覆地的变化，赢得了党员群众的一致好评。”牡丹区委常委、组织部部长陈居祥说道。

铁肩擎重任，担当铸丰碑。山东高速股份有限公司选派菏泽市牡丹区“第一书记”工作队，是山东高速集团众多奋战在脱贫攻坚一线队伍的缩影。2012 年以来，山东高速集团认真贯彻落实中央和山东省委省政府扶贫攻坚决策部署，积极履行国企社会责任，以担当赴使命，以行动践诺言，连续 8 年共选派 6 个批次、21 名第一书记，累计投入扶贫资金 1.15 亿元，帮包贫困村 21 个，帮助 1068 户、3421 名贫困人口实现脱贫目标。同时，集团充分发挥自身优势，在高速公路服务区开设专柜、举办专卖活动，帮助周边群众销售农产品近百万斤；还主动与山东援疆“大仓东移”工程对接，在省内 20 个服务区设置了“喀什好味道”援疆消费扶贫专柜，助力解决新疆农副产品“出疆难”“出疆贵”的难题，为全面打赢脱贫攻坚战贡献力量。

在这场彪炳史册的脱贫攻坚伟大事业中，山东高速“第一书记”团队与全国脱贫攻坚队伍一起，锻造形成了“上下同心、尽锐出战、精准务实、开拓创新、攻坚克难、不负人民”的脱贫攻坚精神。

61. 齐鲁银行

打造“一县一品”工程
为乡村振兴提供高质量特色金融服务

齐鲁银行深入学习贯彻习近平总书记关于乡村振兴工作的重要论述，将乡村振兴作为崇高的政治责任，主动融入山东省发展大局，按照山东省委省政府、济南市委市政府乡村振兴相关文件精神，通过加强金融供给、构建金融平台、推动数字普惠，打造“一县一品”精品工程，不断提升金融服务的覆盖面、可得性和满意度，为乡村振兴战略实施提供有力支撑，为县域新旧动能转换、脱贫攻坚、自然环境治理等国家关注、民生拥护的重点项目提供信贷资金支持，有效支持了县域特色产业经济发展。

一、县域机构改革突破释放生产力

（一）制度创新，谋篇布局

按照“深化转型、精准施策、深耕细作、整体推进”的原则，齐鲁银行先后印发了《齐鲁银行推进普惠金融暨县域金融发展的实施意见》《齐鲁银行县域普惠金融中心管理指导意见》等多个指导性文件，从机构建设、资源匹配、考核管理、信贷流程、业务产品等方面制定详细工作措施，做实谋篇布局，提高金融对乡村振兴的服务能力。

（二）下沉服务，机构先行

随着县域支行存贷款规模以及零售客户的持续增加，网点数量少、辐射力不强、发展不均衡、服务体系不健全等问题逐渐成为限制我行开展“三农”服务的最大瓶颈。2019 年以来，齐鲁银行通过不断完善多层次、广覆盖、有差异、轻量化的服务渠道建设，创新网点运营模式。齐鲁银行在省内法人银行中，率先在总行成立普惠金融部，下设县域金融管理部作为二级部，统筹全行乡村振兴推动工作。在山东省、天津市，齐鲁银行铺设县域支行 59 家，试点 3 家乡村振兴小微支行，建成乡村振兴服务站 116 家，构造起“县、乡、村”三位一体的综合服务网络，为持续推动“服务下沉、产品下沉、资金下沉”，进一步强化对县域地区的金融服务覆盖度，着力改善县乡金融服务环境，奠定了基础。

（三）加大投入，提升效能

依托服务网点的延伸，齐鲁银行在各县域铺设 42 家普惠金融中心，建立专业化营销团队，专门负责农户小额贷款业务服务，派驻客户经理到乡村振兴小微支行，开展零售负债、资产和互联网金融等业务营销，推进县域普惠金融业务协同发展。同时，在县域支行开展网点效能提升项目，激发县域支行的服务意识、营销意识，激活其发展潜力，积极引导县域支行开展业务转型，将县乡村三级外拓营销、公私联动营销固化为分支机构基础营销模式并融入支行血脉，抓实乡村基础金融服务建设，实现城乡良性均衡发展。

（四）体制更新，资金倾斜

“三农”经营主体融资难、担保难仍然是“难中之痛”，为解决这一问题，齐鲁银行全面改革涉农信贷管理机制，强化信贷投放的内生动力。

1. 建立差异化考核机制。齐鲁银行对分支机构涉农信贷投放建立了单独的绩效考核管理体系，确立发展导向，对涉农业务、新型农业经营主体、农户经营性贷款等单独考核，对涉农产品创新、业绩增长、业务宣传等先进集体、先进个人进行奖励，建立起多维度、广角度的激励机制，全面提高各层级涉农信贷投放的积极性。

2. 下放涉农信贷授权。为全面提高涉农信贷业务服务效率，切实保障涉农信贷业务质量，齐鲁银行印发《齐鲁银行县域普惠金融中心授信业务管理规范》，对小额涉农贷款审批流程进行全方位优化，将县域支行小额涉农贷款业务审批权限下放至支行一级，极大的缩短了审批链条和审批时间，大幅提升了业务处理效率。

3. 实施内部资金转移定价优惠。为落实人民银行、银保监会《关于进一步深化小微企业金融服务的意见》，齐鲁银行自 2018 年开始对涉农贷款实行内部资金转移定价优惠政策，2021 年又将 1000 万元以下涉农经营性贷款优惠幅度由 15BP 扩大至 30BP，提升了营销一线的工作积极性。

4. 建立尽职免责制度。为发挥正向激励作用，有效调动全行信贷投放积极性，齐鲁银行印发了《齐鲁银行授信业务责任追究管理办法》《齐鲁银行小微企业授信尽职评价工作实施细则》等办法文件，对包含“三农”金融在内的全行责任认定机制、尽职免责标准等做出了明确规定，建立起涉农信贷的尽职免责机制。

通过涉农信贷管理机制改革，齐鲁银行切实建立起了涉农贷款的“愿贷、能贷、敢贷”机制，截至 2021 年 9 月末，齐鲁银行县域地区贷款余额 488.01 亿元，较年初增加 119.31 亿元，增速 32.36%，高于全行贷款增速 7.52 个百分点；普惠型涉农贷款余额 84.8 亿元，较年初增长 34.77 亿元，增速 69.5%，较全行一般贷款增速高 44.66 个百分点，县域贷款增速 33%，较存款增速高 10 个百分点，信贷资源进一步向县域农村倾斜，涉农信贷结构不断优化，切实发挥出为“三农”造血的功能。

二、因地制宜，实施“一县一品”精品工程

2018 年 11 月，济南市委印发《振兴十大农业特色产业的实施意见》及《济南

市十大农业特色产业推进工作实施方案》，齐鲁银行迅速反应，积极跟进，在济南市济阳区曲堤镇，率先以曲堤黄瓜为突破口，深入挖掘县域经济特色，加大普惠金融对县域农业产业支持。齐鲁银行济阳支行借助个人创业担保贷款产品，针对曲堤镇大棚种植户，开展了创贷业务营销推广。经过走访调研，支行详细制定了“对接村委—村内大喇叭宣传—客户集中报名—入村集中签约—审批放款”的营销模式。齐鲁银行先后深入曲堤镇姚王村、王黄村、刘京文、王大来村、李旺村等40个村庄，为超过一千户农户发放“黄瓜贷”近1.8亿元。

新的资金注入带动了生产力的提升，农户们把贷款投入到大棚的扩建以及新建上。随着生产规模的不断扩大，招用的工人越来越多，平均每个贷款客户能够带动2名就业人员。曲堤镇大棚种植产业产值已突破20亿元，也成为当地乡村振兴的示范镇和农民生活水平日益提高的富裕镇。

齐鲁银行加强与各级政府部门的衔接与沟通，为县域机构搭建政府合作平台，与山东省农业发展信贷担保有限责任公司、政府财政部门及各地农业部门联合推出“惠农经营贷”产品，依托“政银担”三方力量共同开展涉农客户贷款业务，以产业集群、特色农业示范村、龙头企业产业链等模式为切入点，实现批量运作，批量营销，累计发放贷款超过4亿元，支持各类农业经营主体800余户。在东营市利津县，齐鲁银行与省农担密切合作，推出黄羊养殖产品并引入“见贷即保”模式，扶持70余户养殖户扩大生产规模，为当地肉羊养殖产业注入新动力。齐鲁银行日照分行依托省农担担保，针对东港区涛雒镇水产养殖产业集中和季节性融资需求特点，推出“水产养殖贷”，成立贷款专项小组，与乡镇、片区、村级党组织通力合作，通过上门走访、逐村召开产品宣讲会、发放宣传折页等形式，将资金送到养殖户手中，已为东港区涛雒镇100多家养殖户办理了“水产养殖贷”业务，金额5400多万元。

为解决“三农”贷款过程中农村土地承包经营权证、农村土地经营权证不易变现、不易执行等问题，齐鲁银行章丘支行通过与各部门沟通，撰写、补充贷款方案，最终成为济南市第一家直接抵押农村土地经营权证、农村土地承包经营权证的金融机构，有效盘活农村资产。齐鲁银行专门授信40亿元，为农业种植、禽畜养殖、渔业养殖等农业生产经营主体提供资金支持。截至目前，齐鲁银行已累计为广大养殖户提供了超过5亿元资金支持，帮助他们逐步扩大养殖规模，有效带动了当地经济发展。

农户贷款难的一个重要原因是农村信用体系不健全，很多农户属于“信用白户”，信息不对称是制约农户贷款发展的一个重要因素。齐鲁银行通过搭建大数据风控平台，有效解决了这一问题。齐鲁银行自主研发的农户小额线上贷款产品“农户e贷”，除了实现大数据风控以外，该业务作为全线上业务，还以其“全自动、全天候、数据化”的特点为齐鲁银行内部业务营销推广、流程操作带来新模式。齐鲁银行农户e贷产品一经推出便得到广大农户的广泛认可，全行已授信“农户e贷”客户3600余户，授信金额7.6亿元。在威海荣成创新“鲍鱼贷”、在滨州无棣研发“肉牛养殖贷”，满足不同客户多种金融需求，为养殖户们开发“量体裁衣”式的金融产品，在助力乡村振兴的同时，打造新的业务增长点。

三、共同富裕常抓不懈

精准扶贫是中央经济会议确定的决胜全面建成小康社会需要重点打好的三大攻坚战之一，作为实体经济的血脉，金融是配置资源要素的关键枢纽、调节宏观经济的重要杠杆。为更好支持小微群体发展，齐鲁银行充分发挥本土银行优势，与济南市信用担保中心等紧密合作，将政府担保、贴息政策有效传导到实体经济中，积极开展创业担保贷款。截至目前，全行已累计发放超过 40 亿元贴息贷款，帮扶超过 4 万人次创业及下岗人员实现就业梦想。政府贴息的创业担保贷款，不仅解决了初期创业者资金难题，而且无需支付融资成本，为农村创业者的脱贫致富提供了便利条件。此外，齐鲁银行的创业担保贷、农资贷、光伏贷等扶贫涉农产品，均采取“金融 + 产业”的模式，通过结合当地经济情况，发挥银行主业优势，量身定制专属服务，有效破解了金融扶贫中的对接问题和信息不对称问题，切实将低息低门槛的金融产品送到贫困户手中，为农民脱贫致富提供了便利条件。齐鲁银行为山东圣泉新材料股份有限公司发放济南市富民生产贷 1 亿元，帮扶带动至少 3000 个贫困户脱贫。该业务开创了齐鲁银行与政府对接“金融扶贫”合作模式的先例。

齐鲁银行深度结合当地特色产业的“一县一品”服务模式已在山东省内 30 余个县域落地生根，扶持农户、农业小微企业 1.2 万个，累计发放特色农业产业贷款超过 43 亿元，为县乡特色产业发展带来新活力、新希望。

第十五部分

河南辖区

62. 中原高速

履行国企使命　助推乡村振兴

河南中原高速公路股份有限公司成立于2000年，2003年公司股票在上海证券交易所挂牌上市，是河南省唯一一家公路板块上市公司。自2015年8月定点帮扶济源示范区大峪镇王庄村以来，中原高速作为河南交通投资集团控股的上市公司，主动担当作为，履行社会责任，先后选派两名优秀青年干部担任驻村第一书记，成立由公司主要领导为组长的帮扶工作领导小组，由所属分公司与脱贫户结成对子，一户一策，精准帮扶。

自定点帮扶以来，整村人均年收入由7122元到2020年底实现12321元；贫困户人均年收入由原先的1920元，到2021年年底提升至人均纯收入26270元；集体经济由之前的空壳村到如今村集体资产700余万元，集体年收入突破40余万元。

▶ 王庄村航拍图

一、加强基层党建，引领组织振兴

组织振兴是乡村振兴的根本保障，组织振兴的关键是党组织振兴。一是抓好两个建设。党支部堡垒工程和党员队伍建设，严格执行“四议两公开”、账务公开、每周例会和值班坐班等基本制度；注重从村民组长、农村致富青年中发展党员。二是开展两个评比。在全体党员中开展五事争先先锋指数评比活动，每月25日统计本月情况，每季度末进行评比公布；持续开展“党员联户帮、携手奔小康”活动，每个党员干部分包1—3户脱贫户和一般户，每个月至少到帮扶户家中家访调研1次，每季度至少为帮扶户做 1 件实事，季度末进行评比公布。三是做到两个确保。鼓励和支持党员领办创办企业，发展特色产业，确保每个居民组都有 2 名以上党员致富带头人；培养村班子接续人才，确保村两委中保持 2 名以上 35 岁左右年轻干部。通过这些举措，真正让每个党员干部明确方向、找到差距，创先争优、担当作为。

二、鼓励百花齐放，促进人才振兴

要实现乡村振兴，人才振兴是基础，农民增收是核心。一是选人。群众富不富，关键在干部。在新的村两委换届选举中，务求实效老中青结合，选好用好群众公认的领头人，苦干实干的土专家，视野开阔的年轻人。二是育人。在脱贫攻坚的过程中，王庄村出现一批“善经营、爱农业、懂技术”的新型农民人才。三是引人。栽下梧桐树，引来金凤凰。在城里工作的周吉文投资建设大型禽类养殖场，养鸡 1.2 万余只，日产蛋千余斤；黄东投资建设养羊场占地约 20 亩，现存栏山羊 200 余只。这些乡村人才们先富帮后富，带领周边群众共奔小康路。

三、帮促富民强村，助力产业振兴

产业兴旺是乡村振兴的核心。几年来，中原高速党委高度重视，大力帮扶，立足乡村旅游这条主线，推动农旅、文旅融合发展。公司先后直接出资 106.3 万元用于打造藏书 6000 余册的共享农家书屋，新建总长度 3.08 公里的“户户通”水泥硬化道路，实施王庄 AAA 级旅游景区基础设施改造提升项目。围绕乡村旅游主题，提前布局、合理规划，以增加农民稳定收入和集体经济收益为目的，大力发展特色亮点产业，鼓励自主创业，稳固确保脱贫攻坚成果巩固，保障乡村振兴有效衔接。

▶ 王庄村第五届旅游文化节

一是引导农户转型发展。本着“宜种则种、宜养则养、宜果则果、宜住则住、宜商则商”的原则，中原高速发放 59 万余元用于帮助产业发展，鼓励自主创业。村内现种植鸡头参、蔬菜制种等经济作物 400 余亩；修建大型养鸡场、养羊厂、养猪场 7 个，饲养土鸡 1.5 万余只，猪牛羊存栏 600 余头；修建大小鱼塘 10 个，年产黄河鲤鱼 20 余万斤；种植采摘果园 20 余亩；现已建设和改造农家宾馆 6 处，近 140 个床位；村民自主创业 7 个，涵盖餐饮、汽修、运输、食品等多个领域。实现净利润 200 万元。二是引进项目融合发展。随着王庄村乡村旅游的蓬勃发展和乡村面貌的整体改善，除吸引本村乡贤能人回乡创业外，河南恒盛农业公司、大美大峪实业公司农产品加工厂和防护用品公司等大中型企业也落户王庄。兴办了花溪客栈汽车公园、房车营地、农产品加工厂、大峪酒庄、口罩厂、啤酒屋、“峪见•耕读”愚公移山干部学院现场教学点等乡村民宿、作坊式工厂 10 余个，预计将实现产值 1500 余万元，吸纳稳定就业 100 人以上。三是集体经济持续发展。巩固现有集体经济项目，确保保值增值。截至目前，村集体资产已达到 700 余万元，其中经营性资产 460 余万元，村集体经济年收益稳定突破 40 万元。四是积极推进消费帮扶，切实践行以购代捐口号，实现帮扶单位和脱贫户的各取所需，带动产业振兴。2021 年，中原高速所属各单位积极响应上级党委号召，本年度共购买消费帮扶农产品 95.9 万余元。

四、坚持绿色发展，实现生态振兴

生活宜居是生态建设的重点。相比较城市，良好生态环境是农村的最大优势和宝贵财富。在河南交通投资集团的大力支持下，先后争取各类财政和社会资金在村投资 6900 余万元，实施项目 50 余个，实现了全村人居环境的极大改善。一是实施道路硬化，让山村连接世界。修建了 16 千米的水泥道路，全部实现户户通。二是实施环境绿化，让美丽萦绕在侧。一方面退耕还林。重点对村庄内 25° 以上坡耕地、严重沙化耕地实施退耕还林，更新改造退化防护林，以营造生态林为主，增加常绿树种使用比例，完成新植生态林近 300 亩。一方面植树造林。目前，全村林地 8500 亩，森林覆盖率达 85%。三是实施乡村亮化，让王庄颜值提升。对沿街农户用水用电、路灯架设、路面硬化和临街装饰统一规划、配套建设，并栽植绿化树木，形成规划整齐、环境整洁、配套完善的生态宜居观光廊道；实施了清洁小流域和农田提质增效工程，完成电网改造和饮水安全工程，全村安装了太阳能路灯，增设了信号塔，实现了通信信号全覆盖。

五、立足塑形铸魂，推动文化振兴

文化振兴是乡村振兴的灵魂。近年来，王庄村不仅重视基础设施、生态环境和产业发展，更重视乡风文明和综合治理。村民的文明素质得到了极大的提高，游客的增多带来了更多的信息，改变了村民的观念。一是抓好阵地建设。建设了极富山村特色、备受村民欢迎的党群服务中心、共享农家书屋、幸福院、卫生室、沿河公园、儿童游乐场等 10 个村级文化活动阵地及文体设施配套项目。对沿街住户围墙进行统一规划，让平凡的墙面穿上不平凡的着装，既体现了优秀传统文化，又注入了现

▶ 农家书屋

代时尚元素，给村里营造了浓厚的文化气息，让村民真正享受文化实惠。二是抓好活动开展。每年经常性开展五美庭院、最美系列评选、登山、垂钓、乡村旅游节、美食节、冰挂节、送文艺下乡、采摘系列活动等近 20 项文化惠民活动，不仅丰富了农民群众的精神文化生活，而且引导村民养成了健康向上的生活方式，向新型农民转型。三是抓好文明新风。建立爱心励志超市，借助贮存帮扶单位捐赠的物品，把群众参加环境整治、义务劳动、好人好事以及五美庭院、十星级文明户创建情况等纳入积分管理，凭积分免费换取物品，多劳多得，引导大家主动参加劳动，保持环境卫生，争当好人，树立依靠勤劳创造美好生活的良好风气。四是抓好红色资源，2021 年国庆期间，砚仙联红传馆正式对外开放。展馆以“走进红色历史、感悟初心使命”为主题，分为“前言、红色历程、红色精神、乡村振兴和结束语”五大板块，生动呈现了革命战争时期当地党组织带领人民浴血奋战的不朽事迹。为传承红色基因，赓续红色血脉，弘扬革命精神，激发乡村活力打造了教育阵地。

▶ 王庄村举办第四届最美系列评选活动

在全面推进乡村振兴的新征程上，中原高速将继续深入贯彻落实党中央决策部署，大力弘扬脱贫攻坚精神，进一步巩固脱贫攻坚成果，促进脱贫攻坚与乡村振兴有效衔接，让脱贫群众和低收入群众过上更加美好的生活，绘就乡村振兴的壮美画卷。

63. 中原证券

积极服务乡村振兴战略
认真履行企业社会责任

2021 年 11 月 16 日，豫西山区寒风凛冽，新安县北冶镇涧沟村却洋溢着阵阵暖流。“有了中原证券的帮助，我们的水喝起来越来越甜了！”村民们高兴地说。当天，中原证券捐资 50 万元，专项用于该村 1455 人的饮用水安全巩固提升工程。

眼前这一幕，正是公司以实际行动落实国家重大战略、深入推动乡村振兴的又一举措，也是公司三年来履行社会责任的第五次慷慨捐赠。

没有等出来的精彩，只有干出来的辉煌。2021 年前三季度，公司实现归母净利润同比大增 472.6%，在 41 家 A 股上市券商中增速排名第一，各主要业务齐头并进、亮点纷呈，公司乘势 A 股增发、抢抓战略机遇、持续深化改革的成效正在全面显现，已开启了新一轮快速发展的新阶段。

近年来，在经营业绩快速增长的同时，公司在服务国家脱贫攻坚和乡村振兴重大战略、认真履行企业社会责任、热心参与公益方面也取得累累硕果，赢得社会广泛关注和一致好评，走在了行业前列。作为河南省唯一一家法人证券公司和全国第八家香港和上海两地主板上市券商，公司始终积极响应党中央和省委、省政府关于促进共同富裕、实施乡村振兴战略等决策部署，坚守金融报国、服务社会的高远情怀，充分发挥证券公司优势，在人力、物力、财力、智力上全方位履行社会责任、投身社会公益，展现了国有金融企业的初心使命和责任担当。

一、结对帮扶，接续支持，助力巩固拓展脱贫攻坚成果同乡村振兴有效衔接

坚持以人民为中心的发展思想，中原证券始终把为老百姓谋福祉作为一切工作的出发点和落脚点。脱贫攻坚战打响以来，公司积极响应中国证券业协会关于“一司一县”结对帮扶的号召，对河南省兰考县、上蔡县、桐柏县和固始县 4 个帮扶县大力开展金融扶贫，助力四县如期摘掉“贫困帽”。其中，中原证券在上蔡县产业投资 1100 万元，用于小王营村苗木种植扶贫项目，成效显著，受到河南省纪委领导高度评价。公司下属的中州蓝海投资公司投资 300 万元，参与了中宣部、电影频道筹拍的、以兰考脱贫攻坚为背景的大型专题影片《千顷澄碧的时代》，充分展现了

河南省牢记习近平总书记殷殷嘱托，打赢打好脱贫攻坚战的生动实践，在2021年的上海电影节上荣膺“评委会荣誉影片”。2021年，公司又选定兰考县和遂平县作为结对帮扶县，接续做好巩固拓展脱贫攻坚成果和乡村振兴的有效衔接。

二、创新载体，突出特色，开创证券公司牵头组建大型扶贫公益平台之先河

公司牵头设立的“河南省扶贫基金会”，开全国证券公司牵头组建当地大型扶贫基金之先河，目前募资规模已近8亿元，通过教育、医疗、产业等社会扶贫项目累计使20多万名贫困人口脱贫致富。在全国20余家金融机构发起成立的扶贫基金会中，中原证券牵头发起设立的河南省扶贫基金会募资规模排名第一。特别是教育扶贫成绩喜人，所资助的民权、虞城、卢氏等9个县344名“晨曦学子”高考成绩斐然，本科上线率88.4%，数十名学生被清华大学、浙江大学等国家重点院校录取，引起社会广泛关注。基金会积极推进的拼多多1000万元产业扶贫项目等也取得良好效果。

三、智力支持，干部先行，积极选派优秀干部挂职服务和对口支援

公司选派具有丰富投融资工作经验的投行部门负责同志挂职上蔡县副县长，量身定制的培育企业挂牌上市、搭建平台公司等八项精准扶贫举措，加快了上蔡县发展步伐。选派优秀干部援疆担任哈密国投副总经理，三年累计融资到位资金60多亿元，为哈密国投经营改革发展作出突出贡献，连年被评为优秀援疆干部。选派优秀干部接续担任光山县罗陈村驻村第一书记，帮助罗陈村顺利实现了脱贫，在省级脱贫攻坚检查中被评为“优秀”。

四、践行初心，彰显大爱，举公司全力支持社会公益事业

前进路上，不变的是初心和担当。过去三年多时间，公司累计捐赠1000多万元用于公益事业。其中，2019年向省公安战线英烈基金和见义勇为基金捐款350万元，用于表彰奖励慰问见义勇为人员及其家庭和帮扶英烈后代等；2020年2月向抗击新冠肺炎疫情捐款400万元，用于河南省和湖北省的疫情防控工作；2021年年初捐赠130万元用于河南省内新型农业、新农村及中华豫剧文化建设等。2021年河南省汛情发生后，公司捐款500万元用于支持河南省见义勇为基金会寻访见义勇为英雄，以及支持河南省内受灾较为严重的新乡、鹤壁和安阳等市防汛救灾和重建工作，受到各界广泛好评。

五、创造价值，分享价值，坚持对投资者进行高比例现金分红

2014 年中原证券香港上市后，坚持高比例现金分红，盈利多了多分、盈利少了少分，慷慨回报投资者和广大股东。公开资料显示，为更好回馈境内外广大投资者，加上即将兑现的今年中期分红，过去三年中公司先后进行了四次现金分红，累计分红总额 2.74 亿元，分红比例居上市公司前列。对境内外投资者一视同仁，高比例进行现金分红，已成为中原证券的一大特色。

积极服务国家重大战略，扛稳扛牢企业社会责任，中原证券得到了社会各界的充分肯定和高度评价。2021 年 5 月，公司工会副主席陈利涛被河南省委、省政府评为“河南省脱贫攻坚先进个人”，公司兰考营业部荣获“河南省脱贫攻坚先进集体”；公司被河南日报社、河南省政府国资委等评为 2020 年度履行社会责任“国有企业年度企业奖”，主要领导荣获“国有企业年度领军人物奖”，《中国证券》《证券公司助力决胜脱贫攻坚案例汇编》《人大建设》等专门刊发或收集了公司的经验做法……一件件、一幕幕，无不彰显了中原证券永葆初心担使命，奋勇争先谋出彩的决心和信心。

河南省人大常委会委员，公司党委书记、董事长菅明军对新时代如何更好地融入服务国家乡村振兴重大战略信心满怀：“党的十九届六中全会，深刻总结了党的百年奋斗重大成就和历史经验，号召全党全军全国各族人民为实现第二个百年奋斗目标、实现中华民族伟大复兴中国梦而不懈奋斗，我们倍感振奋、备受鼓舞。我们一定把学习贯彻党的十九届六中全会精神作为当前和今后一个时期的重大政治任务，与深入落实河南省第十一次党代会精神紧密结合起来，与公司战略发展目标结合以来，与公司当前的各项重点工作结合起来，坚持以党的建设引领和保障公司经营发展，充分发挥资本市场优势，深度融入、全力服务乡村振兴重大发展战略，进一步展现金融企业的使命担当和价值情怀，为确保高质量建设现代化河南、确保高水平实现现代化河南，以及谱写新时代中原更加出彩的绚丽篇章源源不断贡献中原证券力量！”

64. 中原环保

服务乡村振兴战略　助力美丽乡村建设

民族要复兴，乡村必振兴。党的十九大提出实施乡村振兴战略，要按照产业兴旺、生态宜居、乡风文明、治理有效、生活富裕的总要求，让农村成为安居乐业的美丽家园。中原环保作为国有控股上市公司，全国国企改革“双百企业”，紧跟国家战略，彰显社会担当，发挥生态环境综合服务优势，深入全国百强县、河南省乡村振兴战略示范县河南省新密市，先后设立中原环保新密热力有限公司、中原环保新密水务有限公司、中原环保郑州设备工程有限公司，深入新密实地勘察，因地施策，自主创新，系统治理，在新密市开展农村污水治理、城镇污水处理、冲沟河道综合整治、集中供热等综合服务，切实将改善农村人居环境、提升居民生活品质作为推动乡村振兴的重要抓手，高质量助推乡村振兴和农业农村现代化，在新密大地舒展开一副“望得见山，看得见水，记得住乡愁”的美丽乡村画卷。

一、推进农村污水治理“四改”工程　村容村貌换新颜

改善农村人居环境和生态环境，首先应改变农村生活污水无序排放现状。农村生活污水主要为冲厕污水和洗衣、做饭、洗澡废水，住户分散，随机性强，防治难度大。针对农村污水排放源分散、站点规模差别大、污水中污染物浓度高等特点，中原环保统筹谋划、积极探索、反复论证，自主研发“神州小罐”等适合不同地区应用的小水量农村生活污水处理设备，采用“三化两管一控制（乡镇集成化、村组一体化、家户分散化，互联网智管、低成本运管，无人值守远程控制）”建设运营模式，因地制宜开展新密农村污水治理工作，建成了覆盖城乡的“1+5”污水治理体系（“1”即建设市级管控运营中心，利用网格数据传输技术，对全市各级污水处理厂、站、点进行实时远程监控和运行维护管理，“5”即建设城区、镇区、新型社区、行政村、居民点五级污水处理厂、站、点）。实施农村污水治理“四改”工程，改厕、改厨、改浴、改污同步进行，按照“一条龙、一站式”闭环服务有序推进，想方设法解决困难和问题，最终实现全村覆盖、一户不漏，整个“四改”工程百姓无需承担任何费用。农村污水治理累计覆盖新密市 35 个新型社区和 174 个行政村，共计完成 586 个污水处理站点、2537.952 千米配套管网建设及约 96454 户农村厕所改造任务，并顺利进入运营，有效扭转了生活污水无序排放、水体污染的现状，助推新密成为全国 100 个农村生活污水治理示范县，农村人居环境得到改善，村民生活品质显著提高，为实现乡村振兴奠定良好基础。

▶ 中原环保新密市岳村镇竹杆园村污水处理点

二、加快城镇污水处理设施建设 污水处理全覆盖

中原环保按照“合理规划、集约节约、全域覆盖”的原则，布局农村污水排放系统，对于距离镇区污水处理厂较近的社区、行政村，管网直接并入镇区污水处理厂；对于居住相对比较集中的行政村，采用管网引入污水处理站进行处理；对于居住分散、距离镇区污水处理厂较远、不临河库的行政村，采用人工湿地和化粪池加蓄水池处理。中原环保在新密市洧水河、刘寨镇等城镇实施污水处理及洧水河污泥处置建设，目前已建设完成新密市洧水河污水处理厂、刘寨镇污水处理厂，并提前投入商业运营，进一步强化污水收集处理能力，有效改善区域生态环境。全部工程建成投运后，将大幅减少新密水系中各项污染物，控制冲沟水体的富营养化，逐步恢复良性循环的水生态系统，促进新密经济社会和人居环境的协调可持续发展。

三、开展冲沟整治及生态修复工程 截污治污引清泉

为实现新密市“依山傍水、水贯城中”的“山水城”的百城提质目标，中原环保全力推进新密市冲沟综合整治及生态修复“一期截污纳管工程”建设，从源头截流、阻断污水入沟，完善生态系统，在对新密市惠沟、马鞍河沟、周垌沟、郭沟、梁沟等进行截污治污的基础上，实施中水回补、河道清淤、水工驳岸，恢复冲沟景观、排涝等功能，目前，截污一期工程已顺利投运，二期工程正在全面推进中，有效解决了新密市城区雨污混流、管网私接等导致河道水质变差的难题，冲沟逐渐蜕变成风景秀丽的生态风光带，河畅、水清、岸绿、景美，为居民健身休闲、放松身心提供好去处，提升居民生活品质，书写生态建设新篇章，绘就绿色青山新画卷，受到广大市民赞誉。

▶ 中原环保新密市牛店镇张湾社区污水处理站

四、开展集中供热服务 保障居民温暖过冬

点滴情，万家暖。中原环保秉持“辛苦千万次、温暖每一家”的服务理念，坚持清洁供热、绿色供热之路，通过热电联产方式，为新密市居民提供集中供热服务，确保每年冬季供热安全平稳高效运行，成为郑州市第一批清洁取暖试点城市建设示范项目。中原环保在扎实做好检修保养、技术改造、工程建设、用户服务等各项工作的同时，不断探索传统供热模式向智慧协同、绿色高效发展转型新途径，持续推进智慧供热建设，推动供热体系升级换档，实现供热系统负荷预测、热量智能调节、故障智能诊断和调度智能优化的目标，走出一条从“人治”到“数治”、从“人控”到“智控”的供热转型之路，提升供热运营管理水平，提高居民用热智能化，实现工作提“热度”，城市增“温度”。

65. 棕榈股份

精品村落项目引领美丽山村“蝶变”

实施乡村振兴战略，是党的十九大作出的重大决策部署，是决胜全面建成小康社会、全面建设社会主义现代化国家的重大历史任务，是新时代“三农”工作的总抓手。乡村振兴战略也是国有企业作为贯彻落实党和国家发展方略、引领产业发展方向的经营主体。“十三五”期间，棕榈股份在过去脱贫攻坚行动中积累了大量富有成效的工作经验和方法，同时也打造了一大批助力乡村振兴的优秀项目案例。其中，棕榈股份河源连平县贫困村创建社会主义新农村示范村项目 EPC 总承包项目，扎实有序推进连平新龙村、醒狮村等 31 个行政村实施村容村貌改造，奋力推动农村面貌“大变化”、颜值“大提升”。棕榈股份新兴县乡村振兴建设项目一期——东成镇碧塘村特色精品村建设工程、新兴县簕竹镇良洞精品村项目、新兴县车岗镇相塘村创建社会主义新农村建设示范村项目等 16 个项目，为云浮 14 个村落进行美丽乡村规划设计，让美丽山村向着小康之路“蝶变”。

一、河源连平：基础设施改建助推村容村貌换新颜

近年来，连平县按照中央和省、市对实施乡村振兴战略的部署要求，把乡村振兴作为“三农”工作的总抓手，乡村振兴工作不断迈上新台阶。连平县将按照示范带动、整体推进的工作思路，坚持“县统筹、镇主体、村创建”的模式，补短板强弱项，全面推进乡村振兴各项工作，实现乡村更美丽、产业更兴旺、农民更幸福的总体目标。

棕榈股份河源连平县贫困村创建社会主义新农村示范村项目 EPC 总承包项目，以打造连平县特色文化休闲、宜居宜业宜游的新农村，提高农村、农业和农民形象，树立连平美丽乡村品牌为建设理念，聚焦农村基础设施建设、农村垃圾处理、污水治理、“厕所革命”、农房管控、村容村貌提升等工作，助力连平县全域全面推动农村人居环境综合整治。

棕榈股份于 2018 年 8 月签订《连平县贫困村创建社会主义新农村示范村勘察、设计、施工总承包合同》，2018 年 9 月正式动工。截至 2020 年 12 月，项目建设团队已完成项目库建设内容的 99%，基本已进入收尾阶段，累计完成连平县 13 个镇 31 个行政村污水管道工程管线 342562 米、污水处理设备 42 座、砼路面 437061 米、沥青路面 48034 平方米、党群服务中心 6 个、福寿楼 2 个、文化室 22 个、公用厕所 45 个、村民活动中心 26 个、文体广场 26 个、桥涵 20 座、农房外立面改造

92051.34 平方米、彩绘 2391 平方米、文化墙 330 米、三面光水沟工程 5732 米、入村标识标牌工程 10 座。

▶ 连平县新龙村整治建设后村貌

在污水整治方面，棕榈股份项目团队采用生物接触氧化法处理工艺对农村污水进行综合治理。

在道路硬底化方面，棕榈股份项目团队完成了 15 个示范村的道路硬底化工程，改善了村民出行条件、村庄交通环境，提升了村庄面貌。

在党群服务中心、文体广场、村民活动中心方面，党群服务中心结合了各村需求建设，着力打造融党务村务、便民服务、社会管理、文体活动等于一体的凝聚人心的红色家园、同心向党的红色地标、党群连心的红色驿站。

在公用厕所方面，公司两年间全面完成 45 个公厕建设工作任务，不仅可以减少环境污染，有效改善农村环境，提高了农民生活环境的舒适度，还帮助村民破除了多年来的陋习，养成了文明、健康、卫生的生活习惯。

在项目建设过程中，棕榈股份团队紧密跟随国家战略，聚焦省定贫困村创建社会主义新农村示范村、粤赣省界乡村振兴示范带、省级连片示范工程、美丽宜居示范村建设、“厕所革命”“四好农村路”等工作，实行挂图作战、挂图督办和台账式精准动态管理，突出问题导向，找准症结，倒逼时限，倒排工期，加快项目实施进度，着力帮助连平各示范村补齐交通、水利、环保、公共文化基础设施和公共服务短板，探索建立健全有关乡村振兴工作长效机制。

在各个示范村基础环境和配套设施逐步完善的同时，棕榈股份围绕连平县抓住灯塔盆地创建国家农高区的机遇，以建设现代农业产业园、农业基地为带动，推动传统特色产业提档升级，积极培育发展现代农业、旅游业等新产业新业态，实现一二三产业融合发展，发展一村一品特色产业，稳定农民就业，并利用历史资源和红色文化资源，发展休闲农业、乡村旅游和红色旅游。

二、云浮新兴：助力组织振兴，共建和谐乡村

棕榈股份东成镇碧塘村特色精品村建设工程包括碧塘村村委下辖碧塘村和坩村两条自然村。棕榈股份团队在碧塘村新建道路 4488 平方米、厕所 2 个、垃圾收集站 4 个、村标 1 个；拓宽行车道 302 平方米；巷道硬底化 15000 平方米；村道改造（铺沥青路面）7400 平方米；浆砌毛石挡土墙 80 米；改造提升驿站、村入口栏杆、百香果园、皓月湖周边、古井、清风巷、举人巷、同心树、正气广场、村委前广场、巷道、矮墙、党建文化园、生态停车场、丹心湖等景观节点；铺设污水管 2268 米、污水存水湾 120 套、给水管 6231 米；砖砌巷道排水沟 4000 米；新建给水阀门井 6 个、储水坑 1 个、水塔 1 个、滤池 2 个；安装水表 275 套、球场灯 4 盏、庭院灯 18 盏、太阳能路灯 69 盏；种植乔木和亚乔木 145 棵、灌木 279 棵、地皮植物 5545 平方米；修缮旧房屋 5670 平方米以及美化闲置宅基地和完善宣传栏、标识牌、展架、贴画等。

▶ 新兴县碧塘村村道规划

近年来，新兴县以党建引领，在打造“党建＋社工＋党员志愿服务”特色党建品牌的工作上下功夫，每年村支部都会策划和组织涵盖关爱、教育、联谊、文娱等党建活动项目，给村民文化生活增添姿彩，提升了村民的文化素养，也进一步融洽党群关系，提升“两委”班子、党员的形象和村民满意度。

得益于良好的基层党建环境，棕榈股份团队在碧塘村党支部的配合帮助下，以“村容整洁环境美、乡风文明人文美、平安稳定和谐美”为目标，引导和动员广大群众自觉投入美丽乡村建设，先后建设卫生公厕、人工湿地小公园、文体活动场所等公共基础设施，环境治理让碧塘村变了样，村民乐享美好环境。

党群组织文化活动的繁荣为党群活动阵地的建设提出了更高的要求。棕榈股份团队在碧塘村大力推动乡村振兴组织振兴，以兴建系列党群特色文化区域为载体，

积极完善党群活动阵地基础设施建设。在新兴县簕竹镇良洞精品村项目中，棕榈股份团队针对村入口景观进行建设，对广场及广场周边、球场、村委门口、党建文化园进行升级改造；造“担稔村担”“舞火龙”小品及 S113 线节点 2 个；村容村道整治 1220 平方米；同时提升节点外的绿化景观及完善墙绘、村史馆等。

▶ 良洞村内碧波荡漾，风景优美

经过几年的努力，碧塘村建设成为宜居宜业、村风文明的绿色生态村庄。如今，碧塘村把握乡村振兴战略的机遇，结合本村历史文化，打造一批景点，通过发展乡村旅游激活碧塘村历史文化底蕴，发展美丽经济，建设美丽乡村。在规划建设项目过程中，棕榈股份团队依靠独有资源，把握乡村振兴战略，谋划打造三大改造理念。

通过团队的不懈努力以及当地县委、村委的大力协助，“双头古榕”、夫人桥、一品夫人二品官、彭津大屋及其古墓、党员工作坊“小黄楼”、双八坊大石屋等一系列特色景观相继得到升级优化……棕榈股份团队以在这个 6 平方千米的村庄里挖掘历史底蕴，使尘封已久的古村、古树、古屋，正在焕发出新的魅力。“要实现乡村振兴，不仅是打造宜居宜业的环境，每个村的发展都各有不可复制的亮点，因此更要依靠各村原有的生态、历史文化、人文等资源，因地制宜实施规划，打造有特色的精品村。”棕榈股份新兴县乡村振兴项目相关负责人表示，接下来棕榈股份将继续按照乡村振兴的总要求，打造新农村精品村，结合碧塘村悠久历史文化，着力发展乡村旅游，并完善相关配套项目。

未来，棕榈股份将继续搭乘实施乡村振兴战略东风，继续发扬“乡风文明”的优势，助力乡村实现从“生产发展”到“产业兴旺”，从“村容整洁”到“生态宜居”，从“管理民主”到“治理有效”，从“生活宽裕”到“生活富裕”的“蝶变”，全面推动乡村振兴迈上新台阶。

第十六部分

湖南辖区

66. 新五丰

栽下“产业花” 结出“振兴果”

2021年是全国“十四五”规划开局之年，也是全面推进乡村振兴的关键之年。湖南新五丰股份有限公司积极响应党的号召，牢记国企使命，勇担社会责任，切实把握国家战略需要，把国家战略与公司业务深度融合。

乡村振兴首先是产业振兴，公司养猪业务本身就属于农业，地处农村，用产业带动农村经济具有天然优势。公司大力推进现代化规模养殖进农村，把养猪主业做成乡村振兴的支柱产业，让产业发展与富农强村同频共振。

2015年，公司曾积极参与控股股东湖南省粮油食品进出口集团有限公司（以下简称“粮油集团”）为期三年的驻村扶贫工作中，派人进驻新晃县塘家坝村开展扶贫工作，有效推动了帮扶村的精准脱贫，受到当地村民的好评。塘家坝村在2016年已脱贫摘帽，是新晃县第一个脱贫村，65户208名贫困群众“越线”脱贫，贫困发生率由2014年的25.6%降到1.3%，基础设施等生活条件显著改善，公共服务保障全面覆盖，支撑贫困群众稳定增收的产业体系和农民合作社经营机制初步形成。2017年年底，由省派驻村办牵头，组织对省直和中央驻湘单位三年驻村帮扶工作成效进行了考核验收，公司参与的控股股东粮油集团三年帮扶成效验收结果被评为“优秀”，塘家坝贫困村帽子确定摘帽销号，粮油集团顺利完成帮扶塘家坝村的三年扶贫任务。

一、从“公司＋农户”到租赁养殖基地，探索产业振兴新模式

围绕生猪养殖产业扶贫，公司较早地在湖南地区探索并运作“公司＋农户”养殖模式，将自身产业特点和技术优势与当地贫困村生产要素有机结合，通过风险防控措施，为贫困户赋能造血，解决就业问题，实现脱贫增收。为巩固脱贫攻坚成果，公司还因地制宜地在平江县三墩乡公平村推行“公司＋合作社”的模块化养殖单元模式，公司协助建成存栏1250头环保型生态猪场，通过与贫困村组经营模块化养殖单元，将产业链条延伸到贫困村，确保村组集体稳定收入，2021年已实现村组收入约56万元。

为积极探索产业振兴新模式，充分发挥农业产业化国家重点龙头企业的示范作用和优势特点，公司将合作模式由“公司＋农户”转变为租赁养殖基地的方式，在地方政府的支持下，公司通过租赁业主方的养殖基地进行生产经营活动，养殖基地按照公司提出的建筑要求和工艺标准进行建设，达到要求后方可验收，公司每年按

照存栏头数向业主方支付租金。公司今年累计支付租金超过 2 亿元，带动农村就业超过 1000 人次，在富农强村、带动就业上取得了累累硕果，并为推动农业发展方式转变，加快生猪产业化发展进程，提高生猪的集约化和规模化程度，实现当地农村经济和社会经济的繁荣发展作出了应有的贡献，获取了良好的企业效益和社会效益。

二、从传统养殖到“智慧养殖”，激活产业振兴新活力

从 2018 年国内爆发非洲猪瘟以来，生猪养殖业受到了巨大影响，从而催生了养猪新技术的发展，猪场管理迎来了信息化、智能化的管理模式。与此同时，新五丰在“智慧养殖”领域先试先行，通过利用云计算、人工智能、大数据、5G 等先进技术，构建起端、边、云以及应用智能化现代生产体系，利用人工智能、自动感知，完成猪只点数、猪只估重、人员识别、车辆识别、远程交易以及业财一体化等应用场景，实现养殖数据的可视化分析与全景展现，满足数据分析与决策支持、远程管理与监控、异常预警推送等需求。在此基础上，2021 年 4 月，公司与华为签约“智慧养殖项目”，将最传统的产业与最前沿的科技相交相融，通过进一步的资源整合、优势互补，新五丰带着与华为合作的成果应用到养殖基地项目上，着力打造数据驱动的生猪智能化养殖基地，打破生猪养殖行业瓶颈，为产业振兴注入源源活力，实现养猪效率的大幅提升，大力推动生猪养殖产业的健康可持续发展。

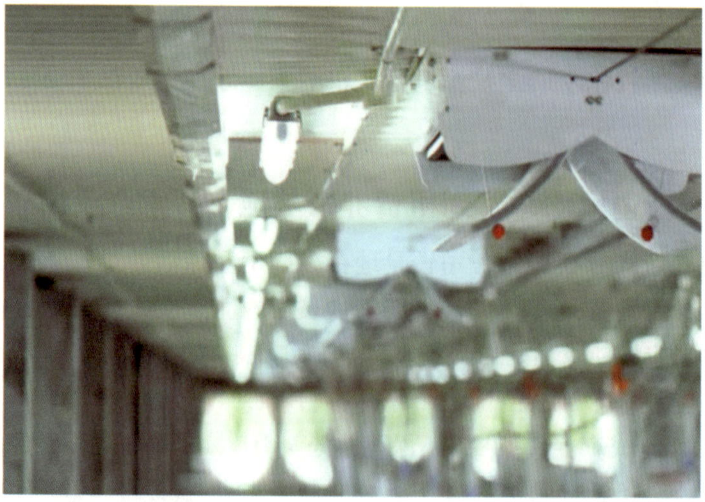

▶ 新五丰智能化猪舍

三、从重污染行业到践行新发展理念，打造产业振兴新生态

生猪养殖业一直被认为是污染较为严重的行业，传统养殖场的动物粪尿、污水对周边区域地表水、地下水、土壤、大气等生态环境造成污染。为了解决日益严峻

的环保问题，确保养殖基地所在乡村“生态宜居”的要求，公司按照“建设项目中防治污染的措施，必须与主体工程同时设计、同时施工、同时投产使用”的要求，严格遵守国家相关环评要求进行养殖场设计、建设和验收。招聘环保专业人才，引进国际、国内先进环保处理工艺和设备进行废物处理，以新发展理念为指导，针对生猪养殖存在的各种弊端，深入开展生猪环保养殖工作，根据公司养殖现状，建设与养殖面积相配套的沉淀池、储粪场，实现养殖生态根本性好转。同时，公司坚持“种养结合、循环利用、集中处理”的工作思路，在规模养殖基地配备生物肥料生产设施设备，并引入社会资本参与生猪粪便处理，推进种养一体化发展。积极配合生猪粪污资源化利用项目，加快实施粪污机械化处理，有效提高生猪粪污综合利用率，推动生猪产业持续、协调、健康发展。

四、从“三湘大地”到“世界屋脊”，拓展产业振兴新维度

新五丰不仅仅让产业之花在湖南绽放，更是将产业振兴的成果辐射向更广的维度。为响应习近平总书记关于加强边境地区建设的号召，“将产业建在边境上”，新五丰将规模化养殖带到西藏。2021 年 8 月，新五丰与湖南省建工集团二公司、隆子县人民政府三方共同投资组建的西藏隆子县玉麦湘科技发展有限公司正式揭牌，标准化养殖基地的投产运行，开创了隆子县藏香猪产业规模化、标准化的新局面。新五丰所做的不单单是帮助当地建立起一个产业，还要将新五丰先进的养殖理念与标准带到这片雪域高原之上。新五丰还创造性地提出了“放养 + 圈养”的养殖模式，不仅从猪栏设计到喂料等细节，都考虑到了藏香猪的生活习性，还将一整套生物防控标准与操作规范也带到了隆子县，如此一来，不仅使得养殖对周边环境的破坏降到最低，同时也排除了生猪的染疫风险。玉麦湘公司的成立，将在培育特色产业发展、增加农牧民收入、提高藏香猪生产效益，并带动相关产业发展上发挥重要作用，造福更多藏民同胞。

▶ 隆子县万头藏香猪标准化养殖基地揭牌仪式

▶ 新五丰玉麦湘标准化养殖基地

未来，新五丰将在湖南乃至更多地区播下产业振兴的种子，探索更多产业振兴的发展模式、特色途径，增强乡村振兴的可持续发展活力，为助力乡村振兴贡献出国有企业的力量。

67. 方正证券

发展乡土特色产业 助力村级产业振兴

全面实施乡村振兴战略，是党中央建立社会主义强国的重要部署，全面推进乡村振兴是全体上市公司义不容辞的义务。产业振兴是乡村振兴的重中之重，而发展村级产业是产业振兴的最重要环节。方正证券在湖南省凤凰县山江镇樟坡村三年的产业帮扶实践，有力地证明了发展“小快灵”乡土特色农产品产业是助力村级产业振兴的最有效途径。

一、因地制宜，科学规划产业布局

2018 年 3 月，湖南证监局联合方正证券在凤凰县樟坡村开展脱贫攻坚，方正证券选派了在湘西当地土生土长的年轻党员曾李协助证监局邱孝队长及另一名队员组成驻村工作队开展工作。

为了帮助樟坡村发展产业，驻村工作队进村的第一周就走遍了樟坡村村寨地头，看望了每一户建档立卡贫困户，并就改变樟坡村现状问题广泛征求村民意见。方正证券执委会主任何亚刚等多位领导也率领专业团队多次到访，为樟坡村村产业发展出谋划策。

二、务实笃行，发掘乡土特色产品

驻村工作队经过与方正证券专家团队共同论证，决定在樟坡村种植适应能力强、繁殖速度快的罗汉果，当年种、当年收、当年就能产生效益。方正证券也同时决定

▶ 樟坡村罗汉果大丰收

从产业、消费、公益三个方面跟进助力，协助樟坡村开展村级产业发展。驻村工作队进村次月，方正证券捐赠的50万元产业发展启动资金就迅速到位，该资金除一部分用于援建村里多功能创富中心外，大部分用于罗汉果产业基地的启动。樟坡村村民随后在驻村工作队及专家团队的悉心指导下，开始在地里试验种植，经过一年的种植培育打理，村民种植的罗汉果在当年的收获季节就产销两旺，经济效益十分明显。第一批报名试种的村民中，收益率最高的平均每亩收入达到3200元。在兴办村级产业过程中，樟坡村的农产品从无品牌的初级产品，不断提升过渡为特色商品。从各家各户没有标准单打独斗生产，逐步过渡到了统一生产制作流程。村里有了现代化的罗汉果生产线，办理了生产资质，购置了塑封机，鲜果、干果等每个品类都有了定制的分类包装。

三、多点开花，夯实村级产业基础

为抵御市场风险，防止罗汉果单一产品因价格因素导致村级产业脆弱坍塌，驻村工作队及时对樟坡村产业进行了有效调整和补充，打造“小快灵”乡土特色农产品全产业链，为樟坡村村级产业赋能提质。

▶ 又一批苗家特色农产品出库

在湖南证监局的协调下，樟坡村联合国家级食品加工龙头—湖南辣妹子集团共同组建了产业帮扶小型加工企业—湖南国香汇有限责任公司，主营生产加工“小快灵”乡土特色农产品，年纯利润已超过30多万元。现代成熟规范的工艺流程与品控，让樟坡村优异的绿色纯天然特色农产品面貌一新，品质更上一层楼。在方正证券组织的“爱心连四方”消费扶贫大集上，除主打产品罗汉果系列外，樟坡村乡村产业新产品—苗家土腊肉、苗家酸辣椒异军突起，当场售罄，轰动全场。

四、聚势谋远，确保产业行稳致远

通过短短三年的努力，在各级党委政府关怀下，在驻村工作队的带领下，樟坡村实现了集体经济从零到千万元的突破，从没有集体经济组织，到村办企业与国家级农业龙头企业合作发展，樟坡村的集体经济产业变化已是天翻地覆。在成绩面前，驻村工作队与村支两委头脑清晰，依然在思考着樟坡村村级产业的发展与未来。

首先是继续紧密依托帮扶对口单位，保持支持长效机制是樟坡村产业发展行之有效的保障措施。依托对口帮扶单位对村级产业的起步重要，对产业的可持续发展更为重要。湖南省证监局和方正证券对樟坡村村级产业的创建与发展起了极其关键的作用。湖南省证监局作为湖南地区上市公司的主管机关，其影响力与号召力无与伦比，对樟坡村村级产业从零开始走向市场，打开产品销量和提升企业知名度发挥了极为关键的作用。2020 年 7 月，湖南证监局指导樟坡村参加中国证券业协会资本市场线上销售活动，樟坡村产业带头人在实战中学习线上引流、宣传营销等知识，对樟坡村村级产业的独立运营能力提升明显，达到了“授之以渔”的效果。

自 2018 年 3 月以来，帮扶对口单位—方正证券累计向樟坡村捐赠 70 万元用于村级产业发展，协助驻村工作队建成“食品生产加工厂”“罗汉果种植基地”“云栖山舍民宿楼”等产业帮扶设施，并与上交所公益基金会一起，创设了“樟坡村产业创富中心”。2019 年，在樟坡村设立凤凰县兴村农业发展有限公司，重点孵化壮大五个“小快灵”乡土农产品支柱型产业，同时还从打工返乡的 30 余农户中挑选 9 人作为产业带头人和党员后备干部进行培养，为樟坡村的村级产业可持续发展提供了稳定支持。2019—2020 年，方正证券累计通过消费扶贫采购樟坡村罗汉果、苗家腊肉、苗家剁椒等特色农产品 60 万余元。2018 年末樟坡村第一批初级农产品上市，更是由方正证券员工定向购买 38 万余元给以支持鼓励。

其次是积极呼应村民的早期提议，充分利用樟坡村山地特色优势，开始尝试小规模发展乡村旅游产业。樟坡村的云栖山舍民宿酒店已经建成开业，外地的游客陆续来到这个昔日无人问津的小山村徒步登山。方正证券也在持续支持樟坡村的特色乡村旅游产业，从早期的 50 万元创投，到中期的 20 万元，再到后来 30 万元，对樟坡村旅游产业发展及时给予扶持，每一次资金的及时注入，都给樟坡村村级产业提质转型带来了实实在在的帮助。

3 年来 ，樟坡村驻村工作队立足本地资源兴产业，突出乡土特色谋发展。有力地推进了村民脱贫增收致富和村集体经济的发展 。樟坡村集体经济年产值实现了从 0 到 1000 万元级的飞跃式发展，人均年收入从低于 3000 元增加到超 8000 元，集体经济积分制分红实现整村 227 户共 1018 人全覆盖，2019 年樟坡村顺利进入到行政村脱贫摘帽序列。村里以罗汉果为主业的多个“小快灵”乡土特色农产品产业并举，收益通过集体分配机制公示分配，让村民没有后顾之忧，极大地激发了村民投身乡村产业振兴的热情和信心。

现在的樟坡村道路硬化整洁，路灯通明，产业车间机声隆隆，集体经济活跃，村民素质能力全面提升，主动融入村级产业干劲十足。罗汉果、辣椒等主体经济作

▶ 精心制作苗家剁辣椒

物遍布全村田间地头，屋舍庭院猪肥鸡叫。乡村民宿客源不断，晨起观山雾，夜卧听蛙声。每逢传统民族节日，村民文化广场篝火熊熊，苗歌声声，人头攒动，往日萧杀的深度贫困村，现在处处洋溢着勃勃生机。

山还是那座山，思想一通，荒山就变金山。樟坡村村级产业的成功，主要得益于因地制宜发展“小快灵”乡土特色农产品，选对了产品，就找到了出路。

68. 湖南投资

紧扣乡村振兴工作要求 实干彰显国有上市公司担当

2020年年底的中央农村工作会议上，习近平总书记作出“民族要复兴，乡村必振兴”的重大论断，要求举全党之力推动乡村振兴。2021年8月，习近平总书记在中央财经委员会第十次会议上强调：“促进共同富裕，最艰巨最繁重的任务仍然在农村。”

为贯彻落实《中共中央国务院关于全面推进乡村振兴加快农业农村现代化的意见》（中发〔2021〕1号）要求，根据全市统一安排部署，湖南投资集团乡村振兴示范创建联点乡镇为长沙浏阳市镇头镇，对口联系的村为镇头镇金牌村。镇头镇总面积158平方千米，常住人口6.7万，下辖11个村，是全国重点镇、长沙市扩权强镇试点镇和特色小城镇。金牌村总面积19.5平方千米，人口4270人，主要产业有工程苗木和油茶种植、交通运输业等，是全市乡村振兴示范创建村。

一、强化机制，在精准组织上用力，让工作“实”起来。

乡村振兴，提高站位要先行。湖南投资集团党委高度重视，加强组织领导，建立乡村振兴工作长效机制，确保乡村振兴工作干在实处、落在实处。

2021年4月30日，集团公司党委书记、董事长刘林平召开党委会，研究选派驻村联镇人选。5月7日，驻村联镇同志伍素荣正式到岗，任镇头镇乡村振兴工作领导小组成员、金牌村第一书记，根据集团公司党委工作要求，积极支持配合镇党委、政府，团结带领村支“两委”班子全面开展乡村振兴工作。

▶ 集团公司领导调研镇头镇乡村振兴工作

二、注重特色，在精准施策上着力，让品牌“显”出来

乡村振兴，产业发展是关键。乡村要振兴，农民要富裕，归根到底靠发展。集团公司党委依托镇头镇、金牌村特色优势资源，深入分析古渡、古樟、古井等独有特色，驻村同志通过全面摸排村级情况，与村支“两委”结合本村实际，因地制宜制定产业发展规划，充分挖掘和拓展农业多功能性，延伸产业链、衍生新业态、增加附加值，让农民更多参与产业发展、分享增值收益。

抓住粮食生产“命根子”，稳住农业基本盘。大力发动双季稻种植，未来 2 年预计达 1500 亩，有力保障了当地粮食供给和粮食安全。推动农业供给侧结构性改革，提高供给体系适配性。落实联点市领导，市委常委、纪委书记胡卫兵对镇头镇乡村振兴示范创建工作调研指示，落实“以镇为主、以镇带村”要求，抓住镇头镇以“工业园区”和“油茶特色小镇”为抓手打造油茶小镇契机，大力推动油茶丰产林种植，未来 2 年改造和新开发种植计划达 6000 亩；集约 2000 亩土地搞农村合作社，加大家禽和蛙类养殖体量，种植食用菌、水果等经济作物；同时，进一步拓宽花卉苗木的营销思路，努力打破当前销售困局。

2021 年，镇头镇全镇预计实现财税入库 1.3 亿元，同比增加 2300 万元、增幅达 21%。预计完成规模工业产值 37 亿元，增幅达 20%；固定资产投资 51 亿元，增幅达 9%；规模商贸销售额 1.2 亿元，增幅达 25%。完成油茶丰产林基地建设 1 万亩、林下经济示范区 4000 亩，完成标准油坊升级改造 12 家。投资 1400 余万元完成油茶小镇起步区和游客服务中心建设、镇柏路提质改造。筹备了第三届油茶文化节，通过中央、省市媒体大力推介镇头茶油，打响了镇头茶油品牌美誉度。

▶ 位于镇头镇的浏阳市环保科技示范园

三、筑牢基层，在精准服务上出力，让治理“强”起来

乡村振兴，基层治理要加强。火车跑得快，全靠车头带。推进乡村振兴，党的领导就是“火车头”。在全面推进乡村振兴的过程中，金牌村以“党建聚合力”工程为统揽，着力加强基层党组织建设，真正打造一支政治过硬、本领过硬、作风过

硬的乡村振兴干部队伍，扎实推进抓党建促乡村振兴、促基层治理，通过“党支部+”“合作社+”等形式，让农村家家联系紧起来、守望相助兴起来、干群关系亲起来，真正做到把党的政治优势、组织优势转化为乡村治理效能。

摸清情况才有底。驻村同志到岗后，与村干部、党小组长以及部分组长逐一多次谈心谈话，树牢全局观念，统一思想、达成共识。积极组织村干部、党员、小组长和村民代表深入学习和践行上级党委、政府关于乡村振兴的各项方针政策，请专家为党员讲党课，提高思想认识，聚集支持力量。

▶ 伍素荣同志与村干部、村民一起插秧

四、打造文化，在精准扶持上聚力，让群众“富”起来

乡村振兴，文化建设是灵魂。农民不仅要富口袋，更要富脑袋。采取农民喜闻乐见的方式，加强社会主义核心价值观宣传教育，加强农村精神文明建设，建设文明乡风、良好家风、淳朴民风，实现物质富裕、精神富足。

助力基层党建，丰富精神生活。集团公司驻村联镇分管领导，纪委书记、监察专员、监事会主席张彬带领青年员工走进金牌村，丰富村民文化生活，助力乡村振兴。

▶ 送节目进村丰富村民文化生活

五、依托自然，在精准推进上发力，让乡村“靓”起来

乡村振兴，生态宜居是优势。科学规划、加强管理和有效治理，在保护乡村自然资源和生态环境的前提下，通过微改造、精提升，逐步改善人居环境，强化内在功能，提高生活品质，让广大农民群众在乡村建设中有实实在在的获得感。

道路通，百业兴。集团公司加大农村公路建设力度，前期支持金牌村基础设施建设资金50万元已经到位，今年全村新铺组级水泥路3千米、村级柏油马路4千米，打造山塘2个，翻修水浚2000多米，完成了3个美丽宜居屋场建设，并经省市县各级验收合格，农村生态环境得到了明显改善，农民生活环境更加美丽宜居，有力助推了农村产业结构调整和乡村振兴。

湖南投资集团党委将紧密团结在以习近平同志为核心的党中央周围，认真贯彻落实党中央和省、市工作部署，牢记国企使命，勇担社会责任，开拓进取，真抓实干，紧扣“争当乡村振兴样板”目标，为实现“产业兴旺、生态宜居、乡风文明、治理有效、生活富裕”的乡村振兴目标，努力开创“三农”工作新局面，全面建设社会主义现代化国家、实现第二个百年奋斗目标贡献国有上市公司力量！

69. 隆平高科

水稻制种基地助推乡村振兴

袁隆平农业高科技股份有限公司（简称“隆平高科”）1999年由袁隆平院士作为主要发起人创立，2000年在深圳证券交易所上市。自成立以来，隆平高科始终坚持战略引领和创新驱动，以“推动种业进步、造福世界人民”为使命，矢志为民族种业崛起的梦想而努力前行。公司是国内领先的“育繁推一体化”种业企业，主营业务涵盖种业运营和农业服务两大体系，其中杂交水稻、食葵、谷子种子业务全球领先，玉米、辣椒、黄瓜种子业务国内领先。隆平高科积极践行“乡村振兴”战略，依托产业优势，通过与制种大县建立产业振兴合作机制、推广优良品种、提供专业技术指导服务，实现农村经济稳步增长，为乡村振兴注入新活力。

一、以发展制种产业，助推乡村振兴

隆平高科构建了具有核心竞争力的商业化育种体系，组建了国际先进的生物技术平台。2018—2020年自主研发的水稻、玉米品种累计推广2.5亿亩，累计增产粮食100亿斤以上，农户累计增收110亿元。为农业发展、农民增收创制巨大价值。

公司在建湖、建宁、乐东、靖州、绥宁等国家级制种大县通过杂交水稻制种发展产业，年均制种面积约20万—30万亩，计划制种量达3500万—4000万公斤。主要采取“公司 + 代制商”的委托代制模式和“公司 + 基地 + 农户”的自制模式，累计年带动约8万户制种农户实现增产增收，推动当地制种产业发展；近5年，公司在甘肃张掖甘州区和临泽县保持每年约12万亩的玉米制种基地，每年带动当地约1

▶ 隆平高科靖州县甘棠基地

万户以上农户从事玉米制种，实现人均年收入6000元以上。同时，在田间用工和工厂用工期间，每年解决当地约2000人次农民工就业问题，实现每年人均增收约1万元。

二、一颗种子圆“乡村振兴”梦——隆平高科绥宁制种基地案例

自隆平高科成立起，便在绥宁建立杂交水稻制种基地，为大力发展当地制种产业，有效促进农民增收，带动县域经济增长，2015年隆平高科与该县签订战略框架协议，明确隆平高科每年制种面积达4万亩以上、产值1亿元以上，合作建设杂交水稻加工物流中心、制种实验示范中心、农民培训学校以及杂制种基地种子生产信息平台等项目。2015年7月，建成了“杂交水稻种子机械烘干示范中心”，为制种大户提供了3000多亩种子机械烘干条件。同时，隆平高科计划进行种子“不落地”干燥和收购的尝试，探索向制种农户收购湿种子烘干加工新模式。

2009年，赖必赞看中了隆平高科先进的制种技术，从最开始发展5亩制种田扩大到如今的20亩制种田。在隆平高科技术专家的全程指导下，赖必赞的制种田每亩产量比平均产量要高出40万—50万公斤。和赖必赞一样，村民汤明义也是看中了隆平高科的技术，作为制种大户，汤明义的600亩制种田年收入可达30万—40万元。

对于看天吃饭的农民而言，产业能否长期发展的关键在于能否控制风险，隆平高科以收购保障政策，确保农户制种零亏损。同时，通过现代保险机制，进一步为农户化解风险。2016年，隆平高科与中国人民财产保险股份有限公司签署战略合作协议，在农作物制种生产保险、种企无忧全流程组合保险、融资保障等方面开展合作，这意味着经过隆平高科10余年的呼吁和努力，系统的、全覆盖的杂交水稻制种保险在湖南正式落地。当地村民袁德培承包了50多亩农田，但因为管理失误，一年的产量比别人低30%。通过保险，袁德培获得11万元赔偿。有了这份保险，农户制种更安心，有效推动制种产业可持续发展。

种子是农业的“芯片”，是农业发展的关键，也是乡村振兴的有力抓手。近年来，绥宁的杂交水稻制种产业乘势而上，不仅是该县的中坚产业，还成为湖南乃至全国制种产业的新势力，隆平高科杂交水稻也将成为乡村振兴历史进程中的“振兴种”。

70. 山河智能

饮水思源不忘本　牢记初心勇担当

山河智能装备股份有限公司（以下简称“山河智能”或“公司”）于1999年由中南大学何清华教授创办，依靠先导式创新、产学研一体化等模式快速发展，现已成为装备制造行业产学研一体化标志性企业，公司以长沙为总部，分别在长沙、无锡、淮北、加拿大、欧洲、北美、越南、马来西亚、印度尼西亚、韩国、泰国、菲律宾建立了多家子公司。公司股票于2006年在深圳证券交易所正式挂牌上市（简称：山河智能；证券代码：002097）。截至2021年9月30日，山河智能总资产逾202亿元，净资产59亿元，总市值101亿元。

公司立足装备制造业，在工程装备、特种装备、航空装备三大领域（一点三线）全面发展，是一个拥有自主知识产权、在国内外具有一定影响力的国际性企业。公司产学研一体化，先导式创新，以差异化产品实现跨越式发展。先后获得“国家认定企业技术中心”“国家博士后科研工作站”“国家创新型企业”“国家技术创新示范企业”“国际科技合作基地”“国家863成果产业化基地”，国家“智能制造试点示范”企业等称号。公司秉持“修身、治业，怀天下”的核心价值观。

2020年9月习近平总书记亲自莅临公司考察、指导。山河智能心怀“国之大者”，秉承“修身、治业、怀天下”的价值理念，在推进乡村振兴战略中彰显责任担当。

“民族要复兴，乡村必振兴”。当下，乡村振兴已经成为中国全面建成社会主义现代化强国的关键，是新时代做好“三农”工作的重要抓手，也是新发展格局下实现共同富裕的必经之路。

习近平总书记在湖南考察时，作出“要坚持农业农村优先发展，推动实施乡村振兴战略”的重要指示。2021年是“十四五”开局之年，也是全面推进乡村振兴的关键之年。站在新的起点上，湖湘儿女从百年党史中厚植为民情怀，汲取奋进力量，自觉扛起责任使命，传承脱贫攻坚精神，不断巩固脱贫成果，持续推进乡村振兴。

一、心系故乡，不改初心

“激情岁月五十载，风雨兼程半世情”。1965年，从长沙一中高中毕业的何清华、易宇欣等知识青年，由于海外关系等原因，高考“不予录取”，就响应国家“上山下乡”的号召，告别父母家人，远离省会长沙，来到湘南边陲江永县桃川农场，为改变江永贫穷落后的面貌，把“最青春”的时间都留在了这里。“驻桃川开希望茅草地，进大远觅梦想太阳坡！”这是江永人民对现山河智能董事长何清华及夫人易宇欣等知青当年行动的最贴切评述！江永县民风淳朴、物产丰富，这里成为这些知青朋友们的“第二故乡”，也是知青们追忆的精神家园。

他们这一代知青，曾肩负国家使命，与共和国一道砥砺前行。年轻时，他们响应党和政府号召上山下乡，甘洒热血与青春；返城后又遭遇下岗失业，默默承受，自找生路；他们响应国家独生子女政策，有的成为空巢老人甚至个别成为失独老人；有的在小型社办企业退休，因单位不能足额交纳社保金而养老金微薄，仅够基本生活，一旦遭遇重大疾病则不堪重负，挣扎在生活的贫困线上。鉴于此，一批曾经当过知青的志愿者们成立了“湘知公益基金”，专门救助那些陷入困境的老知青们。何清华夫妇作为曾经的“江永知青”，积极主动参加江永希望工程、“关爱老知青健康公益项目”等公益项目与活动。

忆当年，广阔天地青春无悔，再回首，矢志不渝情谊永随。山河智能始终心系江永发展，心系“江永知青”。近些年来，山河智能积极参加“关爱知青”帮扶活动，每年捐赠15万元给湘知公益基金；2018年捐赠2台挖机（价值112万元）给当年知青下放的桃川镇所城村，用于当地新农村建设，进一步巩固脱贫成果，共同携手努力实现乡村振兴的目标。

同时，结合江永浓郁的少数民族文化（如江永女书、《勾蓝谣》、千年古村上甘棠等）与特产（如香芋、香柚等），山河智能将桃川知青农场、太阳坡农场作为公司教育基地，通过老照片与老物件、发展现状让大家感受当年“上山下乡”的艰苦岁月与国家沧桑之变，不仅可以让公司员工理解不甘平庸的“太阳坡精神”，艰苦创业的“观沙岭精神”，更好地领会山河智能“理想成就未来”的内涵所在，同时也可以打造江永知青品牌，促进当地文旅产业的发展，弘扬知青文化和当地传统文化，壮大集体经济，助力乡村振兴。

二、产销对接，精准助力

消费帮扶是社会力量参与脱贫攻坚的重要途径，它一头系着困难群众的“钱袋子”，另一头系着的则是千家万户的“菜篮子”“果盘子”。近年来，山河智能通过多渠道、多形式助力贫困地区特色农副产品走出去。近年来，山河智能逐渐扩大扶贫地区和农副产品采购范围，从革命老区怀化麻阳、湘西龙山、红色摇篮赣州、到知青故里江永、西藏，采购农产品的品种包含冰糖橙、脐橙、黄桃、香柚、黑土豆等，推动消费扶贫常态化，多途径增加农户收入。

每逢元旦、春节、端午、中秋等节日，以及山河智能工会夏送清凉、冬送温暖等活动时，都会采购来自贫困地区的各种农产品，职工餐饮中心也加大采购力度，2020年以来均按周采购红旗村村集体合作社养殖的鲤鱼和豆腐作为食材。通过订单式采购，为农户带来了直接的收益。同时，还通过在山河爱心超市设立专区摆放“扶贫物资”，对贫困地区及困难职工家中的农副产品进行集中展示，并通过建立微信群动员全行员工积极购买扶贫产品，加大贫困地区农民增收。

未来，山河智能还将进一步通过“以购代捐”“以买代帮”的形式推进乡村振兴战略，扎实巩固拓展脱贫攻坚成果，做好乡村振兴有效衔接，为促进共同富裕持续注入山河力量。

三、教育扶智，放飞梦想

乡村振兴，扶智为先；人才振兴，要优先发展教育。学生资助既是一项民心工程，也是一项民生工程。多年来，山河智能启动智志双扶，在教育扶贫方面，采取了一系列方法，帮助更多贫困家庭的孩子完成学业。连续五年实施“山河爱心助学金”，帮助江永贫困学子；公司秉承“科教兴产业，产业促科教”的理念在中南大学设立“山河英才”教育奖学金，支持国家教育事业的发展，进一步培养和发掘优秀人才，激励在校学生勤奋学习、刻苦钻研，迄今为止，“山河英才奖”已惠及中南学子700余人，奖励总额逾300万元；董事长何清华夫妇斥资50万元捐助四川理县杂谷脑小学图书馆；公司连续5年参加长沙经开区“龙山召市镇对口帮扶爱心助学”活动，开展一对一助学帮扶，每年帮扶5名学生。

校企合作精准扶贫，产教融合振兴乡村，2020年，山河智能向合作院校湖南工业职业技术学院对口扶贫点怀化溆浦葛竹坪镇捐赠挖机1台，用于建立新农村建设和农业现代化建设挖掘机应用场景示范基地项目，创新职业教育产教融合精准扶贫模式，努力联合搭建校企合作精准扶贫平台。针对“示范基地项目”，之后政企校三方将在工程机械新农村应用场景示范基地、工程机械农民培训基地、产业配套基地等三个基地上发力，校企共同提供技能人才培训服务，努力提升当地人员技能水平和产业发展水平，促进乡村振兴和农业农村现代化建设，助力湖南先进制造业高地建设。

未来，山河智能将继续支持将江永及龙山等地的教育事业，在乡村振兴战略推进的关键时期，助力脱贫攻坚和乡村振兴战略的有机衔接，实现乡村振兴。

四、产业帮扶，助推发展

务农重本，国之大纲。农业强不强、农村美不美、农民富不富，决定着全面小康的底色和质量。山河智能积极探索产业扶贫，为帮扶地区贫困群众培育可持续发展产业。2019年8月，参与资助龙山召市镇葡萄基地项目建设，发展当地葡萄产业。目前，380亩紫秋葡萄基地完成建设并投入使用，实现了青坪村产业零的突破。通过“合作社+基地+农户”的运营模式，农民以土地入股，可获得30%的收益，预计人均年收入将提高2000—3000元。2021年葡萄进入盛产期，亩产值达到1万元以上，不仅带动周边农户的就业，也促进当地老百姓的日常增收。

2019年，山河智能联合中国信保共同助力慈利县明珠村发展，捐赠2台挖机用于改善明珠村的基础设施建设能力，提升明珠村的“造血能力”，不断夯实集体经济，大力发展产业，助力乡村振兴。

饮其流者怀其源，2021 年，山河智能牵手“十八洞”山泉水，签署采购协议，助力十八洞村产业发展，给十八洞村致富再添动力。

五、突出引领，党建助力

为切实发挥党组织在乡村振兴工作中的战斗堡垒作用和党员先锋模范作用，深入推进抓好党建促乡村振兴工作，山河智能党委打造“党建 +”品牌，积极开展党建扶贫工作，激励发挥党员脱贫攻坚先锋模范作用。山河智能党委组织党员赴江永开展主题党日活动、前往长沙县黄花镇敬老院开展爱老敬老志愿服务活动、参加长沙县红十字会志愿服务站 / 泉塘街道未成年人心理健康辅导站活动、慰问困难学生、开展“我为群众办实事”、参加“万企帮万村”等活动打造“红色引擎”，助力乡村振兴。

旗帜引领方向，实干决定未来。面对新形势、新要求，山河智能将会更加积极主动进行继续帮扶，不忘初心，牢记使命，进一步增强使命感和责任感，强化政治担当，以精准之策继续巩固脱贫攻坚成果同乡村振兴有效衔接，在践行企业担当中，挥洒汗水与青春，用实际行动书写乡村振兴的美丽华章，凝聚起推进农业农村现代化的磅礴力量。

71. 步步高

为乡村振兴注入源头活水

湖南十八洞山泉水厂是步步高集团积极响应党的十九大精神和精准扶贫号召所建的产业扶贫项目。十八洞山泉水厂位于全国精准扶贫首倡地——花垣县排碧乡十八洞村，总占地面积6600平方米，总投资3000万元，产能规划1万瓶/小时，2017年10月8日正式投产。目前拥有员工21人，其中为村里解决就业17人，通过销售岗位安排就业60余人。用工辐射到十八洞村和周边的马鞍村、双龙村、排碧村等。项目投产后，直接为十八洞村村集体带来丰厚收入，水厂15%收益分红给村民，每年保底分红50万元。同时，每生产出一瓶水再拿出1分钱，作为村扶贫基金。

▶ 十八洞山泉水厂全景

一、助力“精准扶贫首倡地”产业发展

十八洞村是苗族集聚地，位于湘西自治州花垣县素有“南大门”之称的排碧乡西南部。2013年11月，中共中央总书记习近平来到十八洞村考察调研，提出了“实事求是、因地制宜、分类指导、精准扶贫”十六字方针，开启了全国精准扶贫的序幕。

作为习近平总书记首次提出“精准扶贫”理念的地方，社会各界对十八洞村的脱贫十分关注。全国人大代表、步步高集团董事长王填对十八洞村的生态环境等情况作了深入调研，了解到该村山高路陡，不适宜发展种养业，在腊肉厂、米酒厂等设想一个个被推翻后，发现该村一峡谷常年流淌着一股山泉水，极具开发价值。

2017年，王填特意在村干部的带领下翻山越岭去考察了这股山泉水，回到座谈会上的他便决定在十八洞村建水厂，与十八洞村集体共享收益。这样既不会破坏当地的生态环境，还能让十八洞村有持久的发展，帮助当地村民脱贫而不返贫。

二、第一个现代化产业项目落户十八洞村

2017年5月11日，王填召集公司相关人员开会，会上决定投资3000万元，在十八洞成立湖南十八洞村山泉水有限公司，并确定了相关负责人。立项后，所有工作就如上紧了的链条一样飞速运转起来。15天出方案图，12天完成地勘，1个月内出施工图……经过全体工作人员加班加点、争分夺秒的推进，在161天时间里，步步高完成了建厂的所有过程，10月8日正式建成投产。

▶ 十八洞山泉水厂上线启动仪式

“授人以鱼，不如授人以渔”，十八洞山泉水厂的建成，是习近平总书记在十八洞村提出“精准扶贫”以来，在这里实现的最具指导意义的标杆工程之一。项目的“因地制宜”和“利益共享”，在当地成功探索出了“造血”扶贫模式。

三、为十八洞村带来“致富源泉”

2018年初，十八洞山泉水正式大规模对外销售，社会各界反响很好，目前已形成线上线下全渠道销售模式。水厂每小时能生产1.2万瓶山泉水，在村民们眼中，十八洞村山泉水厂俨然已成为了一汪“致富泉”。仅分红这一项，2018—2020年村集体增收近200万元，所得分红村里用于为所有农户统一购买社保、帮扶贫困家庭，奖励优秀学子等公益性开支，全村225户939人受益。

多年来，因交通闭塞，自然资源匮乏，十八洞村村民不具备让青山绿水产生经济效益的条件，也缺乏增收致富的路子，家家或种庄稼为生，或外出打工度日。尽管在外打工有一定的收入，但长期远离家乡和亲人，这也成为了村民们的无奈之选。

水厂投产后，很多年轻人都找到了“回家”的理由，决定在自己的家乡留下来发展。

▶ 十八洞的优质山泉水专业生产线

四、助力村民脱贫又“脱单”

十八洞水厂建成后，当地很多村民成为了水厂的“稳定”员工，工厂的运行机制让他们的生活更有规律，现代化的管理制度也提升了村民职工的精神状态。有些原本负能量较多的年轻人，自从到水厂上班后，无论是生活态度还是精神状态都发生积极的改变。大家都由衷地认为，在水厂工作在提高他们幸福感的同时，也提升了他们的自豪感，现在越来越多的游客都慕名而来参观水厂。

五、成为十八洞村乡村振兴的源头活水

如今的十八洞村，除了十八洞水厂，还办起了乡村游、猕猴桃、刺绣等特色产业，并已经形成了自己的乡村振兴产品矩阵。相比于以前不到2000元的人均收入，十八洞村的村民们现在年年都是“万元户”，村集体收入更是逼近百万元。2020年，十八洞山泉水项目成功入选全国光彩事业重点项目，回报社会、承担责任的价值追求为水厂凝聚了发展动能。在十八洞山泉水厂的助力下，十八洞村早已成为了省内第一批脱贫摘帽的贫困村之一，2021年更是获得了“全国脱贫攻坚楷模”的荣誉称号。

十八洞村虽然成功脱贫了，但这仅是第一步。实现乡村振兴，才是十八洞村村民的最高目标。目前，十八洞村在紧锣密鼓的建设中，而十八洞山泉水厂在其中仍起着非常重要的作用。从脱贫致富走向产业振兴，十八洞水厂不仅仅只是让村民个人富裕起来，更重要的是让村民拥有自己的产业，通过产业实现可持续发展，最后实现乡村振兴。

六、汇聚力量，成立“十八洞乡村振兴基金”

从最初播下的那颗精准扶贫的种子，如今已长成助力乡村振兴的硕果，就是这样一瓶小小的山泉水，不仅开启了村民们的幸福生活，还见证了十八洞村从“脱贫攻坚”迈向“乡村振兴”的奋斗过程。随着十八洞山泉水知名度的提升，湖南省内的张家界、麻阳、安化等地，甚至重庆、贵州的一些水资源丰富的村落先后找到我们，希望步步高的乡村振兴成果能够覆盖到更多有优质水资源的地区。

为此，步步高也做了一个规划：联合有关部门和社会各界，采取多种资金筹措（如：发行“产业振兴贴息债券”）方式，成立“十八洞乡村振兴基金”，通过“异地联盟”模式，继续以“十八洞”为统一品牌，专门从事优质水源及优质农产品的开发、加工，将“十八洞”做成一个可复制、可推广的“乡村振兴”品牌。

2021年10月，步步高集团与张家界人民政府正式签约，双方合作开发“张家界水”项目，把“国际张”的生态资源优势转变为产业发展优势，以“一瓶水”工程助推实施“三高四新”、助力“乡村振兴”。该项目将借鉴“十八洞”山泉水的成功经验，再加上步步高数百家实体门店和线上“步步高 Better 购”的丰富渠道，为张家界城市品牌打造再添“新军”。

72. 爱尔眼科

以医疗助力乡村振兴 践行光明中国使命

作为一家具有社会责任感和使命感的专业眼科医疗机构，爱尔眼科充分发挥自身专业优势，积极响应国家“乡村振兴”“健康中国”等号召，全面开展防盲治盲工作、投身社会公益，并联合社会各界，发起各项眼病救助、光明行动，搭建起覆盖全眼科的公益救助体系，深入基层社区和偏远农村地区，实施眼健康精准扶贫。

一、创新模式：交叉补贴与分级连锁补贴保障低收入人群眼健康

结合我国国情，爱尔眼科创新实施“交叉补贴“模式，通过高端医疗服务所获的利润补贴低收入群体，为低收入人群提供低收费甚至不收费的眼科普惠基础手术，让偏远基层的眼病患者也能享受到便捷、优质、可负担的医疗服务，从根本上极大缓解了基层眼病患者看不上病、看不起病的现状，形成了独具特色的可持续的公益慈善模式。

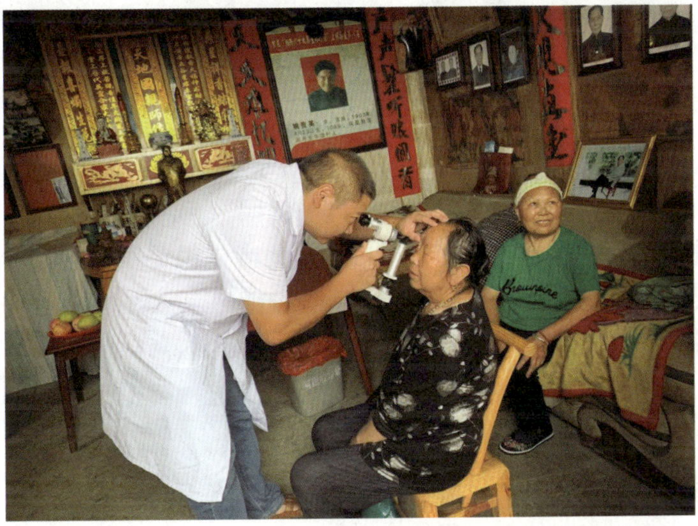

▶ 乡村振兴爱眼护眼光明行活动中，爱尔眼科为村民进行眼健康检查

“交叉补贴”为低收入群体提供可持续的帮助，而爱尔眼科开创性地建立的“中心城市医院—省会城市医院—地级市医院—县级医院”的分级连锁模式，则通过建立覆盖中国大部分城乡县域的眼科医疗机构，推动以地级市、县域为重点的网络布局，并通过培训促进基层眼科医生诊疗能力的提升，实现了优质眼科医疗资源的下

沉，以解决眼科医疗资源分布不均问题，为更多的患者提供优质、便利的眼健康服务。

二、深入乡村：坚持送医下乡，公益项目精准救助守护患者光明

乡村义诊、送医下乡是爱尔眼科一直坚持的行动，特别是针对国家贫困县、“三区三州”、建档立卡户等深度贫困地区和对象，爱尔眼科进行了精准救助，实施了“精准脱贫光明行”“‘你是我的眼’角膜盲症救助”“‘健康视界 尽收眼底’眼底病公益救助”“许孩子一个光明未来”“青少年眼健康关爱”等公益项目，充分保障农村贫困人口的眼健康医疗需求，帮助他们重见光明，走向幸福和谐的光明之路，有效推动了国家精准扶贫。

► 爱尔眼科通过爱眼公益基金会追加捐赠 1 亿元

“光明扶贫工程”是“光明工程 · 白内障复明” 项目的前身，由国家卫健委、原国务院扶贫办共同发起，为贫困地区白内障患者提供免费救治，重点解决农村贫困人口因病致贫、因病返贫问题。2021 年，“光明工程 · 白内障复明”项目启动，针对全国中西部重点人群和重点地区的白内障患者实施手术救治，计划每年为 20 万例农村低收入群体白内障患者给予手术救治补助，进一步提高中西部农村白内障患者的获得感、幸福感、安全感。

自项目启动至今，已有一百余家爱尔眼科医院成为项目定点医疗机构，多家爱尔眼科医院被评为“光明扶贫工程先进单位”。爱尔眼科还通过爱眼公益基金会共计捐赠 2 亿元用于“光明扶贫工程”“光明工程 · 白内障复明”，帮助白内障患者特别是农村患者解除病痛，助力乡村振兴。

陈福文是湖南省株洲市茶陵县火田镇芙江村的村民，孩子们都在外地务工，家中只有他和老伴一起生活。然而，本就是独眼的他，还患上了严重眼疾，生活长期无法自理，为家庭增加了沉重的负担。因为地处偏远，行动不便，陈福文的病情一再延误。

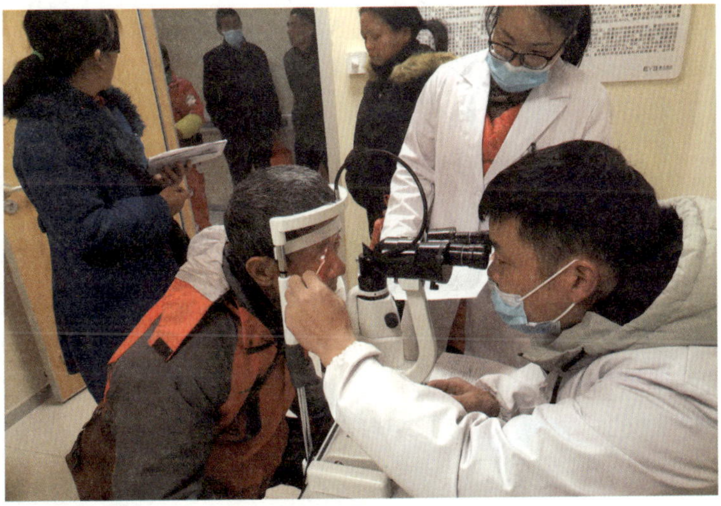

▶ 陈福文正在茶陵爱尔接受详细检查

2020 年 11 月，茶陵爱尔眼科医院医疗团队开展“光明扶贫工程”送医下乡，初步诊断陈福文患有白内障。后来，经过在医院一系列详细检查，医生为陈福文制定了相应的治疗方案，并与陈福文及家人细心沟通，充分做好术前准备。随后，茶陵爱尔眼科医院对其实施白内障手术救治，第二天陈福文的视力便从 0.3 恢复到了 0.8。

近年来，我国儿童青少年近视发病率持续提高，并且呈高发、低龄化趋势，已严重影响到孩子们的身心健康。因此，儿童青少年近视防控已成国家战略。爱尔眼科也紧随国家脚步，深入乡村校园，为农村儿童科普青少年近视防控知识及近视筛查，让孩子们都可以拥有一个光明的未来。

不仅如此，今年爱尔眼科还宣布捐款，将主要用于深入学校及老少边穷等基层

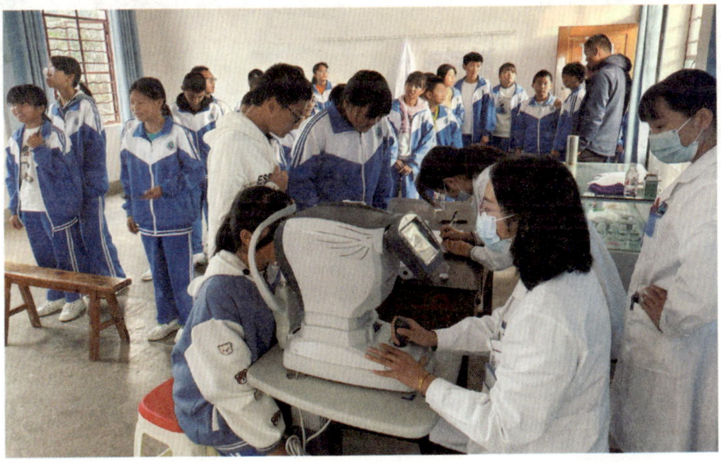

▶ 爱尔眼科跟随国家脚步，深入乡村校园守护儿童青少年眼健康

社区及农村地区开展视力健康筛查、眼健康知识宣教、建立眼健康档案，对患有可避免致盲和视力损害的中小学生及贫困人口实施医疗救助，普遍提高国民眼健康水平，巩固脱贫成果与乡村振兴战略有效衔接，为实现“共同富裕”作出积极贡献。

三、不断前行：助力乡村振兴，为健康中国建设贡献力量

截至目前，爱尔眼科公益足迹遍及全国 31 个省、自治区、直辖市，已帮助近 70 万名贫困眼病患者重见光明，中国 CSR 贡献率 11%，眼健康义诊和科普宣教覆盖人次达 1.8 亿。2020 年全年向社会捐赠逾 3.1 亿元。

爱尔眼科连续两届荣膺“中华慈善奖”，并获得“中国公益慈善企业”“湖南慈善奖”等荣誉。2021 年 5 月，爱尔眼科医院集团董事长陈邦更荣获“优秀中国特色社会主义事业建设者”称号。

在乡村振兴的大背景下，农村人口的眼健康服务会是爱尔眼科的工作重点。爱尔眼科将积极响应国家政策，继续运用专业技术能力、资源体系和可持续发展公益模式，来针对性的进行帮扶和救助工作，助力乡村振兴，助力健康中国建设。未来，还将进一步扩展病种，扩大救助人群范围，除了原来的建档立卡户，也要使更多的农村低保户、五保户等低收入人群获得救治。同时，加强义诊检查力度，使农村人口及早发现和治疗眼病，减少可避免的盲症。

▶ 爱尔眼科荣获第十届、第十一届“中华慈善奖”

农为邦本，本固邦宁。使所有人，无论贫穷富裕，都享有眼健康的权利是爱尔眼科自成立以来始终贯之以一的使命，立足新阶段、新形势，爱尔眼科也将坚持乡村振兴的新理念，帮助更多的农村低收入人群获得救治，为乡村振兴贡献力量！

第十七部分 广东辖区

73. 保利发展

星火相传：将“输血帮扶”变为“造血帮扶”

“保利星火计划”是中国保利集团有限公司（以下简称“保利集团”）积极践行中央脱贫攻坚战略，履行企业责任担当的重点帮扶工程。从2018年9月起，该项目由保利发展控股集团股份有限公司（以下简称“保利发展”）所属保利物业服务股份有限公司（以下简称“保利物业”）承办，以创办“保利星火班”形式，精准面向建档立卡困难家庭子女，通过“4+2”（即4个月在校技能培训+2个月岗位实习）培训实习，授其技、树其人、立其业，实现“培训一人、就业一个、脱贫一家”的精准扶贫目标，将“输血帮扶”变为“造血帮扶”，彻底斩断贫困家庭代际传递。迄今为止，保利星火班已顺利举办六期，除第六期88名学员正在进行职业培训外，一至五期340名学员现已全部完成在校培训和定岗实习阶段，顺利入职保利物业各平台公司，有效带动340户家庭脱贫。

自党中央作出决战决胜脱贫攻坚的部署以来，作为企业国家队的一员，保利发展在保利集团党委的统一部署、具体指导下，充分发挥行业特点和企业优势，结合贫困地区实际，以党建扶贫、教育扶贫、就业扶贫、消费扶贫为出发点，实施落地了一系列扶贫举措，走出了一条具有保利特色的扶贫之路。

2021年，习总书记在全国脱贫攻坚总结表彰大会上发表讲话，庄严宣告，我国脱贫攻坚战取得了全面胜利。同时，也明确指出要切实做好巩固拓展脱贫攻坚成果同乡村振兴有效衔接各项工作，让脱贫基础更加稳固、成效更可持续。保利发展深刻领会习总书记重要讲话精神，聚焦就业、消费两大内生动力，坚持巩固“两不愁三保障”，保持思想不松、标准不降、力度不减，持续推进保利星火计划，帮助定点帮扶县巩固脱贫攻坚成果，加快与乡村振兴有效衔接。根据集团公司党委部署，继续开办第六期保利星火班。目前，共有88名学员正在进行职业培训，即将走上工作岗位。

一、强化组织领导，上下联动推进招生宣传

保利发展联合保利物业于2021年6月启动新一期保利星火招生计划，进行工作铺排筹备。

（一）领导挂帅统筹，夯实帮扶基础

为切实巩固拓展脱贫攻坚成果，衔接乡村振兴，保利集团、保利发展、保利物业三级领导小组多次召开工作沟通会，提出将“保利星火计划”与公司“‘十四五’规划”强关联、共落实，鼓励各平台公司积极践行企业政治责任、社会责任，在招生、培训、就业及职场规划、教育提升、技能培养等各环节中担当作为，创新工作举措、确保帮扶成效。

（二）及时对接政府，充分落地宣传

在明确任务目标后，帮扶工作组迅速对接当地扶贫办和教育局，统筹政企内外资源，通过各地新闻电视、融媒体中心推广宣传，同步派出 5 支宣传工作组赴各地进行现场宣传，并对历届星火班学员家庭进行回访。工作组和群众“面对面”答疑解惑、星火学员和家乡父老“屏对屏”介绍情况。实实在在的帮扶举措，耐心细致的沟通宣传，进一步打消了当地群众的疑虑，增强了他们参加“保利星火计划”的信心。

（三）走村串寨访谈，规范招生录取

保利物业从各个区域公司挑选出 25 名优秀骨干，经过系统培训后分成 6 个招生组赴四省七县开展招生工作。各工作组进驻后迅速联动当地政府，梳理各类报名人员具体情况，严格落实防疫要求，分地分区、走村串寨到报名学员的家庭入户调研，了解家庭实际困难和学员性格特征等第一手资料，为后期培训、就业制定针对性措施做好调查摸底，并对特别困难家庭、军烈属子女，给予一定的政策倾斜，予以加分录取，努力为每一户困难家庭带来温暖和希望。第六期星火班招生经过笔试、面试、体检等各个环节，顺利招录了来自 8 个民族的 88 名学员。这是迄今为止，星火班招录人数最多、民族成分最多、覆盖地区最广的一届。

▶ 第六期星火班开班仪式合影

二、多方协调保障、确保培训实效

在学员人数多、民族成分比较复杂的情况下，保利物业全方位、多角度考虑各种主客观条件，制订了完善的教学培训计划。

（一）配强班主任，优选培训场地

在星火班班主任选配方面。为确保学员健康安全，同时加强教学管理、生活辅导和心理疏导工作，切实把保利发展“雷厉风行的作风、严明的组织纪律性、勇于担当的奉献精神以及强烈的社会责任”等优良品质刻印在学员心中，保利物业党委从保利物业优秀退役军人中挑选生活班主任，选定 4 名政治思想好、能力素质强、管理经验丰富的基层骨干，成立教学工作保障组，通过“五个同步（同吃、同住、同学习、同训练、同娱乐）”“四个知道一个跟上（知道在哪里、在干什么、在想什么、有什么需要和思想工作要跟上）”等措施办法，全时全程伴随保障，引导学员正心正念，培养纪律观念、团队精神。

在教学活动场所选择方面。在委培院校开学延迟、宿舍紧张的背景下，帮扶工作组与校方多方协商，并安排专人对原培训学校新校区——蕴华校区进行了实地考察，从教学、住宿、餐饮等多个维护进行对比分析，最终确定培训校区。

（二）加强教学管理，强化安全管控

一是细化班级管控，严肃管理要求。一方面，开展分班管理，制定课堂、宿舍、活动等管理规定，保证日常学习生活有据可依、有制可循。另一方面，落实分组管理，打乱民族、地域限制，学员混合编组，组建各类学习小组、技能小组，开展形式多样的竞赛、评比活动，既增进团结融合又形成比学赶超氛围，有效降低同一民族、同一地域学员抱团排外引发的矛盾风险。二是科学设置课程，增进团结意识。保利物业总结以往经验，结合本期学员特点，适时调整课程安排，除常规军训、公共基础课程、专业课程以及课外活动安排外，为加强少数民族地区学员增设法制课堂。建立奖学金制定及优秀学员评比制度，形成比、学、赶、帮、超的学习氛围，在给予物质奖励的同时给予优先选择工作单位权利。三是强化安全管控，培养向上氛围。班主任进行全程全时 24 小时伴随管理。一方面增加点名查铺频次，防止失管失控。落实早中晚点名查铺及工作群汇报、请销假管理和宿舍、班级周例会制度，学员分班编组，实行层级管理、逐级管控、随时汇报、确保安全。另一方面，建立积分排名制度，营造赶学比超氛围。科学设置积分规则，对学员学习、生活、遵章守纪等情况实行积分管理，培塑正确的三观和团队精神。

（三）严格防疫制度，保障全员安全

2021 年，新冠肺炎疫情起伏反复、多点爆发，给招生宣传和学员开学带来了诸多挑战。帮扶工作组充分考虑疫情因素，从招生、运输、住宿、餐饮进行了全方位

考量，制定《第六期“保利星火班”新冠肺炎疫情防控预案》，确定了三大防疫措施，从预警预防、日常防疫、应急处理等方面进行了全面安排指导，确保了第六期星火班招生培训安全顺利。

三、推进深化消费帮扶，多措并举促进产业发展

为切实保障对接帮扶县脱贫不返贫，保利发展着力推进消费帮扶工作。

（一）发动各方力量，为家乡撑腰

一是推出保利“百城千摊”活动，年内举办 50 余场社区助农活动。在确保安全的前提下，保利员工化身为帮扶产品推介员，向业主及广大网友讲解保利帮扶举措，展示、促销保利定点帮扶县优质农产品。二是完善星火学子“为家乡撑腰”直播带货项目，保利星火班学员出镜推介 7 个定点帮扶县农产品，为带动家乡振兴贡献星火力量。仅“百城千摊”一次直播吸引数万人观看，获赞 6 万多，在同时段淘宝直播中排行前列。

▶ 百城千摊消费帮扶活动现场

（二）挖掘社区和工会力量，畅通产品销路

保利发展充分发挥旗下物业平台的管理优势，启动“社区的力量”消费帮扶专项活动，联手易居乐农，将贫困地区的农产品带到在管项目，让“带一斤回家”的行动理念深入业主心中，用社区的力量带动贫困地区的农民增收。截至 2021 年 11 月，保利发展已累计帮助保利集团定点帮扶县购买销售农特产品 1200 万余元。线上活动已经在全国 100 多个城市落地，线下已举办超过 30 余场现场帮扶活动。

一切早已开始，一切远未结束，奋斗者永远在路上。在助力乡村振兴、点亮共同富裕中国梦的新征途中，保利发展仍在不竭奋斗。

74. 广汽集团

念好“三字经” 全面推进乡村振兴

自2016年广州市开始对口帮扶贵州省毕节市以来，广汽集团作为广东省、广州市国有龙头企业，积极响应省委省政府、市委市政府决策部署，“讲政治、顾大局、作表率”，第一时间投身到东西部扶贫协作工作中，探索了一些有益的经验。

一、“早”字当头，提前介入

2018年，广汽集团根据国家东西部扶贫协作的工作要求，结对帮扶纳雍县库东关乡5个深度贫困村（李子村、白泥村、黑纱垮村、下厂村、箐脚村），并支持威宁县麻乍镇脱贫攻坚工作；在技能培训、消费扶贫、教育资助等方面采取了多种措施，助力帮扶对象打赢脱贫攻坚战。2020年10月，正值全市脱贫攻坚决战决胜的关键时刻，广汽集团派出专职帮扶干部进驻纳雍县库东关乡李子村，确保李子村完成打赢脱贫攻坚战的任务，为李子村后续实现巩固拓展脱贫攻坚成果同乡村振兴有效衔接的目标探好路、打基础；2021年8月，在巩固拓展脱贫攻坚成果同乡村振兴有效衔接工作深入开展的新阶段，广汽集团再次派出专职帮扶干部进驻纳雍县库东关乡，助力新结对的1个乡（镇）、10个村全面实现乡村振兴。

二、“实”字落地，措施有力

（一）高位推动，强力保障

广汽集团坚持高位谋划推动，建立推进体制机制，倾情帮扶毕节脱贫攻坚。广汽集团党委书记、董事长曾庆洪先后两次到毕节实地调研。自2016年以来，广汽集团及投资企业主要领导及分管领导先后30次带队到毕节考察对接东西部扶贫协作对口帮扶工作。

（二）村企携手，夯实基础

广汽集团积极落实扶贫任务，截至2020年年末共投入帮扶资金755万元。捐赠帮扶资金200万元用于建设威宁县乍镇贫困群众饮水工程。

1. 援助扶贫车间，实现贫困户家门口就业。2018年广汽集团在库东关乡李子村投入50万元援建扶贫车间一个，现已投入使用，可直接带动8名贫困人口就地就近就业，实现贫困户家门口就业脱贫，也解决了困扰当地的留守儿童等社会问题。

2. 解决贫困户两不愁三保障短板。2018年至今，共解决611户危房改造和三改

（改厨、改厕、改圈），极大改善了贫困户的生活和居住环境。在威宁县麻乍镇共建设 30 个饮水工程蓄水池，解决 8 个村（社区）共 1662 户 7212 人的饮水问题。

3. 加大基础设施建设力度，改善村居条件。对饮水工程管网进行改造、建设污水处理设施、修建路灯和烤烟房，惠及村民 1037 户 4586 人。

4. 聚焦攻克贫困堡垒，加大资金支持力度。2019 年，捐赠帮扶资金 200 万元，援建毕节市人大扶贫联系点——威宁县麻乍镇饮水工程蓄水池。2020 年增加帮扶资金 575 万元，助推纳雍县李子村大苗寨项目建设，将其打造为广州 · 毕节东西部扶贫协作乡村振兴示范点。

5. 改善教学设备设施。2021 年 3 月，前期投入 30 万元，设立广汽教育助梦工程基金，并向库东关乡贫困村小学捐赠教学电脑等设备，改善贫困小学教学设备设施。2021 年 9 月，在投入 30 万元专项资金基础上，“广汽教育助梦工程”与毕节市“同心活水工程”项目，倡议集团员工自愿捐赠。截至 10 月末共筹集善款 17.9 万元，广汽教育助梦工程基金增加近 48 万元，全部用于广汽集团结对村的孤儿、困境儿童的教育专项资助。

（三）创新工作，引领全局

为助力李子村实现乡村振兴，广汽集团制定了以“五引四建三增强”为核心的“543 工作法”，助力李子村确定新发展路径、统筹新目标任务、激发新内生动力，开创乡村振兴新局面，使李子村乡村振兴呈现盎然生机。

1. 依托东西部协作“五引”，把发展路径确定下来。一是引导产业连体。广汽集团年销售汽车 220 万辆的消费市场，奠定了李子村一二三产业融合发展的基础。

二是引进合作主体。牵线搭桥，助力李子村引进广州港华农业科技有限公司（下称“港华集团”）和纳雍金蟾大山生物科技有限公司（下称“金蟾大山公司”）等市场主体，整合不同公司技术优势合作发展。

三是引入消费群体。依托广汽集团旗下投资企业近 10 万员工、1 万党员、配套企业 30 万员工、全国 2200 万汽车保有客户、全国 4S 经销店等消费群体资源，初期以李子村产品为基础，后期以李子村为基地带动周边地区发展，开展“广汽党员党建共建活动、广汽员工消费扶贫活动、广汽工会爱心认购活动、广汽车友拓展旅游活动”等系列活动，引入消费群体。2020 年 12 月广汽集团所有投资企业党组织书记 / 工会主席到李子村开展消费扶贫调研活动并举办毕节扶贫农产品认购仪式，认购额超 1650 万元，并于 2021 年超额达成。

四是引领乡村一体。以广汽集团帮扶资金为基础，由李子村集体股份经济合作社控股（占股 60%），下厂村、箐脚村、白泥村、黑沙垮村四个村集体合作社入股（各占股 10%），组建贵州木梳苗寨产业发展公司，负责天然香料供应、专属香氛定制、红托竹荪生产及深加工等业务。

▶ 广汽集团各投资企业认购消费帮扶农产品

五是引来投资客体。自2020年11月23日纳雍县作为全国最后一批宣布脱贫摘帽的县以来，各级各部门围绕李子村发展的主题产业，采取“客场”打法，共获得各界投入资金835万元支持。

2. 突出村支两委“四建”，把目标任务统筹起来。一是组建经济实体。李子村组建村党支部领办股份经济合作社及农民专业合作社。注册成立贵州木梳苗寨产业发展有限公司，仅成立四个月，其销售额达550万元，盈利60余万元。

二是改建人居环境。李子村以打造少数民族——木梳苗寨为主题，对村庄统一规划、统一设计。整合资源和资金修建集少数民族舞蹈演出与村民娱乐功能为一体的文化广场，对村内环境进行美化。投入98万元建成集中养殖圈舍103间，对村民零散养殖的牲畜进行统一圈养、处理粪污，总面积3460平方米，有效改善村庄环境卫生。

三是兴建特色馆所。乡村振兴，文化必须要兴。李子村挖掘大苗寨少数民族文化，弘扬少数民族文化，因地制宜，建设苗医馆、苗食馆、苗绣馆，并配套种植苗药、苗族野菜。投入250万元建成苗药馆、苗绣馆、野菜馆、凉亭等苗家特色馆所，以及三栋苗族风格民宿16间。

四是共建生产关系。李子村以村集体控股企业贵州木梳苗寨产业发展有限公司为载体，与群众、合作社、周边村寨共建生产关系。

3. 推动人民群众“三增”，把内生动力激发出来。一是让群众感到温暖增加认可度。李子村在以往“村、组、农户”的体系上，创新建立了“党支部（工作队）+网格+联户体+农户”的管理体系。

二是让群众看到希望增加自信心。为了让群众记得曾经的历史，记录李子村生产力发展、生活习惯的演变，李子村建立党建陈列馆，分为“红色文化、扶贫文化、民族文化、乡村振兴、党员活动”五个部分，充分展示村容村貌、人文特色、历史沿革、农村生活变迁等，完整记载村子的历史事件、先辈经历的大事、为农村建设和国家富强做出的好事、获得的荣誉等。

▶ 李子村党建文化陈列馆

三是让群众得到实惠增加积极性。为了让群众利益最大化，村民召开群众会议，全票决定将村集体资金入股到木梳苗寨，所获得利润按比例进行分红，在产业发展中，群众不仅能用土地入股，还能通过劳动力获得收入，最终从村集体分红，通过公司运营，使村集体经济利益最大化，群众收益最大化，增强群众参与的积极性。

三、“变”字成形，前景光明

在广汽集团的大力帮扶下，李子村一是变“一穷二白”为“产业兴旺”，二是变“穷山恶水”为“错落有致”，三是变“愁眉不展”为“乡愁感人”，四是变“软弱涣散”为“坚强有力”。一改过去的贫困面貌，一个崭新的乡村正展现在世人面前，李子村正昂首挺胸，走在乡村振兴的光明大路上。

75. 丽珠集团

振兴之路 我们永不止步

近年来，本公司始终坚持以党的十八大及十八届三中、四中、五中全会精神作为乡村振兴工作的指导，全面贯彻落实党中央及总书记的重要指示精神，为脱贫攻坚及推进乡村振兴贡献了微薄之力。

一、助力“产业振兴”

产业振兴方面，本公司通过在山西省设立的控股子公司大同丽珠芪源药材有限公司，大力开展黄芪及其他中药材的种植与加工，树立“黄芪产业”理念，始终做好“三个结合”（与政策结合、与产业发展项目结合、与职业技术培训结合），采用“公司＋基地”和“公司＋专业合作社”的模式，辐射带动当地种植、加工黄芪，因地制宜打造黄芪道地药材产业，形成致富的长远产业和支柱产业，发展特色黄芪产业的富民新路，推动“生态中药基地”建设。

近年来，本公司通过自建基地和共建基地雇用当地工人上百余人，其中贫困人员达 20 人（包括基地作业人员和车间加工人员）。在陕西、山西两地进行了 50 人的黄芪规范化种植技术及加工技术培训，提高了当地农民的职业技能，与山西浑源、天镇、应县和陕西子洲三县再续共建基地 3.3 万亩，并为农户提供了可靠的销售渠道。

二、坚持“慢病公益”

为积极响应国家政策号召，本公司与控股股东健康元集团结合自身产业优势开展“慢病公益项目”计划。慢病公益项目主要针对高血压、高血脂和心脑血管等慢性疾病，向偏远地区捐赠治疗药物，并确保药物能够真正帮助到偏远地区的患者家庭。公司根据实际情况，不定期组织当地医疗机构及志愿者，下乡到户，竭尽所能为偏远地区的患病家庭提供帮助。

近 3 年以来，本公司与健康元集团先后在四川省广元市朝天区，四川省阿坝藏族羌族自治州松潘县、剑阁县和平武县，山西省大同市浑源县、广灵县和灵丘县，甘肃省东乡县和天祝县，吉林省海国家自然保护区，西藏自治区察隅县，河南省焦作市马村区，及安徽省黄山市黄山区等地区开展了慢病公益活动，部分慢性病中老年患者因此受益。截至 2021 年 6 月 30 日，公司与上述县、区签订了 13 个慢病公益协议，帮助建卡户人员 5000 余人。

三、乡村振兴案例

（一）共同富裕的路上，一个都不能少——健康元&丽珠慢病药品派发走访纪实

2021 年 11 月，健康元&丽珠集团联合九龙峰保护区在安徽省黄山区焦村镇十个村庄发放捐赠的四种慢病药品。

▶ 派发慢病药品

截至目前，整个焦村镇一共发放药物 500 余人次，得到了领取药物老百姓们的积极肯定。经村医介绍，此次药物捐赠及派发行动尤其为留守老人、劳动力弱的患者提供了极大的方便，更为他们节约了资金，是一项实实在在的惠民便民好举措。

（二）普惠慢病防治 助力共同富裕 健康元&丽珠集团黄山区慢病药品派发扎实推进

2021 年，是我国“十四五”的开局之年，也是全面推进乡村振兴的第一年。作为医药企业，我们在努力发展企业的同时亦充分发挥自身优势、深入基层积极承担社会责任，为慢病患者解决实际问题，积极助力实现共同富裕。

健康元&丽珠集团携手桃花源基金会于 2021 年 4 月捐赠给安徽省黄山区的价值 100 万的慢病药品，在安徽省黄山区汤口冈村、焦村镇等地进行派发，受到当地政府及领导的高度重视。该批捐赠药品覆盖高血压、冠心病、高血脂以及胃病四种常见慢病，均为当地基层医疗常用且急需的药物品种。派药现场受到当地群众的热烈欢迎，引起积极的反响。

与此同时，为进一步保障群众健康，安徽省黄山区卫健委王主任带队在九龙峰保护区和周边社区开展急救培训，倡导群众树立应急救护意识，学习必要的急救知识，提升关键时刻自救互救的能力。

脱贫摘帽不是终点，而是幸福生活的新起点。我国脱贫攻坚取得全面胜利，健康元&丽珠集团紧密服务于社会发展需求，将帮扶工作的重心转向乡村振兴、共同

▶ 收到派发药品的村民

富裕中来。未来，我们将继续通过慢病防治、产业带动等一系列行动，服务社会，助力共同富裕。同时，发挥自身的优势，使更多优质的医药资源能够切实送入需要帮助的乡村、城镇患者手中，为基层卫生健康事业发展献一片爱心，出一份力量，助力实现共同富裕的美好生活。

（三）焦东榜样 美丽马村 健康元 & 丽珠集团百万药品为发展添彩

2020 年 12 月 15 日，健康元药业集团股份有限公司（以下简称“健康元”）和丽珠医药百万药品捐赠仪式在河南省焦作市马村区人民政府举行。马村区民众表示，这是一个充满人道主义精神、惠及千家万户的善举，健康元将慢病扶贫工作融入健康中国战略，与乡村振兴战略有机衔接，为帮助马村人民巩固脱贫、防止返贫，作出了重要贡献。

▶ 向焦作市马村区捐赠药品

2020年，新冠肺炎疫情冲击全球，国际、国内形势严峻复杂。在这样的大背景下，马村区坚持在“变”中求创新，团结全区人民迎难而上、砥砺奋进，在“变”中不断创造良好的健康环境，为辖区百姓谋福，确保群众获得稳稳的幸福感、获得感、满足感。疫情防控期间，健康元 & 丽珠集团就已把爱心之桥架到了马村区，为马村区提供了价值60万元的新冠病毒抗体检测试剂。政府与企业间的默契配合，用实际行动诠释了善举的真谛，温暖和感动了众多病患的心灵，同时也为马村区提高医疗服务质量、改善群众就医水平发挥了重要作用。

单丝不成线，独木不成林。新时代脱贫攻坚目标任务如期完成离不开国家、社会与企业的共同努力。作为国内早期开展慢病扶贫工作的药企，健康元在董事长朱保国的带领下一直在用实际行动回馈社会，脚踏实地践行企业社会责任，筑牢乡村振兴基础与成果。未来我们将继续发挥自身优势，创新帮扶举措，为推进乡村振兴而不断奋斗！

76. 广发证券

坚持金融专业本源　落实立体帮扶措施

在中国证监会、中国证券业协会、中国上市公司协会等单位的指导下，广发证券积极参与脱贫攻坚和乡村振兴工作，率先响应中国证券业协会“一司一县”结对帮扶行动倡议，先后帮扶海南省五指山市、临高县和白沙黎族自治县等国家级贫困县。

2018 年，白沙县共有建档立卡建档立卡户 10880 户，贫困人口 40000 多人，要实现 2020 年全部脱贫摘帽，时间紧迫，任务繁重，需要有效使用扶贫资金，因地制宜选择合适的扶贫模式，实施扶贫项目，巩固脱贫成果。为推动白沙县脱贫攻坚和乡村振兴，广发证券综合实施金融、产业、公益、智力和生态相结合的立体帮扶举措，巩固天然橡胶产业发展优势，推动五指毛桃等南药种植产业发展，为当地建档立卡户提供就业机会和收入保障，帮扶建档立卡户子女就学就业，加强农业用地生态保护。2020 年 2 月，白沙黎族自治县正式退出贫困县序列。

一、案例背景

2018 年，广发证券结对帮扶海南省白沙黎族自治县。为支持白沙县脱贫摘帽，广发证券结合白沙县天然橡胶资源丰富、橡胶种植面积 93.57 万亩的资源禀赋，充分运用成片的橡胶林下土地，带动产业发展，帮助农户增收，针对性地开展立体式的产业帮扶。

2019 年，广发证券在农业农村部的支持下，与中华农业科教基金会、联合国粮农组织共同开展“联合国可持续发展目标示范村”项目，打造全国乡村振兴示范试点村，对试点村进行全方位帮扶。海南省白沙黎族自治县是试点之一。

二、业务模式

（一）专注专业本源，发挥业务优势，成功申报天然橡胶“保险 + 期货”项目试点

广发证券专注金融扶贫的本源作用，凭借其在中小企业投融资方面的业务优势，在多个国家级贫困县实施金融扶贫项目，并以金融扶贫促进产业扶贫和教育扶贫共同开展。在白沙县，广发证券就结合当地的资源优势和产业特色，申报实施天然橡胶“保险 + 期货”项目试点。

2020 年，结合白沙县天然橡胶资源丰富的实际情况，配合“联合国可持续发展目标示范村”项目的实施，广发证券积极申报白沙县天然橡胶“期货 + 保险”项目。

经评审，项目入选上海期货交易所试点支持名单，支持现货吨数1000吨。从业务模式看，项目通过看跌期权保护农户收割天然橡胶的收入，通过看涨期权保护天然橡胶企业收购天然橡胶的成本，通过溢价售胶方式，最终保障农户的销售收入。

（二）坚持产业牵引发展，建设千亩五指毛桃种植示范园，化“输血”为“造血”

在具体的帮扶过程中，广发证券坚持专业判断，深入分析当地实际，探索产业扶贫项目的资源本地化，构建村委、企业和建档立卡户的利益共同体，设立收益共享、风险共担的体制机制，调动村集体和建档立卡户的积极性，促进当地集体经济发展和建档立卡户增收。

经调研，广发证券发现五指毛桃十分适合橡胶林下种植，且有保肥保水作用。且由于对育苗技术的要求较高，人工种植五指毛桃的产业刚刚兴起。结合生产周期、栽培技术、管理成本、市场规模等综合因素，种植五指毛桃是促进白沙县农村经济发展的优势产业。为此，广发证券在白沙黎族自治县千亩五指毛桃种植示范园，与当地的南药种植龙头企业正生堂合作，通过支持正生堂扩大生产，促进白沙当地五指毛桃产业发展。种植示范园选址对俄村，广发证券向对俄村捐赠扶贫资金500万元，在对俄村及周边建设1000亩橡胶林下土地五指毛桃种植示范园。种植示范园由正生堂负责具体实施、日常管理及产品销售，白沙县政府予以协助和监督。

（三）保障基本民生，建立产业项目收益分享机制，解决建档立卡户的后顾之忧

金融扶贫、产业扶贫和教育扶贫是着眼于长远的扶贫模式，难以产生立竿见影的效果。在长远项目发挥效果前的阶段，需要为当地建档立卡户提供基本的民生保障，实施着眼于当前的公益扶贫项目。为此，广发证券在五指毛桃种植示范基地项目方案中，特意加入提前发放分红的制度设计。

在项目期内，正生堂承诺将千亩五指毛桃种植基地所产生的销售收益向对俄村建档立卡户发放，作为建档立卡户的固定回报，为建档立卡户提供生活保障。在项目未产生收益的第一年和第二年，正生堂提前向建档立卡户发放定额分红，既保障了建档立卡户的生产生活所需，也增强了建档立卡户对项目成功的信心。同时，正生堂在种植示范园内雇佣建档立卡户种植，提供种植技术培训，帮助他们掌握种植技能，并引导他们自行种植五指毛桃，对有意自行种植的免费供应种苗和技术跟踪，对合格产品保价收购，进一步提高自我发展能力。

为了更好地发动建档立卡户参与种植，激发困难群众自主劳动的自觉性和积极性，杜绝不劳而获，广发证券通过当地政府和村委会，动员困难群众参与，并将是否参与种植和培训，与分红资格挂钩。

（四）持续扶贫扶智，开展“广发励志班”，助力少数民族地区阻断贫困的代际传递

习近平总书记指出，扶贫必扶智，把帮扶地区孩子培养出来，才是根本的扶贫之策，才能阻断贫困的代际传递。教育扶贫是造血式的、可持续的。广发证券根据海南省建设自由贸易港和国际旅游岛的发展定位，合理预测当地医疗健康产业迎来快速发展机遇，健康护理人才需求明显增长。广发证券从帮扶建档立卡建档立卡户学生同步解决教育和就业问题的角度考虑，积极探索教育扶贫新方式。

广发证券分别联合海南健康管理职业技术学院、海南省第二卫生学校开设“广发励志班”，由广发证券出资支持困难学生学费、书本费、住宿费、生活费等，由海南健康管理职业技术学院、海南省第二卫生学校负责培养，学习专业主要是护理或健康管理。学业完成后，由广发证券或海南健康管理职业技术学院、海南省第二卫生学校为困难学生联系就业单位。“广发励志班”成功入选“第三届中国优秀扶贫案例报告会”“扶志扶智”优秀案例。

（五）促进生态发展，结合“联合国可持续发展目标示范村”项目，开设农民田间学校

“联合国可持续发展目标示范村”项目由广发证券与联合国粮农组织、中华农业科教基金会合作开展，于2019—2021年在海南省白沙县进行试点。项目对试点村进行全方位帮扶，帮扶措施包括开展农民田间学校培训等。推动中国乡村振兴战略实施，助力实现可持续发展目标，并将与其他发展中国家分享创新扶贫经验。

农民田间学校为建档立卡户讲授化肥、农药的科学使用方法，推广绿色农业操作规范，保护土地肥力和生态环境，促进当地天然橡胶产业和五指毛桃产业的可持续发展。

三、案例成效

经过两年多时间的培育实施，广发证券对白沙县的立体帮扶措施取得较为突出的成效，有力推动白沙县巩固发展脱贫攻坚成果，全面推进乡村振兴。

一是证券思维促进保值增值。广发证券运用证券专业思维，以金融产品的思路，计算资金收益率，实现扶贫资金的保值增值。与传统的捐款捐物相比，帮扶效果更持续和长效。

二是长效造血促进产业发展。天然橡胶产业得到“保险＋期货”模式的保障，五指毛桃种植基地以点带面，逐渐扩大种植规模，形成南药产业基地及产业链。2020年，天然橡胶“保险＋期货”项目帮扶橡胶种植户23565户（其中建档立卡户10666户），利用“欧式看跌期权”对1000吨天然橡胶进行价格保护，最终实现赔付805000元，为1000吨橡胶实现保值。

三是产业发展推动增产增收。截至目前，五指毛桃种植示范基地项目共为建档

立卡户发放3期固定分红，超过150万元；累计雇用贫困户3500多人次，每次劳务收入100元/人，为贫困户累积创造劳务收入超过35万元。达到采收条件后，项目预计每亩产量3000斤，以目前5元/斤计算，每亩产值15000元，项目总产值1800万元（粗加工），深加工产值更可达4000万元。

四是教育扶贫斩断贫困代际传递。“广发励志班”开设以来已帮助超过200名困难学生，实现就业超过30人，通过帮扶一名学生有效地帮扶一个家庭稳定脱贫。

四、启示及推广价值

针对帮扶单位撤离后帮扶项目难以持续产生效益的痛点，广发证券创设长效造血机制。以固定回报为基础，培养种植技能，促进建档立卡户自行种植，持续扩大种植规模。实现培育产业发展、扩大产业规模和培养种植技能、建档立卡户脱贫增收互相促进、良性循环。

针对建档立卡户依靠产业项目分红资格“等靠要”“不劳而获”等错误思想的痛点，广发证券创设约束机制。机制明确要求，具有劳动能力的建档立卡户，必须为项目的实施投工投时，或者在自己的田地参与五指毛桃的种植，或者积极参加项目实施方提供的综合技能提升班。否则，将从分红名单中剔除，丧失分红资格。

针对扶贫资金使用不规范的痛点，广发证券创设保障机制。引进政府监督，项目资金通过政府财政账户划拨，保障资金安全；固定回报由政府监督发放，保障建档立卡户的收益。

自2010年开展扶贫工作以来，广发证券充分发挥金融机构专业优势，创设性地实施“党建扶贫、金融扶贫、产业扶贫、教育扶贫、公益扶贫”五位一体的立体帮扶措施，累计投入扶贫资金近5000万元，带动超过500户建档立卡户近2000名贫困人口脱贫，为脱贫攻坚和乡村振兴贡献力量。

77. 东瑞股份

创新产业扶贫　打赢脱贫攻坚战

东瑞食品集团股份有限公司（以下简称“公司”）创立于2002年，是农业产业化国家重点龙头企业，国家生猪核心育种场、广东出口活猪质量安全示范企业，经过近20年的发展，现已成为一家集科研、生产、贸易于一体的现代化农业集团，公司全面实施ISO9001质量管理体系，坚持产业化经营、标准化生产，产品通过农业农村部“无公害农产品”认证，饲料厂、猪场均获得国家出入境检验检疫局注册登记。公司形成了集种猪扩繁、商品猪养殖、饲料生产、活大猪供港及内地销售、生猪屠宰、冷链配送于一体的完整产业链，实现了生猪产品在香港和内地两个市场的优化配置，是内地供港活大猪前三大供应商之一，也是粤港澳大湾区“菜篮子”生产基地，并得到五丰行和广南行等香港代理商以及广东地区客户的高度评价，公司旗下的“东瑞”牌活肉猪被评为“广东十大名牌农产品——广东名猪”。公司的发展得益于国家政策、政府和当地群众的支持。因此，公司一直积极承担社会责任，努力回馈社会。

证　书

No.20200860

东瑞食品集团股份有限公司：

经农业农村部、国家发展和改革委员会、财政部、商务部、中国人民银行、国家税务总局、中国证券监督管理委员会、中华全国供销合作总社联合审定，你单位为农业产业化国家重点龙头企业。

特发此证

（有效期至2022年监测结果公布前）

2020年12月

▶ 农业产业化国家重点龙头企业荣誉证书

一、产业扶贫工作

公司积极响应中央产业扶贫、精准扶贫的号召，参与河源市“乡村振兴”工作，吸纳产业扶贫资金，以稳定收益的形式帮助贫困户增加经济收入。依托河源市（东瑞）生猪产业园，通过“三方面带动”的产业模式扶贫。一是紧密型带动，紧密带动农户通过资金入股的方式参与到产业园项目建设投资，从而获得较高的分红回报。

2018年至今，公司与河源市有关乡镇签订产业扶贫合作协议，吸纳扶贫资金共计2828万元，带动1993户贫困户、8083人实现资本增收，扎实推进乡村振兴工作。贫困户实现每年稳定分红达282.80万元以上，产业园区内农民人均可支配收入2.08万元/年，高出县区农民人均可支配收入20%。二是松散型带动，产业园实施主体通过向农户采购木糠、粮食、蔬菜等农产品，给周边地区农民带来一定的经济增收。同时，各实施主体根据各自场区经营需要，通过临时聘请的方式提供工作机会，带动农民在农闲时增加劳务收入。三是辐射性带动，产业园各实施主体经营场所均通过向当地农民租用土地的方式进行生产经营，产业园内流转土地面积达8445.41亩，也在很大程度上给农民带来稳定的经济收益，提供农民的生活水平。

产业园建设以来，积极推动科技下乡社会化服务项目，牵头实施主体聘请专家团队现场授课，组织生猪养殖技术推广及疫病防控等专题技术培训4次，培训新型职业人才及周边农户达500人次。凭借先进的生物安全防控体系、监测体系有效的防控了非洲猪瘟疫情，保障了粤港澳大湾区及本土肉食供应。将产业园率先构建育、繁、养、宰、销一体化的融合发展新格局，打造成为粤港澳大湾区的优质生猪重要基地、全省生态养殖绿色发展示范园。2020年，公司是内地活大猪供港最大的供应商，国内出口市场占有率达26%以上；在双疫情的环境下，被列入“全国疫情防控重点保障企业”，为保障香港的肉食供应及猪肉价格稳定起到重要作用。

河源地处粤北山区，农村经济相对珠三角地区较为落后，公司通过上述产业扶贫新模式，可以提高当地农民的经济收入和当地政府的财政收入，具有良好的经济效益和社会效益，同时在带动贫困户脱贫致富、解决就业困难、提高企业知名度、大量吸引外资等方面都将起到积极的作用，是振兴河源农业经济进一步发展的重要力量。

► 公司与乡镇政府签订产业扶贫合作现场

二、参与社会公益事业

长期以来，公司积极参与开展新农村建设、教育事业、关爱留守儿童、爱心助学等各项公益事业活动，持续加大扶贫资金投入。公司坚持每年都举行“助学圆梦”活动，受捐助的学子至今已有近500名。另外公司还通过赞助周边学校改善教学条件、关爱留守儿童、慰问当地教师等多种形式表达对教育事业的支持与帮扶。成立至今累计向社会各界慈善捐款达2000多万元。

公司的爱心帮扶，有效助力了脱贫攻坚工作，连续多年分别获得省、市“扶贫济困日”活动的“红棉杯铜杯”“万绿杯金奖”等奖项。公司一直以来热心公益事业，积极回馈社会，其中“助学圆梦”活动已连续开展了11年。接下来公司将一如既往重视捐资助学活动，将温暖和爱心传递下去。

▶ “圆梦助学”活动部分捐助学生合照

三、参与“千企帮千村”活动

2018年，公司积极响应河源市委、市政府在全市开展的“千企帮千村”活动，并结对帮扶10多个村，开展了贫困户旧房改造、文化广场建设、村道修建、街道亮化工程等工作，助力各乡村打造成为“生产发展、生活宽裕、乡风文明、村容整洁、管理民主”的美丽乡村，获得了河源市“千企帮千村”先进企业称号。

公司积极参与了各项扶贫活动，充分展现了关爱社会、回馈社会的责任感。公司将继续秉承扶贫济困、乐善好施的中华民族传统美德，一如既往支持各项公益事业的建设工作。

▶ 公益事业捐赠活动现场照片

四、结语

公司是一家扎根农村、从农村发展起来的现代化农业企业，自成立以来，从没忘记肩负的社会责任，在发展企业、繁荣经济的同时努力回报社会，积极参与扶贫济困、乡村振兴、助学圆梦等各项公益事业。接下来，公司将继续秉承扶贫济困、乐善好施的中华民族传统美德，一如既往支持扶贫济困、乡村振兴和各项公益事业建设。公司将立足行业特点，发挥自身优势，开展定点帮扶模式，助力打造个别乡村振兴模范村，为“巩固拓展脱贫攻坚成果，助力全面推进乡村振兴”作出更大贡献。

78. 温氏股份

发挥模式优势　产业助力乡村振兴

温氏食品集团股份有限公司（以下简称“温氏股份”或“温氏”，股票代码：300498），创立于1983年，温氏自成立以来一直扎根于中国农村，针对中国农户在养殖过程中的痛点难点，早在成立初期便开创了启动易、风险低、销路稳的“温氏模式”，通过“公司+农户（家庭农场）”的形式，将合作农户纳入公司产业链条、共建共享体系之中，并为其提供全方位一站式支持服务体系，带动广大农户通过发展现代养殖业实现增收致富。

一、顶层优化，全面发力强保障

温氏在参与乡村振兴的过程中，从顶层设计上建立了完善的体制机制，全面发力、全要素投入，保障了现代化农业农村建设的效率和质量。制度方面，出台了《关于全力推动建设“公司+农户（家庭农场）”长效合作机制的指导意见》《关于促进家庭农场发展的指导意见》等相关制度文件，指导乡村振兴工作规范有效开展；组织方面，由总部明确规划与方向，给予制度、资金与技术等支持，深入发动各地分公司落实推进，上下联动，确保各项工作持续深入开展；机制方面，将合作家庭农场收益考核纳入各地分公司年度考核，建立风险防御、利益联结机制，保障合作农户的合理稳定收益。

▶ 温氏技术员指导合作农户养猪

二、主业为基，聚力“三农”共发展

温氏充分发挥养殖技术、高新人才、智能设备、管理模式、销售渠道等全产业链优势，从根本上提升产业建设的整体效果，帮助当地政府、农户接收新的理念意识，掌握新的技术技能，逐步融入主流市场，提升当地产业发展、农民增收致富的能力与信心。

三、模式升级，因地制宜增福祉

自 1986 年实践以来，“温氏模式”见证了改革开放背景下乡村经济社会的演变发展，也在 30 多年的探索实践中不断优化创新、迭代升级。如今，顺应现代农业的发展趋势，“温氏模式”已升级为“公司 + 现代养殖小区 + 农户”模式，并根据农村地区实际情况不断探索丰富，针对农户的养殖能力、资金情况、技术水平等形成多样化“定制式”扶贫模式。同时，温氏充分整合企业与政府资源，大力打造新时期现代农业示范园区，进一步丰富了企业、农户、政府三方合作形式，包容纳入更多主体参与其中，为农民谋福祉，为农业谋发展。

四、利益联结，精诚合作创美好

“温氏模式”鼓励农民以土地、劳动力等形式积极参与企业发展共建共享体系之中，并提供一站式服务支撑和稳定销路支持，为农民参与产业融合创造良好条件。同时，不断创新收益分享模式，丰富了包括合作养殖收益、入股分红、务工工资收入等利益联结方式，并建立完善的风险防御机制，保障农民获得稳定收益。

五、发挥主业优势，助力产业兴旺

温氏的紧密型“公司 + 农户（家庭农场）”合作模式，带动当地村民发展畜牧

▶ 贵州锁溪村温氏合作养殖小区分红

养殖业，助力富民兴村产业发展。在温氏模式基础上，充分考虑不同家庭农户情况和不同地区的发展需求，“定制化”发展出企业垫资、政企合建、农户参股、雇佣劳动等多种精准扶贫方式，拓宽产业带动覆盖面，丰富农户增收渠道，实现了多方合作共赢、项目持续发展的良好效果。

2020 年，公司约有 4.8 万户合作农户（家庭农场），合作农户养殖收益达到 85.6 亿元。2020 年，公司总计投入脱贫资金 5.53 亿元，帮助 87560 名建档立卡贫困人口实现了脱贫；共开展产业发展脱贫项目 720 个，投入资金（含无息垫资、各项补贴、设备投入等）约 5.37 亿元，不仅扶贫效果显著，更促进当地现代化养殖业基础建设升级迭代。2021 年 2 月，温氏股份荣获“全国脱贫攻坚先进集体”称号。

六、激发内生动力，培育农业人才

温氏坚持引育并重，为乡村振兴提供有力的人才支撑。依托“温氏模式”，公司持续为合作农户提供全程服务和相关技术培训，定期安排技术人员到现场进行技术指导、举办技术培训班，帮助家庭农场主掌握先进养殖技术、学习使用现代农装设备。“十三五”期间，公司累计为 7782 名建档立卡贫困户提供职业技能培训，帮助 3359 名建档立卡贫困户实现转移就业。同时，温氏运用“公益帮扶 + 产业振兴”的方式，搭建就业创业平台，为外出务工人员提供从种苗、饲料疫苗到养殖场规划和技术培训为一体的一站式服务支撑体系。

七、提振精神风貌，繁荣乡村文化

温氏在扎实推进产业帮扶工作的同时，积极推动乡村文化振兴，在农村地区投资建设基础文化设施和公共活动场所，同时组织开展敬老慰问等爱心活动。公司的慈善事业主要通过北英慈善基金会、温氏志愿者服务队来开展，并结合公司的发展

▶ 广东扶贫济困日活动

特色和资源优势，为社区提供基础设施投资与支持性服务。目前，温氏股份和温氏员工的捐赠是基金会主要的资金来源。2020 年，公司向北英慈善基金会捐赠 6000 万元。截至 2020 年年底，公司累计向北英慈善基金会捐赠金额近 2.7 亿元。2020 年，基金会在捐资助学、文教体卫、扶贫济困、优抚以及生态环境保护等方面持续投入，总金额达 6403.4 万元。

八、推动生态养殖，守护绿水青山

温氏遵循“资源化、生态化、无害化、减量化”原则，重视对水资源、土地资源的保护和可持续利用，将清洁生产、废弃物综合利用融为一体，形成种养结合、农牧循环的可持续发展模式，助力美丽乡村建设。温氏养殖场项目均严格执行“三同时”制度，按照环保要求进行配套，2020 年公司持续举办 676 场各类环保培训项目，参训人数超过 2.4 万人，提高员工和利益相关方的环保意识和工作效率。2020 年，公司环保投入资金约 6.75 亿元，对所有新建的高效化养殖场或养殖小区都执行了环境影响评估，每月进行采样监测，确保新养殖场投产后均能达到环评标准。

公司坚持贯彻落实清洁生产、污染物综合利用、生态设计和可持续发展，助力构建人与自然和谐共生的乡村发展新格局。2018—2020 年，公司的能耗强度与碳排放强度均保持持续下降的趋势。其中，2020 年，公司的能耗强度较 2019 年下降 9.53%，碳排放强度较 2019 年下降 14.82%。

九、深化基层党建，稳固治理根基

温氏全面落实新时代党的建设总要求，充分发挥党建工作“政治、管理、服务、引导”四项优势，增强企业发展动力，让党建成为“看得见”的生产力，同时积极发挥企业党建优势，推进农村基层党组织建设。温氏股份党委组织全国范围内 85 个基层党支部与所在村党组织开展结对共建，将现代先进的管理理念导入到村级管理中，通过开展产业帮扶、就业帮扶、公益帮扶、文化帮扶等“四帮扶”活动，帮助结对村基层党组织增强影响力、提升向心力，形成资源共享、互带互动、共同发展的基层党建工作格局。

作为农牧业龙头企业，温氏秉承“精诚合作，齐创美满生活”的文化核心理念，将实现广大农民对美好生活的向往视为企业发展的目标。未来，温氏将继续高举农牧业大旗，加速构建现代农业产业体系，推动一二三产业融合发展，立足“三农”，以政策为先导，以产业为依托，以“温氏模式”为基础，通过产业振兴、科技兴农等实现巩固拓展脱贫攻坚成果同乡村振兴有效衔接，携手农民伙伴走上共同富裕的道路，为全面建设社会主义现代化国家添薪蓄力。

第十八部分

广西辖区

79. 桂冠电力

融合“五位一体” 精准特色帮扶

作为国有控股上市公司，桂冠电力全面落实党中央、国务院和各级党委、政府决策部署，坚决扛起帮扶国家乡村振兴重点帮扶县——大化县推进乡村振兴的政治责任，在圆满完成脱贫攻坚帮扶目标的基础上，继续发挥能源主业优势，围绕农业现代化、社会主义新农村建设、农民生活电气化，坚持扶持、扶志、扶智“三扶”并重，坚持真心、真情、真金白银“三真”融合，统筹推进教育、民生、产业、就业、党建“五位一体”帮扶，高质量促进农业高质高效、乡村宜居宜业、农民富裕富足，持续巩固脱贫攻坚成果同乡村振兴有效衔接，为建设壮美广西贡献“桂电智慧”和“桂电力量”。

一、全面实施“党旗引领”帮扶行动

桂冠电力始终将党建和巩固拓展脱贫攻坚成果同乡村振兴有效衔接工作高度融合，创新开展“党旗引领”结对帮扶、支部共建、联建联养、私人订制等系列帮扶行动，构建党政工团全面参与乡村振兴大格局，持续稳定地带动贫困村脱贫增收。通过建立党委保障、支部联建、党员结对机制，实现“党支部＋帮扶干部＋贫困户”三级有效对接，公司 65 个党支部对接 32 名帮扶干部，包联 471 户建档立卡贫困户，结对覆盖率 100%，实现精准到户，主动对接“两村”党支部，联合共建中培训 168 人，培养致富带头人 24 人，建成“两村”77 个产业扶贫基地，成立 8 个合作社，带动 535 户 3014 人。

二、构建“七元共建”体系

桂冠电力集“方略、路径、机制、硬核、职能、制度、宣传”七大核心元素于一体，形成特色“七元共建”体系。通过将“精准”方略贯穿于巩固拓展脱贫攻坚成果同乡村振兴有效衔接各个环节，形成“扶志、扶智、扶业、扶技、扶病”的“5+”帮扶路径，建立“沟通联络、并联参与、问题导向、调查研究、督促指导、结对帮扶、成效评价、返贫预警”的“八大运行机制”；全面建立乡村振兴制度管控体系，实现乡村振兴“制度管总、规范管控”。实现精准施策、过程指导、有效监督三个重点环节和乡村振兴工作事前、事中、事后的全过程制度化、规范化管控；制定乡村振兴宣传方案，强化宣传引导，充分发挥优势，倾力打造乡村振兴各项成果、经验。

三、打造“2412”造血式产业链

桂冠电力打造基于两大种植产业（安兰李、毛葡萄）、四大养殖产业（七百弄鸡、肉鸽，湖羊、肉牛）、一个加工中转站（北景镇冷冻库）、两大销售平台（电商销售平台、后盾单位内部定购平台）“2412”造血式扶贫产业链，建立从产品到消费首尾相连、闭环运转的高效运作机制，实现了全程式造血循环；大力推动发展特色种植、养殖产业，建设种植基地 46 座，种植规模约 1930 亩，建设养殖基地 30 座，贫困户产业覆盖率 100%；开展脱贫技术、人才培训 15 期、培训 508 人，投入 500 万元建设农民工创业园，提供 1000 个就业岗位；投入 260 万元开展“同舟工程”大病救助，覆盖大化县 16 个乡镇贫困群众 516 人。特别是在 2021 年，桂冠电力全面巩固已有帮扶产业，“乡村振兴产业帮扶培训基地”正式挂牌，推动“造血式”帮扶实现全面升级。

▶ 桂冠电力组织职工到广西河池大化县安兰村采摘、帮助销售安兰李

▶ 桂冠电力乡村振兴产业帮扶基地正式在广西河池市大化县板兰村挂牌

四、“三清三拆”去旧 “三微 +”产业建新

桂冠电力按照“一屯一清单、一屯一方案”合理规划，在广西大化县板兰村岩江屯、卡分屯和安兰村弄邑屯、长垌屯开展“三清三拆”环境整治行动，累计清理村庄生活垃圾 10 吨，清理乱堆乱放 13 处，发放灭蚊驱蟑设备 40 余套次，清理村内沟渠 200 多米，拆除残垣断壁 8 处，清理乱搭乱建 14 处，广告招牌 15 处，拆除危旧房 9 间，新增绿化 300 多平方米。桂冠电力在当地喀斯特地貌环境中，创新开辟有限的可利用空间，实施“三微 +”产业项目建设，种植农作物，在 2021 年 4—9 月期间，对农户各家庭院、菜园、集体用地等砌砖搭墙，修建起“微菜园”“微花园”“微果园”，种植蔬菜、果树、花草共 40 余处。

五、探索新能源示范村镇建设

桂冠电力将新能源项目建设与推动乡村振兴有机结合，激活乡村“造血”功能。2022 年 2 月 18 日，桂冠电力援建的广西大化县板兰村委、小学屋顶光伏项目正式开工建设。此项目建成后，将成为大化县首个集光伏发电、光伏科普教育于一体的项目。通过“自发自用、余电上网”模式，可实现板兰村委及板兰小学日常用电自给自足，预计每年节约用电资金 6 万余元，其发电产生的经济收益将分配至板兰村、安兰村村集体和板兰村小学。桂冠电力将把该项目打造成为具有新时期绿色能源应用特色的广西壮族自治区乡村屋顶分布式光伏建设示范项目，为后续农村屋顶光伏项目普及和推广提供经验和借鉴。

▶ 常吉沟光伏电站投产发电，年产绿色电量 6700 万千瓦时，让更多村民用上了清洁能源

六、开展“优师兴教·同心筑梦”教育帮扶

桂冠电力连续四年开展“大唐启明星课堂”品牌活动，共计 7 家基层企业、80 人次优秀青年职工，组成“启明星讲师”队伍，先后赴大化县北景镇板兰小学、弄英教学点、板升乡弄雷村小学等 8 所大化县贫困偏远山区学校，帮助学校检查修缮用电设施，向中小学生讲授电力科普课程、开展爱心公益帮扶，累计受益师生 726 人，捐赠图书、教学用品、文具衣物等物资价值 7 万余元。同时，开展“捐资助学”向大化县北景镇板兰小学捐款 30 万元，捐赠校服 3000 套，结束了该校学生没有统一校服的历史；投资援建教学楼，先后出资 1100 万元援建天峨县三堡乡顶茂村纳岜新村及顶茂村希望小学，出资 678 万元援建大化县民族新城初级中学教学楼，出资 460 万元援建板兰小学教学楼，改善贫困地区教学资源和办学条件，广泛惠及了贫困地区学子；投入 290 万元帮扶大化县“雨露计划—助学工程”，设立“三项基金”（“助学金”“奖学金”“奖教金”）600 万元，目前累计资助贫困学生 2161 人，招聘广西籍大学毕业生 201 人。

七、聚焦“老有所养”“幼有所育”办实事

桂冠电力聚焦“老有所养”办实事，针对广西大化县板兰村、安兰村残疾老人因不会使用智能手机、儿女不在身边无法办理城乡村民养老保险、高龄补贴等问题，组织开展养老认证“上门办”亲情化服务，同时采取张贴通知、村务公开栏、微信群、走访入户等多种形式进行宣传，不断提高群众知晓率，力争养老认证工作不漏一户、不漏一人，累计惠及 120 余名群众。桂冠电力聚焦“幼有所育”办实事，开展“控辍保学”行动，对未按时入学的学生进行逐户劝返教育，共对 15 个学生通过现场劝返、司法劝返、电话劝返等方式，开展 70 多次劝返活动，确保每个适龄儿童按时入学，不辍学，最终实现了帮扶村适龄入学儿童“零辍学”。

第十九部分

海南辖区

80. 华闻集团

积极融入脱贫攻坚大局
多措并举推进乡村振兴

2015 年以来，华闻传媒投资集团股份有限公司（以下简称“华闻集团”）认真贯彻落实习总书记关于扶贫工作的重要论述和党中央、国务院关于打赢脱贫攻坚战的部署，积极响应国家乡村振兴战略，按照海南省委、省政府有关脱贫攻坚暨乡村振兴工作的系列指示，主动融入海南省脱贫攻坚大局，按照“产业带动、农民增收、造血式扶贫”的扶贫道路，确定了“产业帮扶、项目撬动、扶贫扶智、教育优先”的扶贫思路，真抓实干、精准施策、锲而不舍、久久为功，帮扶海南省白沙黎族自治县（下称“白沙县”）定点扶贫村实现整体脱贫。截至目前，华闻集团累计投入扶贫资金 190 多万元，派驻常年驻村专职工作人员两名，赴白沙县参与扶贫、调研等工作逾 100 人次，资助贫困学子逾 280 人次完成学业，协助劳动力转移 202 人，协助办理低保 21 户，大病救助 64 人。在扶贫的基础上，公司还积极参与乡村振兴工作。

一、积极融入脱贫攻坚大局，直面困难和问题

按照海南省扶贫办的统一部署，2015 年，华闻集团与另外 4 家企业一起，负责帮扶白沙县打安镇南达村。华闻集团当年捐资 10 万元，并派出 1 名驻村工作人员专门开展帮扶工作。从 2016 年开始，华闻集团的定点扶贫村被统一调整为白沙县细水乡白水港村（下称“白水港村”）。当时，该村建档立卡贫困人口 151 户 641 人，扶贫工作困难重重，主要有交通闭塞、特殊群体基数大等问题。

二、多举措推进脱贫攻坚和乡村振兴工作

针对上述困难，华闻集团高度重视并积极响应海南省委、省国资委的号召，多措并举推进，协助白水港村开展脱贫攻坚和乡村振兴工作。

华闻集团领导及相关人员多次到定点扶贫村开展专题调研活动，对定点扶贫工作提出妥善处理“六个关系”的要求：一是处理好全面扶贫与精准扶贫的关系，注重精准扶贫；二是处理好物质扶贫与精神扶贫的关系，注重精神扶贫；三是处理好硬环境扶贫与软环境扶贫的关系，注重环境扶贫；四是处理好农户扶贫和项目扶贫的关系，注重项目（产业）扶贫；五是处理好扶贫工作安排与扶贫机制建设关系，注重机制扶贫；六是处理好公司扶贫与全员扶贫关系，注重全员（全社会）扶贫。

▶ 开展调研

白水港村虽然土地较多，但可供大面积种植农作物的耕地却非常有限。华闻集团多次实地调研后认为，山地斜坡适合种植金菠萝。2018 年和 2019 年，华闻集团分别拨付 30 万元、5.5 万元专项资金，采用“合作社 + 农户”的模式帮助贫困户实施金菠萝种植项目，此举不仅解决了贫困户的就业问题，同时也为贫困户带来了可观的分红收入。

▶ 种植金菠萝

扶贫工作开展伊始，白水港村的大部分农户特别是贫困户住房安全没有保障，大多居住在 C、D 级危房中。2017 年，华闻集团积极推动危房改造工作，资助危房改造资金专款 44 万元，并与村委会签订了《危房改造专项资金管理使用协议书》，确保该项资金能全部用于贫困户的危房改造。2018 年，为了调动村民危房改造的积极性，华闻集团对率先按时完成危房改造的 95 户贫困户每户奖励 1000 元。目前，村里 110 户危房改造已全部完成，村民的居住环境和条件得到根本改善与改观，原本脏乱差的村庄变成了“海南省卫生村”。

教育是阻断贫困代际传递的重要途经，治贫先治愚，扶贫先扶智。华闻集团紧抓教育扶贫的“牛鼻子”，自 2016 年起将扶贫助学作为每年扶贫的重点工作，在每学年度开学前发起“金秋助学”活动。华闻集团领导率先带头踊跃捐款，许多党员、员工自掏腰包，积极捐助，集腋成裘，按照每人 1000—5000 元 / 学年的标准，助力白水港村当年就读高中、中专、大专、大学本科的所有学子正常完成学业，缓解贫困家庭的经济压力。截至目前，华闻集团及其员工已累计捐出专项助学资金 76.52 万元，资助贫困学子逾 280 人次完成当年的学业，激励寒门学子学知识、长本领，学有所成，回馈家乡，回报社会。

▶ 金秋助学

从 2017 年开始，华闻集团多次考察了解白水港村周边“灯笼洞”等旅游资源，向村里建议开发乡村旅游。华闻集团 2017 年拿出 10 万元，资助建设了通往“灯笼洞”的必经之路上的一座旅游驿站。2020 年 9 月开始试营业，游客试住反映良好。2021 年，华闻集团要求驻村队员时刻关注驿站经营情况，积极协助县乡两级政府做好项目后期的策划、宣传和管理工作，进一步提升乡村旅游线路的知名度，以旅游带动村民增收致富。

为全面贯彻落实海南省委、省政府倡导的关于“开展消费扶贫行动”的重要精神，华闻集团在全司范围内开展了“我为自由贸易港作贡献，积极参与春风大行动”消费扶贫活动，号召全体员工“以购代捐”“以买代帮”，为贫困地区农副产品销售及巩固脱贫攻坚成果贡献一己之力。华闻集团结合定点扶贫村及所在乡、县扶贫产品的实际情况，确定重点在“海南爱心扶贫网”白沙馆选定并购买扶贫产品。据不完全统计，华闻集团及员工已购买扶贫产品总金额 8 万余元。

为积极应对新型冠状肺炎疫情，降低疫情对脱贫攻坚工作的影响，华闻集团将疫情防控与脱贫攻坚工作相结合，助力白水港村打赢防疫阻击战。华闻集团作为定点帮扶单位，在防控物资极其稀缺的时刻，第一时间寻找防疫口罩购买途径，支援细水乡 1000 只防疫口罩，用于疫情一线防控工作，为在基层战斗的防疫工作者送去关怀和温暖。

三、脱贫攻坚取得成果，乡村振兴任重道远

在各方的共同努力下，白水港村于 2018 年实现了脱贫，2019 年人均纯收入达 1.2 万元，该村被评为“海南省卫生村”，村党支部被评为“白沙县五星党支部”。2021 年 2 月 5 日，该村获得第六届海南省文明村镇荣誉称号。华闻集团也连续三年获得海南省派定点扶贫单位工作成效考核“较好”的评定等次。

下一步，华闻集团将严格按照海南省委省政府、省乡村振兴局 2021 年全省乡村振兴工作会议精神，继续坚持摘帽不摘责任、不摘政策、不摘帮扶、不摘监管的原则，扎扎实实、锲而不舍抓实抓好乡村振兴工作，做好精准扶贫与乡村振兴的有效衔接。华闻集团将坚持做好已有“存量”工作，进一步持续抓好已开展的各项扶贫措施的巩固、深化，防止返贫现象发生。

此外，华闻集团还将创新协助开展乡村振兴规划先行、整治改善环境、推动乡村全域旅游、策划村民广场暨民宿项目、参与省县乡联建机制等乡村振兴“增量”工作，争取将公司扶贫点纳入省乡村振兴规划的第一批试点单位，结合公司战略及发展实际，推动扶贫点村民广场、民宿、旅游景点开发等项目，旨在为白水港村早日实现乡村振兴作出实实在在、真真切切的努力。

81. 康芝药业

积极践行乡村振兴战略
探索乡村儿童公益助学新模式

康芝药业作为国内知名儿童大健康企业，始终积极响应国家号召，切实履行企业社会责任，为实现美好生活和共同富裕，进一步推动国家乡村振兴，贡献康芝的力量。

一、发挥产业优势，开创特色康芝公益之路

自成立以来，康芝药业始终秉承“诚善行药、福泽人类”的企业宗旨，热心社会公益事业。从2009年起，康芝已累计召开几百场“送教下乡”的基层医生培训活动，旨在规范和加强儿童用药的合理应用以控制儿童病程的发展；2011年，康芝分别在山东、河南等地举办了数十场中华医学会全科分会基层全科医生培训会，帮助全国数万名基层全科医生提高儿科临床诊疗水平；康芝还承办了2011年海南省“康芝”杯同在蓝天下摄影大赛，以儿童校园、家庭生活的摄影画面来展现儿童健康成长的过程；2012年协办了“康芝之星”海南亲子文化艺术节，康芝以多种形式的公益行动帮助和改善乡村地区儿童的健康问题。

作为儿童大健康产业民族品牌，康芝药业不仅致力于儿童大健康产业，更致力于守护儿童健康成长的伟大事业。2011年9月23日，康芝药业与中国儿童少年基金会携手成立“康芝红脸蛋基金”，正式开启儿童公益慈善事业之路，提供多种形式的援助和支持，关爱儿童身心健康成长，改善留守儿童现状。

二、新时代新发展，康芝探索乡村儿童公益助学新模式

在“乡村振兴”国家战略下，康芝药业结合自身儿童大健康产业背景，积极探索新时代下乡村儿童公益助学新模式。近年来，康芝红脸蛋基金的工作重心逐渐由温饱、身体层面向儿童心灵智育方面转变，先后深入广西、江西、河南、云南、河北、新疆、山东等省份开展以红脸蛋图书馆、红脸蛋健康课堂、康芝红脸蛋爱心药箱等为代表的新型公益项目，助力进一步推进健康乡村建设。

在“免费午餐公益行动计划”及“关爱留守儿童公益计划”中，“康芝爱心家访团”不仅重视孩子们的饮食营养问题，同时也特别重视与孩子们的沟通和交流。留守儿童大部分处于0—14周岁，正处于成长发育的关键时期。父母外出打工后，远远达

▶ 康芝红脸蛋基金捐赠启动仪式

不到其作为监护人的角色要求，而占绝对大比例的隔代教育又有诸多不尽人意处，这种状况容易导致留守儿童的“亲情饥渴”，因此“康芝爱心家访团”志愿者们采用各种形式拉近和孩子们的距离，用游戏、音乐、美术等丰富孩子们的课堂内容。希望通过这些课程，唤起小朋友对艺术的热情，以实际行动关爱留守儿童身心健康成长。

康芝红脸蛋基金除了加强对农村留守儿童和妇女、老年人以及困境儿童的关爱服务，同时也通过开展“康芝红脸蛋图书馆捐建计划”为进一步提高乡村教育质量贡献力量。在偏远山区，由于环境闭塞，信息滞后，孩子们最需要的是眼界的开拓和知识的充实。而阅读，就是他们开拓眼界和自我充实的最好途径。为帮助更多山

▶ 红脸蛋图书馆

区孩子改善阅读和成长环境，“康芝红脸蛋图书馆公益项目”应运而生，由儿基会“安康图书馆”专家委员会为孩子们精心挑选的课外读物，旨在帮助乡村留守儿童集中的学校和城市打工子弟学校的学生开阔眼界，成为他们成长道路上信心、力量、勇气、灵感永不枯竭的源泉，为孩子们一生的发展奠定坚实的基础。

康芝童心，书香筑梦。自 2016 年起，“康芝红脸蛋图书馆公益项目”已累计帮助十多所山区小学设立“红脸蛋图书馆”，改善孩子们的课外阅读生活，为千万乡村儿童打开畅想知识世界的大门。

三、新冠肺炎疫情之下，康芝开展“云端”红脸蛋健康课堂

2019 年，康芝药业积极响应国家脱贫号召，充分发挥药企作用，践行药企社会责任，带领志愿者团队深入乡村、山区等地，通过康芝红脸蛋基金开展少儿健康守护计划，特邀知名儿科教授现场开授“少儿健康常识和急救知识公益课堂”，深入浅出地讲授了儿童常见疾病预防、正确的儿童健康及护理等家庭实用知识，并为乡村、山区孩子们和家庭配备康芝爱心药箱。爱心药箱配置了儿童常用药、应急用品包、少儿安全健康知识手册等，基本覆盖困难家庭及外出务工人员子女家庭，为孩子们及其家人提供多一道健康的保障，受到社会各界一致好评。

▶ 红脸蛋健康课堂

2020 年新冠肺炎疫情来势汹汹，为减少跨区域的人员流动，康芝红脸蛋基金将少儿健康守护计划进行优化升级，康芝红脸蛋健康课堂创新采用“云端”教学新模式，特邀知名儿科教授线上授课。疫情期间，康芝红脸蛋健康课堂除了常规的儿童常见病预防知识外，还贴心地新增儿童健康防疫知识科普。康芝爱心药箱也因疫情防控需求进行升级，新加入康芝爱心防疫口罩、免洗消毒凝胶等防疫用品，可基本满足家庭的日常医药及防疫需求。

小小的药箱，蕴含着康芝红脸蛋基金对偏远山区孩子的关心，象征着对“祖国

的花朵”健康的守护，体现着康芝药业及康芝红脸蛋基金对守护儿童健康童年的坚定信念，也饱含着对“祖国花朵”成长为国之栋梁的深切期许。

四、助力乡村振兴，康芝从守护乡村儿童健康成长做起

康芝药业作为知名儿童大健康民族品牌，“专注儿童健康”是不变的使命。2021年，康芝药业凭借在环境（Environmental）、社会（Social）、公司治理（Governance）三方面全面发展，以及康芝红脸蛋公益活动为社会所带来的积极影响力，被评为具有行业领先、堪称典范的“中国企业ESG年度最佳案例”，代表着社会对康芝药业公益慈善之路的高度认可。

康芝药业董事长洪江游先生曾表示：“作为一位公民，作为一位企业的管理者，社会责任的担当是义不容辞的。康芝药业始终积极响应国家号召，承担企业社会责任。康芝将始终公益慈善锁定在与自身主业相关的儿童领域，充分发挥产业特色，从身体健康和心灵健康两个维度来全方位保障孩子身心健康成长。未来，康芝药业及‘康芝红脸蛋基金’将推出更多的公益计划，身体力行地帮助更多的乡村儿童，让他们可以拥有健康的体魄和心灵，去创造和实现属于自己的梦想。”

少年强，则国强，儿童的身心健康问题需要全社会的关注和支持。康芝药业及康芝红脸蛋基金希望通过搭建一个全社会共同参与的儿童健康成长公益平台，凝聚更大的社会公益力量，以人才振兴、文化振兴为抓手，呼吁社会大众共同来关爱乡村地区儿童的健康成长，为全面推进健康乡村建设、助力乡村振兴作出贡献。

第二十部分 重庆辖区

82. 西南证券

发挥专业优势　践行国家战略

2021年是“十四五”开局之年，也是巩固拓展脱贫攻坚成果和全面推进乡村振兴的起步之年。西南证券股份有限公司（以下简称“西南证券”或“公司”）深入学习贯彻习近平总书记关于脱贫攻坚和乡村振兴工作的重要论述，切实践行国家战略，多维度发挥自身在资本市场的专业优势，支持贫困地区打赢脱贫攻坚战，积极助推乡村振兴有实效。

一、绿色金融服务区县发展，助推重庆康旅挂牌新三板

公司将重庆康旅项目作为精准攻坚项目，在县政府领导及相关部门的大力支持下，充分发挥中介机构的指导和协调作用，克服诸多困难，完成对旅游相关经营性资产的重组整合、优化内部组织管理、完成土地划转出手续、解除关联方担保，为新三板挂牌扫清了重重障碍。2019年7月8日，西南证券推荐的重庆康养旅游股份有限公司在京成功举办挂牌仪式，成为重庆市石柱土家族自治县首家新三板挂牌企业。

资源整合和改制规范使重庆康旅作为石柱旅游名片得以迅速发展，有效地带动当地消费和就业，配套餐饮业和住宿业取得了快速发展，将旅游资源切切实实转化为新的经济增长点。

▶ 重庆石柱康旅股份项目挂牌新三板

二、“一司一县”结对帮扶，助推重庆城口县脱贫“摘帽”

为响应中国证券业协会“一司一县结对帮扶”号召，西南证券将重庆城口县作为对口帮扶县，采取“多管齐下”的帮扶策略。

一是以公司重庆城口证券营业部为基础，结合对口重庆城口县扶贫工作实际，于 2017 年 5 月正式组建西南证券城口金融扶贫工作站，主动与当地政府部门建立长效帮扶的协调联络机制，并注入投行、新三板、股权投资、小贷等相关服务资源，就金融扶贫、产业扶贫、人才招聘、投资者教育、企业治理结构规范等领域与城口县开展合作并给予相应费收优惠。

二是在西南证券城口金融扶贫工作站的协调下，公司于 2017 年 9 月 29 日与重庆市鹏欣国有资产投资经营有限公司（城口县国资平台公司）在北京召开的“中国证券业协会资本市场助力脱贫攻坚交流会”上成功签署《战略合作协议》，全力推进金融创新支持当地实体经济发展，共同促进城口县多层次资本市场建设。

三是公司“西牛学院”投资者教育团队发挥主观能动性，近年来多次深入城口县重点乡镇，向乡亲们普及反洗钱的基础知识，借助动画短片、真实案例等，充分揭示洗钱危害，旨在引导大家树立“不要出租出借身份证件、银行账户”等观念，倡导大家维护公平正义，积极举报洗钱犯罪活动线索。

► 在城口县双河乡余坪村义务开展“金融普惠进乡村，投教扶智慧乡亲”扶贫扶智投教宣讲活动

四是通过直接捐赠扶贫资金，支持当地经济社会事业发展。2015 年以来，公司已累计向城口县捐赠扶贫项目资金 2910 万元，用于城口县民生设施和基础设施建设。公司向城口县双河乡余坪村派驻员工任第一书记，并安排专项资金 20 万元用于驻村书记开展扶贫工作。

▶ 城口县双河乡余坪村“爱心公益超市”

三、金融助力乡村振兴，服务涪陵榨菜再融资 33 亿元

涪陵地区是国内规模最大、最集中的榨菜产区，已获得中国“榨菜之乡”的美誉。榨菜产业一直是涪陵农业的第一支柱产业，是全国少有的一二三产高度融合的农业样板产业，也是涪陵区高质量推进乡村振兴战略的主导产业。为建设绿色智能化生产基地和智能信息系统，涪陵榨菜拟通过非公开发行股份的方式募集资金，西南证券凭借投行出色的专业能力和长期的合作关系，圆满完成了其债券发行，通过资本支持产业，带动了乡村振兴。

2021 年 5 月，由西南证券保荐承销的“涪陵榨菜 2020 年非公开发行股票项目”成功发行。该项目募集资金总额 33 亿元，受到众多知名机构热捧。

在涪陵榨菜资金到位后，将投入绿色智能化生产基地。绿色智能化生产基地建成达产后，预计年产 20 万吨榨菜、10 万吨泡菜、20 万吨川调类酱产品。项目建成后，仅食品生产产值就高达 115 亿元，预计为涪陵榨菜贡献年营业收入超过 70 亿元，将为企业创造约 14 亿元净利润，提供直接就业岗位近 3000 个。

同时，涪陵榨菜的发展壮大，极大地带动了涪陵及周边地区农业产业发展和 50 万菜农增收致富，为当地经济和农业发展作出了杰出贡献。截至 2020 年年底，涪陵榨菜通过联合体内榨菜专业合作社合作，带动 200 家榨菜合作社，每年有近 70% 的贫困户通过青菜头种植增收，户均收入达 4000 余元。扩张产能带来的新增需求，预计每年将为当地农户创造超过 2.5 亿元的增收。

▶ 涪陵榨菜智能化生产车间

四、"乡村振兴"对口帮扶，开启重庆酉阳县美好乡村建设画卷

2021年，西南证券在帮扶城口县的基础上，将酉阳县作为新增的对口帮扶区县。2021年9月，酉阳县与西南证券签署了《共同推进乡村振兴战略合作框架协议》，西南证券将从以下几方面开展乡村振兴的服务工作，促进酉阳经济社会发展。

一是探索开展桃花源旅投集团投融资改革试点工作。西南证券将立足桃花源旅投的实际情况，积极探索通过开展综合财务顾问服务、债权融资服务、资产证券化及公共基础设施信托基金（REITs）服务、资产管理服务等方式，切实支持酉阳桃花源旅投集团发展。

二是开展酉阳区域内企业综合股权融资服务。西南证券公司将坚持生态优先、绿色发展，推动产业生态化、生态产业化，凭借专业优势，通过上市保荐服务、综合市值管理服务、并购重组服务等方式，促进酉阳县企业在资本市场挂牌、开展直接融资或者协助有关企业实现传统产业的升级、新兴产业换代的目标。

三是通过专项捐赠和消费帮扶等方式支持酉阳县域经济发展。西南证券向乡村振兴产业发展专项资金捐赠350万元；计划采购酉阳县农副产品65万元。同时，积极宣传酉阳辖区内各旅游景点，号召员工前往酉阳旅游消费。

四是加强对驻村书记的关心和帮助，以驻村书记为纽带，开展支部结对帮扶、捐资助学等活动，强化教育引领，提高当地群众精气神。

除此之外，西南证券将积极融入酉阳各项发展事业，发挥证券公司的智慧和力量，在金融人才交流、文旅产业、特色农业及生态产业发展规划、党建工作、支持小微企业、促进金融与乡村振兴发展等领域广泛开展合作，责无旁贷地当好金融顾问，助推酉阳乡村振兴，助推县域企业改革转型，持续增强县域经济活力、市场竞争力和抗风险能力，共同推进高质量发展。

83. 渝农商行

打好金融服务“组合拳”
贷动乡村振兴美画卷

重庆农商行酉阳支行认真践行服务“三农”使命，在巩固拓展脱贫攻坚成果同乡村振兴有效衔接的新发展阶段，以服务乡村振兴为总抓手，聚焦乡村产业发展和普惠金融，打出了一套“党建＋金融”的“组合拳”，精准发力、持续用力，大力培育乡村特色产业，紧盯一乡一品，助力酉阳县产业兴旺、生态宜居、生活富裕。

一、党建引领，不忘为民服务初心

重庆农商行酉阳支行在积极服务乡村振兴战略中，始终坚持把党建引领放在第一位，支行党委站在讲政治的高度，充分发挥“统揽全局，协调各方”的领导核心作用，把服务乡村振兴工作作为党委当前和长期的重要政治任务来抓，纳入党史学习教育重要内容，制定了金融服务乡村振兴“2345”工作计划”。在实施“2345”工作计划中，以党支部为战斗堡垒，以党员为模范先锋，充分发挥党的先进性，带领全体员工发扬走“千家万户”，踏“千山万水”的“两千精神”，狠抓“金融融智融心行动、产业兴旺带动行动、农户帮扶提升行动、金融知识普及行动、信用环境创建行动”五大行动落地，有力地推动了金融服务全面推进乡村振兴工作的开展。

齐科，28 岁，花田乡何家岩村人，饲养 40 多头猪，2021 年行情好，计划扩大养殖规模，带领周边的农户一起致富，可就是资金缺口难住了他。重庆农商行酉阳支行开展整村评级授信的党员服务队了解到这一情况后，当即对齐科的养殖状况进行详细调查，现场开展了建档评级授信，并随后发放了 20 万元农户专业大户信用贷款支持齐科发展产业。这是他创业以来获取的第一笔贷款资金，点燃了创业的激情，催生了他心中的希望。目前齐科的猪存栏已达 120 多头，一年卖猪的纯收入大约 10 万元。“贷款资金就是我们农户的定心丸，不然扩大养猪规模这个事，我都不敢放开养，现在还养这么多。”齐科高兴地说道。

2021 年以来，重庆农商行酉阳支行坚持金融回归本源、服务乡村振兴的战略导向，下沉服务重心，以党员为骨干力量，走向沉睡的广阔农村，田间阡陌，积极开展“整村授信”工程，建立健全农村信用体系，着力解决农户“贷款难”“贷款慢”“贷款贵”的问题，积极探索出了一条可复制可推广的金融助力乡村振兴之路，以金融活水激活了沉睡的乡村。2021 年以来，酉阳支行已在全县重点乡镇开展了整村评级建档授信工作，涵盖 19 乡镇 68 个行政村，授信 8541 户，授信金额 25344 万元。

二、聚焦产业，共绘乡村振兴画卷

重庆农商行酉阳支行立足县域特色种养殖产业，紧盯“产业兴旺”这个实施乡村振兴战略的首要任务，结合农业供给侧结构性改革要求，优先满足涉农市场主体融资需求，优化县域金融服务，确保涉农金融有效供给持续增加。

▶ 油茶种植基地

油茶是酉阳县农业产业的第一支柱产业。2018 年 12 月，为了加速油茶产业化发展，酉阳县成立了酉阳县酉州生态农业发展有限公司，专门负责油茶全产业链经营。为扩大油茶种植规模，该公司计划新建两万亩油茶种植基地，但却陷入资金不足的困境。重庆农商行酉阳支行在上门走访了解到该公司这一困难后主动伸出援手，立即成立了金融服务专班，针对企业的融资需求，制定了金融服务方案。在得知该公司缺乏足值有效的抵押物后，酉阳支行更是向公司推荐了重庆兴农融资担保集团有限公司，通过引入担保公司的方式圆满解决了担保难题。经过一个多月的不懈努力，最终成功完成对酉阳县酉州生态农业发展有限公司 1.2 亿元贷款授信，用于支持“酉阳县乡村振兴高标准油茶基地建设示范项目”。该项目建成后，将新增高标准油茶种植基地 2.2 万亩，惠及酉阳县一镇三乡约 1100 户农户，可实现农户增收 3000 多万元。项目投产后每年将产出优质油茶籽 5225 吨，出油率按 5:1 计算，约可榨油 1045 吨，可实现年产值约 2.09 亿元。

2021 年 6 月，酉阳县偏柏乡种植大王吴金伍为了扩大经营业务，花了 160 多万元买了一条脐橙选果生产线，以至于手头没有了周转资金。眼看着自家果园丰收在即，却筹不到收果时所需工人的工资等资金，他急得像热锅上的蚂蚁。正为这笔钱发愁时，吴金伍了解到重庆农商行酉阳支行酉酬分理处的信贷客户经理来偏柏乡开展“走千家万户，踏千山万水”活动，于是便试着提交了 100 万元的“林权抵押”

贷款申请。吴金伍提交申请后，重庆农商行酉阳支行酉酬分理处的工作人员立即与他对接。他在家提前备好“林权抵押”贷款所需的各项材料，分理处信贷客户经理上门服务，很快就在果园处签了合同。用1000亩脐橙作为抵押，100万元贷款资金很快就到了吴金伍账上，正好可以赶上即将到来的脐橙采摘、包装的用钱高峰期。

▶ 脐橙丰收

2021年以来，酉阳支行坚持“立足农村，服务‘三农’”，加大涉农贷款投放力度，严格贷款投向、优化贷款流程、实行优惠利率，助力现代农业发展，帮助农民致富增收。2021年1—10月，酉阳支行累计投放各项贷款120.8亿元，贷款余额较年初增加23.67亿元。

三、提质服务，彰显助农惠农真情

酉阳县是重庆市幅员面积最大的县，农村地广人稀，传统的银行物理网点辐射范围有限，农村居民金融服务难一直是个老大难问题。在深入推进党史学习教育中，酉阳支行坚守为民情怀、坚持金融为民，始终把群众满意作为衡量金融服务能力和水平的重要标准，坚持新发展理念，以“科技＋金融”赋能农村金融服务，彰显了重庆农商行“以人民为中心”的助农惠农情怀。

酉阳县花田乡何家岩上寨是个有着100多户人家的古寨，由于寨子周边旅游资源丰富，古寨里十分之一的人家直接干起了与旅游相关的住宿、餐饮等工作，其他多数的人家间接干起了与旅游相关的农产品提供等增收的工作。近年来，村民们腰包鼓了起来，但同时也多了一个幸福的烦恼，每次存钱、取钱都不方便。

2021年4月，重庆农商行酉阳支行相关负责人到花田乡何家岩村走访，了解到这个情况后，很快把在何家岩上寨建设普惠金融服务点纳入该行为民办实事的议事日程。“他们效率高，几天就把机器安装调试好了，有了这个金融服务点，我们可以少跑很多路。”何家岩上寨的村民杨丽花说。目前，酉阳支行已在全县38个乡镇（街道）设立营业机构50个，建设24个普惠金融服务点，设立村级助农服务取款点61个，布放金融自助设备236台；建立1+2+N普惠金融基地19个；在县域32个重点村组派驻金融服务专员；发展“渝快付”二维码商户8626户，减免交易手续费14.6万元。

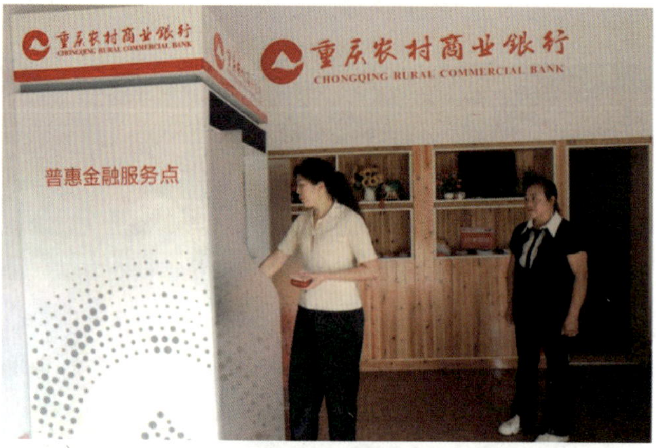

▶ 新设立的服务点

展望未来，重庆农商行酉阳支行将始终以习近平新时代中国特色社会主义思想为指导，高举普惠金融旗帜，不忘“金融服务乡村振兴”的使命，沉下身、沉下心、沉下力，提供更有温度、更有速度、更有深度的金融服务，奋勇争当县域乡村振兴的“主力军”和“排头兵”。

84. 长安汽车

织梦酉阳——长安汽车定点帮扶酉阳茶油案例

2021 年，高端食用油行业迎来了一个崭新的品牌——酉阳茶油。年初，酉州生态公司确定了 2500 万元销售目标，5 月这个目标尚未过半，但因长安汽车介入帮扶而调整为 3500 万元，这一目标仅仅保持 2 个月后就被轻松突破，然后酉州生态公司再次调整目标到 5000 万元，而这次只一个月就被完美突破，为此酉州生态公司又一次将冲刺目标上调为 8000 万元。而今，得到长安汽车全力帮扶的酉阳茶油正一路高歌猛进，成为茶油行业一颗耀眼的明星，立志打造中国茶油行业顶尖品牌。

一、帮扶酉阳茶油项目的由来

第一，响应党的号召是长安汽车的责任和义务。身为国企自应担当，党的号召就是命令、国家有需要就应该冲锋在前。作为国民经济发展的中坚力量、中国特色社会主义的支柱，国有企业必须从思想和行动上体现党和政府的意志和利益，这是国企的责任和义务。

第二，长安汽车品牌提升需要一个响亮的公益品牌。今天长安汽车的市场瓶颈不在技术而在品牌，多次市场调研的结果显示长安汽车品牌力落后于产品力。如何快速提升品牌力呢？除了我们重点主打的自主研发和产品品质两张牌，我们还有公益王牌，如果我们能够在短期内帮助酉阳茶油成就中国明星甚至世界明星，那长安汽车可就是金牌教练，是跨行业帮扶的标杆，这张牌打好了可以快速形成品牌三足支撑之势，三力合一可以赢得更好的市场青睐。

第三，酉阳茶油是个很好的助农致富项目。酉阳县有 39 个乡镇、278 个村、85 万人，其中农村人口 60 万。这次政府搭台、企业牵头、农民响应的茶油致富项目，由企业出资、农民出地入股种植油茶树。根据合同，酉州生态公司占股 60%，村集体经济组织占 8%，农户占 32%。令我们敬佩的是，酉州生态公司承诺在股权不变的情况下，从第十六年起每年出让 1% 红利给农户，最终只保留 20% 红利，并对农户实行保底收益 + 分红政策，农民还可以在种植地帮工赚取工资收入。油茶树栽种 6 年后开始产出效益，丰产期 120 年内可惠及农民三代。2021 年年底全县几乎村村栽种油茶树，可惠及 10 万户 30 多万茶农。可以说酉州生态公司承载着带领全县茶农脱贫致富、实现乡村振兴的重任。长安汽车帮扶酉州生态公司绝不是简单地帮扶一个企业，而是通过帮扶这个龙头企业，帮到它身后一个产业链以及链上从事油茶种植的几十万甚至周边几百万茶农。

二、帮扶酉阳茶油的价值点

第一，食用油安全战略呼唤发展茶油产业。中国油脂行业的自给率只有 32%，2/3 以上需要进口。食用油安全事关国计民生，已经上升为国家战略引起管理部门高度重视。而在众多食用油中，大豆油、菜籽油以及花生油占据着全国前三，占比达 85%，而茶油产销 80 万吨，仅占总量的 2% 左右。因此，在花生、油菜、大豆这些需要占用大量耕地的作物不能快速增长的情况下，喜好荒山野岭的油茶树却可以广泛推广，为中国食用油产业作出积极贡献。

第二，消费升级需要发展茶油产业。目前世界上最著名的两大木本油料植物分别是油茶树与油橄榄树，其中的橄榄油就已经得到中国消费者的认可，市场份额已经占到 5%。而茶油作为中国特有的一种优质食用油，多数消费者甚至还不知道它的存在，其市场份额更是不到橄榄油的一半。相对于市场上传统植物油，茶油有很多优势，素有“东方橄榄油”称号。因此，伴随人们对茶油的认识以及消费升级的持续，茶油一定会成为中国乃至全球用户的首选。

第三，碳平衡战略呼唤发展茶油产业。据专业部门发布的数据显示，每年每亩油茶林吸收二氧化碳能力在 1—4 吨左右。因此我们仍然可以通过帮扶茶油项目展示长安汽车的社会责任，同时积极建议国家相关部门重视，应优先发展这种既有经济价值又有社会价值的树种为碳平衡首选项目，以促进社会可持续发展。

第四，城乡协调发展呼唤发展茶油产业。酉阳地处山区，由于地理位置、区域经济发展不平衡，导致该地劳动力资源大量外流。尤其是青壮年外流是当前“三农”问题的突出现象。农村人口外流给城市经济增长与发展带来收益的同时，也给农业农村的发展带来了劳力的缺乏。此前，当地政府为发展经济、稳住劳力开展过多个脱贫项目，但还不足以助农致富。这次，酉阳县倡导的茶油产业，其经济效益非常可观，据酉州生态公司董事长张新文介绍，茶油产业的经济效益是相同土地面积其他农作物产出的 3 倍。也正是这个原因，近两年外出打工的青壮年开始回流，如果这个产业能科学高效发展，则可以较好地解决农民事业和家庭不能兼顾、影响城乡协调发展的关键问题。

三、新颖策略输出高效成果

第一，塑品牌，快速扩大知名度、美誉度。长安汽车介入帮扶后，项目组对酉州生态公司进行过实地调研，发现这个企业虽然是 2018 年成立的新公司，但在资金、技术、产能、原料、品质等方面都具有行业优势，他们的酉阳茶油产品去年底新上市，欠缺的是品牌、渠道和管理的提升。长安汽车结合多年扶贫工作经验进行讨论，1.0

版扶贫是捐钱捐物，2.0 版是买货促销，根据酉阳生态的实际情况，直接采用 3.0 模式介入对酉阳茶油的帮扶，即从品牌传播切入，直接高调开头，形成强势品牌入市效应。在这个思想指导下，长安汽车与酉州生态公司确立了 3—5 年内打造行业顶尖品牌的目标，策划了长安汽车与酉阳县政府、酉州生态公司共同签署《乡村振兴定点帮扶合作协议》活动。受到来自中央电视台、人民日报客户端等众多主流媒体的重点关注，活动后酉阳茶油品牌在全网声量及关注度呈量级增长，日均关注度上涨超过 144 倍，而且全网点赞无一负面。酉阳茶油一夜走红！

▶ 长安汽车与酉阳县政府、酉州生态公司签署帮扶合作协议

此外，长安汽车还利用自身专有的国内大型车展活动平台，以及遍布全国各地的营销市场，隆重推出长安汽车公益品牌活动，帮扶酉阳茶油在汽车消费人群中拓展品牌知名度和美誉度，因为这个群体最有希望成为中国食用油升级的先行者。

▶ “上得厅堂下得厨房”的长安汽车董事长朱华荣为酉阳茶油直播带货

第二，建渠道，快速提升销量、抢占市场。乡村振兴项目组对目前中国茶油市场的基本判断是：这个市场并不是一个饱和、充分的竞争市场，也没有形成真正的茶油头部企业，因此，快速上量抢占有利市场，尽快形成强者地位非常重要。长安汽车一是直接利用自身的营销渠道大量采购酉阳茶油，作为汽车销售的促销品，2021 年 5—10 月实现促销 2000 万元；二是企业内部采购，在集团所属企业大工会系统的劳动竞赛、员工关爱活动中使用部分酉阳茶油产品，2021 年已经促销 320 万元；三是动员长安汽车的 5000 家经销商、4700 家供应商等合作伙伴介入乡村振兴活动，目前所有经销服务商，包括部分长安车用户已经行动起来，自发宣传和使用酉阳茶油。2021 年长安汽车对酉阳茶油的促销贡献达到 2700 万元以上，占总销量的 35% 左右。

第三，重培训，快速开拓视野、提升能力。企业的发展首先是员工能力的成长。2021 年 9 月开始，酉州生态公司与长安汽车达成协议，选派了 20 余人进入长安汽车大客户、4S 店、新营销、品牌等部门现场实习，全面深入学习长安汽车的营销渠道经营模式、品牌传播运作模式；此外，还选派 12 名骨干员工参加长安学习中心举办的通用和营销两个方向的经理级继任者培训班学习。

第四，授人以渔，快速建立长效机制。业界有个传说：一流企业做标准，二流企业做品牌，三流企业做产品。我们认为酉阳茶油的目标是国内顶尖品牌，是世界冠军，那么肩负这个使命的企业必须掌握世界一流的管理技能。因此，长安汽车项目组正按照朱华荣董事长“帮忙不添乱、助力不越位”的要求制订下一年帮扶方案，在仔细分析茶油行业、酉州生态的实际情况基础上，精心匹配长安管理体系，力求帮助建立一个具有一定领先水平和简单实用的数字化管理体系 1.0 版，让其与酉州生态公司生产经营相结合，让优质管理释放出高效的生产力。

“种油茶绿色环保，这是促进经济发展、农民增收、生态良好的一条好路子。”长安人将谨遵习总书记的教导，真诚帮扶酉阳茶油成就行业顶尖品牌，实现乡村振兴的美好愿景。

第二十一部分 四川辖区

85. 国网信通

践行央企社会责任 聚焦阿坝乡村振兴

自乡村振兴战略实施以来，四川省阿坝州成功创建省级乡村振兴先进乡镇3个、示范村14个，命名州级先进县(市)2个、先进乡镇5个、示范村30个，命名县(市)级先进乡镇18个、示范村46个……这背后有阿坝州唯一一家上市公司国网信息通信股份有限公司（以下简称“国网信通股份”）从脱贫攻坚到乡村振兴一直以来默默守护与支持的力量。国网信通股份凭借积极承担社会责任，助力少数民族地区脱贫攻坚的突出表现，2019年被四川省上市公司协会评为“2017—2018年扶贫先进单位”；2020年12月，获得人民网主办2020第十五届人民企业社会责任奖“年度扶贫奖”；2021年2月，在第十届中国公益节上获评“2020上市公司社会责任奖”。

一、背景情况

四川省阿坝藏族羌族自治州是“三区三州”深度贫困地区。党的十八大以来，阿坝州累计实现10.34万贫困人口脱贫、606个贫困村全部退出、13个县（市）摘帽，打赢脱贫攻坚战。

2021年5月31日，阿坝州乡村振兴局正式挂牌，州扶贫开发局重组为州乡村振兴局，标志着阿坝州“三农”工作重心的历史性转移，乡村振兴全面登上历史舞台。

国网信通股份是国网信息通信产业集团有限公司（以下简称“信产集团”）控股的公司，是四川省阿坝州唯一的一家上市公司（原岷江水电，股票代码600131），是能源行业领先的云网融合技术产品提供商和运营服务商。

国网信通股份利用岷江水电重大资产重组契机，以高成长性的云网融合信息通信产业置换传统水电业务，推动阿坝州产业升级，完成产业帮扶从“输血”向“造血”转变，全力支持阿坝州由集中资源支持脱贫攻坚向推进乡村全面振兴平稳过渡的实现。

国网信通股份为更深刻透彻地了解阿坝州的乡村振兴工作，为后续乡村振兴方案的精准制定、科学有效实施打牢基础。2021年5月，响应《集团2021年巩固拓展脱贫攻坚成果助力乡村振兴工作方案》要求，第一时间成立“乡村振兴”专项工作组，10余次深入阿坝州，向阿坝州乡村振兴局汇报推动脱贫攻坚与乡村振兴有限衔接部署情况，走访了阿坝州农业农村局、扶贫开发局、教育局、科技局、阿坝州国有资产投资管理有限公司等单位，与阿坝州政府开展座谈就如何助力阿坝州乡村振兴开展交流，了解阿坝州政府在乡村振兴方面的相关政策情况。立足阿坝州资源禀赋和发展基础，确定以充分发挥自身科技产业优势为导向，聚焦四大帮扶——“科技帮扶”“消费帮扶”“教育帮扶”“就业帮扶”，实施可持续产生效益的产业模式及，探索可造血、可持续、可复制的国网信通股份式乡村振兴之路。

2021 年 6 月，国网信通股份与阿坝州政府签订战略合作协议，明确优势互补、立足长远的合作原则，带动当地产业发展、积极开展业务及资本合作内容，为阿坝州经济社会发展贡献积极力量。

二、主要做法

（一）增加产业链布局“吹”响科技帮扶号角

为发挥高科技企业的带动效应，国网信通股份下属中电飞华、中电普华两家全资子公司在阿坝州完成分公司注册，增加相关产业链的布局和投入，助推当地传统产业结构升级，重组后累计已为阿坝州新增税收 2874 万元。

2021 年，国网信通股份加强与阿坝地区银行的业务合作，与建行阿坝汶川支行申请委托贷款 1 亿元，保证了国网信通股份资金池运行安全，也为建行阿坝汶川支行带来 375 万贷款利息收入。

▶ 开展乡村振兴调研

（二）助力基础设施完善“搭”好精神文明舞台

2014 年，国网信通股份联营单位四川福堂水电有限公司成为阿坝州第一家参与对口帮扶工作的企业，2016 年福堂水电参加了“万企帮万村”对口帮扶工作，土门镇亚坪村是福堂水电帮扶的村之一，全村有 405 户 1035 人，建档立卡贫困户 133 人，在政府、企业、村民的共同努力下，2017 年亚坪村实现贫困村“摘帽”，2019 年所有贫困户退出贫困序列。

为丰富群众文化生活，从 2013 年起，福堂水电向阿坝州对口帮扶贫困村捐款 335 万元，先后为修建了茂县东兴乡垭坪村福泽广场、德胜村减灾棚，其中福泽文化广场占地 4000 余平方米，配套了乒乓球台、篮球场等设施，以及两个时尚的 LED 显示屏。村民有了精神气，村里有了凝聚力，村集体经济也兴办起来。

亚坪村先后被评为“精神文明村”“民族团结示范村”“依法治村示范村”，福堂水电被中共阿坝州委、阿坝州人民政府评为“阿坝州民族团结进步先进企业”。

（三）设立教育基金，“唱”好教育帮扶之歌

国网信通股份为提高乡村教师的地位，激发阿坝州乡村教师奉献乡村教育的内生动力，2013—2020 年，向阿坝州教育事业捐款 200 万元，2021 年 9 月，再捐款 50 万元，联合州教育局设立“国网信通—福堂教师奖”奖励基金吸引、留住“金凤凰”。在阿坝州优秀教师和教育工作者颁奖典礼上，奖励了 100 名基层优秀教师和教育工作者。优秀教师荣誉证书和奖金，对默默无闻在阿坝州奉献的教师而言，是一种认可与尊重，也是一种慰藉。“国网信通—福堂教师奖”奖励基金的设立让老师“下得去、留得住、教得好”，为“乡村振兴”和“一州两区三家园”建设提供智力支持和人才支撑。

▶ 设立“国网信通——福堂教师奖”奖励基金

（四）探索消费帮扶举措“奏”准产业帮扶之音

国网信通党员干部因地制宜探索务实有效的消费帮扶举措，以“线上＋线下”方式，千方百计为当地农产品、手工艺品等特色产品“出山进城”铺路搭桥，壮大特色产业。截至目前，已有 3 家农副产品销售公司、100 余种商品入驻国家电网公司“爱如电”“惠农帮”等线上平台，“在线化”销售为扩张产业价值链创造条件。

2021 年国庆中秋双节前，国网信通股份协助信产集团开展阿坝州农副产品采购。集团 20 余家分、子公司的工会、员工消费额达 20 余万元。订单式采购消费帮扶新举措提振了阿坝州农产品制造企业的信息，拓宽了阿坝州群众的收入渠道。

此外，国网信通股份常态化组织农产品进食堂、进工会慰问品和职工爱心订购

等活动。积极倡导员工将奉献爱心与消费帮扶有机结合，引导员工根据实际需求自发购买，助力缓解定点扶贫县农产品滞销问题，为全面打赢扶贫攻坚战积极贡献力量。

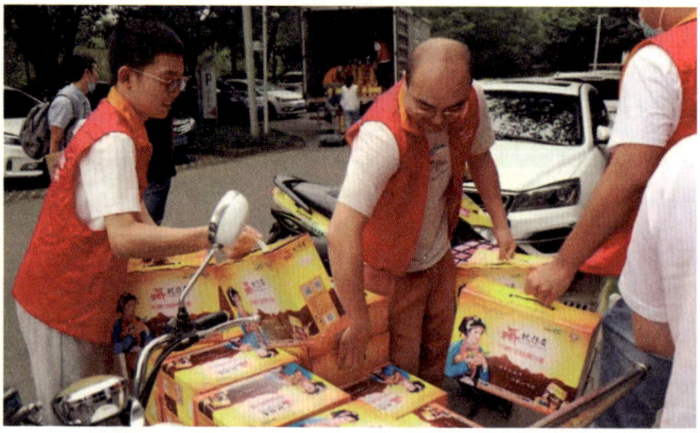

▶ 采购阿坝州农副产品

（五）开展党史教育"拨"动文化振兴之弦

阿坝州是红军长征驻留时间最长、召开会议最多的地方，全州 13 县市均被认定为革命老区。依托"雪山草地"红色资源，2015 年 6 月，阿坝州创办了长征干部学院并于 2019 年启动对外培训，2021 年推出 10 条精品教学线路，挖掘红军长征故事，强化学员党性教育，打造党性教育和长征精神研究的高地。

根据国网信通股份党员同志的实地调研，信产集团决定与长征干部学院签署战略合作基地，将其设立为集团党性教育基地，面向集团党员干部定期开展党性、党史教育。2021 年 9 月 26—30 日，由信产集团主办、阿坝州党校长针干部学院承办、国网信通股份协办的《弘扬长征精神 坚定理想信念——国网信通产业集团 2021 年第一期党务工作者长征精神教育及能力提升培训》在阿坝州顺利举办并取得圆满成功。国网信通股份、中电飞华、继远软件、中电启明星、思极创新科技、思极星能、福堂水电等 40 余名来自全国各地的党务工作者、党员干部、优秀共青团员在阿坝州接受红色文化的洗礼。本次培训为长征干部学院带来 10 余万的收入，也让更多人了解红色资源丰富的美丽阿坝。

"民族要复兴，乡村必振兴。实现乡村振兴、民族复兴，必须坚持不懈、久久为功，既要有'功成不必在我'的精神境界，更要有'功成必定有我'的历史担当。"这份清醒的认知，是国网信通股份从脱贫攻坚到乡村振兴不变的坚持。在新阶段的奋斗中，国网信通股份将不忘初心，不断探索，勇于创新，砥砺奋进，充分发挥产业优势，为促进阿坝州农业高质高效、乡村宜居宜业、农民富裕富足作出央企上市公司应有的贡献。

86. 国机重装

有的放矢直击靶心　精准帮扶振兴乡村

国机重型装备集团股份有限公司（以下简称“国机重装”）是世界 500 强企业中国机械工业集团有限公司的控股子公司，是以中国第二重型机械集团有限公司核心制造主业为平台，整合中国重型机械有限公司、中国重型机械研究院股份公司等国机集团重型装备板块优质资源，组建的集科工贸于一体的国家高端重型装备旗舰。

国机重装拥有 21 个国家、行业、省级研发创新与产业化平台，汇聚了以中国工程院院士、行业领军人物为代表的一大批顶尖人才，获得了国家科技进步一等奖在内的 400 余项科研成果，创造了 300 余项“中国第一”，授权专利 2000 余件。

2021 年以来，国机重装始终坚持以习近平新时代中国特色社会主义思想为指导，深入学习贯彻习近平总书记在全国脱贫攻坚总结表彰大会上的重要讲话精神，切实履行定点帮扶朝天区的职责和使命，通过走村入户、深入田间地头听民声，制订了具有“国机特色”“朝天特色”的帮扶项目方案，共落实农业机械、特色产业、基础设施、教育培训、公共服务 5 个方面、19 个帮扶项目，资金 986 万元，为朝天区乡村振兴贡献“国机力量”。

一、定点帮扶工作与成效

国机重装党委紧密围绕朝天区乡村产业、人才、文化、生态、组织等全面振兴，钉准着力点，落实过硬举措开展定点帮扶工作，助力朝天区巩固拓展脱贫攻坚成果、实现乡村全面振兴。

1. 着力党建帮扶，强化党建引领。国机重装党委高度重视定点帮扶工作，坚持党委抓总、分工协作、部门负责的工作机制，促使党建与定点帮扶工作深度融合，以党建工作引领定点帮扶工作落地见效。坚持把助力朝天区乡村振兴工作与其他重点工作同安排、同部署、同落实，召开专题会议研究相关工作，及时组织开展专题调研，全面督促检查定点帮扶朝天区工作。

2. 着力配强选优，凝聚帮扶力量。牵头制订 2021—2025 年定点帮扶五年规划方案、2021 年定点帮扶工作要点。修订完善了定点帮扶工作管理办法，进一步明确定点帮扶职责任务。在选派朝天区驻村第一书记 1 名、驻村工作队队员 1 名的基础上，新选派 1 位干部挂职朝天区委常委、副区长，进一步选优配强帮扶干部队伍。

3. 着力扶志扶智，提升造血能力。定点帮扶工作始终坚持开展全方位、多层次的帮扶工作。一是协调集团投入资金 50 万元支持扩大朝天区国机关心下一代基金规模，用于朝天区青少年儿童的助学、助困、助孤、助残、助业，构建长效帮扶机制。二是对300名基层教师进行了集中培训，显著提高了朝天区义务教育质量。三是对69名乡村振兴干部进行集中培训，切实提升了朝天区乡村振兴干部素质能力。四是累计培训乡镇卫生院及乡村医生等205人，努力为基层群众提供“安全、有效、方便、价廉”的基本公共卫生和基本医疗服务。五是对301名群众进行稳岗就业和免费创业、技能培训，促进提高群众就业机会和创业质量。

▶ 乡村振兴普惠培训

4. 着力产业帮扶，巩固振兴根本。定点帮扶工作始终坚持因地制宜，谋划具有“国机特色”“朝天特色”的产业帮扶项目，助推朝天区实现绿水青山底色上的乡村振兴。朝天区农业产业机械化建设项目稳步推进，其中山地单轨运输车项目的建成，有效化解朝天区山林人力运输劳动强度高、效率低下、成本高这一历史难题，填补了朝天区乃至广元市在山地机械化运输领域的空白，惠及项目区2000余名群众。朝天区核桃产业提质增效、朝天区蚕桑和中药材产业基地提升建设等项目扎实推进。

5. 着力爱心帮扶，用心纾难解困。定点帮扶工作始终围绕着鱼鳞村群众最关心、最直接、最现实的问题。在新并入朝天区鱼鳞村的原东风村、袁家村的主要路段增设夜间照明设施57处，极大方便了2000名群众夜间出行。积极开展新春“走基层、送温暖”慰问活动，为鱼鳞村群众送去2万余元的慰问品。组织驻村工作队走访鱼鳞村农户300余户次，为老百姓产业发展出谋划策。

6. 着力消费帮扶，凝聚帮扶合力。积极创新帮扶方式，以消费帮扶行动为抓手，以促进帮扶产品稳定销售为重点，充分利用集团电商平台，广泛动员所属企业和干部职工开展“以购代捐”活动，全力帮助朝天区销售滞销农产品，积极协调朝天片区帮扶成员单位快速开启产销对接采购，购买和帮助销售朝天区核桃、花生、野菌、月饼等农特产品350余万元。

7. 着力文化帮扶，倾注人文关怀。在第八个国家扶贫日之际，国机重装在朝天区鱼鳞村开展“架起爱心桥梁，共建美好美丽乡村”和“乡村振兴、青春助力”主题活动，开展党的乡村振兴政策宣讲、文艺演出下乡、志愿服务活动等项目，丰富村民文化生活，帮助村民解决实际困难，切实加强了已脱贫群众的精神文明建设。组织开展“手挽手—圆梦‘微心愿’”活动，集团内各单位为朝天区认领482本书籍，共计13141.5元。

二、主要经验和创新

在巩固拓展朝天区脱贫攻坚成果、助力乡村全面振兴的生动实践上，以“钉钉子”精神，严格落实“四个不摘”要求，有的放矢地实施各项帮扶举措，鼓劲推动朝天区做好巩固拓展脱贫攻坚成果同乡村振兴有效衔接。

1. 以集团优势为箭头，创新振兴发展措施。一是加大民生投入，夯实振兴保障。紧密结合朝天区经济总量小、发展不充分不平衡、山高坡陡、土地贫瘠、基础设施滞后的基本区情，在改善农村地区群众居住分散，入户路、生产便道覆盖率偏低和基础设施落后等问题上下狠功夫，着力打通与群众生产生活密切相关的“最后一公里”。二是突出产业发展，筑牢发展根基。重点围绕朝天区核桃、蔬菜、畜牧、食用菌、蚕桑五大特色农业产业，藤椒、中药材、笋用竹、小水果等其他特色产业体系，加强新型农业经营主体培育，健全完善利益联结机制，因地制宜开展产业帮扶，实现“输血”与“造血”有机结合。三是挥动机械力量，构筑发展“高速公路”。发挥独特的机械设备优势，统筹协调推进产业机械化、旅游帮扶、电商帮扶、消费帮扶等工作，延伸特色产业链条，以“钢铁力量”强化产业发展骨架，提升朝天区优势特色产业带动能力、发展可持续性，不断增强群众稳定增收、持续发展的能力。

2. 以帮扶体系为箭杆，凝聚乡村振兴合力。一是坚持一个目标贯彻到底。围绕巩固脱贫攻坚成果、推动乡村全面振兴目标，建立完善定点帮扶领导体制和工作机制，持续保持领导有力、上下联动、高效运转、强力推进的乡村振兴新格局，确保贯彻落实党中央、国务院各项部署要求不折不扣落地落实。二是紧盯关键环节抓落实。国机集团构建“集团＋片区牵头单位＋片区成员单位”一体化帮扶体系，部署7家二级企业为帮扶朝天片区成员单位，层层签订帮扶责任书，保障帮扶措施落实。国机重装切实履行国机集团定点帮扶朝天片区牵头单位负总责的职责，发挥在川地缘优势，形成帮扶合力，狠抓落实。三是坚持五大机制保运行。建立定期督导、专项检查、专项审计、成效考核、绩效挂钩的考核评价机制，切实保障乡村振兴工作有序推进。

3. 以要素保障为箭羽，铆准帮扶工作基础。一是强化资金投入保障。加强帮扶资金预算管理，加大帮扶资金专项投入力度，统筹整合直接投入帮扶资金、引进帮扶资金，聚焦特色优势，实现乡村全面振兴。2021年以来，国机集团在朝天区直接投入和支持引进资金986万元，实施扶贫项目19个，直接惠及6000多名群众，为朝天区实现乡村全面振兴注入了强劲动力。二是强化党建帮扶。以片区帮扶牵头单位和成员单位为重点，统筹整合各方力量，开展各类党建帮扶和结对共建活动，充分利用主题党日、群团共建、送文化下乡等形式，强化感恩奋进教育，激发群众内生动力，同心协力做好定点帮扶工作。三是强化帮扶长效机制。认真落实“四个不摘”要求，坚持做好返贫动态监测工作，完善返贫监测户和边缘易致贫户日常监测和帮扶机制，切实巩固“两不愁三保障”成果。统筹协调推进定点帮扶工作，持续巩固提升脱贫攻坚成效。出资80万元支持支持朝天区脱贫人口稳定就业，开展农村劳动力免费创业、技能培训，培训已脱贫群众921名，对已建成的幸福国机小学进行配套完善，切实消除安全隐患，惠及全校师生90人。

▶ 幸福国机小学

87. 纵横股份

无人机在乡村振兴中的应用

当前，随着我国全面推进“四化”同步发展，着力推进城乡一体化发展，乡村城镇化水平逐年提高，农业农村发展环境不断改善。但是，乡村发展依然存在着明显瓶颈，比如农村现代化水平较低、城乡基础设施建设不平衡，农村基础设施建设力度仍不及城市、城乡公共服务不平衡等困难和问题。在乡村治理方面，乡村地区普遍面临地广人稀、环境较差乃至恶劣、自然灾害频发等诸多问题，导致乡村治理水平落后甚至治理缺位，传统的人工巡查、统计分析手段已不能满足当前乡村振兴的要求，研究如何充分利用科技手段促进乡村治理水平的提升，是能够有效促进乡村振兴目标的实现的重要手段。

一、纵横大鹏无人机乡村治理解决方案

成都纵横自动化技术股份有限公司（股票简称“纵横股份”，股票代码688070）是国内规模领先、最具市场竞争力的工业无人机企业，公司于2015年在国内率先发布并量产垂直起降固定翼工业无人机，将“垂直起降固定翼无人机”这一新类别纳入了工业无人机的范畴，与多旋翼无人机一起成为当今工业无人机的主要布局形式，细分市场占有率超过50%。

公司积极开展无人机在乡村治理的各项应用解决方案，不断探索提升工业无人机的智能化应用水平，促进城市、乡村等不断提升综合治理水平，目前已形成多个成熟的应用解决方案，包括如无人机大致正射及倾斜摄影系统获取影像信息用于乡村规划、

▶ 纵横大鹏 CW-25 无人机

违建治理、实景三维；搭载光电吊舱用于日常巡查、环保巡查、森林防火、应急等场景；搭载激光雷达系统获取高精度地理信息，进行地质灾害监测；搭载多光谱相机获取光谱数据用于作物长势监测、病虫害信息分析等精准农业以及林业资源保护等。

二、纵横大鹏无人机乡村治理应用案例

为了深入贯彻落实习近平总书记关于乡村振兴的重要讲话精神，服务国家重大战略需求。纵横股份在实地考察小坝镇当地情况后，和小坝镇开始着手摸索并建立“5G+ 无人机”的基层治理新模式，实现了智慧无人机在巡检、安防、执法、搜索、救援、农业等多个场景中应用，大大提高基层治理效率，有效遏制和应对重大突发险情。通过和小坝镇共同探索政府基层治理新模式探索，解决人工巡检存在搜索地域广、时间长、成本高、难度大等实际问题，并带动当地基层村民参与积极性，实现政府治理与社会调节和居民自治的协同发展。

公司建立“5G+ 无人机”所需的基础设施配套，纵横股份与小坝镇合作，投入数十万元打造基层应急指挥中心，建设无人机防灾系统（包括无人机 CW-15D 平台、通讯中继方案、便携式地面控制站）、信息系统和指挥与调度平台，实现应急信息的可视化展示、精准化分析、有效化处理。

为有效动员村民参与积极性，小坝镇将全镇 17 个村划分 4 个片区，建立镇、片区、村、组、户五级联动联防网格化管控机制，制定“五张清单”，实施“村负责、组协调、户参与”的农户轮流值守制度，构建起“统一指挥、专常兼备、反应灵敏、上下联动、平战结合”的应急作战机制，并组建由县级部门、乡镇、村社、应急队伍等共同参与的应急指挥作战小组。

► 地方媒体对基层治理指挥中心的新闻报导

为有效发挥无人机在基层治理的载体作用，小坝镇大力推行地质灾害监测员、生态护林员、网格员、巡河员、治保员等“多员合一、一员多用”，小坝镇将无人

机操作纳入机关、站所和村两委干部培训计划，纵横股份则负责建设无人机理论实操培训基地，培训合格人员分成 4 个班组，与全镇 3000 余名志愿者、专业人才、民兵等组成的 18 支应急队伍联动，常态化开展灾害排查、应急处突等工作。目前已组织完成多批次飞手培训并取得无人机操作资格证书。

▶ 无人机驾驶员培训

北川小坝镇目前已先后完成了无人机灾害预警、防火防汛应急演练、地质灾害等应急演练，并对境内地质灾害、森林防火、生态保护、矿藏开采、农业监测、社会治安等场景开展日常巡查，通过无人机巡视，每架每天可完成 40 多平方千米的巡视面积，一周以内可以完成全域无死角巡视，且一个架次飞行可实现森林防火、人工护林、河道巡视、矿山监测、应急处置等多种功能，是传统人工巡视效率的 40 倍，从空中视角进行巡护也更全面、更高效、更安全，获得的巡视资料实现可追溯、可分析、可留存。在发现疑似灾情时，空中传回的画面将直通镇指挥大厅，镇应急管理小组可以在第一时间获取到疑似灾害点的位置信息、地形信息、灾情信息等，并根据应急处置方案，通知村里责任人，进行快速处置，为基层治理现代化提供决策依据和科学保障。

通过“5G+ 无人机”创新治理模式建设，小坝镇一是有效实现当地组织振兴，无人机的应用带动了动员当地村民参与治理的积极性，创新乡村社会治理，加快推动社会治理重心向基层下移，充分发挥社会组织作用，显著提高村民民主自治能力，激发村民内生动力，提高乡村治理能力，形成了高效的乡村治理结构。二是构建了多方参与的社会动员响应体系，健全小坝镇的基层应急管理组织体系，加强了应急管理队伍建设，强化了应急状态下的基层资源保障。此外，无人机的引入，促进了无人机在地质灾害检测、河道巡检、生态护林等行业的应用，催生一批就业需求，纵横股份通过对当地村民进行无人机相关理论实操培训，提高专业素质，有效减少当地人口资源外流。

三、坚持科技创新、积极服务社会

除小坝镇的“5G+ 无人机”乡村综合治理应用外，近年来公司产品在国内多个地区乡村综合治理的各个领域得到应用，先后参与郑州“7 · 20”特大暴雨救援、四川省森林防火重点区域常态化巡查、宁夏固原市原州区张易镇马场村二林沟荒山火情救援、淮河防汛实时巡检、绵阳市平武县响岩镇森林火灾应急救援行动、西昌森林火灾应急救援行动、湖北省长江入河排污口排查整治专项行动、北京市房山区山体滑坡应急测绘、广西北海金海湾保护区红树林生态资源保护巡查、石家庄市岗黄水库饮用水源地保护区空中巡查、四川卧龙国家级自然保护区熊猫保护与巡山工作等多个重点任务项目，积极履行社会责任。

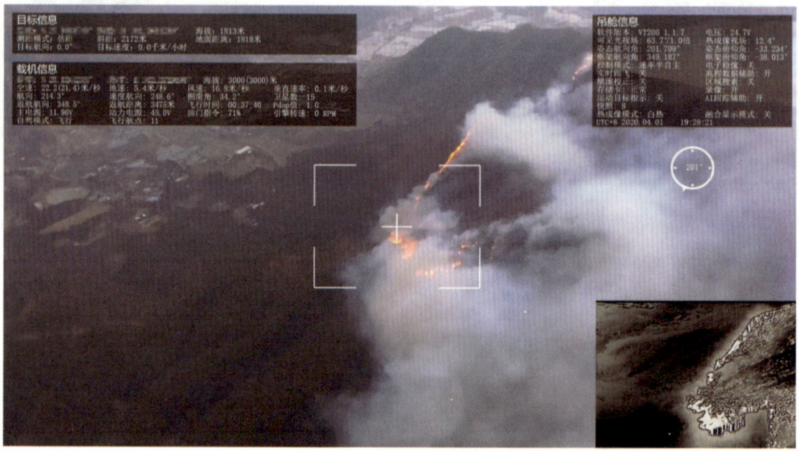

► 公司无人机参与山火应急救援

面向未来，纵横股份将继续拿出砥砺“咬定青山不放松”的韧劲，激扬“中流击水、奋楫前行”的干劲，脚踏实地做好产品，不断完善无人机在乡村治理的应用解决方案，将无人机在基层治理应用方面的创新与成功经验推广在全国进行推广，推动无人机在全国乡村治理中建立常态化应用模式，充分利用科技手段真正服务国家乡村振兴战，为全面实现乡村五个振兴奠定基础和做好重要保障。

88. 五粮液

用市场理念构建扶贫长效机制 推动巩固脱贫成果与乡村振兴有效衔接

作为一家有责任担当的特大型国有企业集团，五粮液始终将帮扶贫困地区脱贫攻坚作为最大的政治责任、最大的民生工程、最大的发展机遇。按照省委省政府、市委市政府统一安排部署，五粮液分别于2015年7月、2017年12月和2019年2月，承接了对口帮扶省级贫困地区宜宾市兴文县、国家级贫困地区甘孜州理塘县、宜宾市屏山县的脱贫攻坚任务，全力助推帮扶地区脱贫奔康。目前，已累计投入精准扶贫帮扶资金27.85亿元，对口帮扶三个县全部“零漏评、零错退、零返贫、群众满意度高”，高质量退出贫困县序列，帮扶建档立卡贫困户脱贫退出，直接受益贫困群众达到15万人以上，惠及群众近100万人。

一、责任行动

（一）扶贫管理

五粮液全方位构建“指挥部+参谋室+作战队”的“三位一体”长效扶贫组织体系，形成公司高质量发展与脱贫攻坚“同规划、同部署、同推进、同考核”的同频共振新格局。

五粮液重点实施“三步走”开发式扶贫战略，经过第一阶段送钱送物、修房筑路的“物质输血”，第二阶段开发扶贫酒、建设基地、扶贫车间的“产业造血”，第三阶段推动党建共建、文化下乡的“扶智扶志”，构建起“资本化运营、产业化运营、市场化运营、雁阵式培养、党建促脱贫”的五大模式，实现扶贫分层递进，群众长效增收。

（二）扶贫实践

1. 以产业扶贫带动群众增收。五粮液按照“因地制宜、因户施策、因人而异”的产业帮扶原则，构建“五粮液+特色产业基地+农户”模式，以产业化思维发展特色富民乡村产业，促进产业融合。

其一，依托主业，打造百万亩专用粮基地。自2017年以来，五粮液建设100余万亩标准化酿酒专用粮基地，将贫困户脱贫与公司主业深度挂钩，带动贫困农户致富增收。通过鼓励贫困户土地流转，适度规模化经营；完善基础设施、提供技术支持、保价收购粮食的特殊订单模式；建立以绿色有机标准为主导的酿酒专用粮供应体系等方式，打通种植、收储、调运全产业链，打造出农民增收、农业增效、农村增绿的精准扶贫创新模板、示范标杆。

▶ 五粮液绿色生态酿酒专用粮基地

其二，因地制宜，助力地方特色产业发展。在理塘县，五粮液结合自然条件好、海拔高、无污染、植被覆盖率高的地区特点，捐赠 210 万元并整合 1300 万元打造 42 亩极地果蔬（香菇）基地，牵头筹建甘孜州首个村集体资产经营管理有限公司（理塘县上马岩村集体资产公司），大力推广香菇标准化生产等新技术推动当地产业发展。辐射带动周边 7 个贫困村，近 400 农户从中获益。

在兴文县，五粮液结合青山岩村竹产业的优势资源禀赋，打造“种养”搭配、“产业”融合的 1100 亩五粮液青山岩竹林（苗圃）产业示范基地，以纸浆竹为主，发展竹石盆景、林下种养殖业等辅助产业，解决农户中短期和长期收入问题。

其三，聚焦长远，设立乡村振兴发展基金。2017 年 8 月，五粮液成立五粮液农村产业融合发展投资基金管理有限公司，并发起设立全国首只乡村振兴发展基金，重点围绕酒业、茶业、林竹产业、酿酒专用粮基地建设等领域开展深入探索，推动

▶ 青山岩竹林（苗圃）产业示范基地

一二三产业融合发展和乡村振兴示范区建设，整合提升优势特色产业、打造品牌龙头企业，破解农业农村发展瓶颈，带动农民增收。

2. 以消费扶贫推动经济发展。为破解扶贫产品销售难题，五粮液发挥大企业大集团在品牌、营销网络和渠道建设等方面优势，构筑可持续的扶贫产品营销体系，引导帮扶产品走向市场化。

其一，加强品牌塑造。通过优化包装升级、讲好品牌故事、助力品牌认证、塑造品牌形象等系列举措，打造了“藏孜源”香菇木耳、“青山岩”竹产品等知名扶贫产品品牌；助力香菇、木耳获得理塘首个由国家农业农村部绿色食品发展中心颁发的绿色食品认证证书。

其二，拓展营销网络。开设农特产品专场展销会、员工内购会、扶贫产品员工内购网上专区等方式助力扶贫产品亮相数十场大型展销活动。

▶ 甘孜州农特产品产销对接会

▶ 员工内购会

其三，强化渠道建设。加强与京东、珠海农控等销售企业的合作，推进近 100 种扶贫产品“进商超、进机场、进高速、进电商”，助力扶贫产品融入全国大市场。

3. 以教育扶贫激发内生动力。五粮液大力支持兴文县、理塘县、屏山县等贫困地区教育事业发展以及新型农业技术人才的培养，已累计投入教育帮扶资金 8200 余万元，致力让寒门学子“能上学、上得起学”，让贫困农户“有所长、能致富”。

其一，捐资助学培养后备人才。五粮液坚持“扶贫必扶智，治贫先治愚”，通过捐资助学、援建学校、支持藏区“控辍保学”、捐赠教学配套物资、捐赠图书读物等方式积极支持贫困地区教育发展。

技术赋能培养职业人才。五粮液通过产业基地技术培训、农民夜校等多种载体，助力职业教育培训体系建设，为地区产业和经济发展培养职业农民和产业工人，目前已培训农户近万人次，有力推进贫困地区脱贫攻坚。

家门口就业，织就新生活。五粮液定点帮扶兴文县期间，经过深入调研并结合实际情况，开创了“扶贫车间”新模式，捐赠总价值 340 万元的 300 台缝纫设备和

100万元专项资金，在兴文县玉屏镇九角村、共乐镇新阳村等贫困村建设“扶贫车间”，并提供订单支持、技术支持、管理支持，五粮液圣山集团累计派出10余名技术管理人员驻村指导，累计培训学员180余人，帮助群众就近就业。

其二，实战实训培养经营管理人才。五粮液坚持充分发挥“头雁领航、群雁奋飞、雏雁丰翼”的人才雁阵效应，前后精选出6位扶贫干部，深入扶贫一线，带领多名贫困农户参与资金、生产、市场等企业运营工作，通过实战实训的方式，着力提高这些贫困农户的经营管理意识，培养他们转变为所在地的致富带头人，以此为各贫困地区乡村经济长效发展积蓄人才智力资源。

其三，文化扶贫强化内生动力。通过投资拍摄、流动放映扶贫电影《十八洞村》、大型扶贫情景剧《大国酒情》，集中宣讲致富经验和先进典型等文化扶贫，提振农户脱贫致富的精气神。

4. 以党建扶贫助力基层治理。五粮液坚持“党建引领、共融发展”原则，深入推进抓党建促脱贫，构建“五粮液党建 + 村‘两委’+ 党员 + 农户”模式，通过阵地建设、村企党建联建等方式，不断提升帮扶地区贫困治理能力。

其一，阵地建设。五粮液在帮扶地区引入五粮液党建文化中心建设理念，着力打造村企党建联建示范点及多个党群中心群众之家，极大增强村级党建阵地凝聚力。

其二，组织保障。为确保扶贫各项工作落实，公司基层党组织与建档立卡贫困户实行对口结对帮扶，明确了帮扶责任人、责任单位，因户施策、因人施策，并号召基层党组织和广大党员干部职工设立专题主题党日活动，促进组织活动常态化。

5. 以基建扶贫筑牢脱贫基础。通过支持贫困地区道路设施建设、危房改造和村容村貌改善等持续优化当地生产生活条件；捐建乡村振兴产业路和产业项目等全力推动地方发展，增强当地百姓致富能力。

其一，改善人居环境。2015年，五粮液根据范家村实际情况，投入200万专项资金对兴文县范家村100户危房分三批进行危房改建。同年，五粮液捐赠50万元，用于范家村“四好村”创建、风貌改造等工作，极大地改善了范家村的人居环境。

2019年，五粮液支持屏山县屏边彝族乡街基村重点解决群众反映的生产生活困难和村级配套设施建设等对标补短项目资金缺口，捐资70万元，包括村民人居环境改善、维修加固工程；“1+6”活动中心配套设施及阵地建设；垃圾池、太阳能路灯、摄像头、群众性活动场所等村级便民利民工程建设。

其二，兴修乡村振兴产业路。五粮液在2018—2020年期间，每年出资1亿元，重点用于酿酒专用粮、竹产业基地道路建设和支持“四好农村路”建设，规划修建“五粮液乡村振兴产业路”1054.2千米，进一步夯实地方产业和经济长效发展。

其三，捐建产业配套设施。基于贫困地区普遍存在产业基础薄弱，设备设施配备不完善等问题。五粮液重点关注贫困地区产业设备设施捐建，全力构筑村民脱贫奔康通道。目前，已捐赠34万元，助力向乡城县青德镇呷乃卡村苹果园灌溉工程项目和青德镇下坝村格绒家房屋修缮及藏猪养殖项目建设；捐赠25万元助力红原县域药材发展。

▶ 五粮液乡村振兴产业路

二、履责成效

（一）精准发力，对口帮扶地区全数摘帽

五粮液自开展脱贫攻坚工作以来，累计投入和整合帮扶资金27.85亿元，先后对口帮扶兴文县、理塘县、屏山县等建档立卡贫困户脱贫退出，直接受益贫困群众达到15万人以上，惠及群众近100万人，对口帮扶三个县全部“零漏评、零错退、零返贫、群众满意度高”，高质量退出贫困县序列。

（二）多措并举，贫困群众实现稳定增收

五粮液充分发挥企业优势，因地制宜推进产业扶贫、消费扶贫、教育扶贫、党建扶贫和基建扶贫等扶贫模式，助力贫困群众稳定增收。

酿酒专用粮基地帮助10余万户贫困群众增收超过1亿元；理塘极地果蔬（香菇）基地年产值1500万元，为当地81户当地百姓（其中贫困户33人）提供就业岗位，发放工资100余万元，人均增收万元以上，有效带动2乡7村362户（贫困户243户）脱贫增收，带动村集体经济实现收入1000余万元，实现分红200余万元。

青山岩竹林（苗圃）产业示范基地带动村集体经济实现收入900余万元，以股权量化方式实现分红近10万元，带动贫困户人均增收6000—10000元；

在兴文县建成5个扶贫车间，带动周边贫困妇女人均增收2000—3000元。

（三）靶向攻坚，阻断贫困代际传递

抓好教育是阻断贫困代际传递的重要途径。五粮液捐资2346万元设立五粮液教育基金已资助近500名贫困学子；捐资3500万元在四川理工学院设立五粮液奖教助学金，助力教育内涵发展和学生成长成才，目前惠及7000余人；向理塘县捐

赠600余万元教学物资，解决全县10个学校1300名贫困学生教学设施设备和生活设施需要；捐资219万元支持理塘县网络信息化学校建设；捐资248万元资助宜宾市杂技教育扶贫项目23名学生；资助理塘县贫困大学生40名。此外，还通过捐建教学楼，捐赠教学配套物资、捐赠图书读物等进一步提高当地办学条件。

（四）硕果累累，收获社会各方认可

五粮液扶贫工作获得社会的广泛认可，先后获得第十二届人民企业“社会责任奖年度扶贫奖”，人民日报社“精准扶贫能力建设模式推荐案例奖”，国务院扶贫办“企业精准扶贫案例50佳”“社会组织扶贫案例50佳”“四川省2018年先进定点扶贫省直单位”“2019年四川省脱贫攻坚先进集体”等殊荣。

三、未来展望

全面推进乡村振兴。坚持和完善驻村工作制度，健全日常管理、关心激励、工作保障等机制，确保驻村工作体系有效衔接。结合定点帮扶地区实际情况，以产业帮扶为重点，持续开展教育帮扶、消费帮扶、基础设施帮扶，不断带动地方特色产业发展壮大，推动巩固拓展脱贫攻坚成果同乡村振兴有效衔接。

89. 新希望

聚力打造“绿领”摇篮
奏响乡村振兴大合唱

新希望六和股份有限公司是一家扎根农业、服务农民、造福农村的民营企业。从 1994 年牵头发起光彩事业，在老少边穷地区累计建设了 70 余家工厂带动当地产业发展，到 2020 年投建 100 多个精准扶贫项目，带动 10 万农户脱贫增收，新希望六和始终坚守农牧食品产业，心怀三农、情系三农，致力于为实现农业强、农村美、农民富贡献力量。

2021 年，乡村振兴大战略全面启动，中国昂首迈入“十四五”的全新征程。新时期，新希望积极响应党和政府的号召，在“绿领”职业农民培训的基础上，提出用五年时间做五件事助力乡村振兴，简称“五五工程”，即投资 500 亿助力乡村产业振兴；新增 5 万就业岗位，带动大学生、农民等农业从业者就业；公益培训 5 万绿领新农人，助力乡村人才振兴；服务 5 万涉农主体，帮扶农户及中小微企业成长；建设 5 个乡村振兴示范基地，打造数字化乡村振兴样板。

一、聚焦人才振兴，培养“绿领”新农人

（一）以人才振兴为初心，发起绿领公益培训

在 2017 年 11 月举行的首届全国新农民新技术创业创新博览会上，新希望提出

▶ 2021 年 9 月，首期乡村振兴“村长班”在北大国发院开班

公益培训10万名农村技术员的计划。截至2020年年底，在农业农村部、中央统战部和全国工商联的指导支持下，新希望已在25个省、128个市累计培训1513场，线下培训4.6万人次，线上培训超过53万人次。

（二）以培训质量为关键，打造“5+N”培训体系

在培训实践中，新希望总结形成了“5+N”的特色培训体系，即一套标准流程、两版专业教材、三类精品课程、四个支持机构、五种师资来源，以及N个特色示范培训基地。

1. 一套标准流程。针对“新农民”群体年轻化、群体化、有较强学习期盼的特点，新希望总结了一套可复制、标准化的培训管理流程，并形成操作手册，在全国数十个县、市推行，大大提高了培训的规范性和可操作性。

2. 两版专业教材。为促进理论与实践相结合，新希望组织专家、技术员和培训导师，结合农业实践编制了两版专业教材，包括涵盖养殖、旅游、电商等课程的纸质教材，以及注重现场操作和演示的视频教材，该教材具有指导性强、技术含量高，表达通俗易懂，操作清晰易学等特点。

3. 三类精品课程。一是侧重培训拥有专业农业技能的新型“技术农民”。通过校企合作共同开展教学任务，以“理论+实践”的培养方式，提升学员技术技能水平。二是为了进一步发挥“农村创富带头人”作用，针对性地开展了创业知识和产业链搭建等方面的课程。三是进入乡村振兴阶段后，新希望关注到高水平乡村治理的需求，与北京大学国家发展研究院联合设立“村长班”项目，对乡村的基层管理者进行针对性培训，与时俱进、不断地提升培训能力和水平。

4. 四个支持机构。为了有力支持十万新农民的绿领培训，先后组建成立了四个支持机构，包括项目专项工作组、“永好公益慈善基金会”、新希望产业学苑、全国农村产业融合联盟。分别负责各个项目的部署执行、资金支持、培训搭建和整合师资等任务。

5. 五种师资来源。师资是关系培训质量的重要环节，新希望整合了五种师资来源：一是合作院校的老师和专家，负责农业基础课程的教学；二是产业学苑老师和企业专家负责日常教学培训；三是公司高管团队参与指导商业运营实训；四是合作院校专家学者给予科研支持；五是跨领域企业导师负责拓宽学员知识面。通过整合这五类师资力量，努力实现对受训学员的全方位拓展提升。

6.N个培训基地。联合地方政府、高等学校、科研院所以及其他涉农企业等各方力量，成立了N个绿领培训基地。通过与中国农科院、四川省旅发委、江苏农林学院、山东畜牧兽医职业学院等单位合作，已建设9个以青年农场主、农村电商、乡村旅游、农业创客、畜牧业和种植业为主要培训方向的特色培训基地，实现了优势互补、资源共享。

▶ 2018 年 3 月，新希望首个绿领新农民培训基地新希望六和农牧学院在山东成立

（三）以农民需求为核心，铸就精品培训项目

1. 乡村振兴村长班。乡村振兴“村长班”是新希望与北大国发院共同策划、合作执行的公益项目。

2021 年 9 月在北大国发院开班的首期乡村振兴“村长班”，由国发院教授任课程导师。全国 18 个省市自治区的 50 多名村支书、村委会主任成为首期学员，其中有 20 多岁的大学生书记、也有扎根基层几十年的老支书；有欠发达地区的村干部带头人，也有小岗村、战旗村、博岩村这样的先进村负责人。

未来五年，乡村振兴村长班计划每年举办两次，每年培训 100 人，五年共培育乡村基层治理者 500 人。

2. 现代学徒制。2018 年年初，新希望与山东畜牧兽医职业学院合作成立新希望六和农牧学院，以现代学徒制的模式开启校企联合招生和培养工作，招生人数逐年突破，目前累计培养人数 375 人。

现代学徒制是教育部重点推行的职业教育培养模式，采用“1.5+1.5”的培养模式，前 1.5 年，学徒在学校进行理论知识的学习，夯实基础；后 1.5 年，学徒进入新希望六和规模化猪场实践学习，以师带徒，采用理论实践相结合的模式进行培养。

目前，借鉴与山东畜牧兽医职业学院合作的成功经验，公司相继与江苏农林科技职业技术学院、成都农业科技职业学院、临沂大学等高校以现代学徒制、定向培养等模式开展校企联合，已为农牧产业输送或储备 700 余名绿领人才。

2019 年 9 月，《新希望六和“绿领”人才培养方案》得到教育部高度认可，入围职业教育校企深度合作项目首批名单。

3. 绿领培训。为帮助农民朋友快速掌握现代化养殖管理技术，实现从传统养殖向现代化养殖转型，新希望发挥产业优势，为农户提供系统的养殖技术培训和现场指导服务。

围绕技术和管理两个维度，新希望设计了系统的、形式多样化的培训，包括畜禽生物安全防控、饲养管理、防疫与保健、常见疾病诊断与防治、养殖场效益分析等课程，并组织服务专家到农户养殖场现场指导。每期培训结束后，现场进行考试，检验学习效果。

▶ 新希望技术服务人员为合作农户进行现场技术培训指导

2019 年，山东费县同兴养猪专业合作社受非洲猪瘟疫情影响，存栏规模骤降。在“10 万新农民培训计划”的培训和服务下，社员们快速掌握生物安全防控技术，实现复产复养，饲养品种由最初的土杂猪逐渐改良为良杂、外三元品种，饲料效率提升，生产性能提高显著，存栏规模由 5000 余头，增长到年出栏生猪 10 万余头，合作社成员发展至 200 余户。

4. 绿领公益大讲堂。2020 年，受新冠肺炎疫情影响，现场培训组织困难。新希望联合农民日报社、中国经济网、中国农村杂志社、快手短视频、全国农村产业融合发展联盟共同发起，绿领公益大讲堂正式开播，在线公益培训绿领人才。仅一年时间，绿领公益培训短视频播放量全网累计 1300 万次。

二、聚焦产业振兴，以现代养殖业繁荣乡村

近年来，受非洲猪瘟影响，生猪产业进入快速迭代升级期，新希望六和借机重点布局以生猪养殖、肉制品深加工为主的现代农牧食品产业。一方面，以高投入、高效率、高回报、低成本的理念，引入全进全出、标准化生产、全年均衡营养的工厂化养猪工艺设计，另一方面，推动云计算、物联网、大数据、人工智能等数字技术与产业融合，全面应用空气过滤系统、智能环境控制系统、自动供料系统、自动饮水系统、自动清粪系统，推动产业提质增效。

▶ 新希望在四川广安建设的楼房式养猪场，场内配套空气过滤、智能环境控制系统等现代化设备

为了让现代化养殖技术惠及更多农民朋友，新希望推出希望农场模式。该采取“公司六统一，农场三不担”原则。公司统一提供断奶猪苗、全程统一饲料、统一药品疫苗、统一管理和技术、统一农场建设标准，并统一回收；农场主提供标准育肥猪舍和养猪劳动力，不承担市场风险、疫病风险和资金风险。

2020 年，公司生猪出栏规模 829 万头，合作放养育肥猪农户 2200 余户，其中 1000 头以上的规模化农户约占 49%。

三、聚焦金融服务，帮扶农户及中小微企业成长

新希望六和依托旗下农牧食品产业链、金融科技服务、产业研究院等主体，提供供应链金融服务、涉农技术服务等，累计为 15 万涉农用户提供担保贷款 450 亿元，助力农户和中小微企业成长，帮助农民发展现代农业、增收致富。

新希望创新了“政府 + 企业 + 银行 + 担保公司 + 保险公司 + 养殖户”多位一体的金融担保运作模式。资金定向支付给相应的种禽厂、饲料厂，银行按照养殖周期设计产品，资金周转快、流动性强。资金在产业链内部流动，担保养殖户出栏后结算利润盈余，封闭运作，风险可控。

目前已累计服务新建标准化肉鸡养殖场 3400 个，存栏规模 2.1 亿只，服务新建标准化肉鸭养殖场 1250 个，存栏规模 8700 万只，服务新建标准化猪场近 2500 个，存栏规模 300 万头。

四、聚焦数字融合，打造数字化乡村振兴样板

在推动数字化转型升级过程中，新希望先后研发并推广了具有自主知识产权的基因组育种软件秀杰和普，自主饲料配方软件“鸿瞳”系统，养殖生产管理软件“慧

养猪”，用于农户放养管理和技术服务的生猪放养管理平台“云端放养”，互联网生猪交易平台“聚宝猪”等。

在建立链接企业内外的软件矩阵基础上，新希望实现了企业与产业链各环节的数字化联通，形成的数字化养殖生态圈雏形。其中“聚宝猪”养殖生态圈，累计为超过 5 万养殖户及产业伙伴提供了“买、养、卖”全链条的数字化服务，实现为全产业生态的数字化赋能。

全面实施乡村振兴战略是一项艰巨而复杂的系统工程，需要集众智、汇众力。新希望将与地方政府、高等学校、科研院所、金融机构以及其他涉农企业等各方力量密切合作，积极推进乡村振兴“五五工程”，在聚焦“人才振兴”的基础上，进一步围绕“产业振兴、金融服务、数字融合”各展所长、互惠共赢，形成服务农民及中小微企业的赋能合力，为绘就乡村全面振兴壮美画卷贡献更多的智慧和力量。

第二十二部分

贵州辖区

90. 振华新材

立足新起点　秉承新理念　实现新目标

贵州振华新材料股份有限公司（以下简称“振华新材”）成立于 2004 年 4 月，是中国电子信息产业集团实际控制、中国振华电子集团有限公司控股的专业从事锂离子电池正极材料的研发、生产及销售的企业。2017 年 1 月公司在国家级贫困县贵州省黔西南布依族苗族自治州安龙县注册成立全资子公司贵州振华义龙新材料有限公司。作为贵州黔西南州重点引进的龙头企业，义龙新材料充分发挥其产品和技术优势，抢抓国家新能源产业发展的大好机遇，以敢为人先的精神，只争朝夕，加快建设锂离子动力电池正极材料生产基地。

义龙新材料现有规划年产 4 万吨锂离子动力电池三元正材料生产线建设项目，总投资近 23 亿元，其中，义龙一期年产两万吨锂离子动力电池三元材料生产线建设项目总投资近 10 亿元，自 2018 年 5 月开始陆续投产并于当年 12 月全部达产；义龙二期年产两万吨锂离子动力电池三元材料生产线建设项目预计 2021 年年底全面建成达产。截至 2021 年 9 月，义龙新材料累计实现销售收入 50.31 亿元。顺应时代发展趋势，紧随时代发展步伐，作为国内三元正极材料龙头企业之一，振华新材已于 2021 年 9 月 14 日在科创板成功上市，其募投资金将为加快义龙二期的建设和达产达效注入强劲的动力。

一、助力扶贫攻坚，彰显央企担当

义龙新材料所处的黔西南州是贵州贫困程度最深的市州之一。截至 2018 年年初，其所辖 8 县（市）除兴义市外均为贫困县，其中 3 个县是国家级深度贫困县。2018 年年末，经过持续奋战，全县累计减少贫困人口 1.83 万户 8.04 万人，贫困发生率降至 1.52%，贫困村减少至 2 个。2019 年 3 月，通过省级第三方评估，安龙县综合评分名列全省 18 个脱贫摘帽县第一。4 月 24 日，贵州省人民政府正式批准安龙县退出贫困县序列，实现了高质量精彩“脱贫摘帽”。随着义龙一期、二期项目的落地，其在推动我国新材料、新能源等战略性新兴产业的技术进步、地方产业优化升级、加快贫困地区经济社会发展、助力贵州黔西南脱贫攻坚、推动乡村振兴中发挥了重要作用。其主要成效体现在以下三点。

第一，为当地创立极具发展前景的支柱产业，成为当地推进工业发展的主要依托和示范项目。义龙新材料的主要产品锂离子动力电池三元正极材料属于目前国家积极倡导的创新型绿色新能源材料，广泛应用于电动汽车、储能、电动自行车等领域，具有很大的发展空间和市场前景。2017 年《中共黔西南州委、黔西南州人民政府关于深入推进工业强州发展战略的意见》把锂离子动力电池三元材料生产项目确定为黔西南州培育发展新兴产业的依托项目，列入推进“两化”融合发展的经典示范项目中，要求依托振华新材料，加快培育一批具有一定规模、比较优势突出、掌握核心技术的产业上下游配套企业，形成完善的锂电池产业链条。

第二，增加当地财政收入和社会消费，促进当地资源开发利用。据统计，截至 2021 年 9 月底，义龙新材料累计实现利税总额超过 2 亿元。同时，给当地建筑、建材、酒店、餐饮、商贸、物流等产业发展带来巨大商机，许多贫困农户就地创业，通过当地土特产买卖、农家乐等形式转商致富。

第三，解决当地社会就业问题，改变众多贫困青年命运。自义龙新材料落户安龙县以来，已有效解决员工就业近 1200 人，其中建档立卡贫困户 60 人，2021 年度预计发放职工薪酬 7700 万元以上，人均薪酬达 7.3 万元。2020 年一季度由于受新冠肺炎疫情影响，公司业绩受到较大冲击，并一定程度影响员工收入。但公司始终坚持不裁员，按时发放职工工资，足额缴纳五险一金。对于安排在家待岗休息的职工，发放不低于兴义市最低工资标准的基本工资。同时，为尽量减轻疫情期间广大职工基本生活所受影响，公司还向职工发放疫情生活补贴，较好地稳定了职工队伍，保持了发展力量。

▶ 返乡进入义龙公司的职工一家

公司自 2017 年在义龙安家落户以来，解决了成百上千人的就业问题，让许多年轻人可以在家乡挣钱养家。让老人不再成为空巢老人，让子欲孝而亲不待的遗憾不再增加；让孩子不再成为留守儿童，给孩子一个完整而幸福的童年。

二、立足新起点，秉承新理念，实现新目标

振华新材积极参与扶贫捐赠活动，近年来累计公益募捐已达 210000 元。同时，

积极响应党中央、贵州省委号召，主动投入乡村振兴的宏大事业，巩固脱贫攻坚成效，并计划在生产经营逐步发展的同时，继续加大捐赠力度，推动当地乡村振兴事业向前发展。目前，黔西南州在全面巩固拓展脱贫攻坚成果的同时，紧密实现脱贫攻坚与乡村振兴强力链接并扎实稳妥推进，已全面开启全县经济社会发展新征程。

乘着国家新能源产业强劲发展的东风，2021 年 1—3 季度振华新材出货量持续增长，呈现出产销两旺的势态，各项指标均创下了历史新高。在贵州省委省政府和黔西南州委州政府的高度重视和大力支持下，振华新材将立足于贵州新能源产业发展长远目标，抢抓战略机遇，持续专注研发、汇聚人才，用技术创新驱动未来发展，以高品质、高性能产品巩固市场地位，向着高质量跨越发展的新目标迈进。同时，振华新材将秉承新发展理念，打造绿色低碳优势，为我国实现碳达峰和碳中和目标做出贡献，继续为贵州乡村振兴的宏大乐章再谱新篇。

▶ 庆祝建党一百周年文艺作品征集活动
义龙生产部一线员工罗堃熔所作五谷画——《振华新材 展望未来》

91. 中天金融集团

结对帮扶团结村

贵州曾经是全国脱贫攻坚的主战场，任务重、难度大。中天金融作为贵州第一家上市公司，深耕本土40余年，始终坚持“感恩党、跟党走、听党话，按市场规律办事”的核心价值观，以“胸怀大局、极端负责”的使命感，积极践行社会责任，多年来为贵州公益慈善及文化事业作出了重要贡献。

▶ 中天金融集团

自2017年起，在贵州省委、省政府的统一领导下，中天金融携旗下中天国富证券、中融人寿等成员企业，深度参与贵州省脱贫攻坚，扶贫足迹遍布遵义团结村，毕节赫章县，黔西南晴隆县、望谟县，安顺紫云县等13个市县，与社会各界戮力同心，为贵州省消灭绝对贫困作出了重要贡献，提供了诸多可供总结、借鉴的宝贵经验。

多年来，中天金融的扶贫事迹得到了国家以及贵州省的高度认可，先后荣获全国“万企帮万村”精准扶贫行动先进民营企业，贵州省“千企帮千村”精准扶贫行动先进民营企业，贵州省脱贫攻坚先进集体，第十一届中华慈善奖“捐赠企业”奖、“慈善项目和慈善信托”奖等荣誉。

在众多扶贫实践中，中天金融在遵义团结村的帮扶最为深入、成效最为明显。

团结村是曾经的省级深度贫困村，时代楷模、全国道德模范、“七一”勋章获得者黄大发的故乡。村子总面积46.2平方千米，人口1540户5430人，其中外出打工者2560人，几乎占总人口的一半。截至2017年5月底建档立卡贫困户497户1554人，贫困户人均年收入不足3300元。

2017 年 4 月，中天金融扶贫团队入驻团结村。针对团结村三农、三产存在的问题，中天金融创新提出“以三变融合三产振兴三农”的“三三三”精准扶贫模式，即以“三变”思想成立平台公司，盘活农村资源，推动“三产”融合，促进城乡融合发展，推动现代农业发展、富美乡村建设和新时代富裕农民，振兴“三农”，从而达到助力脱贫并向乡村振兴迈进的目的。因地制宜、精准施策，制定专项帮扶方案，推动实施一对一结对帮扶、产业扶持、教育帮扶、医疗帮扶等一系列“组合拳”。

▶ 生态猪养殖

一、农旅联动、三产融合推进乡村产业振兴

产业兴，则百姓富。中天金融在团结村成立贵州大发农业公司和贵州大发旅游公司。依托两家平台公司，基于团结村优质特色资源，成立中华蜂、生态猪养殖合作社，种植合作社及旅游合作社，广泛吸纳村民参与到产业发展中来。开展猪、蜂、稻、油等农特产品生产项目。盘活农村沉睡资产，老旧房屋改精品民宿，荒山上建星空木屋，悬崖边造星级酒店。以大发精神为指引，发展集“党性教育、干部培训、团队拓展、企业会议、亲子研学、私人定制”等为一体的全域旅游项目。中天金融直接或间接带动团结村 800 人就业创业，全村 1540 户受益，其中 700 户有直接经济增收，户均年增收 2 万元，最高户年增收超过 21 万元。

经过几年的发展，目前团结村已经构建起完善的农旅产业发展体系，并成功打造了区域特色农旅综合品牌“乐耕甜”。中天金融在前序取得的脱贫成果基础上，不断对团结村农旅产业发展进行巩固、融合和升级，发展生态农业、渠道农业、品牌农业，打造红色旅游、乡村旅游、全域旅游，有效提升团结村农旅产业可持续发展水平，“乐耕甜”农旅基地自运营以来累计接待游客约 15 万人次，农旅产品销售总额超 1 亿元。

▶ 荒山上的星空木屋

二、强化品牌引领，推动消费帮扶提质增效

中天金融强化“乐耕甜”的品牌引领作用，重点推动消费帮扶成为巩固脱贫攻坚成果的长效举措。以“乐耕甜”为基本点，坚持面向贵州、全国，以“让农民开心，让市民放心”的使命感和责任感，努力链接城乡，服务城乡。继续推进各项帮扶措施落实落细，尤其要将消费帮扶的源动力注入脱贫乡村，帮助农产品流通升级、精准挖掘用户需求、精准配置供应链和匹配供销两端，多措并举，推动消费帮扶不断取得新成效。

坚持以市场消费需求为导向，倒推产品端生产，优化产销对接链条，以“团结村生活农场直供 + 贵州风物优选”两大板块为基础，建立优质农产品供给体系。整合公司深耕贵州 40 余年的优势资源，建立稳健产供销体系，形成“公司采购 + 线下门店 + 线上电商”立体渠道网络。集团公司及旗下地产项目、会议会展、酒店、教育、文旅、体育、康养等相关业务板块的食堂鲜肉供应，各板块节日礼盒、客户答谢礼盒均采购“乐耕甜”，聚合稳定的销售渠道超过 60 家。截至目前，乐耕甜已在贵阳开设 6 家门店，1 个线上商城，门店服务 22 个城市社区，拥有 5 万多名活跃会员。

三、坚持“扶贫扶志扶智”结合 推进乡村人才振兴

贫穷的本质是消灭希望，教育的核心是点亮希望。为此，中天金融设立教育基金，为团结村所有高中生、大学生提供全额教育资助，鼓励他们学成后反哺家乡，斩断贫困的代际传播。通过教师结对、物资捐赠和建立姊妹学校，进行师资培训、办学思想交流和校园文化建设交流等一系列教育联动，从根本上提高团结村的教育质量和师资力量。公司旗下幼儿园、小学老师走进团结村帮教支教，团结村的乡村教师走进中天幼儿园、小学跟岗学习。

▶ 乐耕甜风物严选店

与此同时，本着“授人以鱼，不如授人以渔”的扶贫理念，中天金融成立农民工创业创新中心，将职业新农人培训放在关键位置，推动培训精细化、常态化，在农旅产业发展中，着力发掘一批培养素质高、勤劳肯干的积极分子，以便顺利接续产业可持续发展，鼓励他们成为巩固脱贫攻坚、推进乡村振兴的排头兵。

四、保障足才民心安：筑牢脱贫兜底保障坚固防线

中天金融联动旗下康养板块、保险公司，推动医疗帮扶、保险帮扶落到实处。多项举措防止村民因病致贫、因病返贫。全面改善乡村医疗水平，对团结村卫生室医疗条件进行改善，对村医进行医疗技术培训，组织专业医疗队对当地村民进行体检，建立健康档案。购买医疗险和意外险，为他们的脱贫致富之路保驾护航。

▶ 乡村教师走进中天幼儿园

2017年，中天金融集团联合遵义市播州区疾控中心前往团结村，为163名学生进行乙肝疫苗接种；组织专家现场开展健康咨询义诊，对13名病情较重的村民进行了会诊，根据病情分析，与相关医院进行对接，将对有转诊条件的村民进行转诊治疗。2018年，中天金融集团健康扶贫工作组建立起针对团结村村民的远程医疗会诊，2019年5月25日，民建中央社会服务部、民建贵州省委、民建北京西城区委赴贵州对口协作分队，联合北京大学第一医院、北京大学人民医院、北京积水潭医院、北京朝阳医院、北京阜外医院等三甲医院和贵州省人民医院、遵义播州区平正乡卫生院的医疗专家，深入团结村为广大群众进行义诊。

免保护航，兜底民生。2017年，中天金融旗下中融人寿为团结村村民现场普及宣传保险知识，完成团结村全村5200余名村民的投保资料搜集。中融人寿高度重视保险扶贫工作，为深度贫困地区遵义市播州区团结村全体村民5430人购买团体意外保险，总保额由2017年的1.9亿元提高到3.2亿元，为村民的脱贫致富之路保驾护航。教育、医疗、保险帮扶金额约500万元，受益户数超过1000户，暖心、启智又扶志。目前以累计办理意外保险理赔10起。

五、党建统战为引领，三方合力“攻坚”推进组织振兴

党建统领、统战引领、精准施策、精细帮扶，坚持党建引领、促进脱贫攻坚。2017年4月入驻团结村的第一时间便成立了党支部、团支部，精准扶贫项目公司党支部、团支部，切实把党建延伸到产业链上、延伸到扶贫一线、融入到帮扶全过程，让党支部把控帮扶“方向盘”，推动了党建与扶贫同频共振、互融共进。与团结村百余名党员齐心推进基层党建工作，共同助力脱贫攻坚事业。

在省市区乡各级党委政府的指导下，围绕产业扶贫和教育、医疗、住房“三保障”等“四场硬仗”进行攻坚冲锋。不仅完成了大量基础设施建设，还在团结村播下传承农耕薪火的种子：游、历、栖、食山村重构，猪、蜂、稻、油产业铺开，农业、旅游齐头并进，带领当地村民充分发挥新时代贵州精神“团结奋进、拼搏创新、苦干实干、后发赶超”，不忘初心、牢记使命，扎根乡村、改变乡村。

习近平总书记指出，脱贫摘帽不是终点，而是新生活、新奋斗的起点。当前进入全面推进乡村振兴的新阶段，中天金融将大力弘扬脱贫攻坚精神，立足团结村实际，积极巩固拓展脱贫攻坚成果，全力助推乡村振兴，做到脱贫不撤团队，脱贫不脱责任，继续“扶上马送一程”，让脱贫地区脱贫基础更加稳固、成效更可持续，为全面实现乡村振兴打下坚实基础，在服务大局中彰显担当作为。

第二十三部分 云南辖区

92. 昆药集团

道地选材铸国药品质　助力乡村振兴发展

红河金平县广西寨，是中越边境上一个有着 140 多户、600 余人的拉祜族、瑶族等民族聚居自然村。这里海拔高，地广人稀、植被良好、土地肥沃、水源丰沛，是南板蓝根的道地主产区。曾几何时，这里交通闭塞、缺医少药，多数村民以种草果等农作物为生。数年前，从省城昆明驱车，一路疾驰前行也需要近 8 小时的车程，途经弯曲、泥泞、艰险的山路才能到达。而如今，一条条通村的水泥道路蜿蜒延伸，一栋栋新建的楼房鳞次栉比，一盏盏新装的路灯美观别致……广西寨正行驶在振兴发展的快车道上！

一、追根溯源，协同致富发家路

为了让村民的生活水平得到更大的改善提升，昆中药与村寨陆续签订《南板蓝根药材年度采购合同框架协议》《南板蓝根标准化种植基地协议》《中药材种苗繁育研究基地协议》。由此，以“企业 + 村委会 + 农户”合作种植模式的第一个昆中药南板蓝根标准化种植基地诞生。基地建设期间，注入企业的种植、加工等技术，并捐赠打包机等设备。以精准扶贫为出发点的基地南板蓝根种植规模不断扩大，全寨村民由过去的不足百万元创收至数千万元，人均收入突破 5000 元，村寨中建档立卡贫困户如期实现脱贫。

▶ 中药材种苗繁育研究基地

二、全面布局道地药材标准化种植基地，为乡村振兴架新路

自 2016 年以来，昆中药每年向红河采购价值近千万元的南板蓝根，并免费捐赠种类物资，用于产地加工厂房的基础设施建设；并且向合作的种植、加工基地收购茯苓、白扁豆、三七、砂仁、当归、桔梗、车前子、仙鹤草、草果、枇杷叶等中药材，2020 年向种植农户采购药材价值超 5400 万元，带动帮扶农户近万人。

目前，昆中药在云南楚雄州双柏县安龙堡乡、爱尼山乡等地建设白扁豆、茯苓、龙胆草等药材标准化种植示范基地。并且先后在 58 个种植基地建设中，带动种植户进行白及、厚朴、山药、地黄等 42 种药材种植。同时，在禄丰县投资建设 38 亩白及、薄荷、紫苏叶、黄精、白苏子、莱菔子等以研究示范为主的百草园种植基地。

▶ **茯苓种植基地**

如今，昆中药为巩固提升帮扶成效，仍然致力于打造上游药材标准化种植基地，辐射红河、文山、曲靖、玉溪、楚雄、大理和丽江等地，面积达 7.2 万亩。在全面从源头对国药品质进行管控的同时，努力反哺中医药上游发展，做到工农联动，实现中医药产业与乡村振兴同呼吸、共发展！

93. 云南铜业

“工业 +”模式开创藏区“甜蜜”事业

聚焦脱贫攻坚，乡村振兴，云南铜业股份有限公司（以下简称“云南铜业”，股票代码 000878）统筹安排，探索形成“工业 + 教育、就业、产业、基建……”的“工业 +”模式，在助力乡村振兴中发挥了中央企业的示范引领作用。群众富、民族和、民风好、生活甜、藏乡美，“工业 +”模式正开创着藏区的“甜蜜”事业。

2015 年以来，云南铜业认真贯彻落实党中央、国务院关于坚决打赢脱贫攻坚战的战略部署，按照中铝集团、中国铜业的统筹安排，坚持“创办一个企业、带活一方经济”的理念，立足企业管理优势和当地资源优势，将工业项目建设与扶贫工作统筹安排，探索形成“工业 + 教育、就业、产业、基建……”的“工业 +”模式。在完成前期脱贫攻坚任务基础上，云南铜业还承担迪庆州德钦县 1 个乡 4 个村的乡村振兴任务。仅 2021 年 1—11 月，云南铜业就在迪庆州完成工业投资 6.97 亿元，实现工业总产值 26.4 亿元，利润 10.83 亿元；投入定点帮扶资金 324.6 万元，开展帮扶项目 11 个，各项工作取得预期成果，实现了脱贫攻坚与乡村振兴工作的有效衔接。

▶ 云南铜业扶持藏区乡村集体经济发展——矿区周边运输车队

一、案例背景

根据地方党委政府扶贫安排部署，云南铜业承担着挂联迪庆州德行县羊拉乡脱贫攻坚及乡村振兴的任务，部分所属企业承担了产业所在地党委政府下达的脱贫攻坚和乡村振兴任务。

公司挂包联系的云南省迪庆藏族自治州德钦县羊拉乡，是典型的藏族居民居住区，为国家确定的“三区三州”深度贫困地区之一。当地工业产业底子薄弱，教育文化观念落后，人居生存条件极差，群众就业难收入低，生态环境保护压力大等问题十分突出，如期完成脱贫攻坚、乡村振兴任务目标的压力较大。

公司在完成规定的脱贫攻坚任务后，按照“四个不摘”总体要求接续承担脱贫攻坚巩固成果和乡村振兴战略任务，将主要工作对象由贫困户、贫困村扩面为整个农村的“三农”工作，工作主要内容也由“两不愁三保障”上升到“产业兴旺、生态宜居、乡风文明、治理有效、生活富裕”。

二、主要措施

（一）精心组织“包”村

云南铜业始终把扶贫攻坚、乡村振兴作为一项重要政治任务来抓，党政合力齐抓共管，层层压实主体责任。一是党政合力强保障。公司成立了党委书记、董事长任组长，公司党委副书记、工会主席任副组长，其他班子成员为成员的领导小组，多次召开党委会议及总经理办公会议，研究制定年度帮扶举措、资金预算和帮乡帮村帮户项目等，高标准选派乡村振兴驻村工作队员 8 名，并于 5 月 25 日前送至挂包乡镇及村委会。二是进村入户查实情。公司领导带头到挂联点入户走访，多次进村入户，深入田间地头，了解情况、宣讲政策、解决问题，准确分析乡村振兴工作中的困难和问题，用真情带动农村群众共同振兴乡村。三是驻村队员抓落地。驻村工作队员坚守一线，全面深入细致地了解贫困村及贫困户的信息和收入情况，为公司与地方政府沟通协调及规划制定、项目落地、资金保障、评价验收等，成为公司巩固脱贫攻坚成果同乡村振兴有效衔接的重要力量。

（二）工业投资“富”村

云南铜业坚持“创办一个企业、带活一方经济”的理念，在云南省迪庆州境内建成 2 座现代化矿山，成为推进迪庆州“工业强州”战略、产业引领和扶贫攻坚的重要骨干力量。一是工业投资拉动经济。2015—2020 年，云南铜业在迪庆州德钦县羊拉铜矿新增工业总投资 8.94 亿元，实现工业总产值 10.77 亿元，上缴税金 1.63 亿元；在香格里拉市普朗铜矿新增工业总投资 54.45 亿元，实现工业总产值 65.09 亿元，占迪庆州总产值的 19%，实现销售收入 62.10 亿元，上缴税金 9.14 亿元，占迪庆州税收总收入的 17%。二是本地用工致富群众。羊拉铜矿、普朗铜矿属地化用工比例分别为 41.2%、33%，共 1000 余名本地居民实现家门口就业。稳定的工作收入成为这些家庭脱贫致富重要保障。

（三）产业帮扶“兴”村

产业扶贫是增强脱贫攻坚内生动力的关键因子。云南铜业以“输血 + 造血”两轮驱动，着眼长远，点面结合，为脱贫攻坚和美丽乡村建设作出了积极贡献。一是支持引导协同发展。在工业发展的同时，云南铜业积极带动当地基建、运输、加工、物流、餐饮、酒店等关联产业的发展。2家企业还积极支持和带动当地物流业发展，对于一般性生产物资采购、物料运输等可外包业务，在同等条件下，优先考虑让当地企业运营。2015—2020年，2家企业累计支付物流运费款2.86亿元。二是支持发展特色农业。云南铜业立足于企业自身优势，发挥行业特点，根据当地的资源禀赋，有针对性地实施“扶贫车间”、蜂蜜加工等产业项目。三是消费帮扶急民所急。公司组织员工4次采购羊拉乡蜂蜜4万余斤，累计投入采购资金800万余元；响应迪庆州解决特色农产品滞销问题的号召，组织机关工会及云南省内的24家企业工会，累计投入资金279.1万元，采购迪庆州所产青稞面、油松茸、羊拉蜂蜜各18605份；羊拉铜矿、普朗铜矿2户企业食堂及干部员工，还积极采购当地肉类、土特产、蔬菜、水果等，形成长期性的地方农产品采购供应链。

▶ 云南铜业产业帮扶项目——羊拉藏乡蜂蜜生产现场

（四）扶智就业“强”村

云南铜业将教育帮扶与就业帮扶、“输血”式帮扶与“造血”式帮扶相结合，为巩固脱贫攻坚成果同乡村振兴有效衔接奠定坚实基础。一是有针对性地解决就业难题。多种形式招录35名原建档立卡贫困人口到所属企业就业，每年户均增收5万元以上，实现了一人就业，全家脱贫，阻断贫困的代际传递。二是探索“培训+就业”模式。在德钦县羊拉乡招录符合条件的原贫困户子女，经云铜高级技工学校培训合格后，安置到普朗铜矿、羊拉铜矿就业，现已安置27人就业，累计发放工资870余万元；投入19万元援建羊拉乡劳务输出培训中心，已帮助当地劳务输出就业3500余人。三是直接助力乡村教育。援助德钦县羊拉乡抓好学前教育，每年向羊拉乡3个学前教育点各捐赠学前教育经费5万元，现已累计投入43.5万元。

（五）基础改善“利”村

云南铜业坚持交通先行、健康引路、文化进步等多管齐下，全面改善当地基础设施条件。一是改善交通条件。在开发羊拉铜矿项目的同时，积极支持迪庆州德钦县完善基础设施建设，累计投资1600万元，参与扩建110千米的乡村公路，投资1000万余元新建里农和路农村公路，有效改善了羊拉乡乃至迪庆州境内交通运输环境。二是改善医疗条件。办好企业职工医院，解决附近各族居民“看病难”问题。依托公司所属地方医院医生，组建并派出医疗队进村开展免费义诊活动，惠泽258名贫困人口，开出就诊处方240份，免费发放2.6万元药品。三是改善居住条件。投入资金300余万元，援建德钦县羊拉乡居民综合卫生间改造、修建垃圾处理池、群众文化活动场所建设、民生商贸中心等，助力羊拉乡改善基础设施。根据迪庆州易地搬迁扶贫工作安排，公司挂包的德钦县羊拉乡雅瑞安和社区132户及甲功村1户搬迁香格里拉市集中安置，为支持雅瑞安和社区进城安置点群众文化活动中心建设，公司投入10万元资金，购置桌椅板凳、电视音响等设备设施。四是助力疫情防控。新冠肺炎疫情发生后，云南铜业向驻地政府捐赠各类抗疫物资，全力支持地方防疫工作。8名驻村队员第一时间奔赴抗疫一线，积极配合当地政府开展防疫宣传、设点设卡、消毒防控、健康排查、就业输出等，编织安全网，牢筑防疫墙。

▶ 云南铜业在挂联的德钦县羊拉乡开展“企地共建·铜心送暖”爱心捐赠活动

（六）绿色发展“靓”村

云南铜业坚持矿业开发和环境保护并重，致力于打造环境友好型绿色矿山。一是实施绿色开采。普朗铜矿采用更最为绿色、高效的自然崩落法开采，整个开采作业都在井下完成，上部的矿岩不需借助强制爆破，在自重和应力的作用下即可持续稳定崩落，保证地表植被不被破坏，维持原貌。二是保护生物多样性。在项目勘探、建设、生产等全过程引入生物多样性影响评价，及时开展矿区尾矿生态环境恢复治理工作，累计投入复垦资金7900余万元，完成复垦面积885189平方米，种植冷杉、雪松及樱花等乔木3800余棵，土地治理率达95%以上，水土流失总治理度达91%以上，项目建设区域植被恢复系数达96%以上。三是减少废弃物排放。高标准进行采矿设计、采选作业，优化铜及伴生的钼、金、银等金属回收指标，减少废石及尾矿排放，提高资源综合利用率；建成3座井下涌水临时处理站、2座生活污水临时处理站及1座生活污水永久处理站，实现生产废水“零排放”，生活污水二次利用。通过连续多年观察，普朗铜矿所在地重点保护生物未受干扰，未对周边物种多样性等造成影响，表明云南铜业在矿业开发中守住了生态环境底线，实践了“绿水青山就是金山银山”的理念。

三、工作成效

在中央、企业、地方的共同努力下，云南铜业定点挂钩的迪庆州德钦县羊拉乡贫困发生率由34.7%下降至0，人均收入达23653元，增收10倍，挂钩帮扶的41户贫困户230名贫困人口全部脱贫，挂包帮扶点均提前1年到达“两不愁三保障”的脱贫硬指标。当地百姓正与云南铜业一道，在巩固脱贫攻坚成果同乡村振兴有效衔接的“甜蜜”道路上阔步前进。

云南铜业扶持壮大的羊拉藏蜜已然成为羊拉乡的“一乡一特”支柱产业，目前在羊拉这片荒脊土地上蜂蜜产业呈现出“蜂拥而起”“蜜不可分”的繁荣景象。2019年8月被国家科学技术部、教育部和云南农大新农村发展研究部评为“特色产业基地（养蜂产业）”。普朗铜矿带动格咱乡土建、物流、餐饮、酒店等关联产业的发展，壮大了当地乡村产业。

通过实施道路硬化、“厕所革命”、安装路灯、建设文化活动阵地等美丽乡村项目，有效改善当地群众人居环境。2015年至今，扶贫帮扶点全部通硬化路，危房改造率100%，贫困户群众结束了住土坯房历史。农村人居环境整治由点到面逐步推开，农民生活条件逐步改善，居家环境由“外在美”向“内在美”、“一时美”向“持续美”转变。

尤其值得一提的是，云南铜业探索形成的“工业+教育、就业、产业、基建……”的“工业+”模式，得到中铝集团和中国铜业的高度认可，中国铜业已将此模式成功推广复制到所属22家企业，在定点挂钩的5省18个县42个村扶贫点推广运用，助力所属企业挂钩帮扶的17个县摘帽，38个贫困村整体出列，4691户18682人脱贫。“工业+”模式适用于具有一定行业优势的企业，在境外扶贫开发中也可复制推广应用。

云南铜业承担的脱贫攻坚及乡村振兴工作多次得到国务院国资委，云南省委、省政府及产业所在地党委政府的充分肯定。《中国有色金属报》《云南日报》《中国铝业报》等媒体专题报道了云南铜业扶贫工作的经验及做法；公司下派的驻村队员 1 人荣获“全国扶贫开发先进个人”称号，2 人荣获“云南省扶贫攻坚先进个人”称号，1 人荣获“云南省五四青年奖章”，6 人次在扶贫工作考核中被评为“优秀”等级，1 人荣获上级公司劳模称号，3 人次荣获上级公司社会责任先进个人称号。

四、未来展望

2021 年是“十四五”开局之年，也是巩固脱贫攻坚成果和全面推进乡村振兴的起步之年。云南铜业将坚决贯彻落实中央和云南省委省政府的决策部署及中铝集团、中国铜业的统筹安排，按照产业兴旺、生态宜居、乡风文明、治理有效、生活富裕等总体要求，进一步完善工作机制，科学制定帮扶规划，认真落实帮扶政策，凝心聚力，精准发力，在巩固拓展脱贫攻坚成果、全面推进乡村振兴中彰显央企力量。

94. 贝泰妮

大道至简 行则将至

2021 年是“十四五”战略的开局之年，也是贝泰妮集团踏入上市企业行列、迎来企业新征程的伊始。这一年，贝泰妮带着企业自成立之初致力于为人们带来健康美丽的美好愿景，一方面继续扎根主业，聚焦功效护肤，从皮肤层面打造健康美丽；另一方面，实现战略升级，在“十四五”乡村振兴的号召下，贝泰妮从人才培育、卫生意识建设、改善生态环境，创造就业机会等方面，积极开展行动，响应政府号召。

一、少年强则国强

2021 年 4 月，贝泰妮通过云南青基会捐款成立的云南青基会设立了“贝泰妮公益基金”。该基金是云南希望工程首个以关注“生物多样性保护”等生态环保公益事业为主的专项公益基金。旨在通过提供基础建设等形式帮助当地青少年及游客了解生物多样性和文化多样性相关知识，提升生态环保意识和参与生态环保的能力。2021 年 9 月 23 日，作为 14 个云南青基会“希望高中班”中一员的会泽县东陆中学“贝泰妮希望班”正式开班。

▶ “贝泰妮”希望班

二、健康安全树新风

为切实建设乡村医疗卫生，带着振兴乡村基础设的主要目标，贝泰妮与云南省红十字会建立云南省红十字薇诺娜公益基金。薇诺娜基金主要用于支持乡村基层医疗、应急救灾救助等公益项目，帮助最易受损的留守儿童、老人、志愿者等群体。

2021 年 4 月，贝泰妮与云南省红十字会建立云南省红十字薇诺娜公益基金开展的贝泰妮博爱急救站项目正式启动。该项目旨在未配置校医山区学校设立急救站，配备相关外用急救用品、药品，培训管理员、开展应急救护知识普及性培训，提升学校急救能力。项目的目标学校均为就医条件恶劣、路途较远的贫困山区学生人数较多且无校医的山区学校。致力通过改善山村的基础医疗环境，助力乡村健康安全意识培养。

2021 年 11 月 11 日，云南省玉溪市易门县、峨山县援建的三所“希望浴室”正式竣工并投入使用。该“希望浴室”是由云南青基会“贝泰妮公益基金”捐资 47 万余元建立完成。在竣工当日，贝泰妮公益小分队的志愿者们给孩子们上了一堂特殊的生理卫生课，叮嘱同学们养成良好的卫生习惯。

2021 年 9 月 13—15 日，贝泰妮连续 6 年发起的“薇笑阳光计划”防晒主题公益活动正式在云南香格里拉展开。此次活动主题为“脸上有笑，心里有光”。活动期间薇诺娜携手大理市第二人民医院皮肤性病科医生和公益大使们共同深入了香格里拉多个地区，通过医生专家一对一皮肤问题解答、走访乡镇村民和学校、派发薇诺娜“薇笑阳光计划”防晒大礼包等实际行动，帮助香格里拉当地居民树立科学防晒、护肤知识理念，守护人们的“健康美丽”。

► 薇诺娜薇笑阳光计划

三、绿水青山就是金山银山

加强农村生态环境保护不仅是破解“三农”问题的内在要求，也是适应当前发展要求的必然趋势，更是实施乡村振兴战略的重要任务。国家“十四五”规划强调，要深入打好升级版农业农村环境保护，补齐农业农村生态环境保护突出短板，统筹推进农村生态建设、环境保护和污染治理，积极打造美丽乡村，为实现乡村生态振兴奠定基础。贝泰妮带着对生物多样性保护的热忱，早已投入振兴乡村生态项目中，守护祖国绿水青山。

▶ 助力水源保护

2021 年 5 月 19 日，云南保山市瓦窑镇大蒿村水源保护项目顺利竣工。因水源地失修问题困扰了大蒿村多年，贝泰妮集团在深入了解到这一情况后，在云南省工业和信息化厅驻村工作队组织下，通过保山市红十字会，向大蒿村定向捐赠 50 万元，修复瓦窑镇大蒿村小蒿大树垭口、黑泥坑、田坝大水井 3 个水源点及其配备的 3 个水利灌溉基础设施。该水源修护后解决了全村 2000 余名村民用水及畜牧用水、农田灌溉等问题。整个水源保护项目建设历时 3 个月，由贝泰妮的捐赠款购买建设物料，村民投工投劳并捐资 8360 元共同完成该项目。在多方共同参与下，村民的自主治理能力得到提升。通过参与水源地保护项目，树立村民的环保意识，守护祖国的绿水青山。

2021 年 8 月 17 日，“滇西北—哈巴雪山生物多样性保护”项目启动。该项目旨在减弱人类活动对生态的影响，守护哈巴雪山的自然生态环境。在启动仪式上，贝泰妮、云南青基会以及 SEE 各方代表共同向哈巴雪山保护区的 26 位护林员捐赠了巡护物资，为一线的生态保护人员提供最基本的工作条件，提供基础保障。随后“贝泰妮公益基金”也开展了香格里拉哈巴雪山自然保护区援建的 10 座“SEE– 希望生态卫生间”的项目，并于国庆节期间投入使用，为近 800 位到访哈巴雪山登山游客提供服务。

▶ 哈巴雪山省级自然保护区资源保护暨能力提升培训

农业、农村、农民问题是关系国计民生的根本性问题。在政府的号召下，贝泰妮积极的投身行动中，助力改善基础教育、医疗卫生等切实基础设施；在改善农村人居环境，环境整治行动中助力水源地建设，切实改善居民用水环境，从而实现村庄环境干净整洁有序。

从“万企帮万村”到“万企兴万村”，贝泰妮作为上市公司的一员，在企业成长中，依照党的“十四五”乡村振兴规划，积极履行责任、勇于担当，通过基础设施、生态环境的帮扶改建，促进乡村协调发展。用切实的帮扶行动回报社会，助力全面建设社会主义现代化国家，实现中华民族的伟大复兴。

第二十四部分

西藏辖区

95. 华林证券

金融助力乡村振兴　华林证券在行动

乡村振兴是党的十九大作出的重大决策部署，是决胜全面建成小康社会、全面建设社会主义现代化强国的重大历史任务，是新时代“三农”工作的总抓手。2018 年，中共中央、国务院先后下发了《关于实施乡村振兴战略的意见》和《乡村振兴战略规划（2018—2022 年）》，2021 年 7 月，人民银行、银保监会、证监会、财政部、农业农村部、乡村振兴局联合发布《关于金融支持巩固拓展脱贫攻坚成果 全面推进乡村振兴的意见》，明确通过推进农村信用体系建设、改善农村支付服务环境、推动储蓄国债下乡、开展金融知识宣传教育和金融消费者权益保护等，持续完善农村基础金融服务。到 2025 年，金融服务乡村振兴的体制机制进一步健全，信贷、债券、股权、期货、保险等金融子市场支农作用有效发挥，农村信用体系建设深入推进，乡村振兴重点领域融资状况持续改善，金融服务乡村振兴能力和水平显著提升。

为了更好地支持国家乡村振兴战略，充分践行企业社会责任，经过研究决策，2021 年 8 月，华林证券在组织架构中新设了乡村振兴部落（类事业部，内设产品、运营、经营、研发团队），未来将面向“三农”发展建设中的信息贯通、金融链接、生态协调需求，探索和致力打造全面推动实现农业强、农村美、农民富的综合型科技金融服务平台，不断增强广大农村群众的获得感、幸福感、安全感。

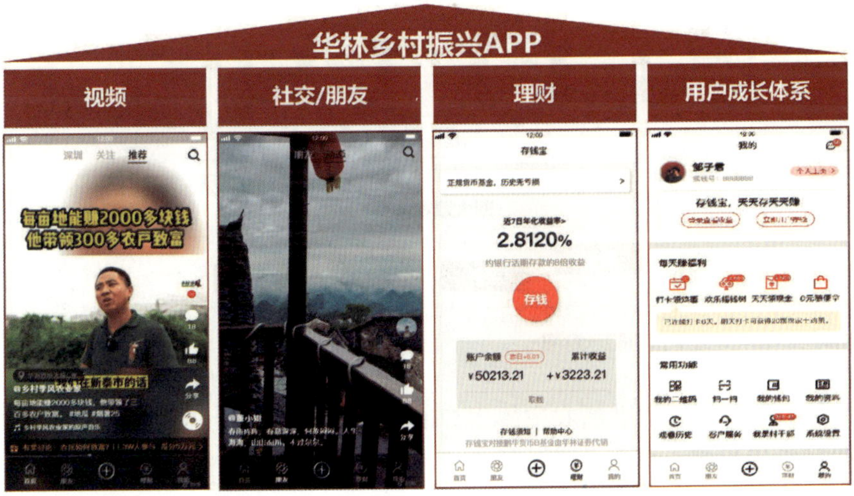

▶ 华林乡村振兴 APP 一期界面示意图

一、业务规划及推动举措

华林证券结合自身资源禀赋，规划乡村振兴综合金融服务平台将分为三个阶段目标建设：第一阶段主打货基和债基等低风险理财产品，通过农民理财课堂及丰富的视频信息流内容，帮助农民用户形成稳健良好的理财意识，实现财富的保值增值；第二阶段围绕农业生产、农民生活需求，通过服务场景拓展，建立与农业部门、农服机构等相关机构的链接，帮助新农主体用户构建自身信用画像，协调对接银行、保险等金融机构，助力新农主体用户获得定制化的信贷、保险等金融服务；第三阶段随着用户流量增加，通过科技重新定义农民客群社交及服务，链接城乡、搭建全场景数字涉农生活服务平台，将服务触角逐步拓展到政务、电商、旅游、农业服务等农村生态各领域，全面支持城乡融合发展和共同富裕。

华林乡村振兴综合金融服务平台以 APP 形式承载，第一阶段目标已完成产品原型设计，处于技术开发阶段，最快将于年底上线，上线后可实现农民用户专属稳健收益理财产品的在线购买，操作易捷、合规安全。

目前已同步启动规划第二阶段目标建设，重点聚焦金融服务新农主体用户。新农主体用户在生产经营中对金融服务需求迫切，金融机构涉农信贷服务需要多维、有效的数据支撑来构建风险决策体系。通过前期调研，计划联合地方政府农业农村部门共建涉农信用信息数据库，并以信用服务平台为载体，对接农业农村、财税、市场监督、社保、气象等相关部门的涉农有效数据，同时对新农主体用户自身的经营信息进行合规条件下的搜集，通过归集、整理、建模和赋能输出，与银行、保险等符合监管要求的金融机构协作，最终实现新农主体用户信用的可量化和价值化，相关数据信息所有权归属政府部门所有。

▶ 新农主体用户信用服务平台功能示意图

信用服务平台围绕推进新农主体用户的有效数据共享，提供以下三类服务。

1. 智慧组织服务： 服务市 / 县域内农民专业合作社的社员组织管理、生产资料（含土地经营及流转信息）管理、辅助估产、产销信息协同、补贴申领等相关需求。

帮助合作社运用数字化工具规范科学的组织社员生产经营，便捷高效的对接惠农政策补贴。

2. 致富帮手服务： 服务农业专业合作社及社员的信贷及金融需求，链接银行、保险等金融机构，通过信用服务平台强化共享及贯通多维数据，进而挖掘用户生产经营、农业资产、纳税、补贴等丰富的核心特征指标，构建信贷模型，并逐步建立标准信用评价体系，推动惠农信贷、储蓄国债、保险服务精准对接，为新农主体用户提供稳妥的金融支持。

3. 便农信息服务： 致力于城乡融合发展，信用服务平台通过与政府涉农服务相关部门（农业农村、财税、市场监督、林业、社保、气象等）数据对接，实现属地社会化便农服务信息贯通、涉农服务线上易捷办理，满足新农主体用户日常生产经营需求。

二、服务方案及资源需求

信用服务平台需要与政府相关部门系统对接，并在服务器上统一部署对应的用户认证、数据采集、数据加工清洗、授信反馈、贷后反馈等应用模块，将多源接入数据加工整理为标准化、归一化的结构化数据，并统一推送至平台接入的银行、保险等金融机构，用于风控模型辅助决策及其他业务应用。

华林证券协助地方政府对新农信用服务平台相关数据进行监控，参与日常运营维护、迭代升级等服务。同时，以大数据分析为基础构建风险模型，建立标准化的风险评价体系，以满足接入平台的银行等金融机构业务需求。风险评价体系引入先进数据算法，从定量和定性分析方法中得出符合业务逻辑、数据有效支撑的指标，结合用户不同分类的表现特征，通过机器学习选取能充分反映用户风险特征的相关指标，将筛选后的核心指标进行分类，用于构建风险评价模型。在建模方法上，保障数据交互信息安全、保护用户数据隐私、保证合法合规。

在具体涉农信贷业务中，新农主体用户信用服务平台可与对接的银行等金融机构定制化调整模型参数及阈值，帮助其实现全线上自动化授信风险评估，有效降低信贷调查、审核成本，提升金融机构的服务效能和新农主体用户体验。

新农主体用户信用服务平台项目规划分为三期开展。第一期建立服务样板，生成并优化模型，建立相关机制，培养种子队伍。在稳固基础之后，二期和三期分别对服务半径和平台综合应用进行延展，坚持线上线下相结合，在运营方面做持续投入。

三、具体推动工作计划

1. 华林证券与对接地方政府农业农村部门沟通汇报，选取创新试点服务县，并对其辖内的新农主体（合作社等）备案及运营情况、相关涉农服务部门信息共享条件等进行调研；

2. 对接市、县级各相关部门，沟通信用服务平台建设事宜并协调数据对接标准及输出规范；

3. 华林证券投入技术服务等相关资源，启动信用服务平台一期项目建设；

4. 对接银行等金融机构，沟通适配信贷产品、相关准入规则及授信政策。基于信用服务平台指标及模型构建逻辑，支持银行进行授信辅助决策，确定信息对接及合作成效反馈标准；

5. 信用服务平台项目一期开发完成，进入功能测试及试运行；

6. 合作银行与信用服务平台进行 API 对接、调试；

7. 政府相关部门对信用服务平台进行联合验收和交付。

96. 华宝股份

服务脱贫攻坚　践行社会责任

华宝股份全称为华宝香精股份有限公司，其前身是华宝食用香精香料（上海）有限公司，成立于1996年，2018年在深圳证券交易所成功上市（股票代码300741）。公司主要从事香精和食品配料的研发、生产、销售及服务，目前在国内外共拥有39家下属企业，是一家国际化、现代化大型实业企业集团，2014—2020年，年销售额位居行业首位（排名源于中国香料香精化妆品工业协会）。

▶ 华宝香精股份有限公司上海园区

一、服务脱贫攻坚，为藏区脱贫和西藏高质量发展贡献智慧力量

2021年是西藏和平解放70周年。7月习近平总书记在西藏考察时强调，推动西藏高质量发展，要坚持所有发展都要赋予民族团结进步的意义，都要赋予改善民生、凝聚人心的意义，都要有利于提升各族群众获得感、幸福感、安全感。近年来，公司正是怀揣着这份初心，积极响应国家号召，主动服务藏区脱贫攻坚，不断贡献智慧和力量。

作为上海市政府援藏项目，公司于2016年8月迁址西藏拉萨，同时成为中国证监会“发挥资本市场作用，服务国家脱贫攻坚战略”在西藏精准扶贫的重要项目。在2018年3月1日，公司正式在深圳证券交易所挂牌上市，成为当前西藏自治区市值排名第二的上市公司。目前公司正在开展总部办公及生产基地项目建设，将建成1200吨产能生产基地及配套物流中心，项目达产后可达3.5亿元产值，年总纳税额可达 15000 万元，有效解决当地就业问题、促进牧民增收、推动藏区乡村振兴。

► 西藏自治区、拉萨市、拉萨经开区领导和袁肖琴总裁共同推动华宝股份总部办公及生产基地建设开工仪式启动杆

公司入驻西藏后，认真研究当地产业政策，启动“那曲镇古帕村扶贫牦牛养殖基地——华宝香精股份有限公司‘奶牛养殖’帮扶项目”。西藏那曲地处唐古拉山南坡和念青唐古拉山北麓，平均海拔 4500 米以上，气候干燥，全年大风日 100 天左右，年平均气温为 –2.1℃，最冷时达 –40℃。那曲地区以畜牧业为主，饲养牦牛和羊，但由于高寒缺氧、环境恶劣，加之牧民多采用粗放型养殖方式，牲畜容易死亡，牦牛产奶量低，牧民收入水平很低。

为有效改善牦牛饲养环境、降低牦牛死亡率、提高牦牛产奶量、助力那曲牧民脱贫致富，公司专门成立工作组，驻扎那曲，捐资 37 万元，在那曲镇第二小学旧址的基础上，进行房屋改造，建设奶牛养殖场所，购买优质奶牛 60 头以及牛奶过滤、存贮、运输等设备。牦牛奶产品前期将依托那曲镇的扶贫产业进行内销，由于牦牛产奶量较低，供不应求，未来待养殖技术成熟，规模化，产业化后再着手外销，销往拉萨以及全国其他省区。2020 年 10 月 10 日，古帕村村民给华宝写来了亲笔感谢信。

与此同时，公司积极为藏区基础设施建设捐资助力。向西藏自治区党委办公厅强基办捐赠扶贫资金 20 万元；向西藏自治区统战部强基惠民驻村扶贫点——日喀则市仁布县查巴乡玉拉村捐赠 30 万元用于修建党群活动中心围墙、附属楼，并种植了一批高原杨树。

当前，西藏自治区 62.8 万贫困人口全部脱贫，26.6 万人从山高地远的苦寒之地搬迁到河谷城镇安居乐业，西藏与全国一道如期全面建成小康社会。华宝股份非常荣幸参与其中，并贡献出智慧力量。

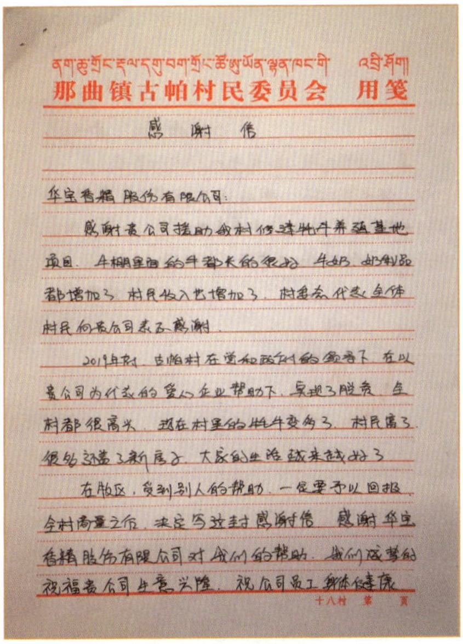

那曲镇古帕村民委员会 用笺

感谢信

华宝香精股份有限公司：

感谢贵公司援助我村修建牦牛养殖基地项目。牛棚里面的牛都长的很好，牛奶、奶制品都增加了，村民收入也增加了。村委会代表全体村民向贵公司表示感谢。

2019年时，古帕村在党和政府的领导下，在以贵公司为代表的爱心企业帮助下，实现了脱贫，全村都很高兴。现在村里的牦牛变多了，村民富了，很多还盖了新房子，大家的生活越来越好了。

在牧区，受到别人的帮助，一定要予以回报。全村商量之后，决定写这封感谢信，感谢华宝香精股份有限公司对我们的帮助。我们诚挚的祝福贵公司生意兴隆，祝公司员工身体健康

十八村 第 页

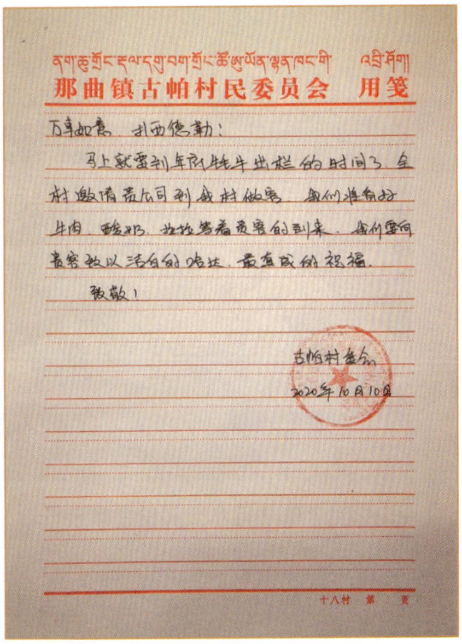

那曲镇古帕村民委员会 用笺

万事如意，扎西德勒！

马上就要到年底牦牛出栏的时间了，全村邀请贵公司到我村做客。我们准备好牛肉、酸奶，热烈等着贵客的到来。我们要向贵客献以洁白的哈达，最真诚的祝福。

致敬！

古帕村委会
2020年10月10日

十八村 第 页

▶ 2020 年 10 月 10 日西藏那曲古帕村村委会写给华宝股份的感谢信

▶ 2019 年 12 月华宝股份助力西藏自治区党委办公厅驻村工作队脱贫攻坚

二、践行社会责任，热衷公益事业，积极融入新发展格局

积极践行社会责任、履行社会义务是公司文化的宝贵基因。公司长期热衷公益事业，2017 年 7 月，公司启动“华宝行动 · 传递爱心”主题活动，向西藏拉萨曲水县捐赠学习物资 40 余万元，为曲水县所有小学生购买书包、《新华字典》和文具用品，改善当地小学生学习条件；积极参与上海市嘉定工业区“爱心手环‘戴’我回家”防走失公益活动，出资数万元为工业区内 220 余位 1—3 级智力残障人士购买爱心手环。爱心手环上有激光打印的被监护人身份信息二维码、佩带者监护人号码、当地民生部门应急救助号码，实现智障人士“出门无忧，回家不愁”的愿望。

► 2017 年 7 月华宝股份“华宝行动 · 传递爱心”主题活动

公司作为中国香化协会副理事长单位，积极倡导协会开展“爱心书包、爱心校服”捐赠活动，协会带领 30 余家企业于 2018 年 11 月走进陕西延川、2019 年 11 月走进甘肃酒泉、2020 年 12 月走进贵州黔南布依族苗族自治州，向这些地方中小学生共捐赠爱心书包 3 万余个、爱心校服 2 万余套，以及若干学习用品等。

在“美味生活引领者”企业愿景的指引下，公司坚守“绿色、营养、健康”的企业使命，并与地方经济社会发展紧密结合，在乡村振兴国家战略指引下发挥好企业优势，继续巩固脱贫成果，建设美丽乡村，让越来越多的人共享改革发展成果，为实现第二个百年奋斗目标和中华民族伟大复兴的中国梦而继续努力奋斗。

第二十五部分

陕西辖区

97. 西部证券

西部证券商洛教育扶贫计划

西部证券股份有限公司作为陕西投资集团有限公司控股上市券商，认真学习贯彻习近平总书记关于脱贫攻坚和乡村振兴系列重要讲话精神，按照《中共中央国务院关于实现巩固拓展脱贫攻坚成果同乡村振兴有效衔接的意见》《关于金融支持巩固拓展脱贫攻坚成果全面推进乡村振兴的意见》等文件精神的要求，通过产业帮扶、资本市场培育、教育帮扶、公益帮扶等多种途径推进贫困地区发展，并在公司干部员工中大力倡导“君子文化”，行仁道，大爱无疆，在做大、做强自身金融业务的同时，进一步巩固拓展脱贫攻坚成果、持续提升公司金融服务乡村振兴能力和水平，积极履行社会责任和使命担当。

习近平总书记多次强调，“把贫困地区孩子培养出来，这才是根本的扶贫之策”、“扶贫必扶智，让贫困地区的孩子们接受良好教育，是扶贫开发的重要任务，也是阻断贫困代际传递的重要途径”。西部证券着眼于商洛地区未来发展和培养造血能力，在认真调研商洛发展需求的基础上，拨付 5000 万元设立“西部证券商洛教育扶贫计划”，对商洛地区贫困大学生进行扶助。

“西部证券商洛教育扶贫计划”自 2017 年 9 月起启动，公司对该计划实行专户管理、封闭运作，充分发挥证券公司专业优势，委托公司有关业务部门进行权益类、债券类和固定收益类产品投资，投资收益全部用于对商洛市贫困大学生的教育帮扶，助力商洛地区人才的培养。公司根据该计划每年运营收益情况，并经与商洛市沟通，确定每年度的帮扶贫困大学生名单，并于每年 9 月之前将帮扶金发放至贫困学生手中。

2017 年以来，面对资本市场的风云变幻，投资管理小组准确把握住了债券市场和权益市场的大趋势，为该账户带来了稳定可靠的投资收益率。账户设立始于 2017 年 9 月，此时债券市场已经历近 1 年的熊市，投资管理小组充分评估债券市场风险性价比，选择了高信用评级的国企债券进行配置，为账户在 2018 年和 2019 年度取得较好投资回报率奠定了坚实基础。2020 年和 2021 年，面对突如其来的新冠肺炎疫情对社会经济带来的不利影响，投资管理小组在做出货币政策会边际收紧的预判下，果断采取稳妥的处理方式，确保已获得收益。

一、“西部证券商洛教育扶贫计划”取得成效

截至目前，“西部证券商洛教育扶贫计划”，已分别于 2018 年至 2021 年实施四期，

完成捐赠1200余万元，按照每名贫困学生3000元的标准，已帮扶了4000多名建档立卡贫困大学生。2022年度，西部证券将再次捐赠300万元，为商洛市需要资助的莘莘学子提供必要的经济支持。

通过该计划，使来自困难家庭的大学生不会辍学，能够继续接受高等教育，从而改变自己的命运和整个家庭的现状；大学生未来毕业后返乡，投身家乡经济建设，也有助于促进家乡经济发展。此外，按照公司业务发展需要在人员招聘时，结合大学生所学专业，也会优先考虑录用公司资助的商洛市学生，吸纳优秀人才进入公司，为公司未来发展提供新鲜血液。最终，实现公司和受助大学生双赢的目标。

二、“西部证券商洛教育扶贫计划”下一步工作目标

西部证券股份有限公司将继续以习近平新时代中国特色社会主义思想为指引，认真落实中央和地方以及监管部门的各项部署和要求，增强紧迫感、使命感和荣誉感，提高政治站位，狠抓工作落实，进一步巩固脱贫攻坚成果，积极投身乡村振兴，为全面推进乡村振兴战略做出应有的贡献。

公司作为商洛教育扶贫计划的主要实施单位，将继续与商洛市紧密协作，携手共进，积极发挥公司在金融方面的优势，全力支持商洛的莘莘学子通过教育改变家庭命运、创造幸福生活、开启美好未来，此外，公司未来在优先保障完成原定的商洛教育帮扶工作外，根据剩余投资收益情况，将投资收益分红积极参与到支持履行社会责任和助力乡村振兴的有关项目中来，进一步回馈社会，为地区的经济腾飞作出贡献！

98. 达刚控股

改善人居环境　健康扶贫

达刚控股集团股份有限公司（以下简称“公司”或“达刚控股”）的前身是长安大学（原西安公路学院）沥青加热课题组，由李太杰教授携手多位专家学者于1988年创设，致力于研究解决中国公路建设中沥青材料的加热和使用问题。如今，达刚控股已发展成为综合型科技集团公司，下辖装备研制、城市运维、环保三大事业部，以及达刚装备、智慧新途、达刚筑机、众德环保、达刚智慧运维（无锡、渭南、保康、山东）等13家控股和2家全资子公司。公司将“低耗高效、绿色循环”的理念融入到业务运营全过程，在持续推进从产品制造商向城市道路智慧运维及危废固废综合回收利用的服务商升级实践中，产品及服务广泛应用于公路建设、城市基础设施管理、环保等多个产业领域。

实施乡村振兴战略，是党的十九大作出的重大决策部署，是决胜全面建成小康社会、全面建设社会主义现代化国家的重大历史任务，其中实施乡村振兴战略的重点任务之一为着力改善农村人居环境。同时，《中华人民共和国乡村振兴促进法》第三十七条也要求，“各级人民政府应当建立政府、村级组织、企业、农民等各方面参与的共建共管共享机制，持续改善农村人居环境。”自国家全面实施乡村振兴战略以来，公司积极响应号召，并通过捐建“未病管理中心”“病媒防制”等多种措施助推乡村振兴工作。

一、过渡湾镇未病管理中心

保康县过渡湾镇位于湖北省保康县北部，下辖13个行政村，共有3547户10866人。全镇平均海拔700多米，境内80%以上是山地，属典型的山区乡镇。过渡湾镇所属的保康县原为国家级贫困县，经过几年艰苦卓绝的脱贫攻坚战，该镇顺利地实现了全面小康。但是，由于自然条件的局限，本地农牧业收入只占到总收入的一半左右，其余收入主要依靠青壮劳力外出务工，留守乡村的大多是老人和小孩。

习近平总书记强调“没有全民健康，就没有全面小康”，明确揭示了健康扶贫在脱贫攻坚和乡村振兴中的基础性作用。达刚控股在过渡湾镇走访调研发现，留守当地的以中老年人为主，很多人处于亚健康状态，高血压、结石等慢性病尤为突出，而这些病与当地饮食习惯和饮用的山泉水矿物含量有很大关系。另据走访了解，在精准扶贫之前，该区域“因病至贫”的家庭总数占到贫困人口的51%，如何保证该区域村民，尤其是有留守老幼的家庭不再“因病返贫”，如何根据地区的健康管理特性，制定出最符合中国国情的农村健康管理模式，成为了“过渡湾镇未病管理中心”的实践使命。

2021 年 10 月 26 日，达刚控股牵头组织优质社会资源捐建成立的“保康县过渡湾镇未病管理中心”如期在过渡湾镇卫生院挂牌成立，率先在全国镇级卫生院搭建“治未病”平台，并联动首都医科大学共同发起“农村流行病学研究课题研究小组”，以镇卫生院为核心载体，村镇卫生医疗工作人员为核心骨干，在下辖 13 个村镇开展“免费发放限盐勺”“免费安装陶瓷净水器”“免费使用艾灸椅”等未病宣传与管理实践。

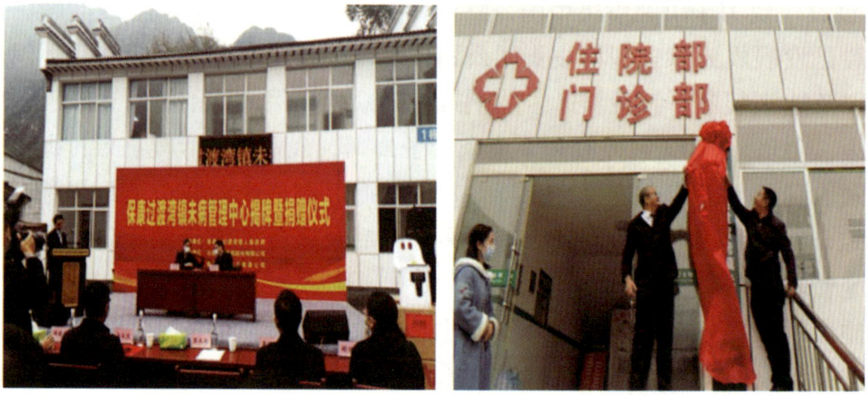

► 保康县县委书记冯云波、达刚控股总裁傅建平为未病管理中心揭牌

为筹建未病管理中心，公司一是投入资金加强卫生院硬件设施建设，购置并捐赠未病管理中心所需硬件设备。二是聘请专业艾灸师开展为期一个月的现场培训和指导，帮助提升卫生院医护人员治“未病”的能力和水平；大大提高了群众的健康意识。三是制定防预措施控制慢性病、地方病的发生，免费发放限盐勺、帮助需要的群众免费安装陶瓷净水器等，并通过张贴宣传广告、发放宣传单等方式，加强预防慢性病、地方病的知识宣传，提升人民群众防病意识。四是在卫生院原有工作基础上，实行包联到户，将“重点家庭”落实到具体的医护人员，定期询问，定时邀检，行动不便的主动上门问诊，并对卫生院提出明确要求，在 2022 年春季，对全镇 14 岁以下及 65 岁以上老人，进行一次全面“精细化体检”，全面协助镇政府建立“镇域重点关怀人员”电子病籍系统，该系统将同时强化“病人”与“亲属”的链接，让外出务工人员能第一时间获悉家中老幼的健康情况。五是为适应未病管理中心需要，出资聘请院校中医专家教授为卫生院全体医护人员进行专业培训，全面提升卫生院医护人员素质。从思想到技能上全面接受“农村健康数字化建设”“公共卫生保障机构向健康管理服务机构转型”等先进理念，为新时代农村健康管理提质增效。

为确保未病管理中心长期运转并免费为全镇群众服务，该中心拟设中医艾灸理疗室、中医康复治疗室、中医薰蒸足疗室等。目前，中医艾灸理疗室已正式投入使用，免费向全镇群众开放。在挂牌不到一个月的时间里，艾灸室每天接待前来理疗的群众多达 150 人，现共计有近 4000 多人次接受了康养理疗，大部分接受理疗的群众反映理疗效果非常好。“未病管理中心”的成立及开放，获得了当地群众的高度赞许！

与此同时，对五个海拔近千米、交通不便的高山村，如三岔河、白峪沟、鸿兴园等村，“未病管理中心”设立了流动艾灸室，送设备到村，帮助培训村卫生室村医，由村卫生室负责免费为群众提供服务，从而确保边远山区群众同样享受到未病管理中心的服务。

二、开展病媒防制

目前，城市和乡村在人居环境上的差距很大，最突出的表现是乡村生活环境差，村民易受到病媒生物侵扰。陕西达刚环境生物科技有限公司（以下简称“达刚环境”）作为达刚控股的控股子公司，继承和发扬爱国卫生运动优良传统，将爱国卫生运动与传染病防控紧密结合，以“无蚊社区（村）”为理念和目标，利用病媒监测与防制数字化技术，全面改善乡村人居环境，有效保障人民群众健康。

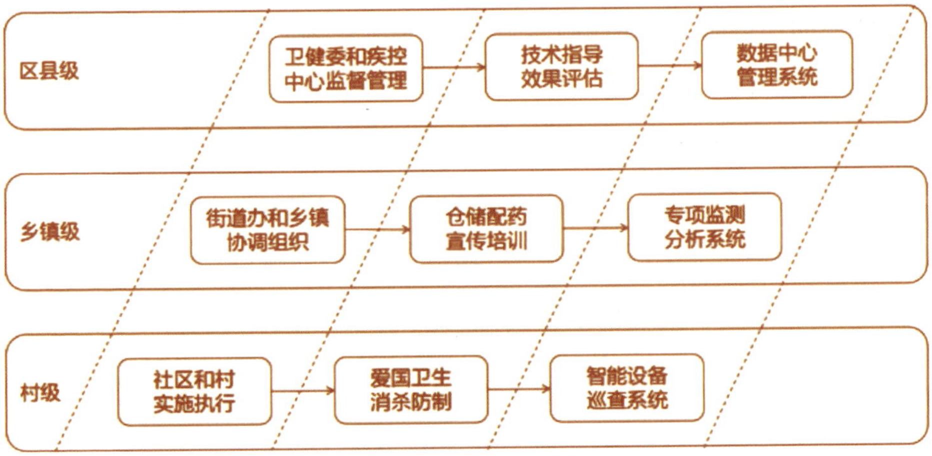

▶ 病媒防制示意图

（一）搭建病媒生物常规监测与数据平台，实现病媒生物监测数据的可视化管理

通过信息平台的建立，可保证监测数据传递的及时性和准确性，简化现场调查流程，提高现场调查记录的丰富度，保证现场调查质量，并利用此平台强化监测体系的评估，提高监测数据的利用率。

（二）在管辖区域范围内布置病媒生物智能监测硬件设施，实现区域病媒生物动态监测

以往的蚊虫监测手段，因监测数据手工统计分析，结果受主观因素影响大，统

计结果易产生错误，信息严重滞后，监测结果利用价值低，对媒介传染性疾病的预警效果不明显。而智能监测装置实现 24 小时无人值守密度监测，节约人工成本，同时采用物联网技术，所有数据实时传输后台中控。

（三）组建区域病媒巡查防制专业队伍，实现辖区内病媒生物常规化巡查，建设并完善区域病媒防制管理体系及标准

全面掌握区域内的病媒生物防制工作现状后，梳理归类问题，制订针对性防制服务方案。对病媒生物孳生地和重点场所以及病媒生物防制工作中的难点和薄弱环节进行连续、轮番处理，做到无死角、无遗漏，持续控制鼠、蟑、蚊、蝇密度。

（四）组织社区宣传

为巩固国家卫生城市的创建成果，让广大群众知晓病媒生物的危害，掌握了解防制病媒知识，组织社区居民进行病媒生物防制科普知识宣传，使更多的单位群众参与进来，营造“社区是我家，卫生靠大家”的良好氛围。

达刚环境通过总结渭南高新区“无蚊社区（村）”建设的实践经验并结合各地实际情况，建立和完善相关建设标准，使“无蚊社区（村）”的建设更加全面、科学，有助于推进农村地区病媒生物控制工作落实到位，助力“健康中国”在农村地区的实现。

三、乡村振兴规划未来发展

近几年，乡村振兴背景下的美丽乡村建设，一直将改善人居环境放在首要位置。未来，公司将借鉴保康、渭南等地的实践经验，通过在多城市开拓“未病管理”“病媒防制”的措施，全面落实《国务院关于深入开展爱国卫生运动的意见》要求，推进爱国卫生运动向农村深入，着力提升农村居民获得感幸福感，使其成为助力乡村振兴的重要举措。

第二十六部分

甘肃辖区

99. 酒钢宏兴

践行国企初心使命　多渠道助力乡村振兴

2021 年是国家“十四五”的开局之年，也是巩固拓展脱贫攻坚成果和全面推进乡村振兴的起步之年。酒钢宏兴认真贯彻落实习近平总书记在全国脱贫攻坚总结表彰大会上的重要讲话精神和中央、省市县的有关会议精神，严格按照“三落实”“四不摘”的工作要求，加大帮扶力度，深入拓展帮扶工作，持续巩固脱贫攻坚成果，用实际行动诠释了国有企业在脱贫攻坚帮扶任务中的初心和使命。

一、选派精兵强将　助力乡村振兴

酒钢宏兴作为甘肃省属大型国有控股上市公司，深知自身所担负的社会责任，为全面推进乡村振兴和巩固拓展脱贫攻坚成果，切实将乡村振兴作为一项崇高的政治任务，从战略高度上重视乡村振兴战略，深刻认识到推动乡村振兴不是一地一隅的事情，而是将推动乡村振兴工作作为一项系统性的工程来统筹谋划，科学布局，把脉施策。酒钢宏兴对选派的驻村干部实行严格的选拔任用制，选派一批政治素质过硬，工作能力突出，勇于担当，敢于奉献的年轻干部队伍派驻到村担任第一书记，同时建立驻村干部后备人才库，切实保障乡村振兴的人才需求。

二、发挥党委共建合力 引领乡村振兴战略

酒钢宏兴根据帮扶各村的实际情况与公司多家基层党委开展结对共建，充分发挥党组织把方向、管大局、促落实的作用，引领乡村振兴工作深入推进。一是开展政企支部融合，相互交流经验，以“互帮、互学、共促、共进”的工作机制，持续提升各级党组织的政治功能和组织力，把党员组织起来，把人才凝聚起来，把群众动员起来，形成合力为走好乡村振兴之路提供坚强的组织保证；二是以党组织为统领，号召动员广大党员干部参与消费帮扶，带动贫困户增收致富；三是酒钢宏兴将基层党委对共建党委帮群众办实事作为一项考核指标，促进共建党委深入开展帮扶工作，帮助当地人民群众谋划增收致富之路，切实将帮扶工作落到实处，提升人民群众的满意度和幸福感。

▶ 酒钢宏兴机关党委与富民新村党总支召开党建结对座谈会

三、全面落实消费帮扶战略，助推乡村振兴

酒钢宏兴深入贯彻习近平总书记关于“组织消费帮扶”的重要指示精神，强化帮扶政策举措，充分发挥企业主导作用，深入聚焦巩固拓展脱贫攻坚成果同乡村振兴有效衔接的思路，积极探索创新发展新模式，发挥对口支援、定点帮扶等机制潜力，持续扩大贫困地区产品和服务消费，有力提升了产品和服务的规模、质量、效益，培育壮大了区域性特色优势产业，实现了政府、脱贫农户、企业互动、共赢的目标，为助力打赢疫情防控和乡村振兴两场硬仗作出了积极贡献。

1. 坚决打赢疫情防控阻击战，巩固来之不易的防控成果。2021 年国庆小长假结束后新冠肺炎疫情波及省内多个城市，使酒钢宏兴扶贫所在地的疫情防控工作面临了较为严峻的考验，酒钢宏兴驻村干部按照各级组织的安排成立疫情防控领导小组，严密部署和参与到当地疫情防控工作中。一是配合搭建临时板房，安装测温装置，布置疫情防控现场；二是对来往的人员和车辆实行集中管控，逐一核实相关信息；三是严格落实 12 小时轮班值守工作要求，对重点人群、重点车辆进行严密排查、筹集发放消杀物资；四是组织农户有序进行核酸采检等工作。驻村干部冲锋陷阵，严密死守疫情防控一线，为疫情防控筑起坚实的“堡垒”，使当地疫情防控工作取得了阶段性胜利，守护了当地人民群众的生命安全。

2. 发挥自身优势，创新“3+3”消费帮扶模式。针对脱贫地区农特产品销售难的问题，酒钢宏兴创新消费帮扶新模式，一是推广以“以买代帮”“以购代捐”等方式促进农特产品的销售；二是通过组织内部单位食堂购买农户蔬菜、禽蛋肉类等；三是酒钢宏兴通过与相关单位工会组织积极沟通，动员广大干部职工广泛参与，实行产销对接。创新“3+3”消费模式形成了以消费帮扶促脱贫增收的新格局，有力解决当地贫困群众农特产品的滞销问题。

3. 创新“1=1”结算模式。快速实现农户与消费帮扶单位资金结算的绿色通道，省去资金周转过程时间，简便快捷地使农户在最短时间收到货款，迅速鼓起农户的“钱袋子”，增强农户的致富信心。“1=1”结算模式建立起酒钢宏兴与帮扶农户之间蔬菜帮销相配套的采购、存储、运输、结算全流程的长效运行机制，切实解决贫困地区产品销路窄、组织化程度低、增产不增收等突出问题。

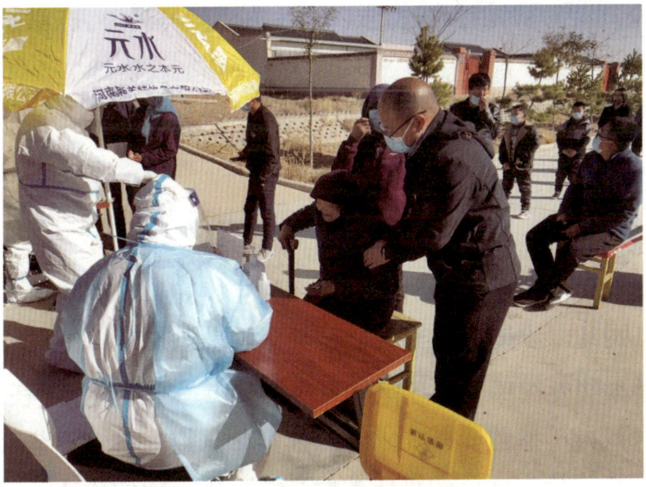

▶ 驻村干部组织当地农户有序开展核酸检测

4. 解决农户“燃眉之急”，职工爱心援购来帮忙。受疫情影响，扶贫地蔬菜瓜果外销严重受阻，为有效解决农户蔬菜等产品的滞销问题，酒钢宏兴在公司内部动员广大干部职工踊跃购买农户的蔬菜产品，帮扶工作站的工作人员在收到公司通知后，迅速组织响应，12 小时连续作战，完成了农户蔬菜等产品的采购、分装以及装车工作，将帮扶蔬菜等产品成功运抵酒钢宏兴后便分发一空，切实解决了农户的“燃眉之急”。

▶ 酒钢宏兴炼铁厂等待分发的蔬菜产品

四、发挥自身优势，推动消费帮扶取得明显成效

酒钢宏兴深刻认识到消费帮扶是社会力量参与乡村振兴的重要途径，并在不断实践这一帮扶方式，通过消费来帮扶地区、帮扶农户，帮助已脱贫户增收脱贫，既满足了消费者的需求，激发了企业帮扶的社会责任感，又催生了帮扶户的内生动力，使其走上长期稳定增收的道路。同时，在酒钢宏兴及驻村干部的共同努力下，逐步打通了制约消费帮扶在生产、流通、消费各环节的“瓶颈”问题，推动帮扶地区产品和服务融入市场取得了良好成效。

2021 年，酒钢宏兴通过创新消费帮扶模式，统筹推进各项帮扶工作，多措并举、积极促销。截至 11 月底，系统性地实施消费帮扶六批次，购买帮扶协作地区蔬果、禽肉类、农特产品等40余种共计70余万斤，金额已达160余万元，受益群众1万余人，使帮扶地区农产品区域性滞销问题得到了有效缓解。

五、未来展望

酒钢宏兴将继续发挥国有企业优势，持续落实“摘帽不摘责任、摘帽不摘政策、摘帽不摘帮扶、摘帽不摘监管”要求，以消费帮扶作为巩固脱贫攻坚成果、防止返贫致贫的关键举措，全力支持构建扶贫产品产、供、销循环体系，推动建立消费帮扶长效机制，持续加大帮扶力度，保持帮扶定力和韧性，做到帮扶工作不松劲、不懈怠、不偏离，遵循乡村发展规律持之以恒推动乡村振兴各项帮扶举措的落实，推动乡村振兴工作有序开展，努力开创乡村振兴新局面。

100. 金徽酒

高质量脱贫攻坚　新气象乡村振兴

金徽酒股份有限公司（以下简称“金徽酒”，股票代码 603919.SH）于 2016 年 3 月，成功在上海证券交易所 A 股上市，成为全国第 19 家白酒上市公司。2007—2020 年，公司累计实现销售额超过 160 亿元，上缴税费超过 38 亿元，提供直接就业岗位 2600 多人，年销售额占甘肃省白酒市场总量 30% 左右，已成为全省规模最大、品牌知名度最高、纳税最多的白酒企业。

2021 年是“十四五”开局之年，也是巩固拓展脱贫攻坚成果和全面推进乡村振兴的起步之年。金徽酒在实施乡村振兴战略中积极践行社会主义核心价值观，履行社会责任，致富思源，扶危济困，扶弱济贫，积极发扬光彩精神，投身徽县社会事业建设，将全力做好巩固、拓展脱贫攻坚成果与乡村振兴的有效衔接。

一、打造党建红色引擎，保障组织振兴

乡村振兴，组织是保障。金徽酒党委围绕生产、经营积极开展党的各项工作，充分发挥在企业发展中的政治引领作用和在员工群众中的政治核心作用，用社会主义核心价值体系引领企业文化建设，发挥党员先锋模范作用，培养党员和员工的团队意识、责任意识和进取意识，起到了助推公司经济发展的积极作用，实现了企业发展和党建工作双促进，提高员工的政治素养和政治觉悟，在美丽乡村、城乡环卫一体化、脱贫攻坚等工作中突出党组织模范带头作用。

▶ 金徽酒庆祝建党 100 周年红色教育主题党日活动

二、搭建多元共创平台，推动人才振兴

2010 年以来，金徽酒连续 11 年资助兰州 5 所高校家庭贫困学生顺利完成学业，已有 700 多名大学生进入公司就业，成长为公司的骨干力量。2013 年以来，金徽酒捐资 2000 万元，支持陇南和定西教育事业，在徽县一中和通渭县一中设立金徽班（每个县每年捐资 100 万元），连续 9 年资助家庭贫困学生数千人，有力地推动了当地教育事业的蓬勃发展。从 2018 年开始，金徽酒在甘肃、陕西、宁夏、新疆等 4 省区 160 多个县市联合发起“金徽酒正能量精准扶贫公益助学”大型公益助学活动，4 年已累计出资 2800 多万元，每年有 1 万多个家庭贫困学生受到资助，顺利完成学业。

▶ 公益助学 爱心捐赠活动

三、紧抓龙头发展机遇，带动产业振兴

金徽酒作为当地龙头企业不断夯实自身产业基础，通过建立完整的白酒行业上下游产业链，在原粮收购、原材料供应、企业合作等工作中主要向贫困地区、贫困家庭、贫困人口侧重，积极带动产业扶贫，提升贫困群体收入。一是在徽县水阳乡、永宁镇、银杏镇、伏家镇等乡镇以“基地 + 农户 + 企业”的方式，与当地农业专业合作组织协议定点保价种植、回收酿酒用粮，带动扶持当地农户发展农业生产，增加了群众收入；二是利用自身产业优势，将酿酒酒糟回收整合出售给当地养殖户，充分发挥酒糟利用价值，建立起绿色健康的酿酒生态圈，大大促进了当地畜牧养殖产业高效发展；三是积极响应政府号召，参与徽州夜市建设工作，资助 50 余万元用于夜市摊点建设、施工、装修和临街门店门头更换、改造等工作，新建的徽州夜市可提供 50 余个摊位，解决上百人的就业和创业，带动数万人游览消费。金徽酒从产业扶贫到产业振兴，全力推进脱贫攻坚与乡村振兴有效衔接。

四、发展特色生态旅游，助力文化振兴

金徽正能量公益基金会先后捐资 1200 万元，在旅游文化圣地柳林镇青阳山重新修建唐宋风格仿古建筑数十座，绿化美化周围环境，建成了以青阳山为主的旅游文化场所，成为闻名遐迩的旅游景点，进一步带动了徽县旅游事业。公司投入巨资

将金徽酒生态酿酒园打造成4A级旅游景区，并在伏镇村和峡门村结合处投入资金建设占地200亩的文化广场，修建了浮雕和音乐喷泉、栽种了数万棵名贵树种，使当地群众喜闻乐见的文化产品和文化服务更加丰富繁荣，焕发乡村文明气象。

五、整治乡村人居环境，引领生态振兴

金徽酒不仅注重自身的发展，而且在周边地区开展乡村人居环境整治行动，将村容村貌提升作为主攻方向，着力补齐农村人居环境短板，加快建设美丽乡村。针对帮扶点徽县嘉陵镇周咀村突出的环境问题，金徽正能量公益基金会先后投资兴建学校及教育设施、人畜饮水工程、村社道路硬化、文化活动广场、太阳能路灯，进行危旧房改造、维修和重建等工作，极大地改善了村民的生活环境，提升农民精神风貌，推动当地新农村建设。此外，为减少交通安全事故隐患，金徽酒在徽县城区建新路捐建一座人行天桥，并且投资建立天河疏浚工程，对天河河道进行治理，修建河堤5道，有效保护了当地生态环境和水源地，实现生态与经济互促共进、协同发展。

未来，在乡村振兴战略指引下，金徽酒将根据自身特点和优势，加快探索步伐，积极履行社会责任，切实做好巩固拓展脱贫攻坚成果同乡村振兴有效衔接，让脱贫基础更加稳固、成效更加可持续，发扬“上下同心、尽锐出战、精准务实、开拓创新、攻坚克难、不负人民”的脱贫攻坚精神，以更有力的举措开展乡村振兴战略，助力实现农业高质高效、乡村宜居宜业、农民富裕富足。

101. 靖远煤电

精准扶贫发展产业　乡村振兴引领发展

甘肃靖远煤电股份有限公司（以下简称“公司”）是西北地区首家煤炭上市公司，也是目前甘肃省国资系统唯一煤炭上市平台。公司核心业务为煤炭开采和销售，同时拥有勘探设计、瓦斯发电、机械制修、检测检验等经营性资产。近年来，公司认真贯彻落实中央及省市有关脱贫攻坚会议精神，按照省总工会落实职工福利、助推消费扶贫、促进经济发展的部署安排，结合公司优势，发挥行业特点，强化政策举措，创新工作方式，投入真金白银，拿出真招实招，全面开展了就业帮扶、消费帮扶、兜底保障、帮办实事好事等帮扶工作，尤其在消费帮扶工作，把落实职工福利发放与脱贫攻坚及乡村振兴帮扶工作紧密结合起来，大力开展消费帮扶工作，通过组织红色旅游、农产品“以购代捐”“以买代帮”“爱心认购”等方式，增加了贫困地区旅游消费收入，解决了农产品销路难问题。同时大力营造“人人皆可为、人人皆愿为、人人皆能为”的消费帮扶良好氛围，向各级组织、广大党员干部、职工群众发出参与“消费扶贫”倡议，引导广大职工主动与农户对接，广泛参与农产品消费扶贫，形成了农户与企业供需两端互相促进的良性循环，形成了企业与合作社及农户的相互配合、相互补充、相得益彰的良好局面。近年来，公司累计帮扶消费帮扶乡藜麦、枸杞、芦花土鸡、大蒜、蔬菜等农产品投资约1600多万元。

一、强化组织保障，全面协调做好乡村振兴帮扶工作

为保证乡村振兴帮扶工作多点发力，全面推进，更好地做好巩固拓展脱贫攻坚成果同乡村振兴有效衔接各项工作，公司成立工作领导小组，公司党委书记、董事长任组长，其他班子成员、党委常委和组织人事部门、财务部门、基建工程、规划发展与环境保护、工会等相关部门负责人为成员。领导小组办公室设在党委组织部，负责做好协调组织、政策指导、推动落实、督促检查等各项工作，派驻驻村干部15人，为消费帮扶及各项工作顺利开展提供了强有力的组织保障。

二、强化项目创新，以消费帮扶驱动产业发展

公司紧密结合联系帮扶村的（甘肃省靖远县永新乡松柏村、圈湾村、二队村、九队村、卧牛村和北湾镇新坪村）地理环境、传统种养殖等特点，架起了以公司驻村工作队为纽带的帮扶村及农户与公司福利消费大市场的桥梁，实现了帮扶村特色农产品与公司福利消费需求的有效对接，促进了帮扶村特色产业持续发展和农户的

稳定增收，提高了农户收入水平，推动了区域经济较好发展。

1. 藜麦消费促进“千亩藜麦种植基地”项目建设。松柏村是靖远县永新乡下辖村，属高海拔阴湿山区，公司经过多方论证调研，并邀请专家组实地考察，证实松柏村的气候环境适宜藜麦生长，公司在投资尝试种植成功的基础上，决定支持松柏村打造“千亩藜麦种植基地”建设项目，采取“企业 + 村集体 + 农户”的利益联结机制，通过藜麦消费帮扶引导贫困户积极参与种植，培育壮大了特色优势产业。4 年来累计投入资金 70 余万元，收获藜麦 368 吨，价值 440 万元，现每年种植藜麦 400 多亩且逐年增加，有效增加了村集体收入，促进了贫困户增产增收。

▶ “千亩藜麦种植”产业帮扶项目

2. 枸杞消费促进“万亩枸杞产业园”项目建设。靖远双永供水工程建成后，永新乡卧牛村靠天吃饭的广阔旱地变成了水浇地，极大地减少了农作物旱灾风险，依据卧牛村地理特征和土质等实际情况，很适宜发展枸杞种植产业，经过驻村工作队广泛宣传和公司消费引领，卧牛村利用“合作社 + 农户”的发展模式，目前已发展枸杞种植 2140 多亩，产量达 400 余吨，形成了“万亩枸杞产业园”建设项目，实现了产业致富的目的。

▶ 卧牛村“万亩枸杞产业园”

▶ 卧牛村枸杞种植大户

3. 大蒜消费带动大蒜种植规模不断扩大。 靖远县永新乡九队村、松柏村海拔较高，土壤肥沃，日照充足，很适宜红皮大蒜生长。近年来在公司消费帮扶的带动下，九队村、松柏村大蒜种植规模逐年扩大，现每年种植约 300 多亩、8 万余辫，农户收入明显增加，种植积极性显著提高。

▶ 永新松柏大蒜运输车

4. 蔬菜消费推动北湾镇新坪村异地搬迁移民村的经济整体发展。 新坪村是 2013 年岷县、漳县 6.6 级地震灾后重建省内异地安置村，2015 年 8 月从定西市岷县搬迁而来，目前共 595 户 2910 人，2016 年公司开展包村帮扶工作以来，大力开展蔬菜消费帮扶工作，鼓励农民发展蔬菜种植，目前已发展日光温室 585 座，注册的“花儿新村”精品黄瓜远销新疆、中亚等地区。近年来，公司通过对其大力消费帮扶，充分调动了搬迁户依靠自身努力实现脱贫致富的积极性，促进了搬迁户稳定脱贫和该地区产业持续发展。

▶ 靖远煤电公司蔬菜消费帮扶运输车

▶ 为职工发放的新坪村福利蔬菜

▶ 靖远煤电公司职工福利发放现场

5. 订单式生产消费开创消费帮扶新模式。根据职工福利发放需求，对一些生产场地较为分散、产品质量不好管控的产品，公司结合实际，通过与合作社签订订单生产的模式进行消费帮扶。近年来，为了保证给职工发放到质量较好的土鸡，公司在充分调研的基础上，与农民合作社签订生产养殖订单合同，共散养芦花土鸡约 5 万多只，投入消费帮扶资金 400 余万元。

6. 开展旅游消费促进贫困地区红色旅游业发展。根据上级部门有关要求，公司大力推行旅游消费帮扶工作，先后共组织符合疗养条件的先进工作者、劳动模范等 351 名干部职工到省内贫困地区及红色旅游基地进行旅游疗养，旅游帮扶资金合计约 60 余万元，促进了省内贫困地区红色旅游业的发展。

三、创先实施"防贫保"，有效防止已脱贫群众因病、因学、因意外等原因返贫返困

公司为了更好地做好对贫困户的动态管理工作，着力解决脱贫群众因学、因病、因灾致贫或返贫及"边减边增"等脱贫攻坚棘手问题，通过充分调研了解，引进设立"防贫保"帮扶项目，与中国太平洋财产保险股份公司、靖远县永新乡人民政府三方签订脱贫攻坚帮扶工作防贫保险协议，2020 年投保 30 万元，为永新乡 5 个贫困村 303 户帮扶户设立了防贫保险。截至 2021 年 6 月 28 日，经过保险公司"防贫保"项目组对 48 户 260 人进行现场查勘审核，有 43 户 65 人符合帮扶条件，共发放"防贫保"救助金 205287.17 元。其中，因病返贫对象 8 户 9 人，发放"防贫保"救助金 86449.20 元；因学返贫对象 42 人，发放"防贫保"救助金 83641.40 元；因意外死亡返贫对象 2 人，发放"防贫保"救助金 10000 元；因收入减少返贫对象 3 户 12 人，发放"防贫保"救助金 25196.57 元。经过一年的试运行，"防贫保"切实较好解决了脱贫不稳定户、边缘易致贫户以及因疫情或其他原因收入骤减或支出骤增的动态监测，有效堵住了收入骤减和支出骤增两道返贫和致贫关口，达到了精准帮扶、

巩固成果的目的，为巩固拓展脱贫攻坚成果同乡村振兴有效衔接提供了可靠保障。2021 年，公司继续投资 20 万元用于购买“防贫保”。

▶ 公司“防贫保”发放现场

四、扩大就业帮扶，提升困难户收入水平

多年来，公司坚持把扩大就业作为脱贫攻坚根本之举，利用国家及省上出台的各类吸纳贫困劳动力政策，多渠道多方式提供外出务工信息，提高劳务输转组织化程度，推进培训就业一体化机制，运用公司培训资源，设立贫困学生培养专班，开展有针对性和实用性的职业技能培训，促进劳务输转从体力型向技能型转变，公司用工时在同等条件下优先接收符合条件的帮扶村贫困学生。几年来公司先后招录永新乡贫困村符合条件的贫困户子弟 90 人。通过就业帮扶，使贫困户每户年均增加收入约 10 万元。

五、办好实事好事，凸显国企担当作为

根据帮扶村实际情况，公司较好开展了对帮扶村特殊困难群体的走访慰问和送温暖关心关爱等“真情暖民心帮贫扶困”活动，每年平均帮助帮扶村帮办实事好事 2 件以上。一是大力开展春耕助农惠农“送化肥下乡”活动，先后向永新乡 5 个帮扶村贫困户赠送化肥合计 147 吨，投入资金 30 余万元，有效解决了贫困户春耕生产发展难题。二是组织开展“送温暖下乡”和“送温暖进校园”活动，累计捐赠靖远县永新乡低保困难、五保、残疾人等困难家庭和平川区复兴学校、种田学校、王家山镇教管中心、水泉镇教管中心等冬季取暖优质块煤累计 2030 吨，投入资金约 168 余万元。三是积极响应甘肃省扶贫基金会“精准扶贫——我为农村中小学生捐赠体育用品爱心包”公益活动，与甘肃省扶贫基金会携手，先后向帮扶村学校捐赠价值 8 万余元的学习用品及“体育用品爱心包”，改善了公司帮扶村中小学生体育用品匮乏的现状，推动了帮扶村中小学生“德、智、体”的全面发展。四是根据甘肃省委省政府及国资委有关对口支援陇南等重点灾区恢复重建工作要求，公司捐赠项目

援建资金150万元，帮助陇南地区恢复重建工作。五是在全省疫情防控最吃紧的关键时期，公司高度重视，及时帮助解决，大力支援防疫工作，先后组织捐赠永新乡防疫取暖用煤100余吨，医用口罩1000个，捐赠平川区防疫取暖用煤50吨，均用于各疫情防控点的防寒取暖工作，为驻村干部配发了医用口罩、消毒液、消毒壶等防疫物资，充分彰显了公司以实际行动积极履行国企上市公司的政治责任和社会责任，突显出公司的责任担当。

六、强化党建提升，充分发挥党支部和党员在帮扶工作中的战斗堡垒作用及先锋模范作用

大力开展“党建＋扶贫”主题党日帮扶活动，号召公司模范党支部与帮扶村党支部积极开展支部互建共建“党建＋扶贫”主题党日帮扶活动，充分发挥党支部在脱贫攻坚及乡村振兴消费帮扶工作中的引领作用和全体党员干部先锋模范作用，切实增强村党支部对乡村振兴的引领发展能力。

102. 上峰水泥

扶贫和发展两不误

上峰水泥（股票代码：000672）创立于1978年，目前具备水泥熟料年产能约1700万吨，水泥约2500万吨，砂石骨料约1500万吨。环保业务方面，公司拥有安徽最大的水泥窑协同处置危废项目及西北地区规模最大的危废处置填埋业务。

一、积极开展产业扶贫

公司在创造社会价值方面不遗余力，产业扶贫是公司综合发展规划的一部分。近年来，上峰水泥积极履行社会责任，结合自身产业特点，把公司战略发展规划的重点放在西北和西南两大区域，努力将公司发展规划与国家扶贫开发战略深度融合，积极推进贫困地区利用资本市场进行产业结构调整、转型升级和加快发展。

上峰水泥通过新建与收购项目所在地贵州独山、宁夏盐池、广西都安等均为全国最后一批贫困县。上述项目的实施不仅解决大量就业和纳税经济贡献等带动当地经济发展，也实实在在通过产业扶贫创新措施助力脱贫。

广西都安项目系当地贫困县重点产业扶贫项目。该项目首期实施的一条日产5000吨水泥熟料生产线及配套水泥粉磨、余热发电、码头工程项目外，还规划了二期熟料生产线项目及配套建筑骨料和危废及固废水泥窑协同处置等项目。这批项目将吸纳都安县100个深度贫困村集体经济发展资金适度参与投资和分红，还计划适度定额提取资金作为都安县扶贫和乡村振兴建设专项资金，进一步支持都安脱贫攻坚和乡村振兴建设。项目将真正实现发展与扶贫两不误，社会和经济效益双显著。

▶ 独山上峰新型干法水泥项目

此次点火投产的贵州独山上峰新型干法水泥项目，为独山县麻尾工业园区“煤—电—冶”一体化循环经济注入了新鲜血液，标志着该县推动工业经济转型、提升县域经济实力又迈出了坚实的一步。项目全面建成后，将对独山的经济发展、群众就业、产业聚集等产生强大的引领和推动作用。

上峰水泥在宁夏盐池县惠安堡镇萌城村落地以来，积极响应国家产业扶贫和西部大开发的政策号召，率先担当起贫困乡村脱贫攻坚的社会责任，在该区域落实稳投资、保民生、改善当地环境状况等脱贫攻坚方面成效显著，得到了地方政府的大力支持和良好的反响，被惠安堡镇委镇政府授予了年度脱贫攻坚贡献奖。

2019 年度宁夏上峰水泥投资 1.9 亿元进行水泥窑生产线环保降耗技改及年产 500 万吨骨料项目，环保板块投资 4.5 亿元建设了水泥窑协同处置固废、油淤泥及总量 109 万方的危废填埋场项目。项目建设和投运有效促进了周边社会经济发展，带动 190 余名劳动力务工就业，各项目配套的大量物流运输也带动了周边村镇约 300 余辆大货车融入项目经营生态链，村镇经济活力焕发勃勃生机。

二、结对帮扶精准脱贫

企业发展离不开社会的支持，回报社会是企业应尽的责任。公司各基地通过支持当地新农村建设、慰问周边孤寡老人及残疾困难人员，捐赠水泥及钱款支持村村通道路建设，捐赠支持光伏发电及进村道路亮化工作，资助贫困学子，加大职业技能培训投入，与贫困村结对帮扶，向当地慈善机构捐款，采购助农物资，支援灾后重建。党的十八大以来，上峰水泥上述各项扶贫工作支出合计 1481.09 万元。在努力做好生产经营的同时，支持周边社区建设，公司的整体形象得到进一步提升。

2016 年以来，铜陵上峰水泥公司在铜陵市委市政府号召下，踊跃参与“百企帮百村”精准扶贫行动，先后与枞阳县横埠镇黄山村和官塘村建立结对帮扶关系，

▶ 精准扶贫

除产业扶贫外，还通过完善基础设施、资助留守儿童及贫困大学生等措施，帮助他们加快脱贫致富的步伐；先后投入 100 万元支持两个村路灯、应急广播等基础设施建设，累计安装路灯 352 盏。

除精准帮扶官塘村和黄山村外，近年来，铜陵上峰水泥公司还积极捐赠扶贫公益金 100 万元、投入美丽乡村建设资金 500 余万元，持续关爱资助困难学生 70 人，2021 年还继续为黄山村捐赠振兴资金 10 万元。

怀宁上峰水泥有限公司作为地方重点企业和上市公司，积极承担社会责任，通过资金扶持、捐赠物资、节日慰问等多种形式，投身扶贫工作。

该公司与江镇镇政府对接，拿出 5 万元用于村户扶贫工作。为了改善交通等基础设施状况，该公司于 2016 年给鸣凤村免费提供了价值 3 万多元的水泥和 5 万元资金。为了解决脱贫实际困难，2017—2018 年，公司出资 20 万元用于专项扶贫，全部用于建设村文化广场、改善小学教学条件、修缮乡村道路等。2018 年，对月石村提供帮扶资金 15 万元，对学田村提供帮扶资金 20 万元。2019 年，广村、大桥村路灯建设有资金缺口，该公司又对广村提供 18 万元资金帮扶，对大桥村提供 19 万元资金帮扶。月山镇奇隆村、黄岭村紧邻该公司，公司自投产以来至今共资助近 200 余万元用于奇隆村、黄岭村乡村道路、水利兴修、公共文化广场等基础设施建设，大大改善了村交通设施和村民文化娱乐生活，得到了当地政府及广大村民的好评。

三、敬老助弱献爱心

公司子公司浙江上峰建材有限公司已连续 30 多年坚持开展每年访贫问苦献爱心活动，对镇敬老院老人和周边困难群众进行年终上门送慰问金慰问品活动。深受次坞镇领导和周边群众的广泛好评，也充分体现企业敬老助弱的爱心和关怀。

▶ 发放奖学金

▶ 为敬老院送慰问品

为弘扬勤学精神，激励进港村广大学子勤学上进，成为国家栋梁之材，公司子公司台州上峰水泥有限公司特在进港村设立上峰水泥奖学金，台州上峰将每年为进港村考上优秀学校的学子颁发奖学金。

103. 大禹节水

模式创新助力乡村振兴加速度

大禹节水集团股份有限公司（以下简称“大禹节水”或“公司”）的企业使命是“让农业更智慧、让农村更美好、让农民更幸福”，主营业务是“三农三水”（农业高效节水、农村污水处理、农民生活用水）。从成立至今20余年以来，公司牢记企业使命，专注主业经营，公司的使命和经营发展与我国乡村振兴事业一脉相承、相伴同行。多年以来，依托为“三农三水”业务领域打造的“三张网”（水网、信息网、服务网），深入推进模式创新，总结出“元谋模式”“武清模式”等一系列高效益、可复制的经典模式，致力于推动农业农村现代化，推动产业兴农，改善农村人居环境，助力乡村振兴。

一、武清模式　助力乡村生态振兴

“武清模式”是大禹节水在农村人居环境整治业务领域打造的集规划、设计、投资、建设、管理、运营、维护服务为一体的一种创新的社会资本参与农村基础设施建设运营的新模式。2018年以来，公司承接并组织实施了天津市武清区农村生活污水处理（一期）项目（简称“武清一期项目”）和天津市武清区新一轮农村生活污水处理（二期）项目（简称“武清二期项目”），解决了武清区597个村生活污水乱排现象，使24.7万户近80余万人受益。目前，上述污水处理项目已成为天津市环保领域的标志性工程，大禹节水总结出适合全国推广的“武清模式”，并在天津市静海区、甘肃金昌、徐州沛县等广大农村地区推广复制，显著改善了当地农村的人居环境，提升了农民人居幸福指数。

▶ 污水收集系统

天津市武清区农村生活污水处理项目总投资近32.8亿元，采用BOT（建设—运营—移交）模式，项目合作期（即特许经营权期限）为15年，武清一期项目建设期2年、运营期13年，武清二期项目建设期3年，运营期12年。通过该项目的实施，完成了武清区597个村的污水处理厂站和污水配套管网建设，以及旱厕改造、电力、绿化围栏等配套工程，通过采用“管网＋村级污水处理站”和“管网＋并入城镇污水处理站”方式，实现生活污水处理设施100%全覆盖。武清一期污水处理项目采用PE材质化粪池＋检查井＋管网的污水收集系统，配套一体化污水提升井及提升泵站，解决了村镇污水收集难题，实现了武清区农村污水“四水”收集全覆盖。

目前，武清一期项目已经全面建成并投入运营，减排效果明显，显著改善了静海区的农村人居环境。武清一期项目年处理生活污水1076万吨，减少污染物化学需氧量（COD）排放量近2000吨，减少氨氮排放量约300吨。

▶ 武清一期污水处理项目

二、元谋模式　助力乡村产业振兴

产业兴农是实现乡村振兴长远发展的根本之策，大禹节水的“水网＋信息网＋服务网”三网融合解决方案，如同一双隐形的双手，激发了农业产业的内生动力，成为助推产业扶贫、产业振兴的动力源泉。大禹节水以云南省楚雄州元谋县大型灌区丙间片区11.4万亩高效节水灌溉项目（以下简称“元谋项目”）为模板，打造了以“水网＋信息网＋服务网”三网助力、产业兴农的“元谋模式”。所谓“元谋模式”，是指大禹节水以农田节水工程为基础，实现对农田水利设施的运营，并为农户提供延伸的水肥一体化、种植技术等增值服务。

大禹节水元谋项目所在地位于云南省楚雄彝族自治州的元谋县，缺水是元谋经济社会发展最大的制约。面对“有水百花齐放，无水寸草不生”的县情，元谋加快水利工程建设的脚步从未停止，截至2018年，全县累计建成具有一定规模的蓄、引、提水利工程2327件，总库容1.25亿立方米，但全县的缺水量仍达1.25亿立方米，而耕地的缺灌率更是高达44.83%。发展节水灌溉，以最低限度的用水量获得最大产量和收益，成为元谋发展现代农业，促进农民增收的不二选择。

2016 年 4 月，大禹节水启动了云南省楚雄州元谋县大型灌区丙间片区 11.4 万亩高效节水灌溉项目，这个总投资 3.08 亿元，涉及 4 个乡镇 16 个村委会 110 个自然村，受益农户 1.33 万户 6.63 万人的项目成为公司模式创新、产业新农的主战场。

大禹节水元谋项目为当地农户创造了良好的经济效益，助推脱贫攻坚，促进产业兴旺乡村振兴。项目实施后，亩次灌溉由 100 立方米减少到 15—20 立方米，节水 50%—85%；每亩用肥减少 25%—30%，项目区亩均用水成本由原来的 1258 元降至 350 元，亩均增收达 5000 元以上，产业兴农成果喜人。

▶ 大禹节水元谋项目

元谋项目的实施，为脱贫攻坚提供了有力支撑。为了彻底解决深度贫困地区“一方水土养不活一方人”的实际困难，元谋县委、政府抢抓易地扶贫搬迁、乌东德水电站建设重大机遇，将金沙江沿岸近 4000 多名傈僳族群众搬迁到水改项目区，打造元谋傈僳族第一村，惠及建档立卡贫困人口 645 户 2349 人。依托大禹节水元谋项目，安置点以打造热带水果科技园为重点，发展绿色化、标准化、规模化的高效果蔬产业基地，引导群众种植芒果、龙眼、葡萄、橙子等经济价值较高的经济林果。同时，通过土地流转引进农业生产企业进行热带水果科技园核心区建设，探索“产业扶贫 + 文化扶贫 + 旅游扶贫”融合发展的路子，补齐了脱贫攻坚产业发展短板，实现了群众发展种植、土地流转、就近务工、文化旅游等多渠道稳定持续增收，为全面推进乡村振兴战略奠定了坚实的基础。

如今这一模式已经从云南的元谋复制到祥云、弥渡，从西南复制到西北的甘肃武山，在广袤的农村大地上书写了产业脱贫、产业兴农、产业振兴的乡村振兴华美篇章。2019 年 12 月，“元谋模式”被财政部以“人民的 GDP”为题推荐至联合国欧洲经济委员会第四届 PPP 国际论坛。

三、禹国同行　彰显民营企业担当

2020年，面对突如其来的新冠肺炎疫情，公司坚持生产经营、疫情防控两手抓，在全国范围内率先复工复产，并因此接连获得央视新闻联播三次重点报道。在疫情期间，公司从超过10个国家采购并捐赠防疫物资1500余万元，向全国17个省份、60多个城市、400多家单位捐赠防疫物资。公司董事长王浩宇被中共中央组织部等4部门联合授予“全国抗击新冠肺炎疫情民营经济先进个人”荣誉称号，得到了党和国家领导人的接见，公司全体人员备受鼓舞。

▶ 董事长王浩宇荣获“全国抗击新冠肺炎疫情民营经济先进个人”称号

近年来，公司响应国家号召，积极参与各类扶贫捐助活动，先后无偿捐助贵州毕节大方县500亩水肥一体化智能灌溉项目、学校医院一体化直饮水设备，累计价值200万元；向西双版纳州红十字会捐赠价值5万元的医用外科口罩50000只；累计筹资捐赠近500万元对酒泉小金湾乡、黄泥堡村、七墩等数十个少数民族移民乡村进行定点支援帮助。2020年4月，公司主动联系天津市政府与甘肃白银市、平凉市共帮共建，公司为白银市杨崖集镇捐赠200万元用于道路等基础设施建设，与平凉泾川朱家涧村签订结对帮扶协议，并捐赠价值31.67万元滴灌设备助力脱贫攻坚。2021年10月，面对甘肃疫情突发，积极向甘肃省酒泉市、嘉峪关市、张掖市、陇南市、天水市等地捐赠现金与防疫物资合计价值超过300万元。

在“十四五”开局之年，2021年中央一号文件把全面推进乡村振兴作为实现中华民族伟大复兴的一项重大任务，举全党全社会之力加快农业农村现代化；乡村振兴局挂牌成立，标志我国开启了从集中优势资源支持脱贫攻坚转向全面推进乡村振兴的新时代。大禹节水将继续深耕“三农三水”主业，产业兴农致力于产业兴旺，整治提升农村人居环境致力于美丽乡村建设，为乡村振兴持续贡献力量！

第二十七部分 宁夏辖区

104. 晓鸣农牧

助力脱贫攻坚　推进乡村振兴

2020 年，是全面建成小康社会和脱贫攻坚的收官之年。晓鸣股份作为国家龙头企业，在跨越式发展的同时，坚定不移按照党和政府的要求和统一部署，始终心系群众，把脱贫攻坚作为义不容辞的社会责任，勇于担当，积极行动。

一、扩大产业规模，加大产业扶贫力度，促进一二三产业融合发展

1. 投资兰考县，助力产业带动脱贫。在证监会的统一指导和金融扶贫政策的支持之下，晓鸣股份积极响应党的号召，坚持以发展产业带动脱贫，2012 年进驻兰考，分三期共计投资 2 亿元，建成年孵化健母雏能力 1.2 亿羽大型现代化孵化厅和年出栏 100 万羽的青年鸡养殖标准化示范场项目。同时，通过举办大型蛋鸡技术培训，培训兰考以及周边市县近 500 名蛋鸡从业者；带动和倡导贫困农民发展适度规模养殖，提高了规模化养殖效益，2016—2017 年全县新增万只存栏蛋鸡养殖场 10 余户，每场年增收 10 余万元。

▶ 助力兰考县脱贫工作

2. 投资闽宁镇，带动产业融合脱贫。自 2006 年至今，晓鸣股份在闽宁镇大力发展蛋鸡养殖产业，形成了年存栏 50 万套的标准化蛋种鸡养殖基地，以产业带动当地移民就业。晓鸣股份于 2017 年再次在闽宁投资 3 亿元建设“宁夏闽宁智慧农业扶贫产业园项目”，整体项目是集年产 20 万吨规模化消毒饲料生产、年产 6000 万羽健母雏的分代次大箱体孵化厅和数字化智慧农业项目建设为一体的现代农业布

局。项目的实施，可带动 200 万只蛋鸡饲养，帮助 200 户农民实现脱贫致富。

3. 带动相关产业共同发展，实现一二三产业融合，助力产业扶贫。随着全国市场的布局和建设，晓鸣股份在宁夏闽宁镇、青铜峡市和河南兰考县的布局带动了当地蛋鸡养殖及与其配套产业的飞速发展，也拉动了与之配套的物流、运输、饲料、包装（蛋箱、蛋托）、蛋品及其加工业等一系列行业的发展，延长了产业链，预计产业链产值超过 5 亿元。其中，物流运输业增加运输车辆 100 余辆，新增就业人员 200 余人；其他配套服务业新增就业 400 人以上。

二、就业扶贫

晓鸣股份自投资兰考以来，设立子公司 2 个，分公司 1 个，提供就业岗位近 200 个，占公司总岗位人数的 22%，吸纳兰考当地建档立卡贫困户 13 人。

闽宁当地建档立卡贫困户 19 人，晓鸣股份为其免费提供技能培训，支持带动贫困户投身蛋鸡养殖业，实现人均月收入突破 4000 元。公司依托闽宁扶贫产业园，实施本地招聘，经培训可吸纳生态移民村贫困人员 200 人左右，人均可实现年收入 5 万元以上，达到“用工一人、脱贫一户”的精准扶贫目标。

三、创新扶贫方式，科技助力扶贫攻坚

1. 深入六盘山连片特困地区，探索精准扶贫新机制。2016 年 1 月，公司联合体系营养与饲料研究室、天津综合试验站等，深入六盘山连片特困地区多个代表性的县区开展扶贫情况调研工作，在国家农业产业技术体系扶贫总结会议上，为六盘山连片特困区的扶贫攻坚建言献策。

2. 探索产学研合作扶贫新机制，实现科技扶贫。2016 年公司同宁夏大学、宁夏科特派中心一起，对固原市原州区彭堡镇惠德村贫困人口进行了蛋鸡场经营管理和养殖技术专题培训，以市场需求为导向，利用科学的饲养管理方式，为养殖户树立“养重于防，防重于治”的防疫理念，提高饲养管理水平，发展特色养殖，提高产品溢价，拓宽销售渠道，帮助当地贫困人员通过发展家禽养殖产业脱贫致富。

四、捐资助学，教育扶贫

公司自 2014 年起每年向兰考田庄小学、惠民小学、憨庙小学、东街小学、星河中学等捐赠了教学、体育器材，价值人民币 12 万元，得到了学校师生和社会的广泛赞誉。同时公司多次参与扶贫慰问活动，为困难户送去了米面油、棉衣棉被等慰问品，送去了公司的温暖与关爱。公司还被选为兰考扶贫企业联合会会长单位，带领全县爱心企业广泛开展扶贫工作，组织吸收企业捐赠款物价值 20 万元，为深入扶贫、精准扶贫打下了坚实基础。

五、发挥政企共建优势，实现党政企联动扶贫

晓鸣股份每年同宁夏回族自治区直属机关工委、自治区农牧厅、宁夏动物疾病预防控制中心党支部联合开展了支部共建扶贫活动，向同心县赵家树村、丁塘村、吴家河湾村等养鸡示范贫困户提供育成鸡、配套的饲料及养殖设备等，并进行相关养殖技术实地指导培训，帮扶当地贫困户发展特色生态养殖，拓宽贫困村民致富增收渠道，厚植农户家庭产业发展根基。

2016 年 7 月，公司联合永宁县农牧局向永宁县闽宁镇原隆村 100 户困难家庭投放晓鸣良种雏鸡及雏鸡配套饲料，发挥养殖企业的技术优势，充分利用移民村剩余劳动力，帮扶困难户早日实现增收脱贫。

2017 年 6 月，公司同宁夏回族自治区直机关工委、自治区农牧厅、宁夏动物疾病预防控制中心党支部联合开展了基层党组织联合共建扶贫活动，向同心县赵家树村养鸡示范贫困户投放 2 月龄育成鸡 2000 余只，并提供了配套的饲料及养殖设备等共价值 5 万余元，并进行相关养殖技术实地指导和手把手培训，所帮扶的精准脱贫示范户共计实现收入 13.6 万元。

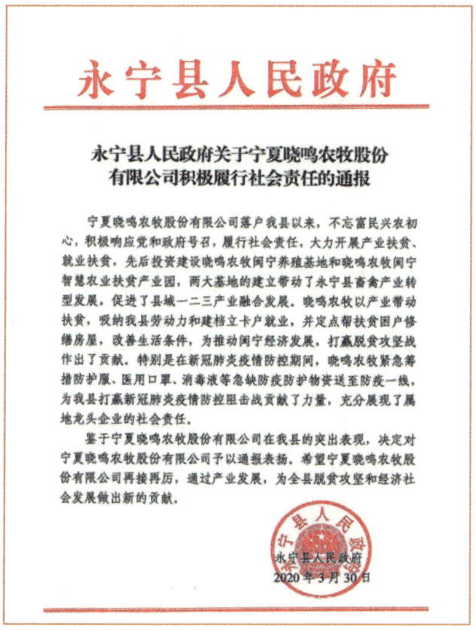

永宁县人民政府

永宁县人民政府关于宁夏晓鸣农牧股份有限公司积极履行社会责任的通报

宁夏晓鸣农牧股份有限公司落户我县以来，不忘富民兴农初心，积极响应党和政府号召，履行社会责任，大力开展产业扶贫、就业扶贫，先后投资建设晓鸣农牧闽宁养殖基地和晓鸣农牧闽宁智慧农业扶贫产业园，两大基地的建立带动了永宁县畜禽产业转型发展，促进了县域一二三产业融合发展。晓鸣农牧以产业带动扶贫，吸纳我县劳动力和建档立卡户就业，并定点帮扶贫困户修缮房屋，改善生活条件，为推动闽宁经济发展，打赢脱贫攻坚战作出了贡献。特别是在新冠肺炎疫情防控期间，晓鸣农牧紧急筹措防护服、医用口罩、消毒液等急缺防疫防护物资送至防疫一线，为我县打赢新冠肺炎疫情防控阻击战贡献了力量，充分展现了属地龙头企业的社会责任。

鉴于宁夏晓鸣农牧股份有限公司在我县的突出表现，决定对宁夏晓鸣农牧股份有限公司予以通报表扬。希望宁夏晓鸣农牧股份有限公司再接再厉，通过产业发展，为全县脱贫攻坚和经济社会发展做出新的贡献。

永宁县人民政府
2020 年 3 月 30 日

▶ 感谢信

2018 年 5 月 24 日，晓鸣股份向同心县吴家河湾村农牧吴德斌捐赠鸡苗 1500 只，鸡饲料一吨，并向养鸡农户传授禽类养殖技术、疫病防疫技术、养殖场地建设技术等。

2019 年 5 月，公司为进一步助力精准扶贫，向兰考全县 16 个乡镇（街道）的未脱贫户和 2018 年脱贫户共计 3375 户捐赠小公鸡，共计 23.6 万只，折合市价 23 万余元，同时对其进行相关养殖技术实地指导和手把手培训。并分别于 2019 年 11 月和 2020 年 1 月份，分两批回购扶贫户“金鸡”共计 1248 只，合 10 万元。

2020 年 6 月 9 日至 6 月 17 日，兰考分公司为全县 16 个乡镇的 7319 户贫困户无偿提供小公鸡 62 万余只，为贫困户脱贫致富持续鼓足干劲、打好基础。2016 年至今晓鸣股份已捐赠鸡苗 200 余万只。

六、捐资抗疫，情系疫情防控

2020 年新冠肺炎疫情期间，在各地防疫防控物资紧缺关键时刻，晓鸣股份紧急将各分公司备用的防护服、医用口罩、乳胶手套以及消毒液等防疫防控物资多次捐赠给相关部门和机构用于抗击新型冠状病毒感染的肺炎疫情。

2021 年 10 月，新冠肺炎疫情在内蒙古境内出现反弹并迅速蔓延，在得知内蒙古阿拉善盟防疫物资紧缺后，10 月 20—29 日，晓鸣股份积极筹措物资，再次向阿拉善盟左旗人民政府捐赠防护服 2360 套、医用手套 10000 双等防疫物资和鸡蛋、方便面、自热米饭、牛奶等生活物资，用实际行动践行社会责任，助力一线疫情防控工作。2021 年，晓鸣股份已累计捐赠约 50 万元物资，用实际行动诠释着责任与担当。

在今后的扶贫工作中，晓鸣股份将一如既往地响应扶贫工作的号召，发挥生产技术优势，加大技术帮扶力度，提供更多的就业岗位，因地制宜的帮扶农民实现自身发展，勇于承担社会责任，从根本上解决实际困难，尽快脱贫致富，为贫困地区经济发展、群众脱贫致富作出应有贡献。

第二十八部分

新疆辖区

105. 申万宏源

创新金融工具促进乡村振兴“1+N”模式

金融扶贫是打赢脱贫攻坚战的重要举措和重要支撑，如今，全面推进乡村振兴更是离不开金融的有力支撑。为贯彻落实好党中央、国务院关于利用金融优势促进乡村振兴政策，作为一家“有信仰、敢担当”国有金融企业，申万宏源积极发挥拥有证券、期货等全牌照的证券公司优势，先后投入帮扶资金2.08亿元，积极寻找金融服务乡村振兴的切入点，探索并运用金融创新工具，推出多个金融产品服务。通过市场化手段帮助帮扶地区融资超过300亿元，引导鼓励社会资本投资农业农村，募集资金聚焦“三农”发展，重点支持乡村产业发展、农民就业增收、农业现代化、乡村建设等项目，更好满足乡村振兴多样化融资需求。在不断促进甘肃会宁县等帮扶地区产业发展的同时，也为巩固当地脱贫攻坚效果促进同乡村振兴有效衔发挥重要作用，进一步提升了金融服务乡村振兴的能力。在甘肃会宁，公司累计投入各类帮扶资金超1.5亿元，全县农民人均纯收入从2013年的3993元飞速增长到2019年8199.97元，切实帮助老百姓实现增收。同时，助力会宁的贫困发生率由2013年的31.44%到2020年实现历史性清零，累计脱贫16.99万人，为乡村振兴工作打下坚实基础。

一、“1”是制定一个金融助推乡村振兴工作细则

为认真贯彻落实中央乡村振兴战略要求，申万宏源结合实际情况第一时间制定《2021—2025年定点帮扶乡村振兴工作实施细则》（以下简称“细则”）。细则规定，公司将为甘肃会宁县等帮扶地区提供一揽子“金融振兴”解决方案，积极探索资本市场助推乡村振兴工作的有效范本和经验，为振兴工作贡献“申万宏源”新模式。

二、“N”是创新多个金融工具助推乡村振兴

甘肃会宁县是国家级深度脱贫县，脱贫基础不牢，返贫风险较大，乡村振兴难度高。经过深入调研，依据当地资源禀赋，申万宏源充分发挥证券金融业务优势、战略客户优势，结合自身特点和业务优势，创新金融助推乡村振兴的“申万宏源”模式，积极通过“农产品＋保险＋期货”推广、场外期权业务开发、防返贫综合险兜底、新三板挂牌、推广乡村振兴债券等业务，为乡村振兴提供“一揽子”金融解决方案，解决产业发展资金瓶颈，帮助主导产业做大做强，助力建立乡村振兴长效机制。

（一）创新金融工具之一：推广"农产品＋保险＋期货"业务，为种植脱贫户兜住收入底线，实现稳定增收

多年来，公司大力推广"农产品＋保险＋期货"业务，先后在新疆、云南、海南、甘肃、广西、江西、黑龙江、吉林、河南、山东、重庆、天津、内蒙古、安徽、宁夏、山西、福建、北京等18个省、市、自治区，国家级贫困县21个，开展39个"农产品＋保险＋期货"项目，涉及棉花、橡胶、苹果、白糖、生猪、玉米、大豆、饲料、鸡蛋等农产品64.9万吨，覆盖种植面积136.7万亩，惠及种植农户11万多户，其中包括6.1万户建档立卡户10多万人，承保货值31亿元，实现给农户和农企的总赔付额达到7900多万元，取得较好效果，获得了社会各界的广泛认可。截至目前，已获得多项奖励和数次推优。其中，多次获得中国期货业协会"扶贫卓越贡献奖"、"优秀创新扶贫奖"，勐腊天然橡胶等多个项目获得上海期货交易所项目评选一等奖。

公司定点帮扶地区甘肃会宁县是马铃薯、玉米、小杂粮等农作物主产区，玉米产量占全省总产量的十分之一。由于当地严重缺水，自然条件极差，农业发展受限，玉米是当地农户的主要收入来源之一。但玉米同其他农产品一样，往往具有"丰产不丰收"的特点，当风调雨顺、农产品产量增长的时候，受供需关系影响，农产品价格往往会下降，进而导致农户无法得到更多收益。为了解决农产品价格波动的风险，申万宏源针对会宁县开发了"玉米＋期货＋保险"业务，通过该业务锁定玉米价格，保障农户在市场农产品价格下跌的时候仍能享有较高收益，为脱贫户的农作物种植收益保驾护航。

2018年，申万宏源创新采用"收入保险＋场外期权＋基差收购"模式，投入120万元，为会宁县8个乡镇9407户建档立卡贫困户56594.6亩玉米实施"期货＋保险"业务，对玉米价格和产量进行承保，并成功完成理赔。因2018年玉米"期货＋保险"成果显著，对农户收入保障效果明显，2019年继续出资150万元，2020年再出资150万元，扩大了保险试点范围，创新采用奇异亚欧式看跌期权方式，为会宁县13个乡镇11786户贫困户种植的98622亩玉米价格进行投保。根据玉米价格走势，2019年，为当地11786户贫困户完成赔付326万余元，兜住收入底线，取得良好成效。在原有成果的基础上，2021年再继续投入150万推广该项目，帮助更多玉米种植户降低农产品价格风险，巩固脱贫成果。四年来，该创新帮扶方式有效保障了脱贫户玉米种植收益、激发了玉米种植积极性，为脱贫致富提供了强大助力和有效保障。

（二）创新金融工具之二：开发"防返贫综合险"，为脱贫户进一步提高保障力度，巩固脱贫攻坚成果

新冠肺炎疫情还在继续蔓延，甘肃会宁县防返贫工作压力增大。为了减轻刚刚脱贫的人口在发生疾病、意外情况下的医疗支付压力，防止因病返贫，也为了充分

利用金融手段有效应对疫情等意外影响，建立防返贫长效机制，根据市场调研和当地实际，申万宏源针对会宁县开发了“防返贫综合险”，主要针对人身意外事故及自然灾害进行投保，有效防止当地脱贫户因病、因灾或因意外事故返贫。

申万宏源2020年在会宁县实施的防范品综合险总保费达680万元，为全县39945户174116人（其中：建档立卡贫困户38720户169113人，边缘户1225户5003人）无偿提供保障，总保障额度超过1000亿元。保障范围包含因罹患疾病、人身意外、自然灾害、交通事故、煤气中毒、溺亡、见义勇为等造成人身意外、疾病、家庭财产损失等多种情况。2021年，公司再增加投入245万元，用于为会宁县全县范围的建档立卡脱贫户、边缘户纳入“防返贫综合险”对象。

为切实做到“真扶贫、扶真贫”，申万宏源驻会宁县扶贫干部利用挂职优势，协调当地县金融办、县扶贫办及各乡镇，对项目受保对象进行全面核查，通过全国扶贫开发信息系统业务管理子系统对38720户169113名建档立卡脱贫户进行逐一核对，对1225户5003名贫困边缘户进行造册登记，从而确保公司每一厘帮扶资金都实实在在用在斩断贫困根源的“刀刃”上；同时还针对会宁县域面积大、保障对象多这一特点，通过协商专门为会宁县增加1名专职保险理赔员，确保遇困后保障对象能及时获得救助补偿，杜绝“因灾致贫”现象的发生。据不完全统计，截至目前，总赔付已近500万元，后续理赔还在按照标准陆续赔付中。“防返贫综合险”成为了老百姓的支柱和福音，协助建立了有效的防返贫长效机制，助力守住“两不愁三保障”的民生底线。该帮扶举措得到省市政府的高度肯定，新华网等多家重要媒体对进行了样本报导。

（三）创新金融工具之三：辅导龙头企业挂牌新三板融资，解决发展资金瓶颈，助力龙头产业做大做强

在新三板领域，申万宏源证券位列市场第一，服务优势突出。根据帮扶地区现实情况，公司着力打造新三板的全产业链服务体系，在严控风险的前提下，为甘肃会宁县、重庆万州区等贫困地区中小微企业提供包括挂牌、做市、投资、研究、发行、持续督导、并购、IPO等一系列高效优质的综合金融服务，做深做实金融服务实体的社会责任，助力地方产业发展，积极探索建立乡村振兴长效机制。截至目前，已为帮扶地区提供新三板相关服务项目数十个。2020年7月，公司加班加点，继续作战，成功帮助甘肃群业科技公司成为会宁地区首家挂牌新三板的上市企业，也是白银地区首家挂牌工业企业。

甘肃省会宁县工业企业少，多为农产品加工企业，发展缓慢，在龙头企业群业科技挂牌新三板前，当地尚无一家上市企业。为了利用专业优势促进当地龙头产业发展，申万宏源派出专业团队对会宁县多个重点企业进行深入调研，并按照“一司一策”的工作方法，对重点企业制定帮扶政策，形成了“1+3”重点龙头企业扶持方案，

即以甘肃群业科技公司为重点培育对象，同时选择三家企业作为重点关注企业，制订并实施具体金融帮扶方案。为此，公司充分发挥专业优势，为群业科技提供全方位、立体式的金融服务。

（四）创新金融工具之四：推进场外期权业务，助力帮扶地区企业有效应对疫情挑战，实现平稳运营

受新冠肺炎疫情影响，甘肃会宁的农产品玉米、豆粕、苹果等商品价格出现较大波动，对当地牛羊饲养企业、果蔬企业、制造加工企业的平稳运营产生了较大影响。为帮助当地巩固脱贫成果、夯实产业振兴基础，公司迅速为当地企业量身定制场外期权业务，通过场外期权模式，先后为牛饲料、苹果、螺纹钢、生猪价购置价差场外期权，有效降低了企业养殖、种植成本，保住了销售利润，切实助力企业在疫情期间持续稳健经营，让企业认识到可以通过金融工具“降成本、护收益”，对县域金融助农、助产起到了带头和引领作用。与此同时，公司也在第一时间举办“价格波动风险防控管理”培训班，讲解场外期权业务的优势特点。

（五）创新金融工具之五：推行乡村振兴票据募集资金，带动帮扶地区经济快速发展

为进一步落实 2021 年中央一号文件要求，银行间交易商协会、发改委、证监会及交易所均推出了乡村振兴相关债券产品，且已有越来越多的区域及城投成功发行“乡村振兴”债券，为当地“三农”建设资金开辟了新途径。在中国人民银行指导下，基于在银行间市场十多年的精耕细作与经验优势，申万宏源证券自上而下高度重视，积极布局相关工作，发挥过往销售扶贫专项债的经验优势，以销售乡村振兴票据为业务抓手，不遗余力实现乡村振兴债券的推广及销售工作。截至 2021 年 8 月 3 日，申万宏源证券累计销售乡村振兴票据 36 只，销售规模近 25 亿元，发行主体性质涵盖央企、地方国企及民营企业，行业广泛分布于交通运输、水务处理、电力、文化旅游以及农林牧副渔等各个行业，主要发债区域包括甘肃、四川、云南、湖北、内蒙古、安徽、山东、广西、福建等多个在脱贫攻坚战中表现突出的省份及自治区，用实际行动助力巩固脱贫攻坚成果，有序衔接乡村振兴。

三、加大多层次的精准资金投入，为乡村振兴提供可靠保障

在充分发挥资本市场作用的同时，持续的资金投入是决胜脱贫的重要保障。近年来，申万宏源累计向贫困地区精准投入帮扶资金超过 2.08 亿元。投入 4020 万元党费注入会宁县 284 个村的党群创业互助基金，支持龙头企业、合作社发展，助力会宁村集体经济发展；累计投入 1720 万元加强会宁县党支部建设、阵地建设；投入 5000 多万元，改善贫困地区办学条件，捐资建设教学楼、操场、幼儿园、教育培训中心，引进培训机构对贫困地区教师开展培训，增设“申万宏源班”，设立“申

万宏源奖学金”，加大教育扶贫力度，努力阻断贫困代际传递；投入3000多万元，资助会宁县实施人饮及产业用水工程，完善建设水池等供水基础设施，改变当地严重缺水的状况，成功帮助会宁这个黄土高坡喝上干净水，种上了蔬菜，并推进蔬菜、水果等产业向规模化、标准化发展；投入170万元用于支持贵州高碑村基础设施建设和扩建茶叶基地，为村民带来稳定收入。为了从源头上打通贫困地区农产品产销“最后一公里”，公司积极承建帮扶地区电商平台建设，自2018年11月上线到2021年8月，电商平台累计销售5500余万元，其中帮扶会宁实现销售3500万多元。

四、勇担行业责任，携手同行牵头落实行业乡村振兴任务

为了总结资本市场扶贫经验，贡献行业智慧，中国证监会推动成立“证券行业扶贫宣传工作组”，推选申万宏源为组长单位，此后，工作组积极团结证券行业各家机构，先后牵头或组织举办“证券行业扶贫经验交流会”“资本市场扶贫案例研讨会”“资本市场脱贫攻坚论坛”“资本市场扶贫成果展”“证券行业帮扶视频”等一系列活动，积极参与防疫宣传工作小组，在新华社、人民日报、中央电视台等媒体推出了一大批有分量的新闻报道，为资本市场服务扶贫攻坚提供强大精神动力，获得证监会高度肯定。基于宣传工作组的成功经验，证监会再次指定公司负责承建资本市场统一扶贫电商平台，承办“资本市场一县（司）一品线上展销活动”，组织有48家资本市场、76个帮扶县、180家帮扶企业参加活动，在短短两个月内就实现市场化销售8451万元，大大促进了行业消费扶贫工作，获得各方肯定。此次活动参与单位之多、范围之广、力度之大，前所未有，开创了资本市场携手帮扶的典范，受到了上级单位、参与金融机构、帮扶单位的充分肯定和高度认可，形成了良好的社会影响力，也是公司在国家脱贫攻坚的伟大历程中贡献智慧和力量的创新之举。为了进一步深化资本市场公益实践，中国证监会与中国人民银行、银保监会和中投公司等单位推动成立“资本市场公益联盟”，由于脱贫攻坚工作的出色表现，公司被推选为首批联盟成员单位和第一届轮值主席单位。2021年4月22日，联盟在内蒙古库布其举办“中国资本市场公益论坛”，成立第一支乡村振兴基金—库布其生态公益基金。旨在通过资本市场公益联盟的强大合力，充分发挥资本市场绿色金融优势，创新推动库布其乡村振兴和“碳中和”贡献水平提升，促进人与自然和谐共生。

下一步，申万宏源将继续深入贯彻落实党的十九大精神和习近平新时代中国特色社会主义思想，认真落实党中央、国务院关于乡村振兴重要指示，在上级党委的坚强领导下坚决扛起乡村振兴政治责任，把乡村振兴作为践行“两个维护”和国有金融企业责任担当的重要体现，全面落实好乡村振兴各项工作，为帮扶地区实现乡村振兴目标贡献申万宏源的一份力量！

第二十九部分 深圳辖区

106. 平安银行

责任创造市场价值
金融助力乡村振兴

长期以来，作为中国最早的一批上市公司，平安银行积极践行社会责任，近几年在脱贫攻坚和乡村振兴领域进行深耕。过去三年多，通过三村智慧工程累计投放扶贫和乡村振兴类资金超 300 亿元。平安致力于发挥金融 + 科技优势，通过数字化助力乡村地区进行产业升级、最终实现共同富裕。

一、培育乡村振兴人才

在国家乡村振兴局（原国务院扶贫办）的指导下，平安银行联合中国扶贫志愿服务促进会同举办创业致富带头人培训班，为扶贫产业储备人才。培训班围绕产业政策、财务管理、电商运营、种养殖技术、创业指导等内容深入展开，并通过产业项目对接、专业合作社和农业基地参访等方式，为学员开拓视野、激活观念。培训结束后，平安银行还坚持“扶上马，走一程”，持续开展“1+11（1 个月集中培训+11 个月跟踪辅导）”的创业孵化，为学员持续地提供技术支持和导师辅导，通过“换脑、育种、造血、夯基”四步走，跟踪培训成果转化，帮助学员将愿望真正落地生根。

▶ 学员参加创业致富带头人培训

二、构建三产融合立体发展

（一）投入资金提升种植水平

“平安产业扶贫及乡村振兴基金”通过定向扶持当地优势产业项目，通过行业标准、技术支持、人员辅导等多种方式，助力凉山州打造高品质橄榄油产业，构建“政府＋企业＋合作社”的产业新模式。分别在西昌和昭觉县引入中国扶贫基金会新农人项目，帮助合作社梳理并重建合作社组织架构和运营团队，完善合作社章程、合作社制度等并建立有效的盈余分配制度，同时开展技术培训和引入专家指导，提高油橄榄种植水平。

▶ 油橄榄丰收

（二）金融＋科技升级产业

中泽油橄榄北河基地（西昌）是中国首个国家级油橄榄良种基地，每年可繁育油橄榄种苗 300 万株，是我国油橄榄良种苗木培育的核心工厂。平安银行依托自身卫星＋物联网技术优势，建设油橄榄物联网平台，实现油橄榄育苗智慧化管控，实时监控大棚环境要素，提高育苗和科研效率和。并进一步对种养、采摘、加工、包装环节的整个生命周期监管，自动采集各环节数据，积累油橄榄产业链大数据，指导农业生产。同时将油橄榄种植基地数据通过数字村小程序等互联网渠道呈现给消费者，做到对食品从农田到餐桌过程的知晓，提升品牌信誉，加强品牌建设。平安银行物联网设备采集的信息，将让银行在评估油橄榄种植价值与风险时变得更加科学，提高企业金融的可获得性。

在技术逐渐成熟的数字经济时代，平安银行也在不断探索通过卫星＋物联网技术的应用，监控到企业的经营状况，用数据说话。除下能看到的育苗大棚内外的设备，还对企业的生产加工全过程进行了数字化建设，比如在油橄榄收购环节，用智能秤，直接采集原材料数据。通过各链条的打通，就能为企业画像了，数据充足，自然就能提供银行的风控能力从而为企业提供更高授信。

（三）引入金融流量助销量

1. 平安云农场。平安已累计采购凉山地区扶贫农产品近 3000 万元，平安银行还整合旗下平安口袋银行 APP 等客户渠道，将平安金融流量转化为农产品销量，帮助凉山州橄榄油系列产品销售。举办消费扶贫直播、设立消费扶贫专区、平安云农场线上认领等方式对农产品进行销售。

“平安云农场”的农产品均来自平安“三村工程”在全国相对发展落后的地区的产业帮扶基地。中泽企业推出的特级初榨橄榄油就是首批上线的农产品之一。在平安的助力下，中泽的油橄榄制品已经全部预定完毕，已经没有了销售压力，可以全部心思花在如何把产品做好上。同时，平安将凉山橄榄油纳入了“三村百宝”消费扶贫计划，除了内部采购，以购代捐，助力相对发展落后的地区产品义卖。除了“平安云农场”，平安银行还通过网络直播带货、设立助农专区等形式，帮助凉山州的产品对接市场。

▶ 平安云农场

2. 联合品牌——平安橙。悬崖村村民某色尔布家有两亩橙树，2020 年是第二年挂果，但因为疫情缘故，游客较少，橙子销路堪忧。平安银行与地方协调，将悬崖村的橙子纳入平安橙供应基地，包括某色尔布家在内的悬崖村橙子，也就有了销路。

某色尔布遇到的销路问题具有相当的普遍性。无论是橄榄油还是橙子，无论是悬崖村还是落后地区，之前均存在种植规模小、知名度不高、地理偏远又缺少营销渠道等难题，导致产品无人问津，无法实质性增收。通过联合品牌，提升产品价值，实现了单价与销量的提高，增加了受助者的收入。

3. 乡村文旅。在助力脱贫攻坚和探索乡村振兴过程中，平安银行村官工程积极打造“美丽乡村，平安启橙”乡村旅游项目，通过公私联动、客户参与的方法把平安的金融流量引入乡村，挖掘乡村的别样价值。乡村文旅已成功创新开发“内蒙古乌兰察布燕麦工厂路线”“广西百色芒果园公益游路线”“大凉山悬崖村公益路线”“湖南衡阳平安村研学路线”等特色公益线路，数百位私人银行客户积极参与，共同传递爱心、践行公益。

三、文化提升产业价值

由经济日报社、中直机关工委文明办指导，在中华慈善总会、中国妇女发展基金会、中国宋庆龄基金会支持下，平安发起了公益项目——"妈妈的针线活"。经济日报社艺术与设计杂志社、中国服饰报社将参与非遗设计、培训等。该项目将通过旧衣回收、非遗设计、手工加工、市场销售等环节，旨在让凉山州妇女通过灵活就业，实现脱贫致富并向外推广凉山非遗文化与手工艺成品。平安银行还创造性的将彝绣产业与油橄榄产业结合，组织50位绣娘学习彝绣文创产品创作，把他们的非遗手工艺的成果，变成橄榄油产品的包装，通过彝绣产业与油橄榄产业的有机结合，打出凉山致富的别样名片。

对于平安银行来说，帮助相对发展落后的地区增收不是终点，而是帮助他们创造美好生活的新起点。平安银行将一如既往地履行上市公司社会责任，乡村振兴工作也将继续深入聚焦相对发展落后的地区，聚焦在支持其建立长效帮扶产业、全面迈进乡村振兴等方面，加大金融资源投入、保险保障力度，助力乡村振兴和美丽乡村建设。

107. 迈瑞医疗

共同富裕之路更是共同奋斗之路

2021 年是不平凡的一年。这一年，全人类在共同经历了新冠肺炎疫情的严峻挑战之后，全球各地开启了重启模式。在后疫情时代，作为民族医疗器械的领航者，秉持着“客户导向、以人为本”的核心价值观，深圳迈瑞生物医疗电子股份有限公司（以下简称“迈瑞医疗”）积极布局全球资源协作网络，推动行业发展，携手全球医疗机构为更多人群提供更先进的专业医疗产品服务，持续推动国际顶级医疗机构与中国专家的跨国交流，为全球医疗科技创新、对抗新冠疫情打开了新局面，也为迈瑞医疗持续探索如何更好地改善国民医疗条件、降低医疗成本，普惠于民指明方向。

一、发挥自身优势，助力健康脱贫

在脱贫攻坚取得全面胜利的重要历史时刻，迈瑞医疗也迎来了 30 岁生日。回首 30 载奋进征程，迈瑞医疗始终把推动“健康中国”战略全面落地，真正践行“普及高端科技，让更多人分享优质生命关怀”的使命摆在企业发展的第一位。在不断探索自主研发创新、勇担振兴中国医疗工业重任，努力做好产品、开拓全球市场的同时，迈瑞医疗还积极践行社会责任，以精准健康扶贫为工作重点。

多年来，着眼于积极发挥自身在医疗健康产业方面的优势，迈瑞医疗积极帮扶贫困落后地区的基础医疗设施建设，为贫困地区捐赠医疗设备、提供医疗培训等，让国际领先的医疗设备惠及贫困人口和地区。2020 年是我国脱贫攻坚的决战决胜之年，依托于深圳与广西自治区百色和河池两市的对口帮扶关系，根据当地医疗机构上报的医疗设备需求情况，结合自身产品线，迈瑞医疗于 2020 年 6 月向百色、河池地区各级医院捐赠了价值 10726.3 万元的 300 余台医疗器械，助力两市脱贫攻坚。2021 年 5 月，在广西统战部助力乡村振兴会议上捐赠 100 台 AED 设备。近三年，迈瑞医疗累计共向广西捐赠价值合计 13115 万元医疗设备。此外，迈瑞医疗还于 2020 年底向甘肃省、贵州省黔西南州的卫生健康系统分别捐赠价值 7607.04 万元、3438.50 万元的医疗设备，帮助甘肃省、贵州省黔西南州改善医疗卫生条件，助力提升医疗卫生服务水平。

由于深耕医疗行业，常年驻扎在临床一线，迈瑞深刻地认识到，因病致贫、因病返贫是我国欠发达地区的扶贫难点。因此，除了捐赠医疗设备，多年来，迈瑞医疗还通过建立培训中心，开展义诊、医学培训、捐赠扶贫资金等形式投身扶贫工作，

▶ 迈瑞医疗向广西捐赠医疗设备

积极助力国家扶贫事业。在国家卫生健康委基层卫生健康司的指导下，为进一步推动县域医共体建设，深入学习先进地区的成功经验，迈瑞依托清华大学的学术资源，从 2019 年开始全面开展卫生健康系统管理者能力提升项目，目前已累计召开 20 期，涉及 724 家行政单位。

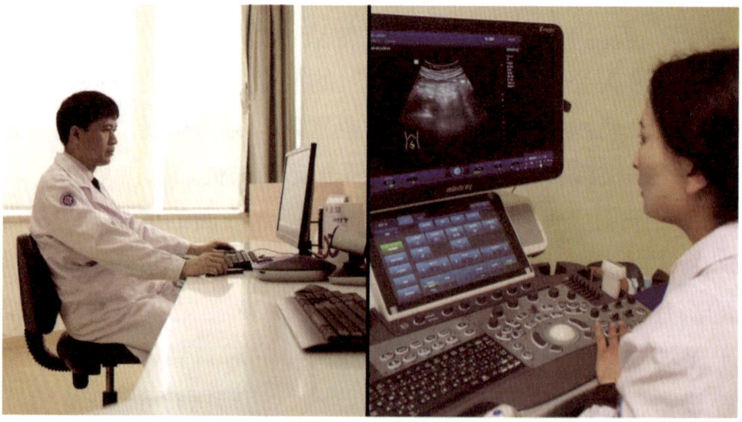

▶ 深圳与寮隅的超声医生正在连线会诊

二、五位一体帮扶，立体化推进乡村振兴

2020 年全面打赢脱贫攻坚战收官，接续推进全面脱贫与乡村振兴有效衔接，是脱贫攻坚与乡村振兴交会和过渡时期的一项重大战略任务。做好二者的有机衔接和协同推进，既有利于巩固脱贫攻坚成果，培育长效脱贫机制，又有利于促进农业农村优先发展，推动乡村全面振兴。

注重脱贫经验总结，为乡村振兴提供工作机制。脱贫攻坚离不开人才的助力，乡村振兴也离不开人才的支撑。要加快完善乡土人才的管理、培训、政策、激励机制等相关配套制度的建设，进一步鼓励他们在平凡的岗位上继续创造不平凡的成绩，助力乡村振兴。

▶ 迈瑞医疗向广西捐赠医疗设备

在认真研读过党中央国务院对于脱贫攻坚工作的总结，以及对乡村振兴、共同富裕的指导和期望后，迈瑞医疗董事长李西廷和迈瑞医疗的高管层，对于如何做好乡村振兴，从而带动区域产业集群发展，有了新的决定。

三、回馈社会：把个体发展融入大局

多年来，李西廷一直关注和支持家乡经济和教育发展，多次重返故土捐款捐物，支持家乡建设。

乡村振兴，教育先行。2010 年，安徽省砀山中学的建校 80 周年庆祝大会上，李西廷作为该校第 65 届校友应邀出席，并为砀山中学捐赠 600 万元，用于学校图书馆的建设。2017 年年末，在宿州市委市政府举办的捐赠仪式上，李西廷分别向宿州扶贫事业捐款 2000 万元、向砀山县旅游事业捐赠 1000 万元，以实际行动回报桑梓。

2016 年 4 月，李西廷向母校中国科学技术大学捐赠市场价值数百万元的 120 台自动体外除颤器（AED）。2020 年 6 月，李西廷以个人名义向中国科学技术大学捐赠 1.068 亿元人民币，并成立“李西廷基金”，重点用于物理学院建设以及引进和培养高端人才。这笔捐款也是中国科大创校以来获得的金额最大的个人单笔捐赠。

救急救难，雪中送炭。据了解，在 2020 年疫情期间，迈瑞医疗第一时间复工复产，向武汉火神山、雷神山交付关键医疗设备超 3000 台，向湖北定点救治医疗机构累计捐赠医疗设备总额 3300 万元。2021 年 7 月，河南多地遭遇了紧急洪涝灾害，李西廷向河南省慈善总会捐赠 1000 万元人民币，用于紧急发起的“防汛抗洪驰援河南”慈善项目。

四、授之以渔：以产业带动家乡发展

2020 年 12 月，深圳迈瑞生物医疗电子股份有限公司与安徽省砀山县人民政府签约，迈瑞医疗将投资建设砀山县迈瑞医疗科技产业园。经过几个月的调研和规划，这处医疗科技产业园被定位为迈瑞砀山生产基地，成为迈瑞在全国的主要生产基地之一。根据规划，砀山基地将先期投资 4 个亿元，于 2021 年 10 月开工，2022 元年底交付使用，2023 年一季度启动生产。“这一基地将成为现代化、绿色生态、花园式的产业园。”

据初步测算，迈瑞砀山基地有望为当地带来 500 余个就业岗位。此次，李西廷带着团队考察砀山基地项目建设情况，又发现了一个反哺家乡的新方向——建学校。

砀山县委书记陶广宏介绍，近年来，当地职业技术学校年年爆满，毕业生供不应求，说明社会上对于职业技术人才的需求旺盛。因此，砀山规划再建设一所新的职业技术学校，满足这方面的需求，也为当地产业的发展蓄力。

李西廷对家乡教育的支持一直持积极态度。“一个年轻人，学到一门技术，每月能挣几千块钱，他背后一个家庭就脱贫了。而且现在市场上非常欠缺技术类人才，缺少钻研技术的工匠。比如迈瑞就非常缺这方面人才。如果能够建一所职业学校，培养当地的青年，让他们有一门技术，我是非常愿意的。”

▶ 迈瑞医疗设备火神山交付

人才是实现乡村产业可持续发展的重要保障。未来，迈瑞和县政府将携手建设更多的职业技术学校，为产业园培养更多的人才。

第三十部分

大连辖区

108. 盖世食品

立足大连特色 发展产业振兴

乡村振兴战略是习近平总书记于 2017 年 10 月 18 日在党的十九大报告中提出的重要战略。党的十九大报告明确指出，“农业、农村、农民问题是关系国计民生的根本性问题，必须始终把解决好“三农”问题作为全党工作的重中之重”。在 2020 年底举行的中央农村工作会议上，习近平总书记作出“民族要复兴，乡村必振兴”的重大论断，要求举全党全社会之力推动乡村振兴。2020 年年底召开的中央农村工作会议提出全面实施乡村振兴战略的七方面任务，其中第一项任务就是加快发展乡村产业，顺应产业发展规律，立足当地特色资源，推动乡村产业发展壮大，稳住农业基本盘、守好“三农”基础是应变局、开新局的“压舱石”。

民族要复兴，乡村必振兴，大连市深入推进乡村振兴战略实施，加快推进农业农村现代化，切实保障粮食和重要农产品有效供给、大力支持现代化农业发展、提速城乡融合发展，大连盖世健康食品股份有限公司（以下简称“盖世食品”）积极响应党中央号召，大力投身到乡村振兴事业中，以实际行动助推乡村振兴特色化发展、高质量发展。

一、得天独厚的地理优势

大连市地处辽东半岛最南端，东濒黄海，西临渤海，南与山东半岛隔海相望，北依东北平原。海产品资源十分丰富，是闻名全国的海产品重点城市，全市拥有海域面积 23.6 万公顷，海水平均温度 12.1℃，最高 25℃，最低 1℃。大连海域潮差 1.5—2 米（最大 4 米至 4.5 米），盐度垂直分布一致，平均 30‰—32‰，酸碱度 7.9—8.3，海水富含氨态氮、硝酸氮、亚硝酸氮、和磷酸盐等营养盐，是具有海洋性气候特点的暖温带大陆性季风气候，冬无严寒，夏无酷暑，四季分明。年平均气温 10.5℃，年降水量 550—950 毫米，全年日照总时数 2500—2800 小时。此外，大连海域受黄、渤海冷暖流交汇影响，冬季不结冰，夏季也几乎不受台风侵扰，因此十分适宜裙带菜的大面积浮筏养殖。

大连地区裙带菜投放最早追溯至 1934 年，1961 年大连开始裙带菜的人工养殖，20 世纪 80 年代初期开始大面积人工裙带菜的养殖，20 世纪 80 年代末期裙带菜养殖进入了快速发展阶段。随着技术的发展，大连地区裙带菜产量与质量得到飞速提升，大连的黄海区域被评为裙带菜国家级出口示范区，其产量占全国的 90%。

▶ 裙带菜

二、盖世初心：发展产业振兴

回顾2002年，董事长盖泉泓先生在建厂之初，就抱着协助政府通过产业振兴带动乡村振兴的初心，在与政府多次充分沟通后，公司决定将当地特产裙带菜作为公司产品，借助公司平台和渠道开展销售，从而带动当地经济发展，深化农业供给侧结构性改革，提升农民收入。

盖先生充分考虑当地政府困难，结合公司实际情况，将裙带菜系列产品作为公司主营产品，经过大量细致的产品研发和多次深入一线市场调研，盖世食品的裙带菜系列产品销售范围不断扩大，业已成为行业内的领军企业。

目前，盖世食品每年裙带菜产能达7500吨，主要原料来自大连市沿海村落。公司每年裙带菜采购量可观，大大增加了裙带菜养殖户的收入，很多裙带菜养殖户从小户变成了发展势头良好的公司。此外，由于裙带菜的产线较长，从水产养殖到烫菜漂洗，再到撕菜拉丝等环节，需要大量的人工参与，而合作时间较长的、规模较大的合作企业，其用工顶峰时可超过1000人，极大地带动了大连本地裙带菜的产业链条，间接地促进经济繁荣和带动乡村居民就业。

▶ 裙带菜养殖

从产品销路来看，公司产品销售区域从最初只出口至日本，到现在逐步发展到销售至包括欧欧洲、美洲在内的全球 55 个国家和地区，未来发展态势良好。

三、盖世未来：践行社会责任

盖世食品正式登陆北交所之际，参与了北京地铁 1 号线地铁列车《乡村振兴》主题形象巡展。展望未来，盖世食品将牢记使命、不忘初心，坚决响应党中央号召，继续以促进大连本地经济发展，带动广大村民增产、增收为目的，将包括预制凉菜在内的一系列绿色、健康、有特色的健康食品带给餐饮企业和广大消费者，不断践行和发展乡村振兴战略，以实际行动展现大连本地上市公司的良好精神风貌。

第三十一部分　厦门辖区

109. 厦门国贸

以行动书写国企担当

厦门国贸集团股份有限公司下属全资子公司国贸期货有限公司（以下简称“国贸期货”）作为国内较早开展期货经纪业务的期货公司之一，成立于1996年，在党的带领下走过了四分之一个世纪。近年来，国贸期货不断强化企业的内生驱动，全面完善服务模式，增强服务的针对性、有效性。坚守合规经营底线，不断提升投研实力，以高标准、严要求，对外输出高质量综合服务。在公司日常运营中，国贸期货始终牢记国企使命，积极贯彻国家精准扶贫要求，主动履行社会责任，以爱心与行动回馈社会。公司通过组织力量参与各类扶贫项目，“点对点”深入开展“保险＋期货”扶贫工作，多次开展形式多样的社会公益活动等，调动公司各部门员工共同行动，彰显国企责任担当！

一、发挥风险管理专业能力，助力脱贫攻坚成效

自2016年以来，中央一号文件已连续4年提出扩大“保险＋期货”试点工作。在国内商品期货交易所、期货公司、保险公司和地方政府的支持和协作下，“保险＋期货”这一创新的农民保障计划有效稳定农民收入，打通了期货公司服务“三农”的“最后一公里”。

随着日常工作不断深入开展，“保险＋期货”试点品种、数量和规模逐年增加。保险产品无需涉及保证金制度、当日无负债结算等期货规则，也更易于在农户中推广。经过项目团队的前期调研与积极筹备，近年来，国贸期货积极协同交易所等各方，逐步深入参与“保险＋期货”专项扶贫项目。

在2020年，国贸期货成功获得大商所关于广西壮族自治区罗城仫佬族自治县《猪饲料成本看涨保险方案》的专项扶贫项目，联合中国人民财产保险股份有限公司，于广西罗城县开展猪饲料成本期货价格保险专项扶贫项目。此项目圆满完成，共计实现赔付金额41.6万元，赔付率达到105%，项目运行达到预期收益及良好效果。国贸期货还在当地现场举办了专题培训活动，为当地农户讲解期货基础专业知识。

首战告捷之后，公司积蓄了不少能量和经验，在2021年，国贸期货积极探索，深入开展多项“保险＋期货”项目。

► 2020 年 12 月 14 日国贸期货研究院副院长在广西省罗城县讲解我司在当地实施的“保险 + 期货”的项目情况，推广期货金融知识

► 2020 年 12 月 14 日国贸期货在广西省罗城县帮扶的猪饲料成本”保险 + 期货”扶贫项目的赔付仪式

二、发挥期货功能，让农户吃上“定心丸”，保障农户收益

2021 年 3 月 31 日，在河南省南阳市桐柏县人民政府的大力支持下，由国贸期货主导，中华联合财产保险股份有限公司河南分公司承保的花生、尿素期货价格保险专项扶贫项目在河南省桐柏县圆满完成。两个项目分别承保尿素 1420 吨、花生 290 吨，保障金额共计 591 万元，保险费用由国贸期货全部承担。最终实现尿素赔付率 41.6%，花生赔付率 139%。

该项目所在地桐柏县地处河南省南部，是全国花生标准化示范县。国贸期货的风险管理子公司国贸启润资本管理有限公司的衍生品团队充分利用价差期权的价格优势，为项目设计了“增强亚式价差期权”方案，充分发挥了期货市场的价格发现功能，降低了当地花生、尿素的产品价格波动风险。项目的圆满完成，有助于稳定当地花生种植户的收入水平，让镇上的 180 户花生种植户吃上“定心丸”。

► 国贸期货河南桐柏县花生尿素保险 + 期货项目理赔仪式

三、心系河南，帮扶农户渡过灾情，解决养殖户痛点

2021 年 7 月 29 日，在大连商品交易所（以下简称“大商所”）的大力支持下，由华融融达期货牵头，国贸期货携手广州期货和中华财险河南分公司开展的猪饲料成本“保险 + 期货”项目在河南省商丘市睢县正式落地，为当地 32 户生猪养殖户提供 1.03 万吨猪饲料的价格保障服务。此项目属于 2021 年大商所“农民收入保障计划”，在当时猪粮比出现预警，加之河南省面临抗洪、抗疫严峻考验的背景下，项目的及时开展对巩固睢县脱贫攻坚成果，以及助力当地生猪养殖户渡过难关和市场稳产保供具有重要意义。

该项目为睢县的生猪养殖户提供饲料成本价格风险保障，项目保险费约 100 万元，国贸期货按 15% 份额支付 15 万元。该项目为当地 32 户生猪养殖户提供 1.03 万吨猪饲料的价格保障服务，对应生猪 3 万余头，保障金额 2900 余万元。

四、发挥期货专业，保障农户收益，深入开展产业扶贫，助力乡村振兴

2021 年 9 月 7 日，在大连商品交易所及陕西省杨凌农业高新技术产业示范区（以下简称“杨凌示范区”）政府部门的大力支持下，由华融融达期货股份有限公司、国贸期货有限公司及五矿期货有限公司联合中国人民财产保险股份有限公司陕西省分公司在杨凌示范区开展的生猪价格“保险 + 期货”项目顺利启动。此次“保险 + 期货”项目为 1156 吨（折合 15920 头）生猪，保“价”护航，总保费 95 万元，总保额 1840 万元，服务主体覆盖杨凌示范区生猪养殖企业及 107 户养殖农户，其中建档立卡的贫困户 17 户。

9 月 17 日，在大连商品交易所的大力支持下，国贸期货联合国信期货有限公司在甘肃省兰州市开展了“大商所农保计划”生猪价格险“保险 + 期货”项目，项目总保费 200 万元，其中养殖户计划出资 100 万元，大商所支持 100 万元，国贸期货垫资约 50 万元。该项目服务主体为甘肃兰州地区的兰州正大食品有限公司及其服务的“公司 + 农户”模式的个体养殖户，其中养殖户均是当地有代表性的中小型生猪养殖户，对应生猪 2400 吨，约 20165 头，总保额约 4650 万元。项目分为两期运行，效果良好。

为在更大范围上、更高质量上服务“三农”，本次项目针对实际生产中的风险管理难点，设计增强亚式期权，有效解决波动风险，保障养殖户的收入。预期目标能够帮助养殖户锁定生猪价格，避免因价格的波动造成预期收入降低，减少生猪销售环节的风险波动。

五、抗疫扶贫两不误，银保期三强联合

9月10日，在大连商品交易所的大力支持下，国贸期货联合中融汇信期货公司、华融融达期货公司申报了“2021年的大商所农保计划”宁夏银川牛饲料项目并顺利获批，项目总保费规模预计为169.71万元，总保额8612万元，对应品种玉米19572吨，豆粕9786吨，国贸期货垫付保费20万元。该项目也分为两期运行。

新冠肺炎疫情造成的严峻态势、美联储不断放水以及中美贸易摩擦等各种不确定因素的冲击，作为牛饲料主要原材料中的玉米、豆粕价格出现了大幅度波动，这直接导致了牛饲料成本的剧烈波动，加剧了养殖户、养殖企业的市场经营风险。活牛养殖作为月牙湖乡、西夏区兴泾镇、永宁县闽宁县三个扶贫移民乡镇的先进示范项目，当地活牛养殖企业、养殖户对于规避饲料价格风险的需求十分迫切。该项目主要以银川地区扶贫搬迁移民集中乡镇——闽宁镇、兴泾镇、月牙湖乡为主，其他地区扶贫搬迁移民集中乡镇为辅，与区域内农民合作社、龙头企业、家庭牧场、等新型经营主体开展保险 + 期货项目。

六、持续推进消费扶贫行动

作为近年被积极倡导的扶贫方式，消费扶贫已成为社会力量参与脱贫攻坚的重要途径。自2019年以来，国贸期货不断参与消费扶贫工作，近几年来公司逐步加大消费扶贫的工作力度，持续开展帮扶活动，共计投入总金额53.8万元，以支持当地农产品产业的发展，推动贫困地区产品和服务尽快融入市场，为巩固脱贫成果、推进实施乡村振兴战略作出积极贡献。

2021年是“十四五”的开局之年，也是中央一号文件连续明确开展“保险 + 期货”试点工作的第六年。未来，国贸期货仍将在中国证监会党委的组织指导下，积极配合政府、交易所等各方，继续探索期货服务“三农”新模式，积极促进期货业务与农业的有机结合，持续为乡村振兴工作贡献力量。

第三十二部分

青岛辖区

110. 汇金通

服务乡村振兴　展现汇金通担当

2021 年是“十四五”开局之年，也是巩固拓展脱贫攻坚成果和全面推进乡村振兴的起步之年。汇金通作为青岛胶州地区上市公司代表，连续三年跻身青岛市民营企业 100 强，先后获得“青岛市创新型企业”“青岛市名牌”“山东省优质品牌”“山东省知名品牌”等荣誉称号。

自 2004 年成立以来，汇金通积极支援国家和地方慈善事业的发展，已累计向教育、优抚、抗震救灾、精准扶贫、抗击新冠肺炎等社会公益事业捐款 500 余万元，同时通过认真落实市委市政府“万企帮万村”在贫困户、贫困村、社会慈善基金、改善落后公共基础设施等方面累计捐款近 100 余万元，此外汇金通成立“胶州市慈善总会汇金通慈善基金”，帮扶特困家庭群体，一定程度上减轻家庭负担。

▶ 汇金通积极支援国家和地方慈善事业的发展

习近平总书记明确指出：“党的十九大提出实施乡村振兴战略，这是加快农村发展、改善农民生活、推动城乡一体化的重大战略，要把发展现代农业作为实施乡村振兴战略的重中之重，把生活富裕作为实施乡村振兴战略的中心任务，扎扎实实把乡村振兴战略实施好。”

2018 年上半年，汇金通借助地区产业优势，申请专项扶持基金 10 万元，用于扶持铺集镇殷家庄村黑木耳产业发展，建立木耳生产基地，为村民创造了就业机会。该村年收干木耳 13000 多斤，年均增收 40 万元。每亩纯收入可达 7000 元，许多村民靠种植黑木耳脱贫致富，摘掉了贫困帽子。

汇金通积极行动，2019 年“六一”儿童节走进里岔镇大河流阳光宝宝幼儿园送温暖，爱心捐款 1 万元用于改善幼儿园教育生活条件；2021 年汇金通向胶州市妇联基金爱心捐款 5 万元，开展社会救助，助学“春蕾“女童；2021 年给予胶州市杜村镇西小郐家沟村王强同学高考题名奖学金 2000 元。

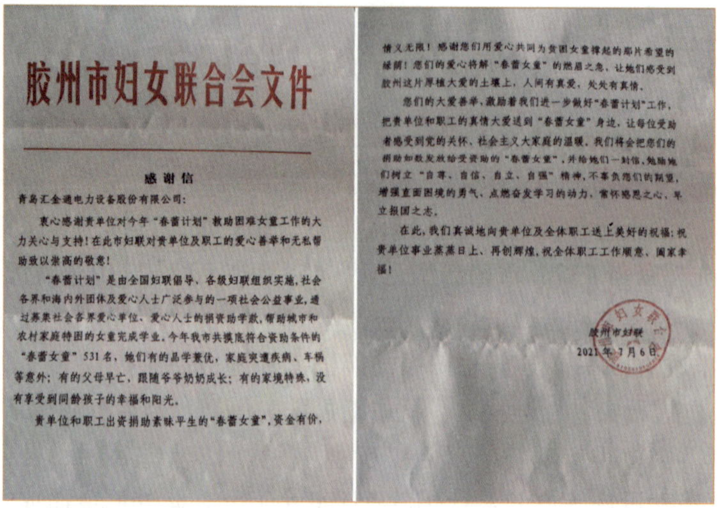

胶州市妇女联合会文件

感谢信

青岛汇金通电力设备股份有限公司：

衷心感谢贵单位对今年“春蕾计划”救助困难女童工作的大力关心与支持！在此市妇联对贵单位及职工的爱心善举和无私帮助致以崇高的敬意！

“春蕾计划”是由全国妇联倡导、各级妇联组织实施，社会各界和海内外团体及爱心人士广泛参与的一项社会公益事业，通过募集社会各界爱心单位、爱心人士的捐资助学款，帮助城市和农村家庭特困的女童完成学业。今年我市共摸底符合资助条件的“春蕾女童”531 名，她们有的品学兼优，家庭突遭疾病、车祸等意外；有的父母早亡，跟随爷爷奶奶成长；有的家境特殊，没有享受到同龄孩子的幸福和阳光。

贵单位和职工出资捐助素昧平生的“春蕾女童”，资金有价，情义无限！感谢您们用爱心共同为贫困女童撑起的那片希望的绿荫！您们的爱心将解“春蕾女童”的燃眉之急，让她们感受到胶州这片厚植大爱的土壤上，人间有真爱，处处有真情。

您们的大爱善举，激励着我们进一步做好“春蕾计划”工作，把贵单位和职工的真情大爱送到“春蕾女童”身边，让每位受助者感受到党的关怀、社会主义大家庭的温暖。我们将会把您们的捐助如数发放给受资助的“春蕾女童”，并给她们一封信，勉励她们树立“自尊、自信、自立、自强”精神，不辜负您们的期望，增强直面困境的勇气、点燃奋发学习的动力，常怀感恩之心、早立报国之志。

在此，我们真诚地向贵单位及全体职工送上美好的祝福：祝贵单位事业蒸蒸日上、再创辉煌，祝全体职工工作顺意、阖家幸福！

胶州市妇联

2021 年 7 月 6 日

▶ 汇金通向胶州市妇联基金爱心捐款

文化振兴既是乡村振兴战略总体要求中五项标准之一，也是农民提高自身素质、增强幸福感的需要，更是推动乡村振兴的内在强大力量。根据铺集镇党委安排部署，汇金通设立铺集镇“乡村夜校”实践基地，不断完善丰富“乡村夜校”功能，蹚出一条党建引领乡村治理水平不断提升的新路子。

▶ 汇金通设立铺集镇“乡村夜校”实践基地

乡村振兴，生态宜居是关键。2019 年胶州市工商联设立扶贫专项基金，汇金通捐赠 5 万元扶贫基金，用于改善扶贫协作县的生活环境，完善了所帮扶行政村的基础设施建设，帮扶行政村捐建文化广场，修建学校、村室等文化基础设施，有效改善了贫困村生活环境，让群众感受到村庄生产生活条件的变化。

2021 年胶州市慈善总会 “慈善情暖万家”活动全面启动。胶州市慈善总会汇金通慈善基金及其他企业慈善基金共同出资 30 多万元，对企业困难职工、辖区困难群众进行救助，帮助经济薄弱村改善用水质量。

2018—2021 年，汇金通分别帮扶胶西镇雷家孝源村、洋河镇袁家小庄、里岔镇东青杨杭村、胶西镇寺前村、里岔镇河流董村等近 60 万元，用于促进乡村快速发展。

▶ 汇金通帮扶东青杨杭村

2019 年铺集镇党委到良田镇开展对口帮扶交流活动，汇金通及铺集镇人民政府向良田镇人民政府及 5 个村捐赠帮扶资金共计 12 万元，以更好地帮助良田镇经济发展。

“东西部扶贫协作和对口支援”扶贫模式，充分彰显了中国特色社会主义制度优势，发挥了东部的资金、技术优势和西部资源、劳动力优势，用东部的发展优势弥补西部的发展短板，在决胜脱贫攻坚、缩小东西部发展差距、实现共同富裕中发挥了重要作用和战略意义。为深入贯彻党中央关于东西协作的要求，实现巩固脱贫攻坚成果同乡村振兴的有效衔接，2021 年汇金通还同甘肃省两县四村的困难乡村进行村企结对，提供帮扶资金 5 万元。

汇金通公司在做好生产经营的同时，积极承担社会责任，进一步弘扬无私奉献和关爱互助精神，把关怀和温暖送到了群众的心坎上。每逢节假日公司都会走访周边村庄贫困户、贫困老党员、老人并发放节日慰问品。2018 年新春佳节汇金通公司向里岔镇及胶西镇两个村庄村委送去节日慰问，开展“献爱心、送温暖”活动，充分体现汇金通作为扎根胶州的本土企业“发展不忘乡亲们，吃水不忘挖井人”的感恩情怀，以及作为一家上市公司积极履行社会责任的家国情怀。

近年来，汇金通坚持聚焦主业，紧紧围绕助力脱贫攻坚等方针政策，支持乡村振兴。

扩大生产规模，辐射周边乡村，带动劳动就业。目前公司员工 90% 以上来自周边乡镇农村，极大的解决当地劳动就业问题，聚焦百姓生活富裕，打好富民强村“攻坚战”。近三年公司营业收入呈现大幅度阶梯式增长。随着公司的不断发展壮大，效益增加，员工薪资待遇及各种福利待遇也同步增长。公司薪酬福利在本地区极具竞争力、员工凝聚力强。产业人员密集，带动了周边乡村物流运输、建筑施工产业的发展。技能型人才的培养对企业效益的提升和带动乡村人才振兴起到了促进作用。公司全面推进职业技能鉴定，目前有高级技工 170 余人，他们通过培训和学习都从中学到了很多知识并且能够熟练的运用到工作当中。公司还搭建竞技平台，实现“以培带赛，以赛促培”的人才培养新形式，组织焊工比武、知识竞赛等，培养了一批又一批的岗位小能手。此外，公司积极支援国家和地方慈善事业的发展，对接帮扶的贫困村、贫困家庭，按时走访慰问。

总之，实施乡村振兴战略是解决新时代我国社会主要矛盾，全面建成小康社会的百年大计，汇金通公司作为贯彻落实党和国家发展方略，加强经济资源整合，引领产业发展方向的市场主体，有责任，有能力在推动乡村现代化发展和实现城乡融合进程中发挥更为重要的作用，展现汇金通上市公司的担当。